广州市文化广电旅游局
广州市文物博物馆学会 编

广州文博 拾肆

文物出版社

图书在版编目（CIP）数据

广州文博.拾肆/广州市文化广电旅游局,广州市文物博物馆学会编.--北京:文物出版社,2021.2
ISBN 978-7-5010-6163-1

Ⅰ.①广… Ⅱ.①广…②广… Ⅲ.①文物工作—广州—文集②博物馆事业—广州—文集 Ⅳ.①K872.651.4-53①G269.276.51-53

中国版本图书馆CIP数据核字(2021)第023942号

广州文博·拾肆

编　　者：广州市文化广电旅游局　广州市文物博物馆学会

责任编辑：李　睿
责任印制：张　丽

出版发行：文物出版社
社　　址：北京市东直门内北小街2号楼
邮　　编：100007
网　　址：http://www.wenwu.com
邮　　箱：web@wenwu.com
经　　销：新华书店
印　　刷：广州商华彩印有限公司
开　　本：889mm×1194mm　1/16
印　　张：22
版　　次：2021年2月第1版
印　　次：2021年2月第1次印刷
书　　号：ISBN 978-7-5010-6163-1
定　　价：168.00元

本书版权独家所有，非经授权，不得复制翻印

编委会

顾　问　张荣芳

编　委　（按姓氏笔画排列）
　　　　白琰　　全洪　　刘旸　　闫斌
　　　　杨琪　　张泽明　张珂珂　林冠男
　　　　欧阳旦霓　易西兵　侯方韵　栾成
　　　　黄海妍　蒋斌　　黎淑莹　颜晖

主　编　全洪

副主编　李灶新　潘洁

编　务　全洪　　李灶新　李颖明　刘业沣
　　　　乔娇　　钟剑峰　章昀　　潘洁

刊名题字　杨奎章

目 录

中山大学北校区医学科研楼4号项目西汉早期墓发掘简报
.... 广州市文物考古研究院（1）
广州机务段生活小区唐代砖室墓M30的发掘………………广州市文物考古研究院（18）
南越宫苑遗址出土石刻文字杂识………………………………………姜修翔（25）
五华狮雄山遗址的考古收获及其性质
——与《五华狮雄山》考古报告作者的商榷………………………邱立诚（32）
关于汉魏"摇钱树"图像若干问题的思考………………………………张宣逸（42）
子文同学的一篇发掘日记与广东汉代"盐官"…………………………李 岩（61）
也谈"番禺盐官"…………………………………………………………李海荣（66）
番禺"盐官厨"释读………………………………………………………全 洪（83）
广州出土五代南汉国名臣李纾墓志铭考略……………………………陈鸿钧（91）
广州博物馆藏宋"番禺县尉司"铜印纪略……………………………陈鸿钧（101）
"南海Ⅰ号"三题………………………………………………崔 勇 李 岩（107）
关于"南海Ⅰ号"出水陶瓷上墨书的研究……………[日]石黑ひさ子 施梵译（116）
英国发现清代嘉庆朝南海县衙告示考释………………………邢思琳 冷 东（132）
清代雷州半岛糖贸易及其规范化
——以新发现的雷州花桥碑刻为例………………………………陈 锐（146）
广州大黄滘炮台考论……………………………………………………黄利平（159）
沙基惨案纪念碑修建过程考证…………………………………………朱明敏（168）
赵佗四台勾沉………………………………………………………………陈泽泓（181）
从驿庵看宋代岭南的陆路交通建置……………………………………曹家齐（189）
张燮《东西洋考》与岭南海洋文化……………………………………章文钦（203）
海关接管前后的粤海常关………………………………………………吴张迪（217）

十三行总商潘有度父子的文化成就 …………………………………… 潘剑芬（227）
陈启沅和继昌隆若干史实的辩证和陈启沅思想研究 …………………… 吴建新（247）
中国近代思想发展影响下的广州学术中心递嬗 …………………………… 吴志鹏（259）
道光帝皇长子奕纬死因辨析 …………………………………………………… 帅 倩（275）
黄花岗起义张朝烈士史事考 …………………………………………………… 李克义（284）
由物及人：学校机体中的博物馆形态与社会识别 …… 刘焱鸿 陈玫珑 沈 骞（296）
在跨界融合中提升综合艺术类博物馆的美育功能
　　——以广州艺术博物院为例 ………………………………………… 曾智峰（303）
试论我国私人博物馆的发展现状及展望 ………………………………… 熊 喜（313）
光源对模型贴图的影响
　　——3种人造光源在三维数字化采集中的应用 ………… 付常青 李东卉（322）

中山大学北校区医学科研楼4号项目西汉早期墓发掘简报

广州市文物考古研究院

内容提要：

2019年7-8月，为配合中山大学北校区医学科研楼4号项目工程建设，考古工作者对工程建设红线范围内勘探发现的遗迹进行了抢救性考古发掘，清理了西汉至清代墓葬、灰坑、水井等遗迹一批。其中汉代土坑墓3座，随葬品见青铜器、陶器、铁器等，根据墓葬形制和随葬品特征推断时代为西汉早期（南越国时期），且具有典型的越人墓风格，为研究广州地区西汉早期越人墓葬习俗提供了新材料。

中山大学北校区位于广州市越秀区中山路以北、东风路以南，地处广州古城区东郊，距广州古城中心(今北京路一带)约2公里(图一)。该区域原为低矮山岗起伏相连地貌，1956年以来发现大量古墓葬，属广州市古墓葬重点埋藏区。2019年7-8月，为配合中山大学北校区医学科研楼4号项目工程建设，考古工作者在项目红线范围内清理了西汉早期至清代墓葬、灰坑、水井等遗迹一批，其中西汉早期土坑墓3座，随葬品见青铜器、陶器、铁器等，具有典型的越人墓风格，现将墓葬发掘资料简报如下。

一、M3

（一）墓葬形制

M3位于发掘区中北部，墓坑西南角被东汉墓M1打破，东北角被南朝墓M2打破，北部被晚期灰坑H10打破。其上部已被毁，发现时开口于生土面。墓口平面呈

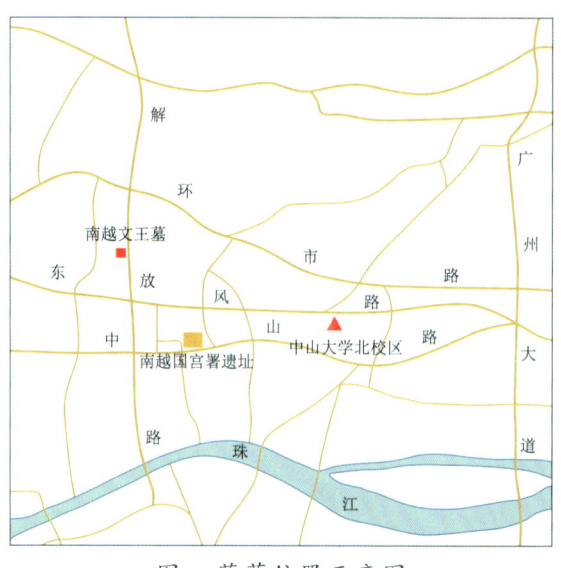

图一 墓葬位置示意图

长方形，纵轴方向276°，墓坑长3.7、宽2.0、残深0.8米。竖穴土坑墓，四壁陡直，墓底中部铺有一层小石粒，石子大小不一，东西长2.74、南北宽1.2米，分布较均匀，厚度约0.1米。墓底可见三条枕木朽蚀痕迹，东西两端紧贴石子粒层各一条，另一条位于石子粒层中部，分石子粒层为东西两部分，枕木朽蚀痕迹下未见枕沟，原枕木应直接搁置于墓底，枕木痕迹宽约0.15-0.28米，长约1.4-1.5米。墓底中部石子面下有一个圆形腰坑，坑壁较直，底平，口径约0.64米，深约0.54米，其内葬有方格纹陶瓮1件。棺椁已朽不存，未见葬具，但墓底石子层与墓坑间可见青灰色板灰痕迹，板灰分布不均，其下分布较多不规则圆形柱洞，多较浅，深2-14厘米，环绕石子面一圈。同样的柱坑现象见于广州汉墓M1153，其近墓道口的门限灰痕中、左侧壁、右侧壁前端亦分布有大小不等，很不规整的柱印。发掘者推测，该墓的椁室与一般用大木板累叠作壁的做法不同，而是采用大木柱并列直竖组成，柱壁内可能贴有一层衬板。[1] M3柱坑的形制及其分布规律与M1153类似，据此推测M3椁室外框亦是木柱并列直竖组成，至于柱壁内是否贴有衬板，因椁板已腐朽不存，且板灰分布深浅不一，与填土混杂一起，已无从辨识。墓内填土为

---

[1] 广州市文物管理委员会、广州市博物馆《广州汉墓》，北京：文物出版社，1981年，第53-55页。

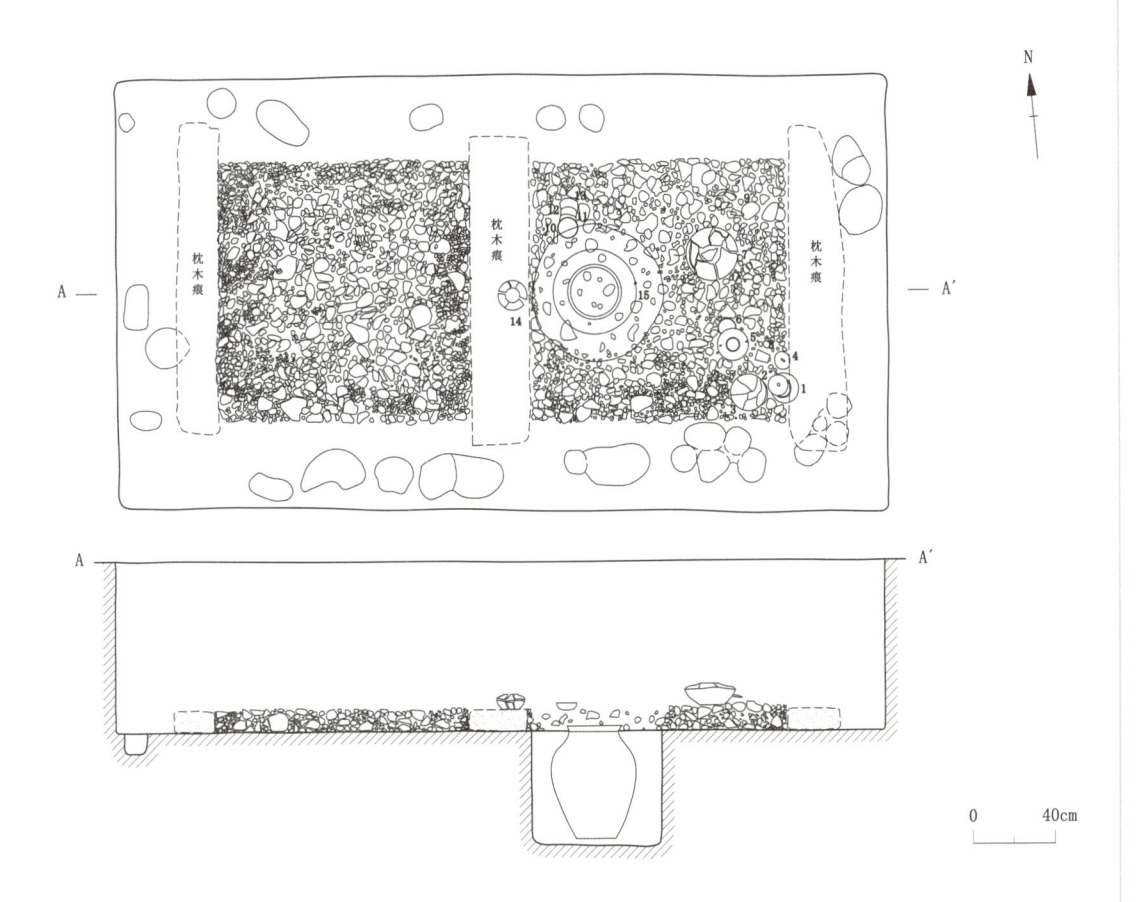

图二 M3平、剖视图

图三 M3全景（南-北）

图四 M3墓底全景（南-北）

黄褐色黏土，土质较疏松。随葬品主要位于墓室东部石子面上，共出土器物15件（含腰坑内陶瓮），多为陶器，少量为铜器。其中青铜鼎1件、青铜铙1件、陶罐3件、陶瓮1件、陶瓿1件、陶盒1件、陶碗4件、陶器盖3件。

（二）随葬器物

1. 青铜器。2件

青铜鼎 1件。M3：9，发现时已被压扁，破损严重，无法复原。从保存部分可知为合范铸成，器表可见合范痕，薄胎，浅盘形口，唇微内折，上腹较直，下腹圆收，平底，下附三锥状足，横截面呈半椭圆形，外侧面有两条竖直凸起棱线，下部残缺，未见有耳，腹部和底部有较厚烟炱。复原口径约13.4、腹径约11、残高约12.3厘米。（图六：7）

青铜铙 1件。M3：8，体形较小，器壁较薄，合范铸造，腔体上宽下窄，纵截面呈梯形，横截面呈椭圆形，口缘平直，舞部平齐，甬部为中空长方体，与腔体相通，通身素面。口部长径7.6、短径4.5厘米，顶部长径5.5、短径4厘米，孔长1.7、宽0.9厘米，通高7.2厘米，壁厚0.2厘米。（图六：8）

2. 陶器。13件

陶瓮 1件。M3：15，位于腰坑内，保存完好。泥质灰白陶，质硬。敞口，圆唇，翻沿近平，短颈圆肩，鼓腹下内收，平底。肩部及腹部饰方格纹，肩部有刻划符号。口径27、腹径41、底径20、通高51.5厘米。（图五：1）

陶罐 1件。M3：1，保存完好。泥质黄褐陶，质较硬。侈口，圆唇，束颈，圆肩，上腹弧鼓，下腹斜收，平底。素面，腹部有明显的轮制痕迹。口径10.5、腹径13.2、底径7.3、通高9.6厘米。（图六：1）

M3:14，残损严重无法复原，泥质灰胎橙黄软陶，通过罐内保存的泥土模及少量残片可看出原器形为侈口，圆唇，短沿微外撇，圆肩，上腹弧鼓，下腹斜直收于平底，腹中部饰多道弦纹。复原口径约9.6、腹径约13.2、底径约6厘米，残高约8.8厘米。（图六：1）

陶三足罐 1件。M3：5，泥质灰白陶，质硬。直口，方唇，短直颈，溜肩，鼓腹，圜底，扁方足三个，肩部置两个半环形耳，各有两个卷云形附加堆纹。肩部

和腹部饰箆点纹、细弦纹组合纹饰，底部有明显的刻划痕迹。口径7.3、腹径14、通高10.5厘米。（图五：7）

陶瓿 1件。M3：7，略残。泥质灰黄胎硬陶，肩和上腹部施黄褐釉，开裂严重，有滴釉现象。直口，方唇，唇下有短颈，广平肩，上腹弧鼓，下腹斜收，平底，肩部捏附两个相对的半环耳。上腹部及肩部饰几组数周弦纹作为间隔，肩部有两组斜行箆点纹，上腹部有一周密集的短竖线纹。口径9、腹径20、底径11.3、高11.5厘米。（图五：3）

陶三足盒 1件。M3：3，较完整。泥质灰白陶，质硬。器身为子母口内敛，腹稍圆，腹部外壁有两周宽凹槽，圜底近平，器底有类似叶脉纹刻划符号，扁方足三个。有盖，盖面微隆近平顶，沿微内收，盖面饰多道箆点纹、弦纹组合纹，桥形钮已残缺。口径14、腹径15.5、盖径15.7、残高8.2厘米。（图五：2）

陶碗 4件。M3：10，泥质灰陶，质硬，侈口微敛，圆唇，斜直腹，平底，素面。口径9.2、底径3.6、高4.5厘米（图六：4）

M3：11，夹细砂红陶，质地较软，侈口微敛，圆唇，斜腹微外弧，平底，素面。口径9、底径3.7、高5.2厘米（图六：6）

M3：12，泥质灰黄陶，质地较硬，直口圆唇，上腹斜直，下腹折收，平底，腹中部饰两道凹弦纹。口径8、底径3.5、高4.3厘米。（图六：3）

M3：13，泥质灰陶，质地较硬，直口圆唇，上腹斜直，下腹折收，平底，素面。口径8.5、底径2.8、高4.3厘米。（图六：5）

陶器盖 3件。M3：2，泥质灰白陶，质硬，器表施黄褐釉，部分脱落。顶斜直隆起，口微侈，盖顶有一圆形钮，盖面釉下饰重弦纹。口径9.2、高3.8厘米。（图五：5）

M3：4，泥质灰陶，质硬，器表施酱褐色釉。漫圆顶弧鼓，口微侈，顶中部有羊角形钮，盖面釉下饰重弦纹。口径9.1、高3.2厘米。（图五：6）

M3：6，较完整，泥质灰白陶，质硬，器表施黄褐釉，大部已脱落。漫圆顶弧鼓，口微敛，顶饰桥形钮残缺大部分，盖面饰多道箆点纹、弦纹组合纹。口径12.8、高5厘米。（图五：4）

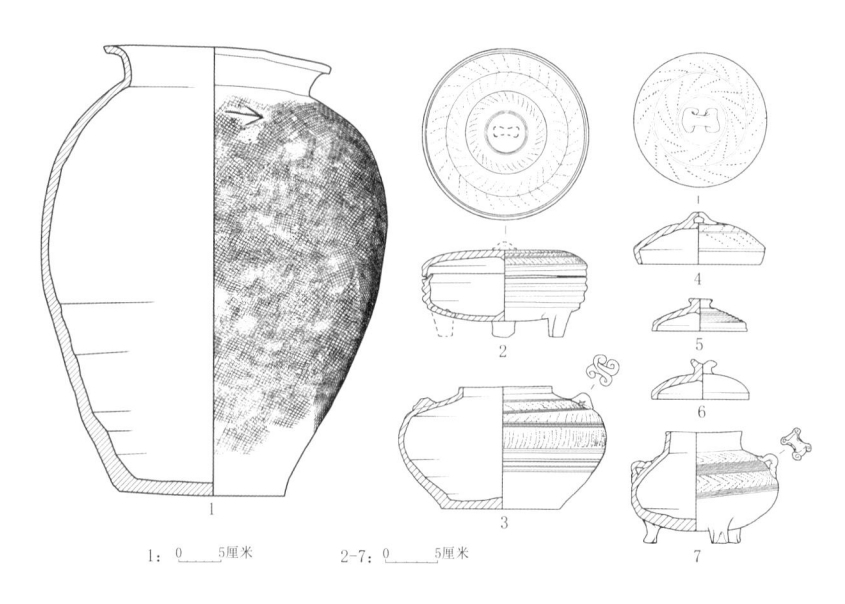

图五 M3随葬器物（部分）
1.陶瓮（M3∶15） 2.陶三足盒（M3∶3） 3.陶瓿（M3∶7）
4-6.陶器盖（M3∶6、2、4） 7.陶三足罐（M3∶5）

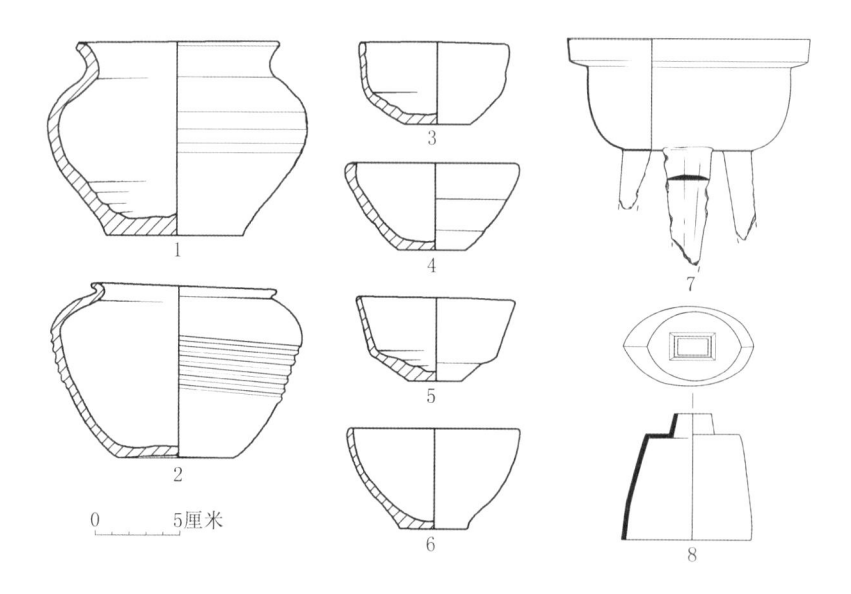

图六 M3随葬器物（部分）
1-2.陶罐（M3∶1、14） 3-6.陶碗（M3∶12、10、13、11）
7.铜鼎（M3∶9） 8.铜铣（M3∶8）

图七　M3随葬器物

二、M11

（一）墓葬形制

M11位于发掘区域东南角，上部因清表破坏，发现时开口于生土面，中部被晚期墓葬M02打破。口部平面呈长方形，纵轴方向106°，墓坑长2.4、宽0.67米，西部残深0.22、东部残深0.26米。竖穴土坑墓，壁面较直，底部局部不规整。墓坑内填土为黄褐色黏土，土质较疏松。未发现葬具及其痕迹。随葬品共7件，位于墓坑北侧，呈东西向分布，有铁矛、铁斧、陶碗、纺轮。（图八、九）

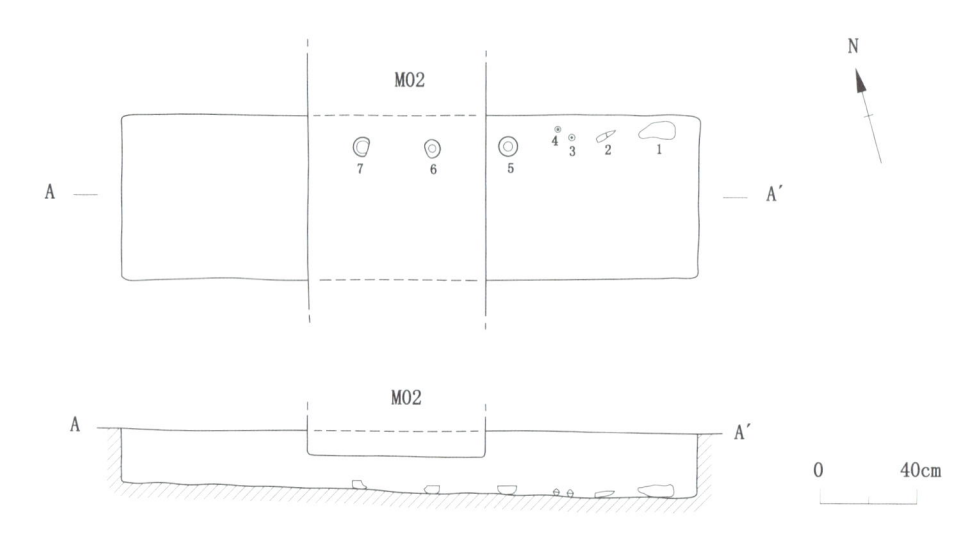

图八 M11平、剖视图

图九 M11全景（北-南）

（二）随葬器物

1.铁器。2件。

铁斧 1件。M11：1，残，锈蚀严重。略呈长方形，刃部微弧，尾部平直，内部中空。残长11.5、宽6.6、厚2.8厘米。（图十：6）

铁刮刀 1件。M11∶2，锈蚀严重。长条锥形，中部残缺不可复原，头部尖削，尾端平直，一面凸起，一面内凹，横截面呈弧形。头部残长4.4、尾部残长6.3、宽约1.9、厚约0.3厘米。（图十∶7）

2.陶器。5件。

陶碗 3件。泥质红陶，胎含少量粗砂，质地较硬。皆为直口、方唇，上腹较直，下腹折收，平底。轮制，底部有较明显线割痕迹，并有刻划符号，素面。

M11∶5，完整，器底有"十"字形刻划符号。口径7.8、底径4.3、高3.2厘米。（图十∶2）

M11∶6，略残，外壁上腹有灰色陶衣，并有轮制痕。口径8.5、底径5、高3.5厘米。（图十∶3）

M11∶7，略残，外壁上腹有白色陶衣，器底不规整，有"十"字形刻划符号。口径8.2、底径5、高3.8厘米。（图十∶1）

陶纺轮 2件。皆为算珠形，中间有圆形穿孔，素面。M11∶3，泥质浅灰陶，质较软，最大径2.9、高2.5、孔径0.5厘米（图十∶5）。M11∶4，略残，泥质浅黄陶，质软，最大径2.6、高2.1、孔径0.4厘米（图十∶4）。

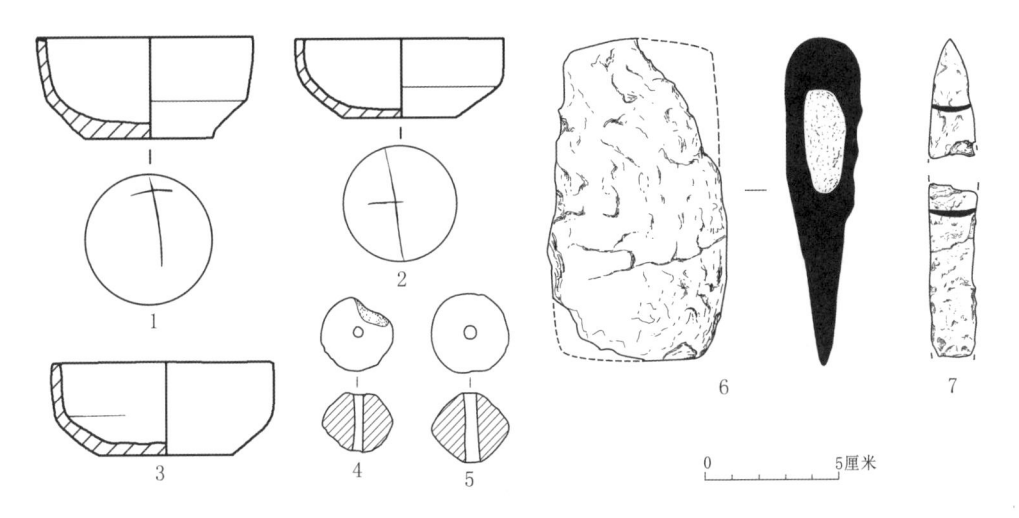

图十 M11随葬器物

1-3.陶碗（M11∶7、M11∶5、M11∶6） 4-5.陶纺轮（M11∶4、M11∶3）
6.铁斧（M11∶1） 7.铁刮刀（M11∶2）

图十一　M11随葬器物

三、M13

（一）墓葬形制

M13，位于发掘区域东部，被唐五代墓葬M5完全叠压，西邻东汉墓M4。平面呈不规则长方形，纵轴方向91°，墓坑长2.90、西部宽0.8、东部宽1.06米，残深0.43米。竖穴土坑墓，壁面较斜直，墓底较为平整。墓坑东1北角向北侧凸出一角。墓坑内填土为灰黑色黏土，土质较致密，无包含物。随葬器物5件，有陶器和铜器。（图十二、图十三）

图十二 M13平、剖视图

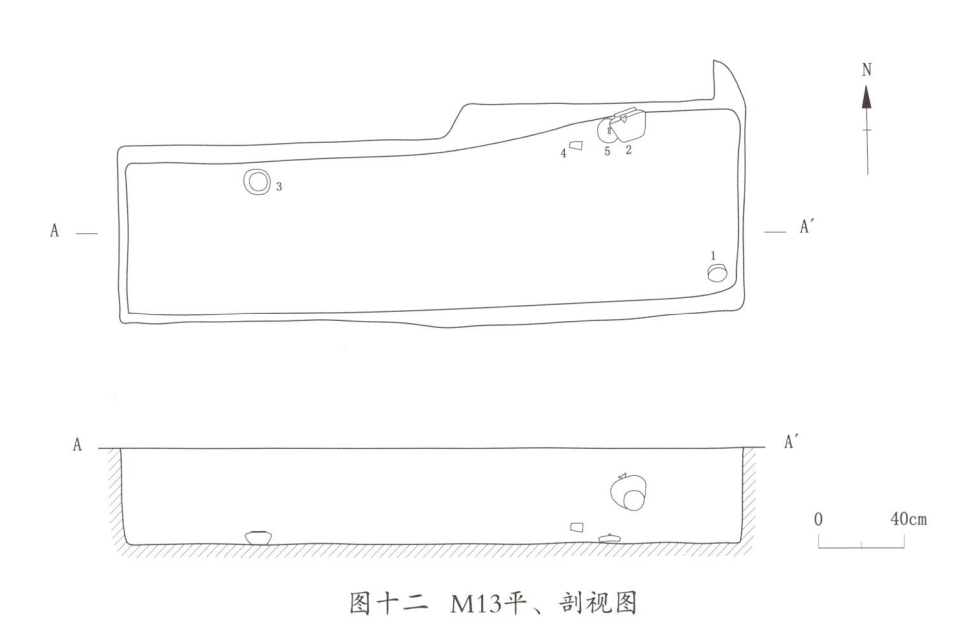

图十三 M13全景（南-北）[1]

---

[1] 发掘时为整取青铜器，北壁未清理到边，故陶器盖未显露出来，陶器盖发现于青铜铙和陶瓿之间的墓底。

(二) 随葬器物

1. 青铜器。1件。

青铜铙 1件。M13：4，体形较小，器壁较薄，合范铸造，腔体上宽下窄，纵截面呈梯形，横截面呈椭圆形，口缘平直，舞部正中见长方形孔，甬已残缺，通身素面。口部长径6.5、短径4，顶部长径4.6、短径3.4，残高5.3，壁厚0.2厘米。（图十四：5）

2. 陶器。4件。

陶瓿 1件。M13：2，完整。泥质灰黄胎硬陶，肩和上腹部施黄褐釉，部分脱落。微敛口，直方唇，短颈近无，斜溜肩，上腹弧鼓，下腹斜收，平底，局部外凸，肩部附两个牛头形耳。纹饰由篦点纹、弦纹、水波纹相间组合而成，下肩及上腹饰四周斜形戳印篦点纹、下腹饰两周水波纹，以弦纹作间隔。口径11、腹径22、底径12.8、高15.5厘米。（图十四：2）

陶器盖 1件。M13：5，完整，与M13：2应为一套。泥质灰黄胎硬陶，器表施褐色釉，局部脱落。盖面微隆起，近平，口微内收，顶中部有一桥型纽。盖面饰篦点纹与凹弦纹相间组合纹饰，篦点纹斜向排列且相邻间方向相反，以弦纹作间隔。口径15、高3.3厘米。（图十四：1）

陶罐 1件。完整，M13：3，泥质灰白胎硬陶，器表施褐色釉，陶器内外有较为密集的小黑点。侈口，卷沿，尖圆唇，唇下略有短颈，上腹弧鼓，下腹斜弧收，平底。上腹部饰有多道凹弦纹，下腹部及其底部有明显的刮削痕迹。器形整体歪斜，口径10.3、腹径12、底径5.5、高7.2厘米。（图十四：3）

陶碗 1件。完整，M13：1，夹细砂灰陶，质地较硬。直口微敛，方唇，弧折腹，平底。近底部有少量较为明显的刮削痕迹，素面。口径9、底径6、高4.3厘米。（图十四：4）

1-4: 0___5厘米   5: 0___5厘米

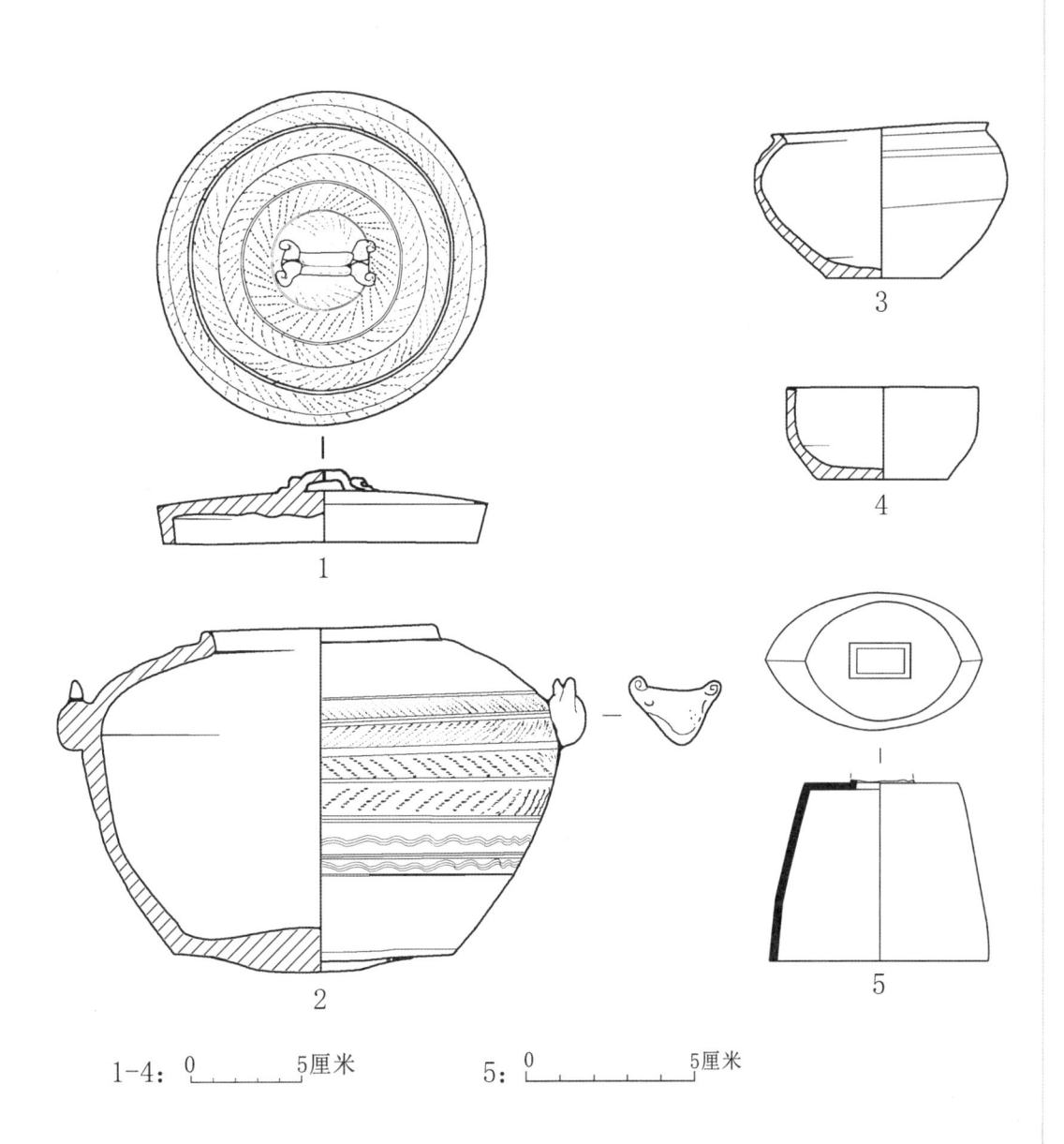

图十四 M13 随葬器物
1. 陶器盖（M13:5） 2. 陶瓿（M13:2） 3. 陶罐（M13:3）
4. 陶碗（M13:1） 5. 铜铙（M13:4）

图十五　M13随葬陶器

四、结语

（一）**关于墓葬年代**。M3为长方形竖穴土坑木椁墓，未见墓道，其墓底铺石子并设腰坑（腰坑内随葬大陶瓮），其形制结构在广州汉墓中属Ⅱ型1、2式，与M1026类同，仅见于西汉前期。[1]M3随葬15件器物，未见盗扰痕迹，组合关系较完整，陶瓮、陶三足罐、陶瓿、陶三足盒、陶碗、越式铜鼎的器物组合也多见于广州西汉墓前期。陶瓿（M3：7），器形较矮，可比器有广州汉墓M1076：15、M1125：5，为Ⅰ型①式。[2]陶三足罐（M3：5）与广州汉墓M1177：33器身[3]、陶

---
[1]广州市文物管理委员会、广州市博物馆《广州汉墓》，北京：文物出版社，1981年，第31-32页。
[2]广州市文物管理委员会、广州市博物馆：《广州汉墓》，第108-109页。
[3]广州市文物管理委员会、广州市博物馆：《广州汉墓》，第98-99页。

金坑西汉墓M25：12[1]相同，只是缺盖。陶三足盒（M3：3），广见于广州西汉前期墓中，同类型器有广州汉墓M1143：7、M1076：14。[2]M3所出陶碗可分为2类，M3：10、11为一类，侈口、斜腹，时代特征较早，具有战国晚期特征；M3：12、13为一类，直口、折腹，与M11和M13所出类同。陶瓿（M3：15）与广州汉墓M1125：3（Ⅰ型瓿）类同，[3]腰坑中随葬陶瓿的现象在两广地区较常见。铜鼎（M3：9），虽保存较差，其窄沿盘口、圆腹、三半椭圆形足特征与西汉南越王墓G58（乙Ⅱ型②式）[4]类同，同类型器也见于广州淘金坑西汉M8：26[5]、广州西汉前期M1026：17[6]，为典型"越式鼎"。铜铙与淘金坑西汉墓M9：2[7]、广州汉墓M1095：43[8]器形相近，只是后者口缘下垂呈弧形，但甬部相同。下缘呈弧形铙早在岭南战国墓即见出土，如广宁龙岗嘴战国墓（M4：2）[9]，罗定背夫山战国墓（M1：65）[10]，但战国时期铙甬部一端见一圈凸棱，西汉早期该特征消失。

M11为长方形窄直坑墓，在广州汉墓中属Ⅰ型2式，[11]多见于西汉前期。其碗与纺轮组合随葬现象见于广州西村凤凰岗西汉早期墓[12]和广州西汉前期墓。三件陶碗与西村凤凰岗西汉墓M1：3[13]，西汉南越王墓墓道所出H41[14]，广州汉墓M1128：3（Ⅱ型①式）[15]相较，皆为直口折腹平底，为广州西汉前期墓的典型器。随葬铁器的葬俗亦属广州西汉前期墓的特征，铁刮刀和铁斧虽锈蚀严重，但可

---

[1] 广州市文物管理处《广州淘金坑的西汉墓》，《考古学报》1974年第1期。
[2] 广州市文物管理委员会、广州市博物馆《广州汉墓》，第104-105页。
[3] 广州市文物管理委员会、广州市博物馆《广州汉墓》，第93页。
[4] 广州市文物管理委员会等《西汉南越王墓》，北京：文物出版社，1991年，第276-278页。
[5] 广州市文物管理处《广州淘金坑的西汉墓》，《考古学报》1974年第1期。
[6] 广州市文物管理委员会、广州市博物馆《广州汉墓》，第137页。
[7] 广州市文物管理处《广州淘金坑的西汉墓》，《考古学报》1974年第1期。
[8] 广州市文物管理委员会、广州市博物馆《广州汉墓》，第147页。
[9] 广东省文物考古研究所、广宁县博物馆《广东广宁县龙岗嘴战国墓》，《考古》1998年第7期。
[10] 广东省博物馆、罗定县文化局《广东罗定背扶山战国墓》，《考古》1986年第3期。
[11] 广州市文物管理委员会、广州市博物馆《广州汉墓》，第23页。
[12] 广州市文物管理委员会《广州西村凤凰岗西汉墓发掘简报》，《广州文物考古集》，北京：文物出版社，1998年，第197-206页。
[13] 广州市文物管理委员会《广州西村凤凰岗西汉墓发掘简报》，《广州文物考古集》，第197-206页。
[14] 广州市文物管理委员会等《西汉南越王墓》，第25-26页。
[15] 广州市文物管理委员会、广州市博物馆《广州汉墓》，第121页。

看出铁刮刀与广州汉墓M1118：39、M1152：42[1]，西汉南越王墓A40[2]相近；铁斧与广州汉墓M1005：12[3]类同。

M13亦为长方形窄坑墓，长宽比较大，与M11应属一类。陶瓿（M13：2）与广州西汉前期M1085：5[4]类同，器形、纹饰，以及牛头形钮几乎一样；与之配套的器盖M13：5，亦与M1085：5所附器盖高度相似。M13所出陶罐和陶碗，同类器可见于增城浮扶岭M511（M511：20）[5]，该墓时代定为南越国时期。此外陶碗与M11所出陶碗类同，青铜铙与M3所出铙器形相同，时代应相差不大。

综合墓葬形制和随葬品组合及特征分析，本次考古发掘清理三座西汉墓均为西汉早期（南越国时期）。

（二）关于葬俗和族属。M3为长方形竖穴土坑墓，墓底铺石子并设腰坑（腰坑内随葬大陶瓮）的墓葬形制为岭南战国秦汉时期典型越人墓的特征。据学者研究，岭南地区腰坑墓可分为春秋晚期至战国早期的肇始期，战国中晚期的盛行期，南越国时期的延续期，西汉晚期至东汉前期的消亡期共四个时期。南越国时期的腰坑墓是战国时期岭南越人及其后裔的文化延续。[6]墓底铺石子则为战国秦汉时期岭南地区越人的特有葬俗。同类葬俗还见于广州汉墓[7]、广州旧铸管厂南越国墓葬[8]、增城浮扶岭遗址[9]、广州萝岗园岗山越人墓[10]、广州华侨新村西汉墓[11]、广宁龙岗嘴墓地[12]、广西平乐银山岭墓地[13]、广西灵川马山古墓群[14]、

---

[1] 广州市文物管理委员会、广州市博物馆《广州汉墓》，第162-163页。
[2] 广州市文物管理委员会等《西汉南越王墓》，第33页。
[3] 广州市文物管理委员会、广州市博物馆《广州汉墓》，第162页。
[4] 广州市文物管理委员会、广州市博物馆《广州汉墓》，第108-109页。
[5] 广州市文物考古研究所《广东增城浮扶岭M511发掘简报》，《文物》2015年第7期。
[6] 朱海仁《岭南腰坑墓探源》，《中国文物报》2004年8月20日。
[7] 广州市文物管理委员会、广州市博物馆《广州汉墓》，北京：文物出版社，1981年。
[8] 广州市文物考古研究所《广州考古六十年》，广州：广州出版社，2013年，第68-69页。
[9] 广州市文物考古研究所《广东增城浮扶岭M511发掘简报》，《文物》2015年第7期。
[10] 广州市文物考古研究所《广州市萝岗区园岗山越人墓发掘简报》，《华南考古》2，北京：文物出版社，2008年，第254-262页。
[11] 麦英豪《广州华侨新村西汉墓》，《考古学报》1958年第2期。
[12] 广东省文物考古研究所《肇庆古墓》，北京：科学出版社，2008年，第4-26页。
[13] 广西壮族自治区文物工作队《平乐银山岭汉墓》，《考古学报》1978年第4期。
[14] 广西壮族自治区文物工作队等《灵川马山古墓群清理简报》，《广西考古文集》，北京：文物出版社，2004年，第228-237页。

广西贺州市高屋背岭古墓群[1]等。M3以陶瓿、陶三足罐、陶三足盒、陶碗、越式铜鼎、青铜小铙为器物组合，未见汉式的陶鼎、盒、壶组合。陶器质地普遍较硬，陶胎发灰、发白，显示火候较高，器表施釉现象常见，纹饰以戳印篦点纹、弦纹、水波纹为特色，除陶瓮饰方格纹外，未见广州西汉早期墓方格纹作底纹、几何形图案作主纹的汉陶装饰风格，陶器上仍可见南方印纹硬陶上常见的刻划符号。从陶器器形、陶质陶色、纹饰来看，三座墓随葬陶器带有岭南战国秦汉时期越人印纹硬陶的典型特征。随葬品均未见兵器，随葬青铜器、铁器、陶器皆为生活器，青铜鼎腹部烟灰炱可知为实用器。M11、M13墓坑狭长，长宽比较大，亦是越人墓的典型特征；随葬品中的陶瓿、小陶罐、陶碗等亦具越式风格。

公元前204年，赵佗割据岭南，建立南越国，实行"和辑百越"统治策略。M3、M11、M13墓主人，根据墓葬形制和随葬品推断应为南越国治下保持越人习俗的南越人。M3、M11、M13与中大北校区东部农林路一带发现的南越国高等级墓相较，无论墓葬规模还是随葬品丰富程度均逊色不少，其墓主当属下层平民；但M3墓葬结构较复杂、随葬品稍多，其墓主人等级可能略高。

本次考古发掘项目负责人为覃杰，参与发掘的有曹耀文、韩贵川、陈彦虎、张军、中山大学丁艳艳等；田野绘图由张军、曹耀文完成；田野照片由韩贵川拍摄；器物修复由刘霞、袁玲芳完成；器物绘图由武保林完成；器物照片由杨鹏拍摄；参与资料整理的还有中山大学詹惠婕、丁艳艳等；执笔：曹耀文。

---

[1] 广西壮族自治区文物工作队等《贺州市高屋背岭古墓群勘探与试掘》，《广西考古文集》，北京：文物出版社，2004年，第259-264页。

广州机务段生活小区唐代砖室墓M30的发掘

广州市文物考古研究院

内容提要：

2009年9月至2010年7月，为配合工程建设，广州市文物考古研究所对广州机务段生活小区B1-B4栋经济适用房工程范围进行了考古发掘，共清理墓葬72座。其中一座唐代砖室墓M30结构保存完整，为研究广州唐代丧葬习俗等问题提供了新资料，墓内随葬的一方端砚十分难得，为端砚的研究增添了重要实物资料。

一、地理位置与发掘经过

广州机务段生活小区位于广州市荔湾区，地处广州古城西北郊，东邻京广铁路，西邻西湾路，南邻广园西路，北望三元里瑶台。

这一区域原为低矮山岗地貌，1953年以来在周边地区考古发掘了数量丰富的各时期墓葬。其中，1982年在工地北面的瑶台发掘西汉南越国至唐宋时期墓葬46座，1983年在紧邻工地西北面的凤凰岗发掘一座西汉南越国时期木椁墓，是迄今广州地区考古发掘的最大规模的木椁墓。

为配合广州机务段生活小区B1-B4栋经济适用房工程建设，广州市文物考古研究所于2009年3月至2010年7月对工程建设范围进行了全面考古勘探和发掘，共清理汉、晋南朝、唐代墓葬72座，墓葬分布十分密集。其中一座唐代砖室墓M30结构保存完好，时代特征明显，特别是随葬的一件唐代端砚，造型精美，制作精致，十分难得。现将该墓材料报告如下。

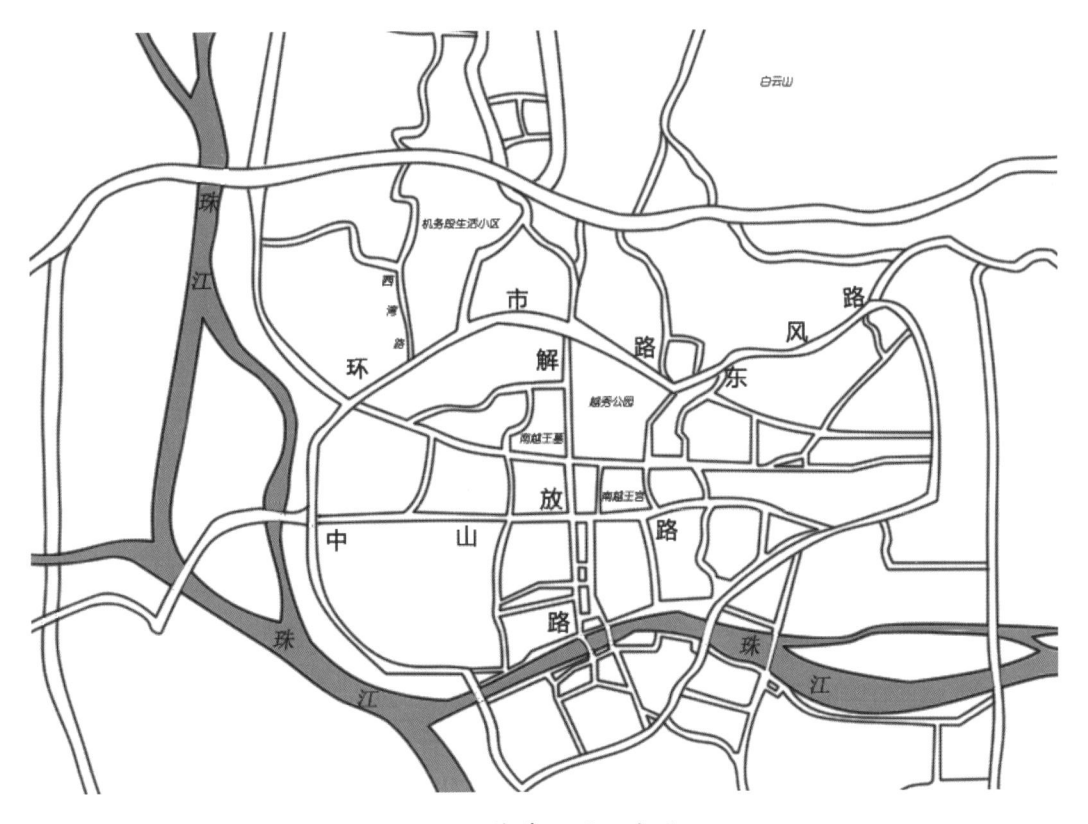

图一 墓葬位置示意图

二、墓葬形制

M30位于工地西北角。墓室券顶后部局部被施工破坏，其余部分保存完好。

该墓为长方形券顶砖室墓，方向113°。墓坑平面呈长方形，长3.54米、宽2米。墓坑东侧中部有斜坡式墓道，宽0.9米、残长1.8米，坡度20°，墓道内填土青灰色砂质土。墓道靠近封门处残存有砖砌祭台，残长0.4米、宽0.82米。用长方形平砖平顺相间铺砌，四周用侧立砖拦边。

墓室平面呈长方形，内长3、宽1.24、底部距券顶最高1.25米，发掘时墓室底部有厚约0.1米的灰红色淤积土。封门位于前室墓壁内侧，高1.5米。双隅，墓底未

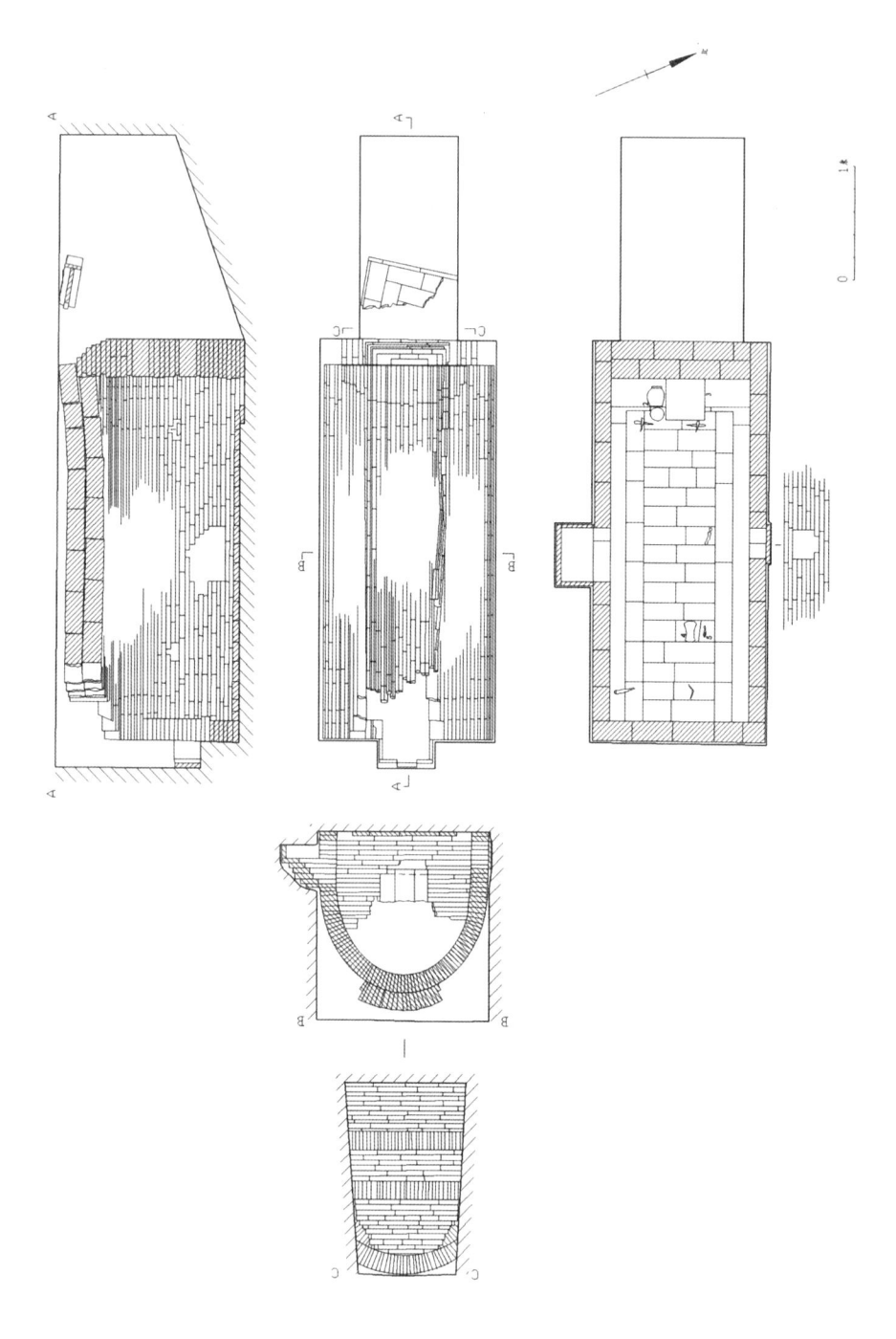

图二 M30墓葬平、剖视图
1.青釉灯盏 2.青釉四耳盖罐 3.墓志 4.砚 5.铜锸

见铺砖，距墓底0.4、0.8米处丁砖铺砌，其余均由墓砖平砌。

墓室分前、后室。前室内长0.25、宽1.24米，墓底无砖，墓壁在距墓底0.9米处起券。后室内长2.75、宽1.24米，墓底中部砌棺床，棺床长2.7、宽0.96米，棺床中部为横向平铺，四周为顺向平铺，墓壁在距墓底0.85米处起券。后室两侧墓壁前、后部砌有灯龛，共4个，距墓底约50厘米，尺寸一致，叠涩顶，长18、深16、高12厘米。后室南壁中部偏西侧砌有小耳龛，高出墓底三层砖，平面呈长方形，长0.5、深0.46、高0.37米。墓壁另一侧砌有壁龛，位于后室北壁中部偏东侧，平面呈长方形。壁龛砌筑于三层壁砖之上，以壁砖为底，侧面呈规整"凸"字形。长0.26、宽0.16、高0.25米。

后龛位于后壁中部，距墓底0.26米，长38、深44、残高30厘米。

墓砖火候不高，呈青灰、灰黄色，素面，有长方形平砖和刀砖。长方形平砖规格为35厘米×17厘米×3厘米，刀砖规格为34厘米×16厘米×3.5厘米。

M30虽保存较好，但葬具已毁，葬式无法考证。

墓内随葬器物5件，其中墓志及青瓷四耳盖罐发现于前室正对墓道处，砚及铜镊发现于后室东侧，灯盏发现于后室东壁北侧灯龛中。

三、随葬器物

墓内出土器物共5件，包括瓷、石、铜、砖等质地。

1．青釉灯盏，1件。M30:1，泥质灰黄胎，火候较低，外施黄绿釉，胎釉结合较差，几乎全部脱落，仅口沿下有残留。敞口、圆唇、圈足。内有手制环形支钉，应为支撑灯芯之用。口径10.5、底径4.4厘米、圈

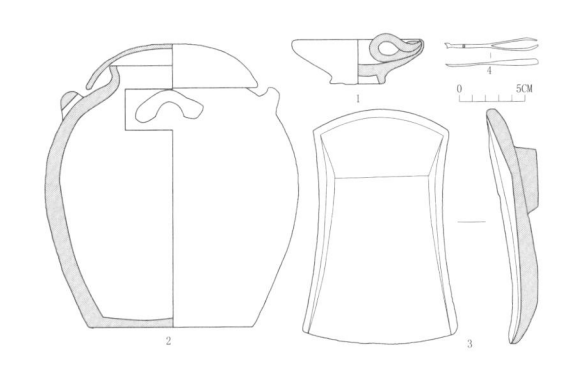

图三 M30出土器物
1.灯盏（M30:1) 2.青釉四耳盖罐（M30:2)
3.砚（M30:4) 4.铜镊（M30:5)

足高4厘米。

2. 青釉四耳盖罐，1件。M30：2，泥质灰黄胎，火候不高，胎体较厚，外施黄绿釉，胎釉结合较差，釉部分脱落，器内半边残存黄绿釉。直口，方唇，圆腹，肩部圆鼓，下腹倾斜，平底，肩附四耳。钵形盖，素面。口径9.6、最大腹径26厘米，底径12.3、高20.4厘米。

3. 砚台，1件。M30：4，石质，带褐色花斑，质细，砚面磨制光滑。平面呈"风"字形，砚首上翘，浅池平滑，砚底后部鼓出着地，前部有矩形双足。通长16厘米，高2厘米，首宽12厘米，腰宽9.5厘米，尾宽9.5厘米。

4. 铜镊，1件。M30：5，铜质，表面呈铜绿色。一端为夹形镊子，一端为勺形的耳匙。体呈薄片，中部分张，头部曲对，匙端残断。残长7.1、头宽0.9厘米，中部宽0.2厘米，匙宽0.4厘米。（出土器物1-4见图三）

5. 墓志，1件。M30：3，砖质，近方形，边长36、厚5厘米，表面呈灰黄色，未发现文字。

四、小结

（一）墓葬年代

M30未发现纪年遗物，只能根据墓葬形制及随葬器物特征推断大致年代。

从墓葬形制分析，M30为长方形券顶砖室墓，前、后室分级不明显。前室窄小且底未铺砖，未设天井，形制简化趋于象征性。后室略高于前室。墓室东壁有正对封门的后龛。后室两壁分别砌筑灯龛，其内发现有灯盏。南壁砌有小耳室，北壁有壁龛，两侧未呈对称分布。墓志平置于前室正对封门处，南侧有一青釉四耳盖罐。后室底部发现有棺钉，木棺已朽不存。中后部发现一砚台和一铜镊子。墓砖多为青灰、灰黄色素面砖，以长方形砖和刀砖为主。其形制与广州太和岗唐砖室墓M2基本一致，该墓前室简化且位置较低，后室铺设棺床，一侧墓壁有耳室，平面呈长方形，另一侧有壁龛，该墓出土纪年墓志，建于唐开成五年（公元840

年）。[1]墓壁一侧筑小耳室的墓室结构多见于广州唐砖室墓中，如广州黄花岗发现的唐代砖室墓M13[2]及1997年广州市环市东路淘金坑发现的三座唐代砖室墓，墓葬保存较差但仍能看到墓葬中一侧砌筑耳室的结构。[3]总体上，M30的规模、形制和用砖皆具有广州唐代晚期墓葬的特征。

从随葬器物分析，M30出土的灯盏形制与太和岗唐墓M2所出的灯盏（M2:6）基本一致，外施青绿釉敞口凹浅盘，其特征为内有环状支钉用以固定灯芯。[4]此类灯盏还出现在广东韶关晚唐墓。[5]四耳盖罐是长期流行于南方广大地区的随葬品，M30随葬的青瓷四耳盖罐鼓腹，与黄花岗出土的形制、尺寸相似，[6]具有明显晚唐特征。M30棺床中后部发现一枚青铜镊，一端为镊子另一端为耳勺，从形制上体现了器物的实用性，该类器物多发现于黄河流域的唐代中晚期墓葬中，[7]可分为镊子与耳勺各一端及单一镊子两种。在广东境内材料较少，广东始兴出土一枚铜镊，[8]为单一镊子，其上饰有环形纹。与铜镊放置在一起的还有一砚台，石质，应为端砚，形制完整。砚台是隋唐较流行的随葬器物，其形制自初唐至盛唐

---

[1] 广州市文物考古研究所《广州太和岗唐墓发掘简报》，《羊城考古发现与研究（一）》，北京：文物出版社，2005年，第161-170页。

[2] 广州市文物考古研究所《广州黄花岗汉唐墓葬发掘简报》，《考古学报》2004年第4期。

[3] 广州市文物考古研究所《广州市环市东路淘金坑发现唐代砖室墓》，《广州文物考古集》，北京：文物出版社，2001年，第304-307页。

[4] 同注1。

[5] 曲江县博物馆《广东曲江县发现一座唐墓》，《考古》2003年第10期。

[6] 同注2。

[7] 邢台市文物管理处《河北邢台市唐墓的清理》，《考古》2004年第5期；邢台市文物管理处《河北邢台中兴西大街唐墓》，《文物》2008年第1期；郑州市文物考古研究院、巩义市文物管理局《河南巩义王沟新村唐墓M5发掘简报》，《文物春秋》2016年第3期；《河南三门峡市清理一座纪年唐墓》，《考古》2007年第5期；河南省文物考古研究所《河南三门峡市印染厂唐墓清理简报》，《华夏考古》2001年第1期；中国社会科学院考古研究所河南二队《河南偃师杏园村唐墓的发掘》，《考古》1996年第12期；三门峡市文物工作队《三门峡市两座唐墓发掘简报》，《文博》2015年第5期；中国社会科学院考古研究所河南第二工作队《河南偃师杏园村的六座纪年唐墓》，《考古》1986年第5期；陕西省考古研究所《西安西郊枣园唐墓清理简报》，《文博》2001年第2期。

[8] 始兴县博物馆《广东始兴晋-唐墓发掘报告》，《考古学集刊》第2集，北京：文物出版社，1982年。

以辟雍砚为主，中唐到晚唐箕形砚更加流行，[1]晚唐之后渐渐向风字形变化，双足也简化为平底。M30所出砚台与广东始兴[2]所出形制相似，平面呈"风"字，下有双矮足，广东和平县所出"风"字砚为平底。

综上所述，根据墓葬形制和随葬器物组合分析，M30年代为唐代晚期。

（二）讨论

M30结构保存完整，在广州地区考古发掘的唐代墓葬中十分难得，特别是墓道后部上方的砖砌拜台，为广州考古发现的第一例，由此表明，在完成墓主人下葬及墓道封填后，还会在墓室前方地面设置拜台用于祭拜。至于墓室上方是否还有其它建筑，则不可考，有待更多的材料发现。此外，M30后室4个灯龛仅出一盏灯，也表明并非所有灯龛都会放置灯盏。

M30随葬的砚台保存完好，其尺寸仅次于1964年在广州动物园发掘出土、现藏于广州博物馆的唐代端砚，造型精美，十分难得，进一步丰富了端砚的考古资料。

总之，M30的发掘，为研究唐代广州地区葬俗，以及唐代广州的经济社会面貌、端砚的开采使用等方面提供了重要考古新材料。

附记：考古发掘领队易西兵。参加发掘的有马建国、罗世聪等。吕良波负责文物保护，朱汝田、饶晨负责绘图，易西兵负责田野考古摄影，关舜甫负责器物摄影。执笔为饶晨。

---

[1] 全洪《唐代端溪石砚的几个问题》，《文物》2004年第4期。
[2] 始兴县博物馆《广东始兴晋-唐墓发掘报告》，《考古学集刊》第2集，北京：文物出版社，1982年。

南越宫苑遗址出土石刻文字杂识

姜修翔

内容提要：

南越宫苑石刻文字多为"地名""职官""人名""编号"等题记内容，其文字数量不多，但是字体丰富，弥补了岭南地区西汉时期没有石刻的缺憾。对南越宫苑石刻释字问题的订正和探讨，有利于为汉字形体史具体字例进行拓展和补充，深化对南越宫苑用石情况的认识。

一、西汉时期出土石刻与南越宫苑出土石刻简况

总体上来看，汉代以前我国并未广泛使用石料作为建筑材料，战国到西汉时期，石质建筑构件较少，到东汉石构建筑才开始大规模使用和流行，常见的有墓塞石、石祠、石阙、石碑、石像生等等。[1]虽然现存茂陵霍去病墓前的石雕十分精美，但纯熟的石刻水平并未随着其技艺的进步而推动文字石刻的成型定式。据徐森玉先生考证，[2]就西汉时期（包括新莽）而言，至今所见石刻文字仅有十种，分别是霍去病墓石刻字、群臣上寿刻石、鲁北陛石题字、广陵中殿石题字、巴州民杨量买山记、五凤刻石、麃孝禹刻石、祝其卿坟坛、上谷府卿坟坛、莱子侯刻石。此外还出土过一件冯孺人葬志，时间为新莽时期。[3]

至于西汉时期大型建筑遗址方面出土的石刻，主要是1958-1960年发掘的汉长安城南郊西汉礼制建筑遗址，其石刻文字主要集中在第一号遗址西堂、第二号遗址西堂、第三号遗址南堂和中心建筑四堂、第四号遗址东堂以及第十二号遗址中心建筑。[4]其次是2012年在汉长安城北发现的渭桥遗址，据笔者整理和统计，其中不重复石刻单字逾140个，合文有十数个之多，是目前所发现西汉石刻文字数量最

---

[1] 刘敦桢《中国古代建筑史》，北京：中国建筑工业出版社，1980年，第64页。
[2] 徐森玉《西汉文字石刻初探》，《文物》1964年第5期，第1-9页。
[3] 赵超《中国古代石刻的存留状况（一）》，《文物春秋》1989年第Z1期，第28-35页。
[4] 中国社会科学院考古研究所《西汉礼制建筑建筑遗址》，北京：文物出版社，2003年，第40-46、51-60、64-71、113-116页。

多、规模最大、体系最完整的一批材料。[1]墓葬方面，在芒砀山西汉梁王墓地、徐州北洞山西汉楚王墓、永城黄土山与鄫城汉墓以及永城西汉梁国王陵与寝园也发现有石刻文字，这些文字多以墓塞石为载体，主要是工匠姓名、刻石日期、墓石部位尺寸等内容，具有极强的实用功能。[2]

从文字内容来看，这些石刻可以分为地名、职官、陶工人名以及数字编号四大类。[3]经观察发现，石刻上的文字按照加工工艺可分为两类，即刻划和凿刻。刻划是指使用尖锐的工具，直接在石板面或石构件上刻出需要的文字。凿刻即用凿刻工具在石板面或石构件凿刻出文字。刻划的文字线条纤细随意，应为直接刻写；凿刻的文字结体宽厚广博，或为先书后写。

南越宫苑遗址共出土石刻文字11种18件，主要分布在蕃池池壁石板面和曲流石渠底石板面以及石构件上。1995年考古队首次发掘南越宫苑遗址时，在"蕃池"南壁、西壁铺石上以及曲流石渠石板上均发现了石刻文体。蕃池南壁发现"蕃"字1例，字体规格最大，长达25厘米，宽20厘米。南壁还发现了"睆"字5例，"冶"字3例，"阅"字2例，"儹"字1例。西壁有"□北诸郎"1例，其中"北"字以上的文字漫漶不清，难以辨识。曲流石渠发现"工"字3例，分别位于曲流石渠急转弯处东侧斜坡、弯月形石池北列东起第二堵和最西端的石板上。"二"和"十"两例数字石刻也发现在弯月形石池处，分别在弯月形石池南次间八棱石柱和北列东起第一堵是石板上。以上诸例石刻分布集中，均在蕃池南壁和西壁和曲流石渠上，除西壁有"□北诸郎"字体风格方正、笔画纤细外，其他均为凿刻文字。另有两例刻画文字，分别为"辨"和"井"，分布在砂岩石板上。这些文字书风结体在篆隶之间，可称为草篆。[4]

二、南越宫苑遗址出土石刻释字考察

---

[1] 陕西省考古研究院等《西安市汉长安城北渭桥遗址》，《考古》2014年第7期，第34-47页；渭桥考古队《陕西考古发现秦汉渭桥遗址为同时期全世界最大木构桥梁》，《中国文物报》2013年1月16日，第001版。

[2] 阎根齐主编《芒砀山西汉梁王墓地》，北京：文物出版社，2001年；徐州博物馆编、南京大学历史系考古专业《徐州北洞山西汉楚王墓》，北京：文物出版社，2003年；河南省文物考古所、永城市文物旅游管理局《永城黄土山与鄫城汉墓》，郑州：大象出版社，2010年；河南省文物考古所编《永城西汉梁国王陵与寝园》，郑州：中州古籍出版社，1996年。

[3] 南越王宫博物馆筹建处、广州市文物考古研究所《南越宫苑遗址1995、1997年考古发掘报告（上）》，北京：文物出版社，2008年，第192页。

[4] 麦穗丰《从广州南越国木简看岭南秦汉时期书法——兼谈广州考古发现的秦汉金石》，《广州文博》第二期，北京：文物出版社，2008年，第113-124页。

蕃池遗迹的南壁石板面上刻凿一字，如表一字例1所示，在《南越宫苑遗址1995、1997年考古发掘报告（上）》中被释为"儹"。笔者细审其字发现，该字左边部件为"亻"，右边部件上部由三个"屮"组成，为"卉"，下部为"贝"，故该字为"偾"，而非先前所释"儹"。该字在睡虎地秦简中亦有发现，如表一字例2所示。"赞"字右侧部件上部为"兟"，其形体如表一字例3字例4所示，与"卉"差别较大，不存在混淆的情况，当正。

表一

字例1	字例2	字例3	字例4
(image)	(image)	(image)	(image)
儹[1]	封·八四[2]	张寿残碑	武威简·有司·一五

蕃池西壁残石刻划有四字，如表二所示。在《南越宫苑遗址1995、1997年考古发掘报告（上）》中被释为"囗北诸郎"，并断"北诸郎"为职官名，但文献中未见记载。[3] 从下表中看，"诸郎"二字笔画方直，介于隶篆之间，而"北"字此时笔画应当与此二字风格一致，但实际上，二字笔势风格相差较大，未呈现笔画方直的面貌。

表二

字例1	字例2	字例3	字例4
(image)	(image)	(image)	(image)
儹[1]	封·八四[2]	张寿残碑	武威简·有司·一五

在同为西汉时期的石刻中，经常出现"北"字石刻以志方位。表三字例1—5为保安山二号墓塞石刻字，[4] 字例5—8为黄山二号墓朱书文字（摹本）。[5]

---

[1] 南越王宫博物馆筹建处、广州市文物考古研究所《南越宫苑遗址1995、1997年考古发掘报告（上）》，第194页。
[2] 张守中《睡虎地秦简文字编》，北京：文物出版社，1994年，第128页。
[3] 南越王宫博物馆筹建处、广州市文物考古研究所《南越宫苑遗址1995、1997年考古发掘报告（上）》，第194页。
[4] 河南省文物考古所编《永城西汉梁国王陵与寝园》，郑州：中州古籍出版社，1996年，第167页。
[5] 河南省文物考古所、永城市文物旅游管理局《永城黄土山与酇城汉墓》，郑州：大象出版社，2010年，

表三

字例1	字例2	字例3	字例4
Y1:040103	Y1:040103	Y1:040101	Y1:040201
字例5	字例6	字例7	字例8
Y1:0402	01010303	010301	010204

一般说来，在西汉石刻中，"北"通常是作为方位词单独出现，或搭配其他可表方位的"西""东"之类的方位词或数词，更加明确其所在位置次序。如芒砀山西汉梁王墓地窑山二号墓墓石北坡刻有"北"字，[1]再如永城黄土山与酇城汉墓黄土山二号墓朱书文字有"甲北十""甲北十六""甲北四"等，[2]永城西汉梁国王陵与寝园保安山二号墓墓塞石有"西宫西北""西宫东北"等。[3]像南越宫苑此石刻文字释为"北"，其后接"诸郎"职官类词的情况，在目前已知石刻中仍未见到。

礼泉县药王洞乡曾出土过一件铜椭量，柄面上刻划有"北私府""右""半斗、一"等文字。[4]在秦玺印封泥中，存有大量的"北宫宦丞""北宫榦丞""北宫工丞""北宫弋丞""北宫私丞"等职官类封泥，王辉先生经考察认为"北宫"为太后所居，而铜椭量中的"北私府"正是"北宫私府"之省。[5]由此出发，南越王石刻上的"北诸郎"之"北"，可能也为"北宫"或含有"北"字某地点名称之省。如此，那么"北诸郎"就解释得通了。

另外，南越宫苑此石刻中的"北"字左右部件变化后不再像人之形。商代甲骨文的"丘"字所见像地面突起的小土山形，西周时期，原像小土山的部分讹变

---

[1] 阎根齐主编《芒砀山西汉梁王墓地》，北京：文物出版社，2001年，第262页。
[2] 河南省文物考古所、永城市文物旅游管理局《永城黄土山与酇城汉墓》，第27页。
[3] 河南省文物考古所编《永城西汉梁国王陵与寝园》，第167-169页。
[4] 陈梦东《陕西发现一件两诏秦椭量》，《文博》1987年第2期，第26-27页。
[5] 王辉《秦铜器铭文编年集释》，西安：三秦出版社，1990年，第128-130页；王辉、程学华著《秦文字集证》，台北：艺文印书馆股份有限公司，中华民国九十九年（2010年）十一月修订初版，第157页。

成"北"形。许慎《说文解字》的"丘"字以从"北"结体,经隶变后,其所从"北"形的笔画在平直的过程中被加以连接,导致"北"原先的形体样貌改变较大。南越宫苑遗址建造年代处于秦末到西汉初年,其时代处于秦汉之际,此时也是文字大一统大变革时期。汉代的"丘"字本就容易和"北"相混,此类石刻中走笔、连笔、缺笔、简笔情况十分常见,加之此处几字为刻划,而非精心凿刻以用于正式场合,字体便更加随意。从字形上来看,原先厘定为"北"的字形,与汉印、汉简、汉碑中的"丘"字形是十分接近的,如表四诸例所示。

表四

字例1	字例2	字例3
汉印徵	废丘鼎盖	孟孝琚碑

"丘"常用作地名后缀,经常以"某丘"的形式出现。钱穆先生认为"古地以'丘'名者如营丘、商丘、楚丘、灵丘、葵丘、陶丘、瑕丘、顿丘、亩丘、宗丘、旄丘、阿丘之类,即就见于《左传》一书者言,殆已不可胜数。盖古人其先皆居丘,故所居地亦以'丘'为名。"[1]古代的封邑之地多倾向于营造在丘陵地貌之上,进而形成了中国最初的"地名"。迤至两汉,包括丘城在内的大批先秦城址仍然沿用,[2]如近些年在东马坊遗址就出土了"瀍丘"的陶文,秦官印中也见"瀍丘左尉",正是属于"地点+职官"的情况。南越多承袭秦制,受关中地区影响很大,南越宫苑遗址的石构件和石刻,须要放在秦文化后裔和正宗秦人文化南传的角度来看,故在秦汉之际的岭南地区,存在有"某丘"的地名也是完全有可能的。

在汉代的玺印封泥以及石刻中,常见"地点+职官"的表达形式,而"方位词+职官"的表达形式目前未见。综合"北"和"丘"的笔画特征和用字习惯,笔者

---

[1] 钱穆《中国古代山居考》,北京:三联书店,2009年,第41页。
[2] 张鹏卜、马保春《先秦时期"丘"研究》,《西安建筑科技大学学报(社会科学版)》2020年第2期,第31–36页。

认为南越宫苑遗址蕃池西壁残石刻划的四字，第二字"北"也或可视为"□丘"字省笔，"丘"表示地点，"诸郎"表示职官。因材料有限，列此聊备一说。以上两种情况皆有可能，尚无法做出最终判断。

三、南越宫苑遗址出土石刻文字分类与用石用字传统

西汉时期，大型建筑、墓葬等出土石构件上的文字根据内容可分为刻石尺度、刻石日期、完工日期、刻工姓名、刻石方位、刻石编号、施工顺序、吉语、地名、职官以及其他文字等九类。南越王宫苑遗址石构件文字根据内容被分为地名、职官、刻工人名和编号数字四类。其中地名仅"蕃"字1处，数字仅"二""十"两处。编号数字类，在西汉石刻中，常见"干支"+"数字"的形式，如渭桥石刻"甲二""乙三"等；"方位"+"数字"的形式，如黄土山二号汉墓朱书文字"南廿四""南六"等；"方位"+"序数"的形式，如黄土山二号汉墓"东面第九"等；仅有"序数"的形式，如渭桥石刻"第一""第五"等。而仅标注数字的，目前只有南越宫苑遗址出土的石刻文字，如"二""十"等。

《南越宫苑遗址1995、1997年考古发掘报告（上）》中认为"阅""赞""辩""井""睆""冶"等字为"陶工人名"，不妥。虽然带有"阅"字瓦文的陶器出土较多，但只能说明该石刻或许和该制瓦陶工有所关联，应改为"刻工姓名"为宜，而非"陶工人名"。南越王宫苑遗址所出"睆"字，在西汉石刻中独见，但在汉印中有用作人名的情况，也可视为"刻工姓名"。但其他石刻文字，有的可能是石工姓名，有的指代不明，不能武断定论。

至于职官类，除上文所讨论的"诸郎"外，还有"工"字。西汉石刻中不乏"工"字，但未见有单独出现的情况。如渭桥石刻中"官工官治"，如芒砀山西汉梁王墓地柿园汉墓刻石"佐侧工"，[1] 西汉礼制建筑第三号遗址西堂（F303）方台础石有"官工节砀周君长"等，[2] 单独标写"工"的石刻南越宫苑也是独

---

[1] 阎根齐主编《芒砀山西汉梁王墓地》，第100页。
[2] 中国社会科学院考古研究所《西汉礼制建筑建筑遗址》，第51页。

例。

  由以上诸例，我们可以看出南越宫苑遗址出土石刻内容和形制上的大致规律，其石刻中主要是人物姓名和建筑材料的记号等简单的刻辞，和其他西汉时期石刻相比，内容更加简略，但仍然属于"物勒工名"的性质。在此后的发展过程中，这些石刻的进一步发展和书写格式的变化进一步产生，但其形制尚无定例，表明包含南越宫苑石刻在内的西汉石刻文字仍处于刚刚开始的实用阶段。

（作者单位：武汉大学文学院古籍整理研究所）

五华狮雄山遗址的考古收获及其性质

——与《五华狮雄山》考古报告作者的商榷

邱立诚

内容提要：

广东五华狮雄山遗址的第五次考古发掘有重大发现，尤其是封泥与植物遗存。宫殿式回廊建筑基址并不能否定，可能存在阙门等结构，可肯定为"长乐台"（行宫）遗址，年代为南越国时期，此外"定楬"城址并不在狮雄山。

2014年，科学出版社出版了由广东省文物考古研究所编著的《五华狮雄山》考古报告，[1]文中报道了第五次考古发掘的收获，其中有许多重要的考古信息，同时也对遗址的年代和遗址的性质以及相关的问题进行了讨论。笔者以广东省博物馆文物工作队和广东省文物考古研究所考古工作者的身份参加或主持了五华狮雄山遗址的前四次发掘，对该遗址也有所了解，并与刘建安共同执笔编写了《广东五华狮雄山汉代建筑遗址》一文。[2]本文就报告所列问题谈一些看法，以请教于同行。

一、五华狮雄山遗址第五次发掘的考古发现

（一）遗迹

包括有环壕、壕沟（G8）、建筑基址、灰坑、陶窑、水井等。可以说，这些发现都是很重要的。

---

[1] 广东省文物考古研究所、尚杰编著《五华狮雄山》，北京：科学出版社，2014年。
[2] 广东省文物考古研究所等《广东五华狮雄山汉代建筑遗址》，《文物》1991年11期，第27–37页。

由于笔者没有考察环壕与建筑基址的发掘现场，因此，这里不对环壕和建筑基址遗迹发表意见。壕沟（G8）列为遗址分期的第二组，对应器物分期为第二段，分为狮雄山秦汉晚期遗存，年代为南越国时期。G8位于第三级平台的北部，基本为东西走向，全长约102米，西面与狮雄山的天然河道相接，由此可见，应属于排水的设施。G8开口于明清文化层之下，口宽3.75~4.5米，深2.4~4.55米。出土遗物有绳纹瓦和陶器盆、罐、碗，纹饰有戳印纹、方格纹、水波纹等，年代判定为南越国时期，这是准确的。但"狮雄山秦汉晚期遗存"应为"狮雄山秦汉遗址晚期遗存"，这才是准确的。

灰坑中，H22、H13列入遗址分期的第一组，对应器物分期为第一段，分为狮雄山秦汉早期遗存（应为"狮雄山秦汉遗址早期遗存"），年代为秦代。H22位于第二级平台的东部，在四号建筑基址的垫土之下，打破H23、H24、H25，即其关系为：四号建筑基址→H22→H23、H24、H25。H23和H24未见遗物，H25则可见大量绳纹板瓦、筒瓦和少量陶器，发掘报告未见时代判断，只认为"早于JZ4"（四号建筑基址），实际上，JZ4③已列为分期中的第二组，明确为南越国时期，H25的出土遗物也应为南越国时期。H22坑口东西长7.13米，南北宽5.48米，深0.72米，出土遗物中有陶器瓮、罐、釜、鍪、盆、盒、钵、纺轮、瓦当和封泥，还有大量的植物遗存，因此，H22属于南越国时期也是顺理成章之事。问题是属于南越国的早期还是晚期。

H13位于第一级平台的东部断崖，开口于JZ3④下，JZ3（三号建筑基址）已明确为南越国时期。H13是一个袋形灰坑，已残，深2.2米，出土少量陶片，器形有瓮、罐、釜等，纹饰为菱格纹、夔纹、方格纹，而以方格纹为主。H13的年代，报告认为"略早于南越国时期，可能为秦代"。实际上，H13显然早于南越国时期，年代为春秋战国时期。

陶窑2座（Y1、Y2），位于第二级平台的西北部断崖，从残存情况看，应属馒头窑。Y2的上部被Y1打破，但Y1仅存窑膛。而从Y2看，有窑箅。出土遗物有绳纹瓦、方格纹陶罐碎片和长短径各压有凹槽陶网坠等，推测陶窑是烧造瓦类和陶器的，发掘报告未判定年代，但从绳纹瓦和陶网坠的形制可推知，应属南越国时期。

水井（J1）1座，位于第三级平台G8之下，可知其关系为G8→J1。J1口大底小，口径1.9米，底径1.6米，圆形，井壁平滑，较直斜收，残深4.45米。出土遗物①至③层有绳纹板瓦、筒瓦、云纹瓦当和方格纹陶片；④层有席纹方格纹组合纹样陶罐、陶釜和米字戳印方格纹陶片；⑤层未见遗物；⑥层有夹砂陶器座1件。从遗物判断，绳纹瓦与瓦当属于南越国时期，米字戳印方格纹陶片属于汉代的较早阶段，因此，J1的最晚年代应为南越国早期。⑥层所见的夹砂陶器座，年代早于南越国时期，属于晚期遗存含早期遗物之例。报告认为"③至⑥层的形成年代应早于①至③层"，应是"④至⑥层"的笔误，但J1"推测其年代当略早于南越国时期，可能为秦代"，这是不对的。

遗迹中编号为G2和G5，分别为西围沟和东围沟，宽度为5米左右。发掘报告认为与北围沟一起，呈"门"形，自东、北、西三面包围建筑基址，编号为JZ1，与91F3之回廊属同一遗迹。"围沟"底部有垫土、柱洞和卵石铺砌的通道，出土遗物为大量的绳纹板瓦、筒瓦，应为建筑倒塌之物，说明"围沟"应是建筑物的组成部分，这绝非是"围沟"所能解决的。中间为墩台已为共识，而在围沟的上面铺砌建筑用瓦，沟底用垫土、柱洞，还有散水通道，这种情形是闻所未闻。报告承认"91F3规模宏大，是整个遗址中的主体建筑"，却又说"围沟四面环绕，显然也是其周边的最后一道防线"。实际上，所谓的"东围沟"西侧和"西围沟"东侧，已是"主体建筑"，"围沟"在"主体建筑"的旁边，显然是不妥的，也是不应存在的。因此，本文认为还应维持"回廊"的观点。还应指出，报告中的图2-16，围沟位置、走向平面图，其配图应与图2-17所配图互相调换，这应是排版有误所致。至于"F3"（3号房屋基址）与"JZ1"（一号建筑基址）是否同为一处建筑，则有待究明。

（二）遗物

1.瓦类

有板瓦、筒瓦和瓦当三种。前列二者的凸面绝大多数拍印或粗或细的绳纹，凹面为突起的圆点（篦点纹）。仅个别凸面拍印交错直条纹，凹面为拍印重圈纹。主要区别是，凸面为粗绳纹者，凹面突起的圆点多较大；凸面为细绳纹者，凹面突起的圆点多较小。这两者的年代是否有先后，因缺乏地层依据，尚未能论定。

瓦当以当面纹饰的区别分为三种，报告分为A、B、C三型，A型的上半部，左右分别有顺时针或逆时针的卷云纹，下半部为单线连接边缘的顺时针或逆时针卷云纹，卷云纹的旁边有八道很短的条纹。当面较大，直径为14.8–15.5厘米；B型的上半部与A型下半部相同，下半部则为双线分区连接边缘的反向卷云纹，部分卷云纹的旁边有两个乳点纹。当面直径为13.8–14.4厘米；C型的上下部都与B型的下半部相同，不同之处是一边的左右有箭镞纹，另一边有对称的乳点纹或弧状的条纹。当面较小，直径为12.8–13.6厘米。这三种瓦当，都属于南越国时期，但具体年代当有先后之别。三者的关系当为A型→B型→C型，另20世纪90年代所见的反文"定"字瓦当，虽用单线分区，但从所饰云箭纹看，也应为C型。

2.陶器

有瓮、罐、釜、瓿、盆、盒、钵、碗、盅、盂、鍪、熏炉、纺轮、网坠等。瓮的特点是器身较大而深，平底，最大径在肩部，饰戳印方格纹，这是西汉常见的；三角纹为简化的米字纹，还有对角线交叉方格纹，这两种纹饰的年代可见于战国晚期至南越国时期。罐宽口、平底或大平底，最大径在中腹，最大特点是戳印方格纹，流行年代为西汉，南越国时期多见有几组戳印纹，到东汉时，戳印纹已少见。还有宽条形方格纹，也是西汉时期常见的，东汉时已少见或不见。釜类多为盘口、深腹、圜底，近下腹和底部饰交错绳纹，饰方格纹或戳印纹是很少的。瓿口小底大，通常有双耳，器表有篦点、水波、弦纹，这是从战国时期演变而来的，器底越大，年代越晚。盆的特点是平沿、折沿或盘口，平底或平凹底，它们的年代是否有先后关系还难以断定。鍪与高领圜底罐其实是同一类器物，鍪是岭北的一种炊器，流行于战国至汉，可以认为，这是从北面引入岭南的炊器，它们与釜同时存在，说明其时在狮雄山的居民既有来自岭北，也有来自本土越族。H22出土陶鍪较多，应是来自岭北的居民的标志。网坠是西汉时期常见的形式，认为属于南越国时期，并无不妥。

3.文字

有封泥、陶文和瓦文，陶文中的符号和无法释读的瓦文，在此不论。封泥是很重要的发现，其文字，有"定楬之印""定楬丞印"，反文"定""安"（报告中的图4—9配图与图4—10配图应调换，属排版之误）和"蕃"。陶文有"定"和"定楬□□"，报告中疑最后一字为"印"字。其他一个拍印类文字和一个刻划类文字，本文也不论及。

图一 五华狮雄山遗址出土的南越国时期戳印"定揭"的陶器口沿（TN24E12-TC1⑥:b6）

封泥中的"定揭之印"和"定揭丞印"，"定揭"是地方之名，有可能是揭阳县的另一称谓，与"蕃□□□"印的作用是相同的，均是用于送给这处建筑的主人之礼物的封口，这就形成了封泥。"蕃"即番禺，因番禺地理位置距离较远，所送礼物也较少，故封泥发现也少；而揭阳地理位置较近，所送礼物也较多，封泥发现也多，在发现的58枚有文字的封泥中，可确定为"定揭"的达44枚，这是合理的。但倘若认为"定揭"就是秦时置的有别于揭阳的定揭道（县），一是史籍无载，二是于理不合。狮雄山一地，曾属秦之龙川县，位于五华河，连琴江，接梅江、韩江，可与古揭阳相通。绝没有理由在距离龙川县很近之地再置"定揭"道（县）。南越王宫苑遗址出有戳印"苍梧"二字的陶罐，发掘者也认为是出自苍梧之器。因此，陶文中的"定揭"（图一），说明此器可能来自于揭阳。虽然瓦当上有反文"定"字，而陶罐上的陶文与封泥上也有"定"字，但认为是"定揭"的简称，则嫌过于简单。封泥中的"定"与"安"，有可能是"安定"的意思。

4.植物

这是第五次发掘的新发现，也是狮雄山遗址的重大收获。主要采集于H22，共有23种之多，包括有粳稻、籼稻、黍、粟、小麦、大豆、小豆、藜属、李、蓼属、梅、杨梅、葡萄属、山胡椒属、山桃、蛇葡萄属、柿属、桃、乌榄、吴茱萸属、盐肤木（五倍子树）、野葵、樟属等，其中粟的数量最多，其次是粳稻，再次是小麦，说明食用的粮食以粟为主，粳稻为辅，小麦也有一些。这进一步说明守卫这个地方的人员结构是以北方人为主体，岭南人居少数。这对探讨狮雄山遗址的性质有重要意义。

二、对《五华狮雄山》考古报告的意见

（一）年代

关于五华狮雄山遗址的年代，考古报告将其分为两期，第一期以H22、H13、J1等遗迹单位为代表，年代为秦；第二期以G8、G5、G2等遗迹单位为代表，年代为南越国时期。在H22、H28、J1、JZ6（六号建筑基址）、TG1（1号探沟）所采集的炭标本，测定年代为距今2160至2310年，认为这些地层确为秦代。[1] 其实，这些测年只是参考年代，只要靠近就可以了，更重要的是看地层的叠压关系、遗迹的打破关系和器物的演变。事实上，秦平定岭南为公元前214年，南越国建立在公元前204年，其间仅为10年；公元前202年汉王朝成立，而南越国的年代为公元前204年至公元前112年，历经赵佗、赵眜（胡）、赵婴齐、赵兴、赵建德五代王朝，共计93年。因此，将南越国时期的遗存列为第二期并不科学。笔者以为，按本文分析，结合报告的分期与器物分段，可将五华狮雄山遗址的年代分为三期，第一期以H13、H27、H28等遗迹单位为代表，出土遗物以夔纹陶片为标志，年代为春秋战国；第二期以H18、H25、H26、J1、Y2等遗迹单位为代表，年代为秦至南越国早期，即公元前214年（秦平南越）至公元前137年（赵佗死亡之年）；第

---

[1]广东省文物考古研究所、尚杰编著《五华狮雄山》附录一《广东五华狮雄山遗址年代及植物遗存鉴定报告》，第195–196页。

三期以G8、G5、G2（后两者与91F3同期）、Y1、H22等遗迹单位为代表，年代为南越国晚期，即公元前137年（赵眜称王之年）至公元前112年（汉平南越）。查宋代苏过《史揭合序》所载："史焕长子定于建元六年以护驾将军随王恢出豫章，兵未逾岭而东粤输服，"此时（公元前135年）史定似乎尚未到揭阳任职。《史揭合序》接着又记述："又承命随严助往谕南粤，为粤胁令揭阳而阴据中国之喉吭，业二十载矣。"[1]据此，史定到揭阳任职当在随严助到南粤之后。又按《汉书》载：元鼎六年"粤揭阳令史定降汉，为安道侯"，是时为公元前111年，以史定在南越国任职揭阳令二十年计，南越国至迟在汉武帝元光五年（公元前130年）已置揭阳县。依此，"定楬之印"才与揭阳县的建置时期相吻合。可见狮雄山遗址的主要年代在秦至西汉南越国时期。建筑基址的年代，应为南越国时期，包括第五次考古发掘所发现的一号、三号、四号、五号、六号、七号建筑基址和20世纪的四次考古发掘所发现的91F1、F2、F3建筑基址。报告中认为一号建筑基址与F3为同一处建筑，这个问题仍有待今后的考古发掘来究明。

（二）文字

如前所述，以封泥中的"定楬之印""定楬丞印"和陶文中的"定楬"来确定狮雄山之名为"定楬"道（县），指出"定楬"为"平定揭岭"之意，这并不可信。从龙川佗城故址到五华华城狮雄山遗址，距离不足100公里，秦是不可能在狮雄山设置县城的，加之狮雄山的南面可通韩江（古为员水），其地域于南越国时期设有揭阳县，发现的"定楬之印""定楬丞印"封泥，可能是揭阳县送给在龙川（五华狮雄山其时属龙川县地）长乐行宫使用的礼品箱或公文上的加封标记，遗址中出土的"蕃"字封泥，也是番禺县送至长乐行宫使用的礼品箱或公文上的加封标记。换言之，建筑所在地本身是不需封泥的，除非是墓葬所需，如广州象岗山西汉南越王墓出土"帝印"封泥和"眜"字封泥，均系使用墓主生前用印来加封随葬器物。[2]故在狮雄山建筑遗址附近发现的"定楬之印"、"定楬丞印"（图二）和"蕃□□□"（图三）封泥，应是外来之印加封所遗留。以狮雄

---

[1] 曾骐《史定与揭猛》，《岭南文史》2008年1期，第16—18页。
[2] 广州市文物管理委员会等《西汉南越王墓》，北京：文物出版社，1981年。

图二 五华狮雄山遗址出土的南越国时期"定楬之印"封泥（H22③:82）

图三 五华狮雄山遗址出土的南越国时期"蕃□□□"封泥（H22③:53）

山遗址出土封泥上的文字"定楬"来论定狮雄山遗址之名，实在有违常理。

（三）遗址性质

报告认为，狮雄山遗址是一处秦至南越国时期的城址，"向东可扼制梅江—韩江上游水道，向西可迅速抵达东江上游的龙川县，向北可直抵兴宁盆地，是粤东地区的交通节点"，名为"定楬"道（县），进而否定长乐行宫（长乐台）的属性，其实并没有足够的证据，所有发现的遗迹都没有城的功能。据文献记载，秦在粤东地区仅置博罗（傅罗）县与龙川县，是否置有揭阳县则悬而未决，南越国时建揭阳县则无疑问。博罗（傅罗）县的前身即为缚娄国，而龙川县则为秦时赵佗任县令之地，前已述及，绝不会在距离不到100公里的狮雄山再置一个"定楬"道（县）。狮雄山遗址中发现的环壕遗迹，与宫殿的属性并不矛盾，而围沟遗迹则应属于建筑基址的回廊。遗址中发现的铺地砖（图四），也证明该处遗址的建筑物具有相当高的级别，与长乐行宫的属性是相吻合的。报告认为在主体建筑的东、北、西三面设置"围沟"，在"围沟"之外再设带有角楼的复道，以"平行移动监视周边的敌情"，这是不可能的，只有回廊的外侧才会设置"复道"（即走道）和角楼，这在汉代随葬的房屋模型和现今的围屋均可见到。故本人编写的《广东五华狮雄山汉代建筑遗址》中写道："汉以后，岭南历代房屋建筑也流行设置角楼或望楼，这些应与狮雄山汉代主体建筑有一定渊源关系。"

《五华狮雄山》考古报告置狮雄山遗址发现南越国宫殿式建筑基址于不顾，认为"根据目前可见的历史文献，并不能得出狮雄山与文献中记载的'长乐台'

图四 五华狮雄山遗址出土的南越国时期铺地砖

在同一地点的结论。"事实是，五华县史称长乐县，北宋熙宁四年（1071年）析兴宁县地分置长乐县，长乐县则因"长乐台"而得名，唐代诗人崔玄暐、韦隐有登台诗句，并录于《齐昌文献》，说明唐代这里还有"长乐台"故址，1992年6月12日，五华县华城镇华新街103号店铺墙基内还发现清时期的"南越王台故址"石碑。[1] 南越王赵佗在五华山下筑"长乐台"已为历史文献所肯定，狮雄山即位于五华山下的谷地之中，狮雄山遗址发现的南越国宫殿式建筑基址，是不容罔顾的事实。因此，五华县旧称长乐县是有据可依的。以"定楬"城址来否定南越国时期的"长乐台"遗址，这毫无理由。2019年，国务院公布广东五华狮雄山遗址为第八批全国重点文物保护单位时，专家推荐意见为：

> "狮雄山建筑遗址位于广东省梅州市五华县华城镇东南3公里塔岗村旁的狮雄山上，遗址范围大，保护面积为66534平方米。年代为秦至西汉南越国时期，毁于南越国灭亡之时。1984-1989年及2010-2013年多次进行考古发掘。发现宫殿式的回廊建筑基址以及其他房屋基址、灰坑、壕沟、井和窑等。出土大批建筑构件、日用器皿、兵器、封泥、植物遗存等。保存良好，出土遗物丰富，遗址地层及年代真实，完整性好。1989年广东省人民政府公布为第三批广东省文物保护单位；2011年广东省文化厅公布为首批广东省大遗址。古籍记载南越王赵佗建有"四台"（行宫），狮雄山建筑遗址的宫殿式回廊建筑是考古发掘中唯一可以证实的南越国赵佗行宫重要遗迹，即长乐台，对研究赵佗及南越国时期的政治、经济、文化等方面有重要意义，出土遗物在相关科学或领域中也极为重要，具有重大的文物、科学和历史价值。

依此，否定了狮雄山遗址为"定楬"城址的说法。

由此可见，广东五华狮雄山遗址的第五次考古发掘有重大发现，尤其是封泥与植物遗存。宫殿式回廊建筑基址是不能否定的，并可能存在阙门等结构，可肯定为"长乐台"（行宫）遗址，年代为南越国时期，而"定楬"城址并不在狮雄山。是否如此，请识者指正。

（作者单位：广东省文物考古研究所）

---

[1] 李雄坤《五华乡土文物揽胜》，广东梅州客家联谊会，2001年，第154页，转引自《五华狮雄山》，第7页注②。

关于汉魏"摇钱树"图像若干问题的思考

张宣逸

内容提要：

"摇钱树"是汉魏时期流行于西北和西南地区的陪葬明器，本文依据"柱铢"榜题、"柱"形图式及"钱树"外观，将"摇钱树"定名为"钱树"；依据两分法将"钱树"类型分为二维平面式和三维立体式两大类；依据宏观造型、微观具象，论证钱树具有"宇宙树""立官富贵""升仙""光明树""祈福利后""菩提悟道"等多元象征意义。

笔者曾在2015年发表过一篇《汉魏"摇钱树"相关问题的再探讨》，[1]粗略探讨了"摇钱树"的定名、外观形态、文化渊源及其象征意义。[2]但囿于手中材料匮乏，研究深度还不够，故撰文试以补充探微，以期起到抛砖引玉之效。

一、关于"钱树"图像的定名

"钱树"是汉魏时期流行于西北和西南地区的陪葬明器，因树上装饰大量带有"芒刺"的方孔圆钱而被学界称之"摇钱树"。关于"钱树"这一器物，史书中未有详细记载，学界对此树定名争议颇多，主要有"升仙树说""神树说""桃都说""金花树说""柱铢说"和"摇钱树说"等不同观点。之所以产生如此繁多的说法，与其定名的依据密不可分。多数学者将其定名立足于对象征意义的提炼，如张茂华依据"摇钱树之钱象征天圆地方，树干为天梯，人可通过树干由地面上升于天之外"，认为象征的是升天成仙，进而将其定名为"升仙树"。[3]又如钟坚依据

---

[1] 张逸枫、秦丽荣《汉魏"摇钱树"相关问题的再探讨》，《中原文物》2015年第6期。
[2] 秦慧颖、陈祺等《2015年中国钱币学研究综述》，《中国钱币》2016年第4期；韩国河《2015年度秦汉时期的考古发现与研究综述》，《中国考古学年鉴2016》，北京：中国社会科学出版社，2017年。
[3] 张茂华《"摇钱树"的定名、起源和类型问题探讨》，《四川文物》2002年第1期。

昆仑山神话故事及《山海经》等书中所记载的各种神树之综合，将其定名为"西王母所居之昆仑神山及神树"，[1]还有王寿之先生更是依据神话象征意义，将其称之为"桃都树"。[2]少数学者将树的定名立足于树叶局部铭文。如江玉祥依据云南昭通桂家院子东汉花砖墓出土的"摇钱树"叶片上带有"金华"二字铭文，将其定为"金花树"。[3]邱登成先则认为没有确凿的证据证明其名称之前，还是沿用约定俗称的"摇钱树"为好。众家所论均有合理之处，但未把握住定名的核心。近几年笔者经过研究，又有了一些新的发现，故就定名依据再作补充分析。

笔者认为对该树定名的核心依据应当是榜题和直观形态。若将树之定名立足于其象征意义，显得较为繁冗，因为"摇钱树"具有宇宙神树、升仙树、祈福利后、压胜、社树崇拜等多重意义，如果我们将这些象征意义用作定名，就会出现"神树""桃都""升仙树"等混乱情况。将树定名立足于树叶局部铭文亦有不合理性。据学者统计，"摇钱树"叶上除了有"金华"铭文外，还有"五利后""延年""千万""天门"等，那这些铭文所指向的是局部（树名、树叶、装饰图案），还是整体（整棵树之祥瑞寓意）？我们目前没有定论。因此，笔者认为对汉画中树木的定名核心依据在于榜题和直观形态。首先我们来看相关榜题。邱登成先生在此方面已有成果，他依据四川简阳鬼头山东汉画像石棺上的"柱铢"榜题，认为"柱"即"树"，"铢"即为钱，"柱铢"意为树上有铜钱，[4]霍魏、林向也赞同此种说法。[5]

但是个别学者将其视为孤例，并以其材质与"摇钱树"有所区别而对此种定名提出质疑，还将"柱"辨为"桂"，"铢"与"树"视为古音相同的假借字，认为"柱铢"实为"桂树"。[6]对此笔者不敢苟同。

其一，将"柱"辨为"桂"十分牵强，因为我们肉眼直接观察到的是

---

[1] 钟坚《试谈摇钱树的赋形与内涵》，《四川文物》1989年第1期。
[2] 王寿芝《城固出土的汉代桃都》，《文博》1987年第6期。
[3] 江玉祥《古代西南丝绸之路研究》，成都：四川大学出版社，1994年，第103页。
[4] 邱登成《汉代摇钱树与汉墓仙化主题》，《四川文物》1994年第5期。
[5] 霍魏《四川汉代神话图像中的象征意义——浅析陶摇钱树座与陶灯台》，《华夏考古》2005年第2期；林向《我国西南地区出土的汉魏青铜树——"柱铢"》，《考古与文物》2008年第2期。
[6] 马晓亮《"柱铢"及"离利"辨误》，《考古》2013年第1期。

"柱",只有三横,何以臆想推测其为四横的缺笔呢?正如(图一)所显示,实为"柱铢"二字。图一的画面为一棵弯曲树,露树巅三枝,叶片呈长条形上有榜题"柱铢"。其二,"柱"与"桂"二字之误读古来有之,早在汉代"铜柱殿"就曾被误读成"铜桂殿",据《长安志》引《汉宫阁名》:"有铜桂殿,当即铜柱之误字,因铜桂不词也。"因此"柱"不能再被误辨为"桂"了。其三,"铢"实则为量词,"铢"从"金"与货币有关,又怎能与树假借。据《说文》曰:"权十分黍之重也,八铢为锱。"又有《汉书·律历志上》载:"一龠容千二百黍,重十二铢,两之为两……"再有《韩诗外传》说"贾不数铢",价值连城则说成"值万铢"等,均以铢表示金钱。事实上无论是汉代画像砖石还是铜镜上均有钱币类题材,有些直接铸以"五金"替代"五铢"字样(图二)。目前还未曾见有铸成"五树"字样之钱币。因此,"铢"不能视为"树",应指"金钱"。"柱铢"一词应是指"树钱",也即"钱树"。其四,除了"柱铢"榜题外,笔者在《中国铜镜图典》中发现一枚带有"铜柱"铭文的《柏师七乳神兽镜》如(图三1),可作"柱铢"旁证,也能说明"柱"即为"树"。我们来看《柏师七乳神兽镜》,铜镜分内、中、外三区,其中铜镜中区左上方有"铜柱"形象及其铭文(图三2),表现为一通天"神树"。依据《神异经·中荒经》载:"昆仑之山,有铜柱焉,其高入天,所谓天柱也,围三千里,周圆如削。"又有《山海经·大荒东经》曰:"大荒之中有山,名曰孽摇頵羝,上有扶木,柱三百里,其叶如芥。"结合此铜镜中树的形象可知:"柱"在这里指的正是神话传说中的神树,"柱"即为"树"。除此铜镜外,笔者还新发现一枚类似铜镜,上面也有"天柱"之特征,即是载于《鄂州铜镜》的"仙人掷博镜"。该铜镜中有明确榜题"铜柱"和"仙马",具体表现为一站立的仙马被拴在"铜柱"下(图四)。这里的"铜柱"与《柏师七乳神兽镜》中的形态极为相似,实则为通天地之"神树"。而此类图式在汉画像中十分常见,被称之"树-马"艺术母题,通常都是在"扶桑"或"若木"等树下驻立一马(图五1-2),用以象征来到目的地"仙界"。学界普遍认为"树+马"艺术母题乃是神树崇拜、神马信仰的体现。特别是在汉代升仙思想大背景下,这种"树+马"图式皆有"升仙""登仙"之寓意。可见,铜镜中"铜柱"铭文,其"柱"之用意都是用来指画面中对应的"树",要表达正是"通天地之树"。其次,我们来看"摇钱树"之直观形态。就"摇钱树"整体形态而言,"钱"与"树"是画面的核心,是主要因素,也是这类器物最典型的特征,故而将其定名为"钱树"较为合理(下文均用此名称)。至于部分学者将极个别树座和树叶上出现的"摘钱"和"挑钱"动作作为定名的依据,笔者认为有以偏概全之失,因为绝大多数"钱树"上没有"摘钱"和"挑钱"画面,而且"钱树"上的钱本身是"静态",实非"动态"。

图一 "柱铢"榜题

图二 "五金"(五铢)钱纹画像砖
(采自《中国画像砖全集》)

图三 1 "柏师七乳神兽镜"

图三 2 "铜柱"铭文及形象

图四 "仙人掷博镜"拓片局部
（采自曾蓝莹《仙马、天马与车马：汉镜纹饰流变拾遗》）

图五1 "树下驻马图"（采自邢义田《画为心声：画像石、画像砖与壁画》）　　图五2 四川新津三号石棺画像"树下翼马图"（采自《中国画像石全集》）

二、关于"钱树"图像的分类

笔者依据图像样式采用两分法进行分类：分为二维平面式"钱树"和三维立体式"钱树"两大类。这两类"钱树"，所占比例大不相同，二维平面式"钱树"发现极少，学界更多关注的都是立体式"钱树"。为全面分析"钱树"，有必要将两者结合起来观察。

（一）二维平面式"钱树"

主要包括汉画像砖石中发现的"钱树"；以及青铜"钱树"座上发现的浅浮雕摘钱"钱树"。我们重点来看汉画像砖中的"钱树"。目前发现两例，一例是（图六）"钱树"画像砖，[1]该画像块长38、宽24厘米，砖面上右刻一株树，树上两侧都结满了硕大的圆形方孔钱，中间有一穿着交领衣和短裤的摘钱者，侧身面向树作摘钱状；左侧一人作挑钱状态，站立于摘钱者后身。第二例是河南方城城关镇出土的画像砖（图七），[2]画面中的五铢钱将三株神树相互间隔，树与钱构成画面主题。该画面中采用"放缩法"，将五铢钱夸大，将树形象缩小，这种"放缩"设计的运用突出了汉代人对财富的重视程度。青铜"钱树"座上的浅浮雕摘钱画像（图八），其实也是一种"放缩"设计，即是将"摘钱"大场景融入"树座"小画面上，用以突出汉代人对钱财的追求。

（二）三维立体式"钱树"

立体式"钱树"一般是由树座、树体和树顶三部分组成。诸多学者依据树座、树干、树叶、树顶再细分为不同种类型。如赵殿增将"钱树"座分为神山式、神兽式、基座及其他式三式，每式又分为不同类型，[3]贺西林将树座分为神兽座、人物、动物、山峦组合座和佛像座四类，[4]巴家云将树座分为蟾蜍座、玉

---

[1] 吕林《四川汉代画像艺术选》，成都：四川美术出版社，1988年，第123图。
[2] 刘玉生《方城汉画》，香港：天马图书有限公司，2003年，第100页。
[3] 赵殿增、袁曙光《从"神树"到"钱树"——兼谈"树崇拜"观念的发展与演变》，《四川文物》2001年第3期。
[4] 贺西林《东汉钱树的图像及意义——兼论秦汉神仙思想的发展、流变》，《故宫博物院院刊》1998年第3期。

兔座、山形座、辟邪座、龟形座、蛇形座熊形座、虎形座等几类，[1]邱登成先生将"钱树"座分为神山座、神兽座、人兽组合座、西王母天门座、佛像座、素面座和其他类，又对树干和树叶进行详细分类，[2]何志国先生借鉴邢义田先生使用的格套，将不同区域"钱树"中相似的"钱树"格套依据其题材、构图和造型，将"钱树"分为十一类。[3]关于这类研究，学界已有丰硕成果，且都具很高学术价值，笔者在此不再赘述。

图六 "钱树"画像砖
（采自吕林《四川汉代画像艺术选》）

图七 汉代河南方城城关镇"钱树"画像
（采自刘玉生《方城汉画》）

图八 青铜"钱树"座上浅浮雕摘钱图

图九 汉中铺镇5号墓摇钱树座（采自何志国《汉魏摇钱树初步研究》）

---

[1] 巴家云、李军《关于摇钱树起源及内涵的研究》，《中国钱币》2000年第4期。
[2] 邱登成《西南地区汉代摇钱树研究》，成都：四川出版集团巴蜀书社，2011年，第92-95页。
[3] 何志国《汉魏摇钱树初步研究》，北京：科学出版社，2007年，第124页。

图十 汉代济源窑博山炉（采自董雪迎《须弥博山汉画像》）

三、关于"钱树"图像的象征意义

关于"钱树"图像的象征意义目前学术界有不同观点，但可归纳为天梯说[1]、长生富贵说[2]、道教法器说[3]、宇宙树说[4]、四重内涵说[5]。以往的研究往往忽视了整体图案与局部图案的融合研究。笔者试从"钱树"宏观整体造型和微观具象相结合，探讨"钱树"的象征意义。

（一）宏观造型

"钱树"由树座、树体和树顶三部分组成。

1.树座

"钱树"的树座多为陶质和石质，而事实上陶的原材料乃是土，土和岩石均是构成山的基本元素。因此"钱树"座象征着宇宙山。这种观点是有图像学依据的，我们将汉中铺镇5号墓摇钱树座，与济源窑博山炉作对比观察后，发现其造型和浮雕画极具相似性。汉中铺镇5号墓摇钱树座整体像一座山（图九），山顶部有一蹲熊，山分为四区，其间有长青树、虎、龟、鹤、马、龙等浮雕；济源窑博山炉的炉盖也是一座山的造型（图十），山峦重叠起伏，每一个凸起的山峦上都有长青树，山间也有珍禽瑞兽等浮雕。博山炉被学界视为神山、海上仙山已有定论，因此与其相似的钱树座亦应有此寓意，其象征的乃是宇宙山。"宇宙山"的形象在古代文献中有较多记载，具体表现为昆仑、大荒之山、员丘山、孽摇羝、

---

[1] 邱登成《汉代摇钱树与汉墓仙化主题》，《四川文物》1994年第5期；四川大学历史文化学院考古学系《四川大学考古专业创建四十周年暨冯汉骥教授百年诞辰纪念文集》，成都：四川大学出版社，2001年，第372页；霍巍《四川汉代神话图像中的象征意义》，《华夏考古》2005年第2期；[美]艾素珊（Susan N.Erickson），何志国译《东汉时期的钱树（下）》，《民族艺术》2006年第3期。

[2] 江玉祥主编《古代西南丝绸之路研究(第二辑)》，成都：四川大学出版社，1995年，第103-139页。

[3] 鲜明《论早期道教法物摇钱树》，《四川文物》1995年第5期；鲜明《再论早期道教遗物摇钱树》，《四川文物》1998年第4期；巫鸿主编《汉唐之间的宗教艺术与考古》，北京：文物出版社，2000年，第431-455页。

[4] 贺西林《东汉钱树的图像及意义——兼论秦汉神仙思想的发展、流变》，《故宫博物院院刊》1998年第3期；靳之林《生命之树与中国民间民俗艺术》，桂林：广西师范大学出版社，2002年，第222页。

[5] 何志国《摇钱树内涵溯源》，《中华文化论坛》2000年第4期。

方山、方丈等，虽然所描述的名称不同但其原型皆为"宇宙山"。如《神异经·中荒经》载："昆仑之山有铜柱焉，其高入天，所谓天柱也。"又《河图括地象》曰："地南北三亿三万五千五百里。地部之位起形高大者有昆仑山，广万里，高万一千里，神物之所生，圣人仙人之所集也。"又《山海经·大荒西经》："大荒之中，有山，名曰大荒之山，日月所入。有人焉三面，是颛顼之子，三面一臂，三面之人不死。是谓大荒之野。"郭璞注："即员丘也。""……员丘山上有不死树，食之乃寿……"。《山海经·大荒东经》："大荒之中，有山名孽摇頵羝，上有扶木，柱三百里，其叶如芥。有谷曰温泉谷。"《山海经·大荒西经》："西海之外，大荒之中，有方山者，上有青树，名曰柜格之松，日月所出入也。"《水经注》河水条云："东海方丈亦有昆仑之称。"结合文献可知，钱树树座象征的乃是上述宇宙山，山上之境即为仙境也，为群神瑞兽聚集之地。

2. "钱树"树体[1]

主要是树干和枝叶，这部分象征为宇宙树。在古人看来山不仅是土和石构成的，山上还有"寿木""建木""青树""不死树"等等，即为宇宙树。据《吕氏春秋·本味》载："菜之美者，昆仑之苹，寿木之华。"高诱注："寿木，昆仑山上木也；华，实也，食其实者不死，故曰寿木。"又《山海经·大荒西经》曰："西海之外，大荒之中，有方山者，上有青树，名曰拒格之松，日月所出入也。"再有《山海经·海外南经》郭璞注："有员丘山，上有不死树，食之乃寿；亦有赤泉，饮之不死。"可见，"钱树"的树体便是立于宇宙山上的宇宙树。又据《淮南子·地形篇》："建木在都广，众帝所自上下。"而关于都广之地望，杨慎《山海经补注》称："黑水广都，今之成都"，《华阳国志·蜀志》也说："蜀以成都、广都、新都为三都。"蒙文先生经过研究指出："山海经中有相当一部分即是古蜀国、古巴国和楚国的作品，记载的就是古巴蜀及周围地区的历史地理情况，其中'天下之中'，所指的就是成都平原一带。"可见《山海经》中记载的宇宙树神话在四川地区也广为流行，这与钱树集中分布在西南也是相一致的。

---

[1] 为完整分析"钱树"图像，该段采自《汉魏"摇钱树"相关问题再探讨》一文。

3.树顶[1]

目前发现的"钱树"树顶多立圆雕型凤凰（朱雀）（图十二1），也有学者称之"天鸡"。而这与古文献中记载的神树上有"天鸡""凤鸟""金乌"等神话相一致。据《山海经·大荒东经》："汤谷上有扶木，一日方至，一日方出，皆载于乌。"又《山海经·海内经》云："西南黑水之间，有都广之野，后稷葬焉。其城方三百里，盖天地之中。……鸾鸟自歌，凤鸟自舞，灵寿实华，草木所聚，爰有百兽，相群爰处。"因而从整体上看，"钱树"与文献中记载的神树有诸多相似，可视为西南地区的"宇宙树"。其实，不仅中国有宇宙山和宇宙树的记载，全世界范围内都有类似的神话传说，虽然所用名称不一（如"生命树""天树""天堂树""萸招树""母亲树"等都是宇宙树的别称），但其特征基本上都是一样，又被称之为"宇宙树""世界树"。事实上，这些树崇拜与人类早期萨满教中宇宙树崇拜是相一致的。萨满教是曾在世界范围内普遍流行的原始宗教，既然作为一种世界性的宗教文化，那么中国的古代文明也应属于萨满文化。张光直教授就曾说，中国古代文明是"以萨满教式文明为特征的"。[2] 而依据萨满教的宇宙观，宇宙应分为三个世界：天上、人间和地下。天上住着神灵，地上居住着凡人，地下居住着恶魔。连接三界的"中心柱"乃是沟通三界的工具，而这"中心柱"往往以宇宙树或宇宙山的形式来表现。萨满必须借助宇宙树来上天入地、行医治病，天神也必须通过宇宙树来享用人们的献祭。因此，宇宙树又被称为"天树"或"萨满树"，[3] 可以说一切神树崇拜的形式归根到底都源于原始"宇宙树"的崇拜。因此，西南地区的"钱树"也具"宇宙树"象征意义。

据相关学者研究，"钱树"前身是"商代三星堆青铜神树"。笔者也曾提出过两者的共性：①均由树座（宇宙山）和树体（宇宙树）构成（图十一1-2）；②两类树体上均有立鸟和龙形象（图十二、图十三）③三星堆神树上炯纹"光环"与"钱树"上带"芒刺"的圆形钱对应，以此说明两者在艺术元素上的

---

[1] 为完整分析"钱树"图像，该段采自《汉魏"摇钱树"相关问题再探讨》一文。
[2] 张光直《考古学专题六讲》，北京：文物出版社，1986年，第4页。
[3] 陈见微《北方民族的树崇拜》，《中国典籍与文化》1995年第4期。

图十一 1 何家山1号墓"钱树"
（采自何志国《汉魏摇钱树初步研究》）

图十一 2 三星堆祭祀坑中的1号神树

图十二 1 三台钱树顶部凤鸟装饰拓片
(三台县文物管理所提供)

图十二 2 图三星堆2号祭祀坑出土1号神树鸟(采自曾布川宽著、贺小萍译《三星堆祭祀坑大型铜神树的图像学考察》)

图十三 1 重庆国友博物馆藏三龙枝叶拓片
（采自何志国《汉魏摇钱树初步研究》，陈丽群提供）

图十三 2 三星堆青铜树神上的龙纹

渊源关系。[1]事实上,"钱树"除了承袭了"商代三星堆青铜神树"的宏观造型,还受到了"盐源枝形器"、"连枝灯"及域外文化的影响。值得一提的是,"钱树"与其他树形器相比还有一个很明显的特点,那便是"钱树"非常茂盛。"钱树"枝叶繁茂的造型特征,可能源自汉代人对"桂树"的借鉴。我们发现"钱树"的枝叶繁茂与现实中桂树的繁茂特征极为相似。我们知道现实生活中的"桂树"枝条挺拔、冬夏常青、叶茂葱绿,而桂花则团簇紧凑、色如金黄。"桂树"盛开的季节正是其他树木叶黄飘落之时,因而"桂树"这种特质为汉代人所喜爱。这种金黄色的花色,不得不使我们想起"钱树"中出现的"金华"一词。"华"与"花"通,金华可理解为"金花"。曾有学者依据"钱树"叶片上带有"金华"二字铭文,提出"钱树"定名为"金华树"的观点,这一观点颇具启发意义。笔者认为"金华"(金花)一词可能是在描绘"钱树"之花叶,有金光灿灿、光明照耀之寓意。一是因为《汉书》中的有"金枝秀华"之说,注谓:"金枝,铜灯,百二十枝。秀华,中主有光也。"又《文选》卷二十七中也有"礼行宗祀,敬达郊禋,金枝中树,广乐四陈"之描述。这说明"钱树"中的钱和纹饰,有指代火光和太阳的意思。二是通过观察钱树上"金华"一词所处的位置(图十四),可知其周围枝叶演化出颗粒型花絮,这种花絮形状与现实中的"桂花"相似(图十五)。而花朵周围的叶子与"桂树"叶子相似。因此,如果用"金华"(金花)一词来形容现实生活中的金黄色之"桂花",也很形象,远望金灿灿的"桂花",非常耀眼。可见,"钱树"之形取自"桂树"之形值得关注。我们可以将"钱树"之形与汉画中其他桂树图像作一比照研究。如四川画像砖中"月宫桂树"(图十六),[2]其特征为月中绘制蟾蜍、桂树,桂树较为抽象;再如内蒙古和林格尔壁画墓中带有榜题的桂树(图十七),枝繁叶茂较为具象,每个叶片都很生动,与现实中桂树非常相近。同样是在描述桂树,两者形象却差别甚大。而"钱树"的造型仿佛介于两者之间:繁密的分枝多呈现"S"型,两两对生的枝叶上分布着铜钱、龙、凤、鹿、马、玉兔、西王母、佛像等图像,

---

[1]张逸枫、秦丽荣《汉魏"摇钱树"相关问题的再探讨》,《中原文物》2015年第6期。
[2]冉万里《汉代以来月宫图像的考古学观察》,《秦汉研究》2014年第1期。

图像上密密麻麻分布着放射性的"芒刺",而带有"芒刺"的铜钱更像是团簇紧凑的"桂花"(图十八)。与前两者相比,可以说"钱树"神形兼备、疏密均衡,恰是神化后的"桂树"。汉代人非常喜欢桂树,将桂树视为神仙天国的象征,如汉武帝时好神仙之术,大兴楼台宫观以致神,其"桂馆"便是以"桂树"而命名之宫。因此"钱树"不仅取"桂树"之形,也取其"升仙"寓意。也许有人会质疑"钱树"不及和林格尔壁画墓中桂树那么逼真和繁茂,但笔者认为出现这种情况原因有二。一是载体和技术不同。制作立体式青铜"钱树"比在壁画上绘制"桂树"难度更大。作为立体式青铜树,很难像壁画那样制作成层层叠压的叶片,那这会增加"钱树"树干的承重,过于繁缛会有倾倒的隐患。在汉代青铜制造技术的背景下,能制作如此图案精美的"钱树"已实属不易。二是"钱树"艺术形式来源很多,桂树只是其取形之一,因此不可能与桂树完全吻合。而且作为宗教性浓厚的"钱树"更加注重神性,必须配有各种艺术元素,因此宏观上具有桂树之形外,还有诸多微观上的差异。概而言之:从宏观造型上看,"钱树"虽源自商代青铜神树,并受"盐源枝形器""连枝灯"等器型的影响,但其繁茂的特征源自现实生活中的"桂树"。因此,"钱树"还具有"立官桂树""升仙"的象征意义。

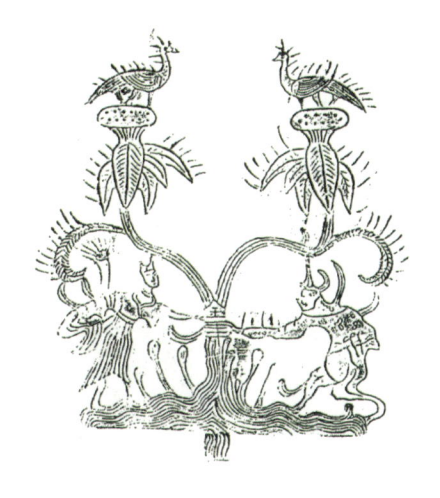

图十四 昭通桂家院子"金华"铭文枝叶
(采自云南省文物工作队:
《云南昭通桂家院子东汉墓发掘》)

图十五 现实中的桂花

图十六 四川画像砖中"月宫桂树"局部

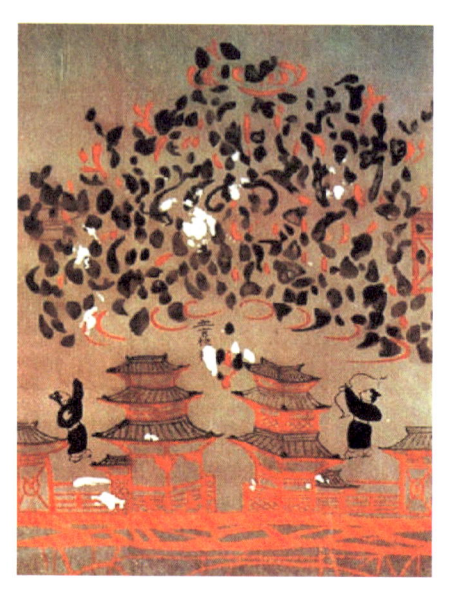

图十七 内蒙古和林格尔壁画墓中带有"立官桂树"榜题的桂树

图十八 成都青白江区西王母与杂技枝叶一拓片
（采自何志国《汉魏摇钱树初步研究》，陈一提供）

四、微观具象

（一）"钱树"之微观具象之"钱"

目前已有学者对"钱树"上的"钱"之寓意作了详细分析，归纳起来主要有三种意见："天圆地方说""日月说""财富说"。关于"天圆地方说"，是一种合理解释。因为秦统一六国钱币而用外圆内方，显然是受天圆地方观念的影响。早在先秦时期天圆地方观念就已经产生，据《吕氏春秋·季春篇》说："天道圜，地道方，圣王法之，所以立上下。"又《尚书·考灵曜》说："从上到下八万里，天以圆覆，地以方载。"汉代钱币外形承袭秦，因此，外圆内方之"钱"应同时包含了天和地两个概念的意义。由于"钱树"上的五铢钱，常与西王母、凤鸟、仙人骑鹿、羽人等仙界题材一起出现，自然有天地相通、通往天界之意，这也是与当时天圆地方思想相一致的。关于"日月说"也有其合理性，钱树上的钱币象征日月之"光明"。从形态上看，"钱树"上的钱币与实用型五铢钱是有明显区别的，"钱树"上的钱币大多都有"芒刺"（图十九），这与泛人类符号"☼"极其相似。泛人类符号"☼"本身就是太阳的象征，自史前一直延续至今，在汉墓中通常表现为带射线的"光芒"符号，一般被释读为光明，通常是"日月之光"。例如四川乐山市柿子湾崖墓B区M1右侧墓穴前甬道顶部"太阳"图像（图二十），就是这种放射性"光芒"符号，这与钱树上带"芒刺"的钱币相似，即代表"光明"。另外，我们还在钱树的树枝上发现带"芒刺"的钱与带射线的"太阳纹"一同出现的情形（图二十一），说明其两者代表"光芒""光明"的寓意是一致的。据此，我们可以说带有"芒刺"的钱币代表的是"日月之光"，而"钱树"代表的是通向光明之树。我们再看"财富说"。学者们认为树上大量的"钱币"充分表达了汉人追求财富的心理，笔者也赞同此说。司马迁在《史记·货殖列传》中就说："天下熙熙，皆为利来；天下攘攘，皆为利往。"又："富者，人之性情所不学而俱欲也。"他认为汉代人追求财富是与生俱来的。可以说，司马迁分析得非常贴切。我们从汉代钱范或钱币上常见的"日入千金""日入千万""大利千万""五铢宜官、大利宜子孙"等字样可以看出汉代人毫不掩饰追求高官厚禄、富贵永恒的心理；而汉代吉语印中"日入万石""巨高万匹""千金""日入千金""千万""八千万""大富"以及"常富"等字样也直白地告诉我们汉代人祈求财富、追求财富的金钱观。[1]此外，钱树上的"五铢""五五""五铢作□""千万""五铢北□"等诸多铭文，均表达了汉代人对财富追求的直白心理。因此，"钱树"具有"招财致富"的象征寓意，能反映出汉人追求财富的心理。

图十九 "钱树"上带"芒刺"的钱

图二十 四川乐山市柿子湾崖墓B区M1右侧墓穴前甬道顶部"太阳"图像

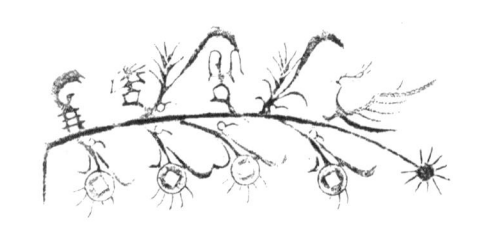

图二十一 钱树枝上带"光芒"五铢钱与带射线"太阳纹"一同出现

（二）"钱树"之微观具象之"佛"

除"钱币"外，"钱树"上最引人注目的微观具象莫过于佛像（图二十二）。"钱树"上的佛像具有"项光""白毫""施无畏印""结咖趺坐"等典型特征，是明显的印度佛像特征，这与传统西王母形象是有明显区别的。"钱树"上的佛像因处于钱树不同位置，可将其分为三类：树座佛像、树干佛像和树

---

[1]冉万里《汉代以来月宫图像的考古学观察》，《秦汉研究》2014年第1期。

顶佛像（或言枝叶佛像）。无论哪一类都表明佛与树有着极为密切的联系。据史料记载，释迦牟尼佛生平中重要的事件都发生在树木之下，如诞生、思惟、成道、说法、涅槃等。首先，看佛诞生时与树的缘分。据后汉竺大力、康孟详共译的《修行本起经》载：

> 夫人出游。过流民树下。众花开化。明星出时。夫人攀树枝。便从右胁生堕地。行七步。举手而言。天上天下。唯我为尊。三界皆苦。吾当安之。

其次，再看佛成道时与树的缘分。据《大唐西域记》卷第八"摩揭陀"条：

> 金刚座上菩提树者，即毕钵罗树也。昔佛在世，高数百尺，屡经残伐，犹高四五丈。佛坐其下成等正觉，因而谓之菩提树焉。茎干黄白，枝叶青翠，冬夏不凋，光鲜无变。每至如来涅槃之日，叶皆凋落，顷之复故。

又《佛说长阿含经》第一卷说：

> 毗婆尸佛坐波波罗树下成最正觉。尸弃佛坐分陀利树下成最正觉。毗舍婆佛坐婆罗树下成最正觉。拘楼孙佛坐尸利沙树下成最正觉。拘那含佛坐乌暂婆罗门树下成最正觉。迦叶佛坐尼拘律树下成最正觉。我今如来、至真。坐钵多树下成最正觉。

可见，不仅释迦牟尼佛坐树下成等正觉，还有诸多佛菩萨是"各各坐诸树，于中成正觉"的，这些均足以说明树与佛菩萨有着不解之缘。考古资料显示，在我国东汉及以后亦有佛与树组合出现的情况，有单株树、也有双树纹。如邺城遗址出土东魏菩萨三尊像背面思惟像，思惟像通常坐在单株树下，作沉思瞑想状（图二十三）。[1] 而邺城遗址出土北齐"龙树背龛式"造像中就有双株交互缠绕的菩提树（图二十四）。[2] 由此可见，佛与树艺术组合源远流长，自东汉以来一直得到

---

[1] 何利群《北齐"龙树背龛式"造像的技术传承和构图特征》，《中原文物》2017年第4期。
[2] 同上注。

传承，作为"佛树"组合的"钱树"佛像自然具有令墓主人"超脱生死""菩提悟道"之象征意义。

图二十二 安县摇钱树干上的"佛像"

图二十三 邺城遗址出土东魏菩萨三尊像背面思惟像

图二十四 邺城遗址出土北齐"龙树背龛式"造像典型样式

综上所述，"钱树"不仅具有传统"宇宙树""立官富贵""升仙""招财致富"的象征意义，还具有"光明树""祈福利后""菩提悟道"等象征意义，具有浓厚的时人思想。

（作者单位：常州市考古研究所）

子文同学的一篇发掘日记与广东汉代"盐官"

李 岩

2018年，在广东省文物考古研究所领导，特别是曹劲博士的精心安排与大力支持下，信息与文保中心开始对本所已经离世的专家学者遗留之田野考古资料进行整理，并计划编辑成册出版。这个计划中就有我的同班同学李子文的田野发掘资料。

2020年清明之际，不禁想起与子文同学在一起的日子，我俩自入大学，至他2004年因病离世，几乎没有分开过。1984年，李子文分配到广州市文管办工作，后来调入广东省博物馆文物队，随即进入省考古所。1984年至1987年，我回校读研究生期间，我们有短暂的分别，但我当时还在广东实习了近一年（两个学期），我们两人既是同学，也是同事。由于子文同学入学时年龄较大，田野期间，与子文在工地同吃同住，他总像兄长一样谦让小同事们，也包括我。我们一同下探方，一同讨论，聊天中他常有几句俏皮话儿，惹得大家开心地大笑。傍晚时我们常常披着晚霞一同散步，随口来两句客家山歌，好不惬意！他离世那年49岁，真可谓英年早逝，弹指间，已过16年矣，呜呼！

图一 子文同学在北大学习期间于未名湖畔留影及给戴成平同学纪念册上的留言

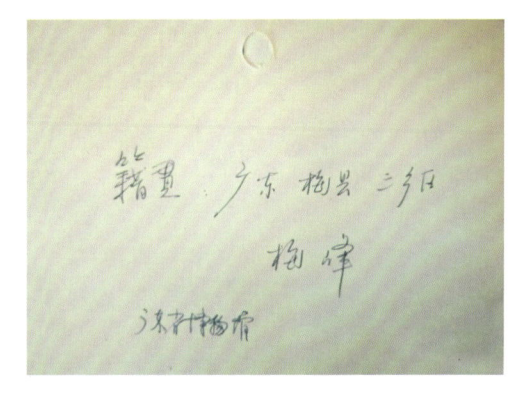

图二 纪念册背面记下了子文同学的家乡

图三 子文与同学、老师在山西永乐宫合影，最左为子文

图四 20世纪90年代中期，子文与周魁英同学在广州中山纪念堂合影

整理子文同学在博罗的田野发掘资料,我也参加了,睹物思人。在他的发掘日记中,有一篇写道:"……T0603继续清理H1,仍出有大量泥质陶片、釉陶和一些夹砂陶片,器型仍多为罐、釜类,亦见盂、盆、杯类。在一件器把上发现戳印文字,似为"䲡官府"三字,该器把编号为H1:5。……"

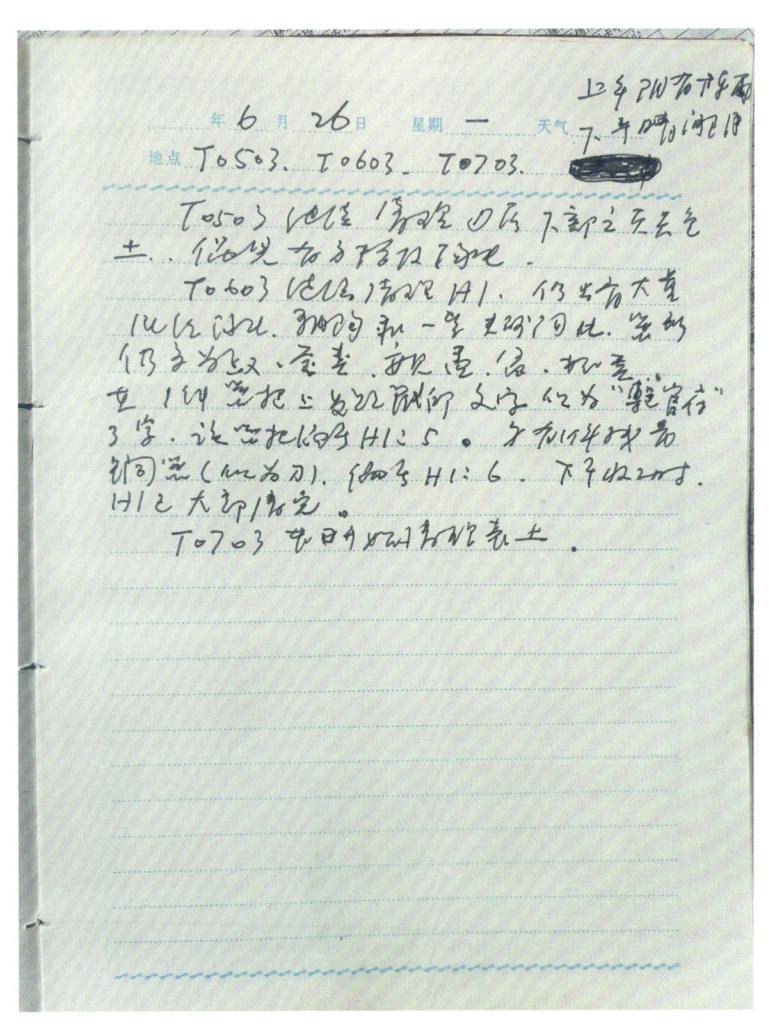

图五 子文同学发掘日记

2000年,我们参与到配合广惠高速公路建设的抢救性发掘项目中,这件有戳印文字的陶器正是在博罗岭嘴头遗址编号H1的灰坑中出土的。整理工作中,我们对这个灰坑的层位和共存器物进行了梳理,判断为东汉时期的灰坑。

图六 有戳印及刻画文字的东汉时期器把

该器把为泥质橙黄陶质地，较硬，在戳印字的部分，还特意事先刮抹平，形成一个纵向的且较窄的面，以利于实施戳印。

上面的文字，经过我、赵永洪和吴海贵等先生辨认，认为最上的第一字应为"卤"，是用坚硬物刻画出来的，为正文；戳印的字有三个，自上而下排列，且为反阳文，如此，当时应当有一位人士执此印，印为阴文，在这件灯盏烧制前加盖了印章，但由于不止一次实施戳印，相互重叠，最后一字，不甚明了；戳印内文字释读为"盐官◇"，"卤"字为正文，推测是因戳印出文字为反文，在该字相应部首上方专门"注释"的。

图七 工作照

由于这个发现十分重要,我还特地邀请了南越王宫博物馆的全洪、李灶新,广州市文物考古研究院的张强禄诸位先生前来观摩指导,对H1的年代和文字的释读,大家取得了共识,并一致赞扬子文同学作为领队,田野工作细致,现场将重要出土物及时加以记录;相信如果是他亲自整理,一定会更好,并写出相应的好文章来。由于东汉时期盐官的设立已经是郡国之事,只收税,不再管理生产,非西汉为大司农下之官职,职责亦有所改变,而且东汉盐官的实物史料亦鲜见,其学术意义和价值不言而喻。

图八 戳印及刻画文字拓片

按照2020年的计划,编写子文同学遗留的田野资料为报告的工作即将展开,我想,早日完成书稿才是对同学最好的纪念吧。

鸣谢:感谢考古80级的同学们给予的热情支持,特别感谢周魁英、朱岩石、戴成平同学提供珍贵的老照片。

(作者单位:广东省文物考古研究所)

也谈"番禺盐官"

李海荣

内容提要:

自西汉武帝时期设置番禺盐官后,盐务官员在两汉时期的岭南地区一直存续。而一个郡所设的盐务机构,是由秩品高低不同的官吏团队来运作的。掌管南海郡全郡盐政的番禺盐官的驻地,古文献中没有明确记载,但最合理的选择是在南海郡的政治、经济中心——南海郡治或番禺县治,或者靠近上两个治所的盐场。广东博罗岭嘴头遗址出土戳印有"盐官家"的东汉灯盏,应为盐务官署及办公处所专用灯具,这说明在岭嘴头遗址附近,或者距离遗址不远的某地,很可能有盐官的派出机构。

一、汉代盐官设置概略

盐有"百味之王"之称,在历史上一直是宝贵的"天藏之物"。至迟在东周时期,一些掌握盐资源的诸侯国,对盐税收入非常重视,均加强对盐业生产的控制,设有专门负责盐政的盐官。

《管子·海王》:

> 桓公曰:"何为官山海?"管子对曰:"海王之国,谨正盐策。"

东汉袁康《越绝书·外传记·地传》:

> 朱余者,越盐官也,越人谓盐曰余。

东汉班固《汉书·食货志》:

> 秦用商鞅之法,改帝王之制,……又专川泽之利,管山林之饶,盐铁之利二十倍于古。汉兴,循而未改。

《汉书·百官公卿表》:

> 少府,秦官,掌山海池泽之税,以给供养。

汉初曾一度开关梁山泽之禁，允许私人经营盐业。但到了汉武帝时期，中央政府为了从经济上加强集权，打击地方豪强势力，推行盐铁官营、酒类专卖、均输、平准、统一铸币等一系列经济政策，并在二十八个（一说二十七个）郡中设立盐官（图一）。

图一　汉代设立盐官的郡示意图[1]

---

[1]图采自深圳博物馆编《古代深圳》，北京：文物出版社，2010年，第56页。

《史记·平准书》：

> 使孔仅、东郭咸阳乘传举行天下盐铁，作官府，除故盐铁家富者为吏。……於是以东郭咸阳、孔仅为大农丞，领盐铁事。……元封元年，……桑弘羊为治粟都尉……乃请置大农部丞数十人，分部主郡国，各往往县置均输盐铁官。……天子以为然，许之。

《汉书·食货志》：

> 敢私铸铁器鬻盐者，釱左趾，没入其器物。

汉武帝派人到各地设立盐铁官员，不允许民间私营，否则严厉惩罚。

盐铁官营也遭到很多人的激烈批评和反对。汉昭帝始元六年(公元前81年)的"盐铁会议"上，论辩双方对之前所推行的经济、军事等一系列政策展开激烈争论，但并没有废除盐官。[1]此后的两汉时期，盐官设置的详情乏载，除西汉元帝时期短暂废置盐官，其余时期无论盐业是否官营，均设置有主课盐税的盐官。[2]

汉武帝时期，南海郡的番禺县设置了番禺盐官，管理南海郡的盐政。《汉书·地理志》：

> 南海郡……县六。番禺，尉佗都，有盐官。

因此可以推测，两汉时期岭南地区设立番禺盐官，或者类似职责的盐政官员后，应长期存在这一职位。

二、以往对番禺盐官驻地的推测

番禺盐官的驻地，在古文献中没有明确的记载。除了广州说之外，[3]还有深圳南头说。南海郡的番禺盐官与苍梧郡的高要盐官，为岭南所设的两处盐官，它们在地理位置上一东一西，因此一说番禺盐官即史籍上所称的"东官"，番禺盐

---

[1] 后世桓宽以当时官方记录材料著有《盐铁论》一书，使得后人能够详细了解当时的争议。详见王利器《盐铁论校注》，北京：中华书局，2015年。
[2] 高敏《东汉盐铁官制度辨疑》，《中州学刊》1986年4期；罗庆康《东汉盐铁制度蠡测》，《益阳师专学报》1991年1期；孔祥军《西汉盐官制度考察》，《江苏论坛》2008年9期。
[3] 孔祥军《西汉盐官制度考察》，《江苏论坛》2008年9期。

官的驻地即在"东莞（官）场"（即今深圳南头）。[1]

一般认为，今深圳市境内最早建置的县一级行政机构是在东晋咸和年间建立的宝安县，[2] 同时建立的东官郡的郡治也在宝安县。唐至德二年（757年），新建置东莞县，原宝安县辖区归东莞县管辖。[3] 明万历元年（1573年），东莞县南部析出建置新安县。[4] 新安县除康熙早期由于禁海迁界而短暂归于东莞县管辖外，[5] 一直延续到民国三年（1914年），才把县名改回宝安县。[6] 改名后的宝安县即深圳市前身。

---

[1] 叶农《宋元以前香港地区的工商业及发展》，《暨南学报（哲学社会科学版）》1998年4期；彭全民《从考古材料看汉代深港社会》，《南方文物》2001年2期；彭全民、廖虹雷《深圳历史上的东莞郡太守》，《深圳特区报》2013年8月14日；陈海滨《深圳古代史》，深圳：深圳报业集团出版社，2015年，第94-95页；张一兵《深圳古代简史》，北京：文物出版社，1997年，第64页；张一兵《深圳通史01》，深圳：海天出版社，2018年，第88页。

[2]《宋书·州郡志》："东官太守，《何志》：'故司盐都尉，晋成帝立为郡。'《广州记》：'晋成帝咸和六年，分南海立。'领县六：……宝安……安怀……兴宁……海丰……海安……欣乐。"

[3] [唐]李吉甫《元和郡县图志·岭南道一》："东莞县，……本汉博罗县地，晋成帝咸和六年于此置宝安县，属东莞郡。隋开皇十年废郡，以县属广州。至德二年改为东莞县。" [元]陈大震《大德南海志》（《永乐大典》卷一一九五《广州府一》引）：（东莞县）"晋成帝咸和六年，立东莞郡，领县六：宝安、安德、兴宁、海丰、海安、欣乐是也。……东官太守治宝安县。……隋开皇十年，废郡，以县隶广州，然隋犹以宝安名县。详见《寰宇记》。李唐至德三年更名东莞。" [明]《图经志》（《永乐大典》卷之一万一千九百五"广州府"引）：（东莞县）"晋咸和六年，立东莞郡，领县六，宝安其一也。……隋开皇十年，废郡，以县隶广州，复为宝安。唐至德二年，更名东莞。" [明·万历]郭棐《广东通志·郡县志一》："东莞县，……晋咸和六年立为东官郡，治宝安，即城子冈，今新安治。……隋开皇九年废郡，以宝安县属广州。唐因之，徙治到涌，即今县治，至德二年更名东莞。"

[4] [清·康熙]靳文谟《新安县志》卷三《地理志》"沿革"："隆庆壬申，海道刘稳始为民请命，抚按题允，以万历元年，剖符设官，赐名'新安'。城因所城之旧，编户五十六里。"

[5] 清初清政府为了打击郑成功等反清势力，在东南沿海先是在顺治十二年开始实行禁海政策，"严禁商民船只私自出海"，又在顺治十八年正式颁布了迁界令。据康熙《新安县志》记载，新安县迁界的大致情况是，在顺治十八年总镇张善"沿海看界"后，于康熙元年"邑地迁三分之二"，"驱民迁入五十里内地"；康熙二年又"拟续立界，邑地将尽迁焉。"但是，总督卢崇俊"以邑地初迁，人民困苦，会疏乞免尽迁，止（只）迁东西二路，共二十四乡。"这就使得新安县幸免被全迁。"康熙三年"城守蒋弘闻、知县张璞，逐东西二路二十四乡入界。"在迁界令实施后，新安县境内大部分地区的居民迁移他乡，新安县管辖的土地面积也大缩，名存实亡，所以新安县被并入东莞县三年。嘉庆《新安县志·沿革》：新安县"国朝因之。康熙五年，省入东莞县，八年复置。"对于迁界，清政府内部一直有争议，特别是广东巡抚王来任、两广总督周有德多次上书，力陈迁界之害，请求展界。最后在康熙八年朝廷下令复界，新安县的建制被恢复。

[6] 宝安县地方志编纂委员会《宝安县志》，广州：广东人民出版社，1997年，第17页。

三、文献中的"东官"和"东莞场"

据现有文献记载,岭南地区的"东官"一词最早出现于三国吴时期,最初是作为郡名来使用的。

唐杜佑《通典·州郡》:

> 增城,汉番禺县地,吴置东官郡于此,有增江。

五代晋刘昫《旧唐书·地理志》:

> 增城,后汉番禺县地,吴于县置东宫,有增江。

据《通典》,"宫"应为"官"之误;"东宫"应指东官郡。

北宋乐史《太平寰宇记》卷一五七:

> 增城县,……汉番禺县地,吴黄武中于此置东郡而立增城县,因增江为名。

据《通典》,"东郡"应是东官郡,抄写者误脱了"官"字。

文献记载中,岭南历史上有两个东官郡,分别设置于三国吴时期(郡治在增城县)和东晋咸和年间(郡治在宝安县)。"东官"一称,大体最早应出现于三国吴时期的"东官郡",晚于番禺盐官的设置时间300余年。由此可见,把番禺盐官称为"东官",没有任何文献依据。

此外,在古文献中"官""莞""筦"经常混用,"东官""东莞""东筦"往往说的是一回事。[1]

"东莞场"一词则最早出现于北宋的记载。北宋元祐五年(1090年)东莞县令李岩在其所撰写的《县令旧题名记》中说:

> 晋成帝析南海置东筦郡,其地在东筦场公宇东二百步,颓垣断堑,犹有存者。然筦本作官,盖当时置司盐都尉领之,如铁官、盐官之类是也。[2]

---

[1]《诗·小雅·斯干》:"下莞上簟,乃安斯寝。"东汉郑玄注:"莞,音官,又音完。"《元和姓纂》载"莞"音"官","官"当作"官"。[清]屈大均《广东新语·器语》:"莞音完,又音官。盖其为用最古。东莞人多以作莞席为业,县因为名。县在广州之东,亦曰东官。""筦"亦同"莞",[南宋]罗大经《鹤林玉露》卷八:"松床筦席,与绣帏玉枕,同一寝也,知此则贫富贵贱,可以一视矣。"在古文献中看到"官""莞""筦"三字互通,是符合古文字学的现象。

[2] 参见[明]吴中、王文凤《广州志·东莞县》。

李岩说东莞郡本来写作东官郡，并猜测东莞（官）场曾经归属于三国吴时所设置的司盐都尉[1]管辖，而东莞（官）郡治就在北宋东莞（官）场公署的东部。但李岩没有说清楚东莞（官）场究竟在北宋东莞县何处，也没有提及东莞（莞）场与汉代番禺盐官的驻地有何关系。

明天顺卢祥《东莞县志·沿革》：

> 晋成帝咸和六年立东莞郡，其治在东莞场，莞字本作官。

又卷三《古迹》：

> 故郡，即今东莞场也，其地旧为郡，复改为监，又改为场。

"故郡"是指东晋咸和年间所设置的东莞（官）郡。天顺《东莞县志》认为，东莞场的名称不仅晚于东莞（官）郡设立的时间，而且在二者之间还有一段被称为"监"的时期。

明万历郭棐《粤大记·政事类》"盐法"一节载：

> 肃宗乾元元年，第五琦为使，初变盐法，就山海井灶近利之地置监院。民业盐者为亭户。……淳化中，……煮海为盐凡六路，广南其一也，地曰亭、场，民曰亭户、灶户，户有盐丁。

《粤大记》说得更清楚，唐肃宗乾元元年（758年）在产盐之地设置监院，北宋淳化年间（990-994年）已把产盐之地称为亭或者场。

由此可见，所谓的东莞场，就是东莞盐场的简称，它出现的年代不早于北宋，这与当时东莞盐场归属于东莞县管辖有关。因此据现有文献，"东莞场"一词的出现晚于番禺盐官的设置时间1000余年。至明末和清代，虽有人采信北宋李岩的猜测并把东莞（官）场与三国吴时期的司盐都尉相联系，但无人提及东莞场与番禺盐官有关系。

明崇祯张二果等《东莞县志·地舆志》"建置沿革条"：

---

[1] [南朝·梁]沈约《宋书·州郡志》载："东官太守，《何志》：'故司盐都尉，晋成帝立为郡。'"[北宋]乐史《太平寰宇记》《岭南道一·广州》："东官郡故城，……《郡国志》云：东官郡有'芜城'，即吴时司盐都尉垒。""东莞……汉顺帝时属南海郡地。吴孙皓以甘露元年置始兴郡，以其地置司盐都尉。晋立东莞郡。"[元]陈大震等《大德南海志》（《永乐大典》卷一一九五《广州府一》引）：（东莞县）"本汉南海郡地。吴甘露三年，始置司盐都尉。晋成帝咸和六年，立东莞郡。"[明·天顺]卢祥《东莞县志·沿革》："东莞县，汉南海郡地，吴甘露二年始置司盐都尉。晋成帝咸和六年立东莞郡。"

吴甘露间，始置司盐都尉于东官场，场名"东官"，谓东方盐官。

清康熙郭文炳《东莞县志·沿革》：

吴置司盐都尉于东官场。场名东官，谓东方盐官。

清雍正周天成等《东莞县志·沿革》：

吴甘露二年置司盐都尉于东官场。场名东官，谓东方盐官。

官修的清嘉庆廖鸿藻《重修大清一统志·广州府》则认为东莞盐场晚于唐代宝安县改名为东莞县，之所以叫东莞盐场，是与宝安县改名东莞县并北迁县治有关：

晋置宝安县，属东莞郡，……唐至德二载改曰东莞，……有东莞盐场，盖改置县于北境，而以故址置场。

这与天顺《东莞县志》和万历《粤大记》的说法接近。但是，《大清一统志》没有说清楚东莞盐场具体设置的时间。

综上，《汉书》以及之后的古文献中没有明确记载番禺盐官的驻地，只是说番禺盐官设置在番禺县。另外，番禺盐官的驻地，是否在所谓的"东莞（官）场"，尚缺乏古文献依据。

四、历史上珠江口两岸的盐场和盐栅

仅凭古代文献的记载，番禺盐官的驻地可能在番禺县的任何地方。而今深圳、香港在汉代的隶属，主要有两种说法，一说属博罗县，一说属番禺县。

唐李吉甫《元和郡县志·岭南道一》：

东莞县，……本汉博罗县地，晋成帝咸和六年于此置宝安县。

唐代至德二年后的东莞县，包括今深圳香港地区。

清嘉庆舒懋官《新安县志·沿革志》：

汉定越地，……南海郡领县六，次博罗，邑之地属焉。

清康熙靳文谟《新安县志·地理志》沿革：

相沿传至汉元鼎五年，分南越，置九郡；南海郡领县六，邑于时属番禺。

香港九龙李郑屋村东汉中期墓葬发现有"大吉番禺"、"番禺大治历"的铭文砖，[1]说明今深圳、香港地区起码有一部分应该在汉代的番禺县辖区内；当然，今深圳的东部区域在汉代也可能属于博罗县管辖。

中国早期帝国边缘地区所设立的行政机构，并没有类似现代行政辖区的清晰概念，很可能是基于交通线和聚居点自然形成管辖范围。

番禺县始建于秦始皇三十三年（前214年），也为南海郡郡治所在地。据考证"秦在岭南立县的辖境很大，如据清郝玉麟《广东通志》说，番禺县境东达罗浮山，南抵香港九龙（有汉墓砖铭为证），西连四会，北接清远，相当于今珠江三角洲地区"。[2]番禺设县至今2200多年，境域多次变动，大致析出了增城、东莞、南海、从化、花县（花都）、香山（中山）、新安（宝安）、顺德、三水、珠海、斗门等县市以及香港、澳门特别行政区。

汉代记述番禺地情的文献匮乏，其管辖范围很难说得非常清楚，但是也应该大致包括今广州、东莞、深圳、香港、惠州等地的一些区域，还应该包括今珠江口西岸的中山、珠海、新会、澳门的一些区域，所辖范围较大。

古文献没有具体说明汉代番禺县产盐之地的具体位置。但是在历史时期，珠江口的东、西两岸有很多产盐地。北宋欧阳修《新唐书·地理志》：

> 新会，……有盐。

又载：

> 东莞，……本宝安，至德二载更名。有盐。

北宋王存《元丰九域志·广南路·东路》：

> 东莞县，……靖康、大宁、东莞三盐场，海南、黄田、归德三盐栅。

又载：

> 新会，……海晏、博劳、怀宁、都斛、矬铜、金斗六盐场。

一般认为，东莞盐场和黄田、归德盐栅在今深圳辖区内。

元陈大震《大德南海志·盐课》：

> 本路所管者，靖康、香山、东莞、归德、黄田、海晏、矬峒七场而已。其隆井、招收、小江三场，隶潮州路。淡水、石桥二场，隶惠州

---

[1] 屈志仁《李郑屋汉墓》，香港：香港市政局，1983年，第3-2页。
[2] 司徒尚纪《广东政区体系——历史·现实·改革》，广州：中山大学出版社，1998年，第24页。

路。双恩、咸水二场，隶南恩州。

元扎马鲁丁《元一统志》：

盐场：静康、太宁、东莞三场，海南、黄田、归德三栅，并在东莞县；海晏、都斛、矬峒三处，旧有博劳、怀宁、金斗三场，在新会县。

明万历郭棐《粤大记·政事类》"盐法"：

弘治六年，……广东盐课提举司所属十四场：靖康、归德、东莞、黄田、香山、矬峒、海宴、双恩、咸水、淡水、石桥、隆井、招收、小江。

这十四处盐场多在珠江口两岸。

此外，在珠江口东部还有官富、叠福等盐场。也就是说，在唐宋元明时期，珠江口东岸的今东莞、深圳、香港等沿海区域均有产盐之地，珠江口西岸的今中山、珠海、新会等地也都有不少盐场、盐栅（见图二、图三）。

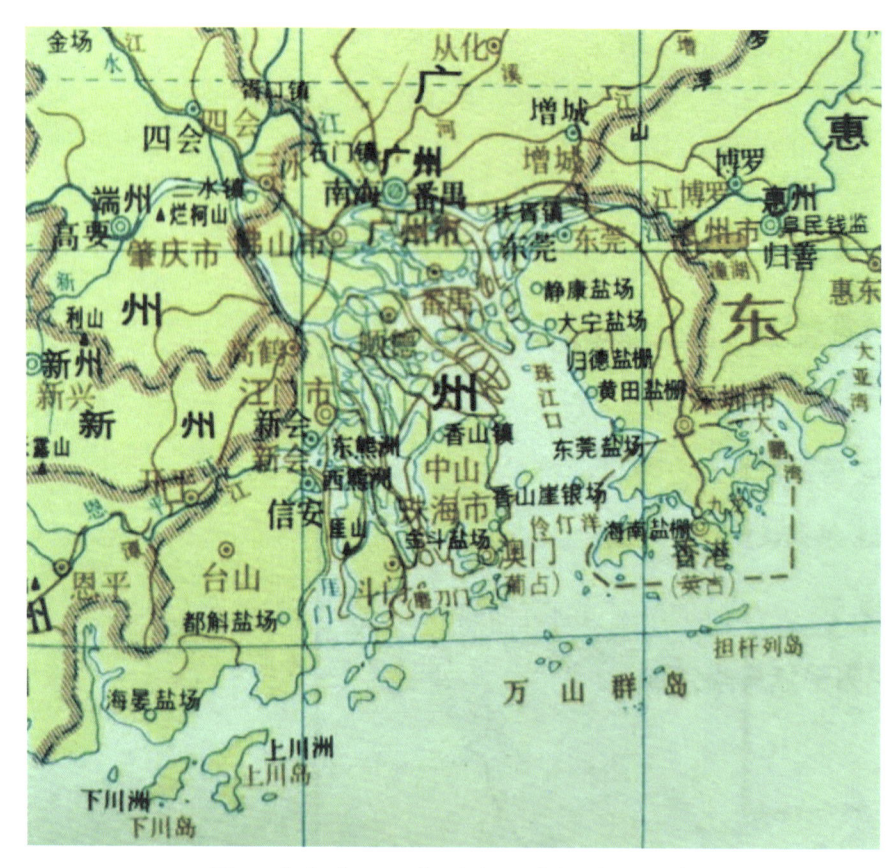

图二 北宋珠江三角洲地区盐场盐栅分布

图三 南宋珠江三角洲地区盐场盐栅分布[1]

虽然唐宋元明时期的盐场、盐栅,未必与汉代的盐场完全吻合,但是古代珠江口东、西两岸产盐之地众多毋庸置疑。而在汉代南海郡所辖的其它区域可能还有产盐地,比如《大德南海志》《粤大记》中记载的一些盐场,也可能在元明以前就已存在。

五、番禺盐官的秩品及其团队

《汉书·百官公卿表上》:

> 治粟内史,秦官,掌谷货,有两丞。景帝后元年更名大农令,武帝太初元年更名大司农。属官有太仓、均输、平准、都内、籍田五令丞,斡官、铁市两长丞。

---
[1] 图二、三采自谭其骧《中国历史地图集》第六册,北京:中国地图出版社,1992年,第34–35、65–66页。

> 颜师古注：斡，主也，主均输之事，所谓斡盐铁而榷酒酤也。

汉武帝初始设置的盐官由中央派出，直属大司农下的斡官管辖，地位应当不低。

南朝宋范晔《后汉书·百官志》：

> 大司农，卿一人，中二千石；丞一人，比千石。太仓令一人，六百石，丞一人。平准令一人，六百石，丞一人。导官令一人，六百石，丞一人。

《汉书·百官公卿表》：

> 万户以上为令，减万户为长。……凡县令，秩千石至六百石；县长，秩五百石至三百石。

大司农卿的秩品是"中二千石"，其助手大司农丞为"比千石"，再下辖各部门的主官"令"的秩品为六百石，起码与地方上的县令平级。

《后汉书·百官志》"大司农"条本注：

> 郡国盐官、铁官本属司农，中兴皆属郡县。

又"州郡"条本注：

> 其郡有盐官、铁官……随事广狭置令、长、丞，秩次皆如县、道，无分士，给均本吏。

到了东汉时期，盐官名列州郡之下，同县、道平级，所领官俸大抵与同级地方官员相仿，且由本地属吏执掌，已属于地方事务机构。

番禺盐官的秩品，文献虽然没有明确记载，但是综合上述，推测起码与番禺县令平级。而据《后汉书·百官志》记载，东汉时盐官有"令、长、丞"的级别之分。今人根据出土的汉简、印章、封泥并结合文献，把汉代的盐官设置体系归纳为：盐官长、丞、别丞、令史、官啬夫、佐。[1]汉代封泥中见有"楗盐左丞"的封泥，[2]有"左丞"，推测应有"右丞"，那也不排除其他级别的盐官也分左、右。

综上所述，番禺盐官作为盐务机构的长官，其下应设有秩品高低不同的官吏团体来运作本地盐务。

---

[1] 郭俊然《出土资料所见的汉代地方工官考》，《南昌航空大学学报（社会科学版）》2015年第1期。
[2] [清]吴式芬、陈介祺《封泥考略》卷四，北京：中国书店，1990年，第四八页。

六、汉代海盐的制作方法

《管子·地数》：

  煮沸水[1]为盐。

《史记·吴王濞列传》：

  濞则招致天下亡命者铸钱，煮海水为盐，以故无赋，国用富饶。

煮海水为盐，"是先把海水浓缩成卤水，或从海水或海砂中淋出卤水，再煎煮为盐的。"[2]据文献记载，中国古代沿海地区的制盐主要有两种技术，即明代之前的淋煎法（又称淋灰法）和元代开始兴起的滩晒法。[3]

滩晒法工艺较复杂，一般的生产流程需先开浚沟渠、吸纳海潮、导入储水池，然后由阳光、风力蒸发海水，达到一定浓度时，转入蒸发池继续蒸发。当卤水浓度及所含杂质符合一定条件时，再导入结晶池结晶成盐。

淋煎法相对简单，主要生产流程有两步，即摊灰刮卤和煮卤成盐。"摊灰刮卤"即将草木灰摊在含盐滩涂上，使析出的盐花附着其上，然后再刮取这些盐土放入坑内，淋上海水使盐土溶解成卤水。而"煮卤成盐"则是把卤水装入容器中，再把容器置于盐灶上煎煮成盐。[4]据考古发现，淋煎法至迟在商代晚期的鲁北地区就已产生，从商周时期直到有文献记载的宋元时期一直沿用。[5]淋煎法所要求的技术及场地条件没有滩晒法高，有海水、海滩之处大体都可以操作。

目前岭南地区汉代制盐遗迹发现较少，尚难复原当时的制盐流程，但是可以推测是用淋煎法或类似方法来制盐的。而汉代的番禺县治就在海边，其周围区域也完全可能有制盐场所。

古代环境的研究表明，现今的珠江三角洲区域，其大部分陆域的形成很晚，

---

[1] 沸水即今之所谓卤水，见马非百《管子轻重篇新诠》，北京：中华书局，1979年，第421页。
[2] 王青《<管子>所载海盐生产的考古学新证》，《东岳论丛》2005年11月。
[3] 郭正忠主编《中国盐业史》，北京：人民出版社，1997年，第434-437页。
[4] 潘吉星《天工开物校注及研究》，成都：巴蜀书社，1989年，第267-272页。
[5] 王青《淋煎法海盐生产技术起源的考古学探索》，《盐业史研究》2007年第1期。

多在明代之后才逐渐形成。距今六、七千年前，海进造就的珠江河口湾深入内陆150公里之远，肇庆羚羊峡、清远芦苞、广州花都（新华）、惠州潼湖和开平水口以下，是一个多基岩岛屿的河口湾（图四）。秦汉时期的珠江河口湾，也比现今要大得多（图五）。汉时期的南海郡治及番禺县治，位于当时珠江三角洲的北部海边。在那时的交通条件下，从郡、县两治所到今深圳南头，起码有200公里左右的距离，可以想见道路之难行。

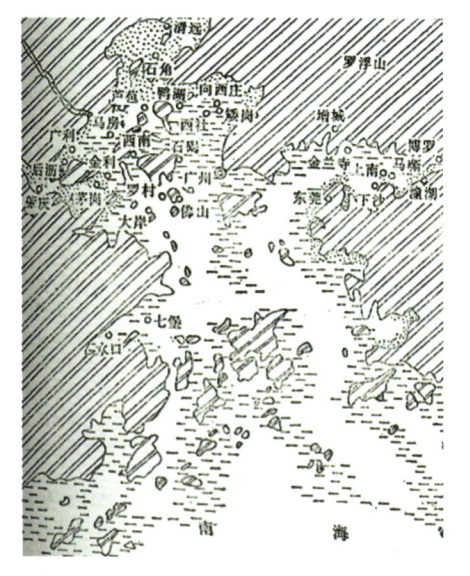

图四 中全新世珠江河口湾示意图[1] 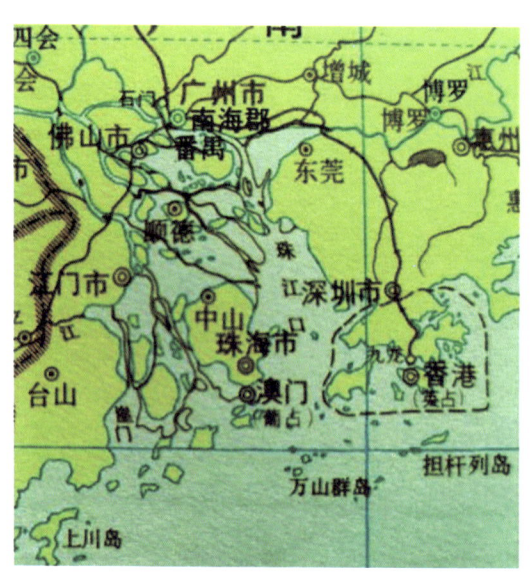　　图五 西汉时期的珠江三角洲区域[2]

从效率和经济的角度推测，掌管南海郡全郡盐务的番禺盐官，一开始由中央直接派出且起码是县令级别的官员，如果选择驻所，最合理的是选在当时南海郡的政治、经济中心——南海郡治或番禺县治，或者靠近上两个治所的盐场，以便全局掌控南海郡的盐务；然后往各个产盐地派出下级官吏，由他们具体负责各个盐场的事务并向上级盐官汇报，最后由番禺盐官汇总。负责全郡盐务的番禺盐官，待在各方面条件较好、且有利于工作的"大城市"办公，较为符合逻辑和常识。

---

[1] 图采自赵焕庭《珠江河口演变》，北京：海洋出版社，1990年，第83页。
[2] 图采自谭其骧主编《中国历史地图集》第二册《西汉时期·交阯刺史部》，北京：中国地图出版社，1992年，第35-36页。

七、新见有关盐官的重要资料

新见有关岭南地区汉代盐官的重要资料，是广东博罗岭嘴头遗址所发掘的一个灰坑（H1）中的一件灯柄上的文字（图六），这样的灯盏在东汉时期的岭南地区较常见（图七）。

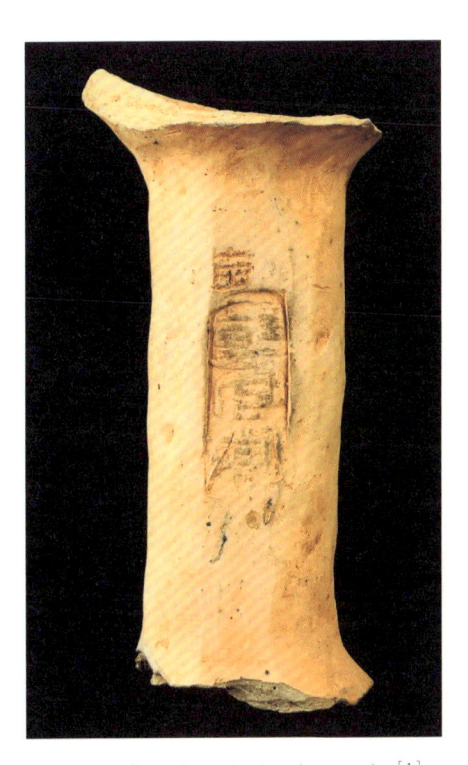

图六 岭嘴头出土灯柄（H1:5）[1]　　　　图七 番禺汉墓出土灯盏（M3:31）[2]

据广东省文物考古研究所李岩介绍：

　　该器把为泥质橙黄陶质地，较硬，在戳印字的部分，还特意事先刮

---

[1] 照片采自李岩《子文同学的一篇发掘日记与广东汉代"盐官"》，微信公众号"考古大家谈" https://mp.weixin.qq.com/s/BfyI4zi8OvwftWBHLcTPgg 2020年4月3日。文章根据出土灯柄的灰坑层位和共存器物，判断此为东汉时期灰坑。

[2] 广州市文物考古研究所等《番禺汉墓》，北京：科学出版社，2006年，第彩板二一：2页。

抹平，形成一个纵向的且较窄的面，以利于实施戳印。上面的文字，经过我、赵永洪和吴海贵等先生辨认，认为：最上的第一字应为"卤"，是用坚硬物刻画出来的，为正文；戳印的字有三个，自上而下排列，且为反阳文，如此，当时应当有一位人士执此印，印为阴文，在这件灯盏烧制前加盖了印章，但由于不止一次实施戳印，相互重叠，最后一字，不甚明了；戳印内文字释读为"盐官◇"，"卤"字为正文，推测是因戳印出文字为反文，在该字相应部首上方专门"注释"的。

我对几位先生已经释出的文字没有异议，关键是戳印上的第三个字是什么字？根据李岩、吴海贵两位先生提供的"正字"照片（图八），我们一致认为第三个字是"家"字。

图八 岭嘴头出土灯柄（H1:5）水平方向反转照片

从灯柄上戳印的痕迹看，戳子戳印了两次。第一次戳印，应该是有些笔画没有戳印清楚，所以又戳了一次。但是，第二次戳印没有对准第一次所戳的位置，形成了少许的错位，这就造成了一些笔画重叠或者重复。比如，第二字"官"的左上方（图八），就有很明显的"┏"形重复笔画；据此，戳子第三字左上方的"┏"形笔画（图八），也应该是两次戳印而造成的重复笔画。

图九 第三字与汉隶文字的比较

通过以上的分析，把戳印第三字的重复笔画减去后，就是个"家"字（图九），整个戳印的三个字是"盐官家"。

如何理解"盐官家"？是指盐官的私家吗？还是"官家"二字连为一个词组，表示官府、公家，并引申为公署及办公处所呢？

陶质灯盏易碎，经济价值不高，获取也容易。如果是私家物，实在没有必要在其上戳印一个表示"这是某家之物"的印记。此外，依前文所述，从事盐务有一个官吏团体，而非个人，如果要表示这是某盐官家的私物，"盐官家"的戳印并不能达到特指某一个人的目的。所以"官家"连为一个词组，表示官府、公家、公署的可能性更大。

"官家"一词，最早见于东汉至三国时期，一开始就是指官府、公家。

东汉荀悦《汉纪·孝文皇帝纪》：

> 官家之惠，优于三代；豪强之暴，酷于亡秦。

西晋陈寿《三国志·魏书·刘司马梁张温贾传》裴注引《魏略》曹操与阎行书信：

> 卿父谏议，自平安也。虽然，牢狱之中，非亲养之处，且又官家亦不能为人养老也。

岭嘴头遗址H1所出灯柄上戳印的"盐官家"三字，应是表示这个灯盏是盐务公署及办公处所专用的灯。这说明很可能在岭嘴头遗址附近，或者距离遗址不远的某地，有盐官的派出机构，但使用者属于哪一级盐务官吏，目前还无法推断。

八、结 语

负责南海郡全郡盐政的番禺盐官的驻地,旧说在今深圳南头,这种说法既无确凿的文献依据,也无任何的考古证据,甚至也没有证据能说明其一定在今深圳境内。本文持论的番禺盐官的驻地可能在当时南海郡的政治、经济中心——南海郡治或番禺县治,或者靠近这两个治所的盐场的观点,在没有新的文献和考古资料发现之前,仅为假说,尚有待证实或证伪,但作为一家之言,亦足以起到引起有益的讨论作用。

(作者单位:深圳市文物考古鉴定所)

番禺"盐官厨"释读

全 洪

2020年4月3日,微信公众号"考古大家谈"发表李岩研究员《子文同学的一篇发掘日记与广东汉代"盐官"》。介绍2000年广东省文物考古研究所已故李子文研究员主持发掘博罗岭嘴头遗址编号H1的灰坑中出土的陶器文字。这件陶灯把上的文字分两次完成。经李岩等人辨认,一个是用坚硬物刻画出来的"卤"字,另一是戳印"盐官□"三字。都与卤(盐)有关。即如李岩所说:东汉盐官的实物史料亦鲜见,其学术意义和价值不言而喻。

4月7日和10日"考古大家谈"分上、下发布李海荣研究员撰写的《也谈"番禺盐官"》。从汉代盐官设置、番禺盐官驻地、番禺盐官的秩品及其团队等几个方面进行考证,指出这是新见有关盐官的重要资料。结论是岭嘴头遗址H1所出灯把上戳印的"盐官家"三字,表示这个灯是盐官官署专用的灯。盐官官署很可能在博罗岭嘴头遗址附近,或者距离遗址不远的某地有番禺盐官的派出机构。李教授的考证较为详赡,关于番禺盐官的诸多意见我都同意,但是细观察戳印文字的照片,拓本和摹本,我认为第三字应是"厨"字,当读作"盐官厨"。

下面谨就戳印的三个字,从文字结构及字义方面试为释读。

"盐"字,盐的卤部与皿部清楚可鉴,厘定为盐字准确无误。"官"字划清晰,殆无疑义。第三个"厨"字,《说文解字》:厨,庖屋也。从广尌声。直株切。字形采用"广"作边旁,采用"尌"作声旁。后来演化成从"厂","尌"声。

戳印里"厨"字的"广"部明确。李子文发掘日记是这样写的:"在一件器把上发现戳印文字,似为'䰞官府'3字,该器把编号为H1:5。"可以想象当时在考古工地发掘现场,李子文第一印象识读这是"府"字,唯其未识"盐"字。李岩、吴海贵和李海荣认为戳子上的第三个字是"家"字。然则"家"字宝盖头并不明显，其下亦非"豕"字，因此盐官下的字释为家，不当。李子文识作"府"字的"亻"其实是"寸"，小篆字形象形手的"又"部恰好被一道划痕所伤。"壴"部的"口"字还是明显的。依据字形的偏旁、结构，戳印的第三字可断为"厨"。

图一 南越"乐府勾鑃"

从字义和汉代铭文的辞例来考察。首先是"府"字。府，古代官方收藏文书或财物的地方。战国秦汉时期掌财币之官皆曰府，有泉府、府库、大府、内府、外府等；又指高官和贵族的住宅，也指某些国家首脑办公和居住的地方，称府邸；更多指官吏办理公务的行政机构，少府（小府）、乐府（图一）等。府地位较高，赵高曾任中车府令。汉承秦制，设丞相、御史大夫，以理朝政，谓之二府。东汉是将太尉、太傅、司徒、司空称四府。[1]秦汉出土文字辞例少有单一"府"字，如果指官府则前当有官署名，府舍亦然。盐官职级较低，不会迳称"盐官府"。

---

[1] [清]赵翼《廿二史劄记》卷二《汉三公官》，北京：中国书店，1987年，第28页。

图二 满城汉墓"中山内府"铜钫　　　　图三 代国"清河大后中府锺"

　　皇家与诸侯王府下设众多行政管理机构负责生产、管理和使用器具，不会径用王府，而是前官署后官名结构。河北满城中山靖王刘胜夫妇墓即有多件刻铭"中山内府"（图二）、"中山府"。[1]内府相当于皇家的少府，汉朝诸王侯的私府，以别于少府，执掌诸侯国王府内的事务。山西太原东太堡出土"清河大后中府锺"，同出有"晋阳"钫和"代食官糟锺"（图三）。[2]表明这些铜器代王府太后家用器。中府即内府，是与外府相对而言，掌收藏财货器物。

　　其次是"家"字刻铭文字的用法。李海荣对官家的解释大体不误，与官署之下的当然不是指人家，即家庭、住宅、房屋、居家室。但他对官家的解读未备，此盐官当为县官之级，即工官之类。盐官为上句，家（或厨）为下读。盐官是官设机构，不可拆分，"官家"不得连读。

---

[1] 中国社会科学院考古研究所、河北省文物管理处《满城汉墓发掘报告》上册，北京：文物出版社，1980年。
[2] 山西省文物管理工作委员会、山西省考古研究所《太原东太堡出土的汉代铜器》，《文物》1962年第4、5期合刊。

图四 长沙国"轪侯家"漆匜　　图五 "轪侯家"丞封泥　　图六 南皮侯家锺

图七 富平侯家锅　　图八 博邑侯家鼎　　图九 平都主家锺

图一〇 卫少主菅邑家锺　　图一一 阳信家锺

在汉代时人的语句表述中金石文字的"家"通常有特别含义。汉代诸侯王有封地，列侯、王后、公主等亦有食邑，这些国邑在汉代铜器铭文中称家。最著名的莫过于长沙马王堆汉墓轪侯家器，具杯盒、案、平盘、食盘和匜共12件漆器漆书"轪侯家"（图四），是为物主标记；系在竹笥上的封泥匜，钤"轪侯家丞"

封泥27枚（图五）。[1]容庚《汉金文录》收录不少传世铜器刻铭侯家专用的铜器，[2]如高成侯家器、南皮侯家锺（图六）、富平侯家锔（图七）、关邑家壶、博邑家鼎（图八）等，这些都是侯家用器。馆陶家铜连鼎、平都主家锺（图九）、敬武主家铫、闵翁主家釭辗、卫少主菅邑家锺（图一〇）等，这是公主或翁主家用器。1981年陕西省兴平县茂陵1号无名冢1号从葬坑出土刻"阳信家"铭文的器物10多件（图一一），为武帝姊阳信长公主家之物。王后家使用的器物也多有同样的格式标识。如陕西历史博物馆收藏"太后家"铜沐缶。长沙发现的"杨主家般（盘）。今长沙王后家般"显示前后物主的变更，原物主是杨主，即公主或翁主，后来归属长沙王后家。

从上述金石、漆器文字可知，结合《汉书·百官公卿表》序记载，家是特指皇后、王后、太子、公主、翁主、列侯在封地、食邑的官署，置有家令、门尉等职官，在汉代"家"有官署属性。本此，博罗岭嘴头遗址H1发现的陶灯把上"盐官□"戳印的第三字不能是"家"字，应读作"厨"。厨即厨官或其下属吏员之省称。

图一二 秦"印章飤厨"铜印与印文

---

[1] 湖南省博物馆、中国科学院考古研究所编《长沙马王堆一号汉墓发掘报告》上集，北京：文物出版社，1973年，第78、112页。
[2] 容庚编《秦汉金文录·汉金文录》卷一—卷三，北京：中华书局，2012年。

《汉书·百官公卿表》少府、詹事、奉常属下有厨，京兆尹属官有长安厨令丞，右扶风属官有雍厨长丞，三辅属官亦有厨，上林苑内之宫馆亦有厨。也就是说，汉代从皇室宫廷到诸侯王国，从中央机构到郡县官署，均设有厨官之职。秦汉时期的铜器铭文、印文、封泥、陶文等大量发现各种类别和级别的厨官文字资料（图一二），与其他官设机构一样，厨有令、长、丞、厨宰、厨监、厨啬夫等。厨官之下还有厨吏、厨兵、厨役等吏员。

图一三 南越王宫中共厨陶器盖拓片

秦始皇三十六年在岭南设桂林、象、南海三郡，纳入帝国版图，施行秦的政治制度、官僚体系和社会组织。公元前204年赵佗建立南越国，因承秦制，同时吸收汉制。在都城番禺和郡县皆置厨官，为差役官吏供应食宿。南越王宫出土"宫中厨"，[1] 还有"中共厨"陶文（图一三），"共厨"是指供应祭祀用的食品的机构。王墓西侧室陶罐内出土3枚"厨丞之印"封泥。此厨丞应是掌管皇后及太子饮食的官吏。[2] 表明南越王国设置多处厨官署，置厨丞。南越臣民墓陶器上与庖厨有关的文字5例，这种戳印文字十分少见，很是珍贵。《西汉前期陶器文字登记表》第1120、1121号墓出土的陶罐、陶瓮上有"大厨"戳印。[3] 应是南越王国少府属下司陶工官专为"厨"官署监造。

---

[1] 南越王宫博物馆编《南越国宫署遗址：岭南两千年中心地》，广州：广东人民出版社，2010年，第90页。
[2] 广州市文物管理委员会等《西汉南越王墓》上册，北京：文物出版社，1991年，第309页。
[3] 广州市文物管理委员会《广州汉墓》上册，北京：文物出版社，1991年，第91、92页。

我们回到岭嘴头遗址H1出土的陶灯上。这种陶灯《广州汉墓》分为Ⅰ型灯，自西汉中期出现后，造型变化不大。盏如碗形，中为圆柱，下连覆钵形座足，座足比盏大。或称为豆形陶灯。墓葬随葬，遗址也有出土。[1]广州外，在广西贵县、合浦等地也有不少发现。

这种印记并非是陶工自己的记号，而是为盐官所属的厨官制作。"盐官厨"是汉代典型的前官署后官名结构，是官署用器，戳印的是制作者，厨是使用者，在官厨使用。这是中央政府设在番禺的盐官，用具在当地制造，尤其是日常生活用品的陶器更不必外地运来。番禺地方制陶工官主造，供盐官厨使用。

南海郡番禺是汉武帝时"各往往县置均输盐铁官"在28个郡中设立盐官的第一批。关于秦汉盐盐政的管理，盐铁官署的设置，李海荣已作介绍。这里我们谈一谈掌办官府厨食的厨官。

李海荣已据《后汉书·百官志》"大司农"条本注和"州郡"条本注载分析东汉时期，盐官名列州郡之下，同县、道平级，所领官奉大抵与同级地方官员相仿，且由本地属吏执掌，已属于地方事务单位。从而推测番禺盐官的秩品，起码是与番禺县令平级的。

有一条考古资料可资补充，西汉时期盐铁官也是所在地郡太守的属员。1993年在江苏连云港市东海县尹湾村西汉墓出土汉成帝元延三年（公元前10年）文书档案，[2]《东海郡属县乡吏员定簿》汉简记录了五位盐铁官，证明汉代盐铁官是属于太守治下与县令平级的行政机构。各种官府机构都置有厨官，盐官作为郡县专业行政机构，其品秩应与县令平级，即六百石，设置厨官也是自然的事。

六百石以下官吏史书记载本来就少，加上厨食这种日常生活琐事之类更少有反映。设在盐官之下的厨官，具体的情况文献无载。从一些考古资料可窥见其一斑。20世纪90年代初敦煌汉代悬泉置遗址出土大量简牍、帛书、纸书、墙壁题记等简帛文书，简文所载不同级别的人必须按规定住宿用餐，以及厩啬夫主管驿马、

---

[1] 湖南省博物馆、中国科学院考古研究所编《长沙马王堆一号汉墓发掘报告》上集，北京：文物出版社，1973年，第78、112页。

[2] 容庚编《秦汉金文录·汉金文录》卷一–卷三，北京：中华书局，2012年。

传车的制度。发掘者引《晋书·刑法志》引《魏新律序》曰："秦世旧有厩置、乘传、副车、食厨。汉初，承秦不改。"认为悬泉置是建立在河西要道上的一处集传递邮件、传达命令、接待宾客为一体的综合机构，即传置。其行政级别应与县相等，因为分设在各县领地的称县置。在管理权限上，受郡太守直接指挥，郡派吏监管。从出土简牍所反映的情况看，该置由置、厩、传舍、厨四大机构组成，置设有啬夫、丞、令史、邮书令史、佐、驿卒、郡府特派置监。厩、舍、厨各设啬夫分管其事。[1] 据此可推测，同是县级的盐官下设的机构厨，也应设有啬夫等属官管理。

上述讨论番禺盐官陶灯戳印文字，笔者以为无论释读为"家"字还是"厨"字，是盐官官署用器抑或厨官用器，并不影响李海荣关于番禺盐官的派出机构岭嘴头遗址附近，或者距离遗址不远的某地，以及番禺盐官的驻地可能在当时南海郡的政治、经济、文化中心——南海郡治或番禺县治，或者靠近上两个治所的盐场的基本判断。

（作者单位：南越王宫博物馆）

---

[1] 甘肃省文物考古研究所《甘肃敦煌汉代悬泉置遗址发掘简报》，《文物》2000年第5期。

广州出土五代南汉国名臣李纡墓志铭考略

陈鸿钧

内容提要：

此为近年广州考古所见南汉国最重要的一处墓茔，墓主李纡，唐代皇室申王、惠庄太子之裔孙。唐末世乱，举家南迁后辅佐岭南藩镇刘氏，官至南汉太中大夫、兵部侍郎等职。墓志文反映了晚唐北人南迁的史实，以及南汉建国官制情况。此志补充了南汉史籍之阙略，亦据以正《通鉴》载记之误。

南汉李纡墓志，2019年出土于今广州市越秀区横枝岗南汉墓，志石高120厘米，宽84厘米，刻立于南汉高祖大有元年（928年）或稍后，志文楷书，字迹有所残损漶漫，但尚可辨读。[1]（图一、二）文曰：

大汉太中大夫守御史中丞兼尚书兵部侍郎上柱国赐紫金袋陇西李府君墓志铭并序。

集贤殿学士文林郎守尚书户部郎中史馆修撰赐紫金鱼袋薛绛撰。

龙梭显雷泽之徵，鹊印示孝侯之贵。钟兹嘉瑞，非英则贤，雅继伊人，惟陇西府君而矣。公讳纡，字文达，唐朝申王追赠惠庄太子五代孙也。曾祖棣，朝散大夫、京兆兴平县令；祖翱，朝散大夫、凤嘉二州牧、宗正少卿、衡州刺史；父弘实，许州录事参军、赐绯鱼袋、赠工部郎中；母，河东县君柳氏，有淑德而归于许州。府君生三子，长曰峦，次曰绚，公则府君之季子也。公生叶龠诗之梦，幼有老成之风，未弱冠举宗正寺明经，暮年辟天德防御推官、试秘书省校书郎。寻□朔□骚扰，公举家南游，圣上蕃邸潜渊，广招宾彦，首辟公为观察支使，试大

---

[1] 该墓由广州市文物考古研究院发掘，志石现陈列于广州南汉二陵博物馆。

理评事，俄迁国子，广交博士，赐绯鱼袋，次任诸道供军指挥判官。洎我朝授命上玄，奄有中夏，拜给事中判尚书刑部事，转右谏议大夫判太常寺事，加左谏议大夫判匦使，迁御史中丞兼户部侍郎，转兼兵部侍郎。公义路康庄，情田浸润，玉蕴十德，居然莹彻之容；松挺四时，蔼有清凉之韵。器贮达人之量，道弘君子之儒。策名高踵于兰成，振举□从于莲幕。始芸香而践位，遽椹服以承荣。爰自赤雀，启符黄龙，瑞我汪洋渥泽，扬历阶资，□□之兰色申戚，棲日之乌辟著美，舜谐而方咨注□，庄椿而忽叹凋零，刘桢初困于卧漳，陶侃俄悲于吊鹤，以大有元年四月十四日薨于京师之里第，享年五十有三。皇情轸悼，朝野缠哀，岂比夫秦人不相其春，郑郊独□其织，以其年八月十日窆于兴王府咸康县石子径，礼也。

夫人冯翊严氏，礼叶鸡鸣之则，□□鲤跃之风，生一男二女，男景胤左拾遗，天上石麟，谢家玉树，得公之恙也，逾月不解其带，洎公之薨也，一恸几至于终，泣血寝苦，槁形骨立。长女识左补阙窦光裕，人之师表，士之准绳，鹄□鸣弦，早□贯心之誉；龙墀锵珮，咸推造膝之谋。次女未及笄年，皆有父风，俱明女则。初公之罹疾也，而谓其亲族曰：余始自从知县登朝列位，既高矣且亦贵焉。虽不享年，瞑目何恨。公之知天达命，其孰方之，焉得不虑谷变陵迁，声沉响灭，爰□不以绛才非金锵，誉愧铁钱，再命为文，乃为铭曰：

英英府君　伟量难测　朱丝之弦　比公之□　虹气之玉　配公之德
令尹子文　喜愠无色　北宫文子　威仪可则　莲府从事　□台莅官
□容岳峙　雅操霜寒　祸福返掌　荣枯走丸　天不愸老　朝野含酸
人之□□　里巷□澜　郁郁蒿里　萧萧松坞　仙鹤指地　灵禽衔土
□□□树　□□如岵　瘗公贞魂　千古万古

墓主李纾，卒于南汉高祖大有元年（928年，值五代后唐明宗天成三年），寿享53岁，则生年当在唐僖宗乾符二年（875年）或三年（876年）。

志文言李纾系李唐皇室族裔，为申王、惠庄太子李成义（因避昭成太后讳，更名李㧑，唐玄宗李隆基之兄）的第五代孙。《旧唐书》卷九十五《列传·睿宗诸子》载：

图一　南汉李纾墓志铭拓本

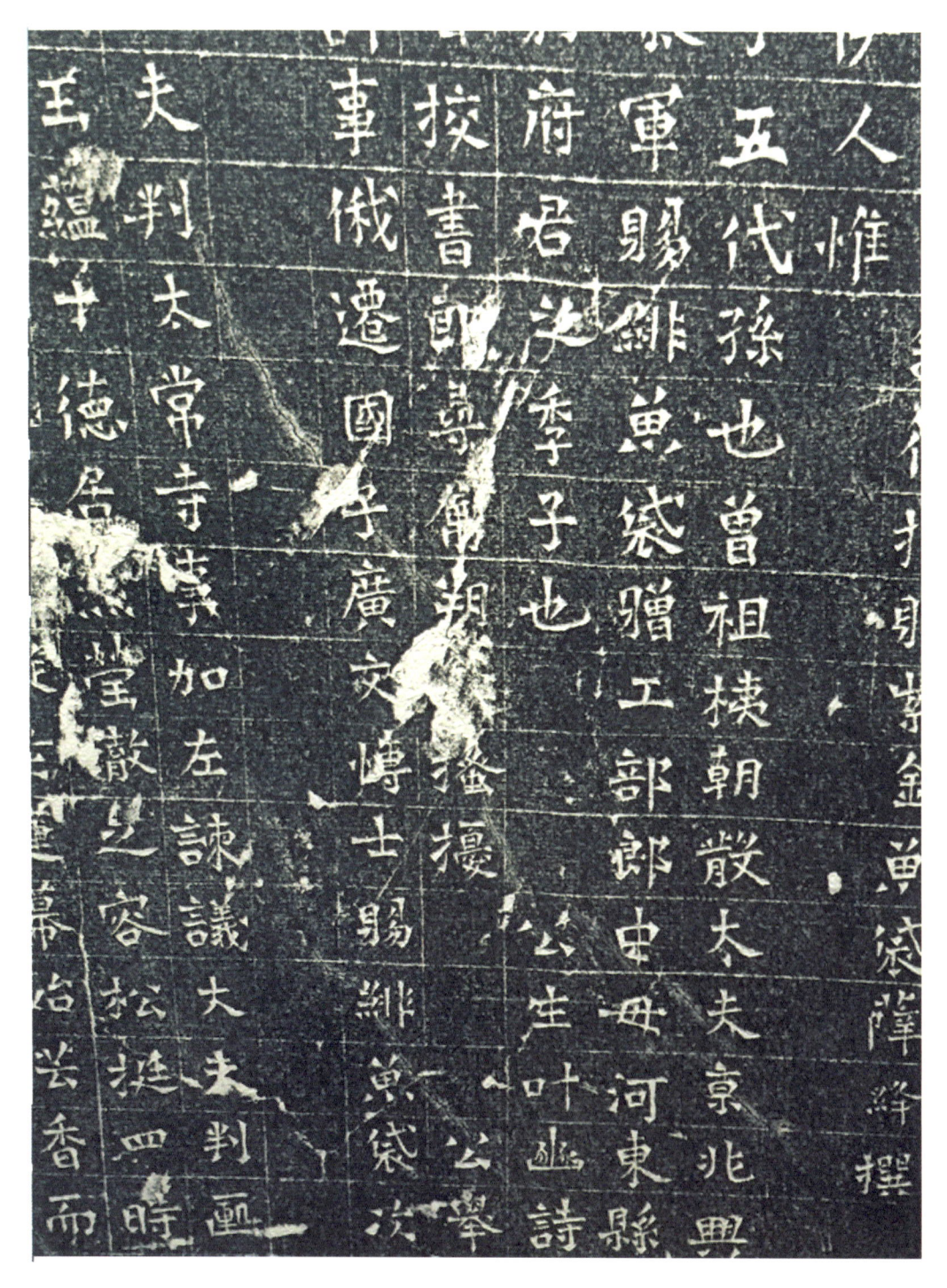

图二 南汉李纾墓志铭拓本局部

> 惠庄太子㧑，睿宗第二子也。本名成义，母柳氏，掖庭宫人。……开元十二年卒，册赠惠庄太子，陪葬桥陵。无子，初养让帝（按：即睿宗长子李成器）子珣，封同安郡王，先卒。天宝三载，又以让帝子玮（按：《新唐书》作"璆"字）为嗣申王，授鸿胪院外卿。[1]

同书载惠庄太子曾任右卫大将军、金吾卫大将军、益州大都督、幽州、虢州、邓州刺史等职。

志言李纾曾祖李棳、祖父李翃、父李弘实，俱任朝廷官员，可谓簪缨世族。《新唐书·宗室世系表下》惠庄太子房所载"嘉、衡二州刺史翃"之李翃为惠庄太子李㧑曾孙，嗣申王李玮孙，赠国子司业李棳子，则与志文"衡州刺史、凤、嘉二州牧"之李翃为同一人。

志文称李纾举家南下的原因是"寻□朔□骚扰"，惜此数字泐漶不清，无法知悉具体事件，但推测应与唐末北方，尤其是藩镇割据势力较强的河、朔地区的战乱兵燹有关。盖自安史之乱以迄唐亡，北方士民因避战乱而南迁者已很普遍，非啻此墓主李纾一人一家而已。

李纾以原朝廷官员身份度岭入粤，被当时岭南割据军阀刘氏兄弟招纳麾下，为其谋划效力，正志文"圣上蕃邸潜渊，广招宾彦"之谓也。这也与五代各国为扩大势力而网罗各方人才的大背景相符。"自广明大乱之后，诸侯割据方面，竞延名士，以掌书檄。"[2] 这种招纳延揽天下名士之方法，为五代十国割据者相继采用。《新五代史》卷六十五《南汉世家第五》：

> （刘）隐父子起封州，遭世多故，数有功于岭南，遂有南海。（刘）隐复好贤士。是时，天下已乱，中朝士人以岭外最远，可以避地，多游焉。唐世名臣谪死南方者往往有子孙，或当时仕宦遭乱不得还者，皆客岭表。王定保、倪曙、刘濬、李衡、周杰、杨洞潜、赵光裔之徒，隐皆招礼之。……及（刘）䶮僭号，为陈吉凶礼法，为国制度，略有次序，皆用此数人焉。[3]

唐末季世，北地战火汹汹，岭南虽鄙远穷落，但毕竟相对安稳，于是成为北方士

---

[1]《旧唐书》卷九十五《列传·睿宗诸子》，北京：中华书局，1977年。
[2]《旧五代史》卷六十《李袭吉传》，北京：中华书局，1977年。
[3]《新五代史》卷六十五《南汉世家第五》，北京：中华书局，1977年。

人（也包括普通百姓）避乱移居地之一。此类情形很多，毋庸枚举，而墓主李纾即是其中一例，与当时被刘氏笼络的北方移民赵光裔、杨洞潜、李殷衡、倪曙等一样，都是南汉主要臣僚和中坚力量，在建立国家制度方面发挥了重要作用。

李纾其人，于《十国春秋》《南汉书》等籍有简略传记。清吴任臣《十国春秋》卷第六十三《南汉六·列传》：

> 李纾，大有时为谏议大夫。雅有风采，文辞占对，观者仰疎。会宰相赵光裔言楚本姻亲之国，不可忘旧好，且荐纾有才，可将使命。于是遣纾将命于楚。楚昭王见纾，大喜，深加款渥随遣使报聘，以复二国之好。是役也，睦邻封，续旧姻，宁边鄙，弭敌兵，谋出光裔，而纾实有以成之。[1]

清梁廷枏《南汉书》卷九《列传第三·诸臣传一》：

> 大有中，与楚连岁构兵。光裔从容奏曰："自马皇后崩后四、五年来，未尝通使于楚，亲邻旧好，不可忘也。"因荐李纾有专对才，可充使。高祖从之。楚亦报聘。

> 李纾，大有时为谏议大夫，有风采，工酬对。以光裔荐，出使于楚，见文昭王，具言两国新好，当弃旧嫌，从此安边息民，要于永久为两国利。文昭王喜甚，厚加款接，礼成而还。[2]

清刘应麟《南汉春秋》中之李纾传记因袭上二籍，毋庸引。而二籍皆本自《资治通鉴》卷282《后晋纪三》"后晋高祖天福四年十二月"条：

> 天福四年。是岁，汉门下侍郎、同平章事赵光裔言于汉主曰："自马后崩，未尝通使于楚，亲邻旧好，不可忘也。"因荐谏议大夫李纾可以将命，汉主从之；楚亦遣使报聘。[3]

李纾主要事迹便是出使楚国促成楚、汉两国重新修好两国关系。在当时南方诸国中，南汉与湖南马楚政权领土接壤，双方交往最为频繁，时而相互攻伐，时而相与和平，关系密切。所谓两国联姻事，史载有两次：后梁乾化三年（913年）"冬

---

[1] [清]吴任臣《十国春秋》卷第六十三《南汉六 列传》，傅璇琮等主编《五代史书汇编》（丙编），杭州：杭州出版社，2003年。

[2] [清]梁廷枏《南汉书》卷九《列传第三 诸臣传一》，傅璇琮等主编《五代史书汇编》（丙编），杭州：杭州出版社，2003年。

[3] 《资治通鉴》卷二百八十二《后晋纪三》"后晋高祖天福四年十二月"条，哈尔滨：黑龙江人民出版社，2002年。

十月，岭南节度使刘䶮求婚于楚，楚王（按：即上引文中之"文昭王"马殷）许以女妻之。"[1]又于后梁贞明元年（915年），"八月，刘䶮自楚娶妇，楚王殷遣永顺节度使存送之。"[2]

此前，南汉与马楚频繁激烈的军事冲突，令中朝都为之震动。后梁乾化二年（912年），太祖朱全忠得知刘䶮、马殷为争夺岭表诸州相互攻伐，战火频频，不愿意刘、马任何一方独自坐大，独霸南疆，继而威胁中原，遂派遣右散骑常侍韦戬等为潭、广和叶使，从中调停，促成媾和，以消弭两大政权之间的矛盾。[3]

于是，在后梁乾化三年（913年），刘䶮主动求婚于楚，马殷答应将女儿许配给刘䶮，由是双方暂时和平相处。两年后，马殷派遣节度使护送其女儿至岭南，与刘䶮结合。刘䶮"具礼往迎"，[4]而马殷"礼意优厚"。[5]并且在后梁贞明三年（917年，亦即南汉乾亨元年），刘䶮称帝建国，封马氏为越国夫人；乾亨三年（919年），册封为皇后。

从上引《十国春秋》宰相赵光裔署官"宰相""马后"及"言楚本姻亲之国，不可忘旧好，且荐纾有才，可将使命"看，刘䶮此时已称帝立国，则李纾使楚，很可能是在后梁贞明三年（917年）至后唐天成三年（928年，即南汉大有元年）四月之间某时。志文载李纾卒于南汉高祖大有元年（928年）四月，而《资治通鉴》将李纾使楚之事断在后晋天福四年（939年，即南汉大有十二年），实误。

同理推知，《十国春秋》卷六十一《南汉四·列传·高祖皇后马氏》马氏"大有七年卒"之说亦误。[6]另《南汉书》马氏"大有七年冬殂"之说亦不成立。[7]

李纾因娴辞令擅外交而被史籍列入词臣传属，且誉曰："讲信修睦，以通邻好，端惟使臣是赖。凡此诸臣，皆翩翩黄华之选也。康陵（按：康陵为南汉高祖

---

[1]《资治通鉴》卷二百六十八《后梁纪三》"后梁均王乾化三年十月"条。又《新五代史》卷六十五《刘䶮传》记："乾亨三年，册越国夫人马氏为皇后。马氏，楚王殷女也。"哈尔滨：黑龙江人民出版社，2002年。
[2]《资治通鉴》卷二百六十九《后梁纪四》"后梁均王贞明元年八月"条，哈尔滨：黑龙江人民出版社，2002年。
[3]陈欣《南汉国史》第八章《南汉与周边政权的交往》，广州：广东人民出版社，2010年。
[4][清]梁廷枏《南汉书》卷七《马氏传》，傅璇琮等主编《五代史书汇编》（丙编），杭州：杭州出版社，2003年。
[5][清]梁廷枏《南汉书》卷七《马氏传》，傅璇琮等主编《五代史书汇编》（丙编），杭州：杭州出版社，2003年。
[6][清]吴任臣《十国春秋》卷六十一《南汉四·列传·高祖皇后马氏》，傅璇琮等主编《五代史书汇编》（丙编），杭州：杭州出版社，2003年。
[7][清]梁廷枏《南汉书》卷七《列传第一·后妃列传》，傅璇琮等主编《五代史书汇编》（丙编），杭州：杭州出版社，2003年。

刘䶮陵墓，此处指代高祖刘䶮）之时，行李往来，常勤聘问，区区岭外，晏然小安，夫亦藉行人之力耶！"[1]

一般而言，凡墓志多记载墓志平生显著且值得称道之事迹，甚或不乏夸耀谀美之词，然李纾使楚事迹，却又不见记于其墓志文，不解其故。

志文称李纾南迁前以宗室身份举宗正寺明经科，授官天德防御推官，试秘书省校书郎职。宗正寺为掌管皇室亲族属籍的事务机构，北朝齐始设，隋唐沿置，所谓"掌皇九族六亲之属籍，以别昭穆之序，纪亲疏之列"，[2]设寺卿、少卿为长、贰主官，及寺丞、主簿等属官，多由皇族充任。

天德军，唐边塞军镇之一，隶属于唐关内道丰州（位于今内蒙古巴彦淖尔市阴山山脉南麓），与前套地区的朔州振武军同为中晚唐时期北方边疆的重要军事机构。安史之乱后，回鹘汗国一直未能对唐朝造成较大威胁，故而天德军与振武军的防御任务不重，驻军量是唐朝河套军镇中最少的一个军镇，实力也比河套东部平原的振武军弱，一直也未能像振武军一样升格为节度。天德军置有都防御使之职，李纾曾任防御使推官。推官，唐代始设，凡节度使、观察使、团练使、防御使、采访处置使下皆设一员，位次判官、掌书记，职掌推勾狱讼之事，职衔、品阶均较低。

试秘书省校书郎，即试以郎官典校皇家秘籍图书，兼参预修史及修正历法等事。试，官制用语，有试用之意。汉代任用官员即有试、守之制，试者为期一年，仅得半俸；若试用称职，满岁为真，得全俸。唐武则天时定试官之法，凡有司所举之人，不论贤愚，悉加擢用，高者试凤阁舍人、给事中，次者试员外郎、侍御史、补阙、拾遗、校书郎等，职衔、品阶均较低。

志文载李纾南迁仕汉，转历多官，诸如观察支使、大理评事、指挥使判官、理匦使、太常寺卿等，累官至御史中丞兼兵部侍郎。

观察支使，乃节度使兼观察使府之属官，府置观察支使一员，分察支州、支

---

[1] [清]吴任臣《十国春秋》卷第六十三《南汉六 列传》，傅璇琮等主编《五代史书汇编》（丙编），杭州：杭州出版社，2003年。
[2]《唐六典》卷一十六《宗正寺》，北京：中华书局，1992年。

郡百官善恶，位在副使下、判官上。

大理评事，乃大理寺属官，掌推按覆核刑狱，正九品。

供军指挥判官，即指挥使判官。指挥使，为京都高级带兵将领，唐至五代，中央、藩镇皆置。判官，唐朝遍置于使府。《唐六典》卷二《尚书吏部》："凡别敕差使，事务繁剧者给判官二人。""非繁剧者，判官一人。"[1]唐至五代，节度、观察、采访、招讨、经略、防御、团练、指挥、监军等使之下皆置，综理本使日常事务，权重务剧，为幕府上层佐官，甚至充任留后。

瓯使，即知瓯使（或称"理瓯使"）之省称，唐代使职名。武则天垂拱二年（686年），置铜瓯（铜柜）四只列于朝堂，接受朝野投书密缄，令正谏大夫、补阙、拾遗一人充使，是为知瓯使（理瓯使）。

志文臣李纡勋阶"太（大）中大夫"（唐此阶从四品上），与后世籍载"谏议大夫"（同"正议大夫"，唐此阶正四品上）略异，当以志文为正。

判，官制用语，即以他官兼代某职，称判某职或判某职事。始于北齐。唐、五代以高官兼掌低职曰判，如以尚书判三司户部、度支事。

守，官制用语，即任官者本身阶低而出任高职带"守"字，反之任官者本身高阶而出任低职则带"行"字。见《旧唐书》卷二十二《职官一》曰："《贞观令》：以职事高者为守，职事卑者为行，仍各带散位。"[2]

南汉设御史台，作为最高监察机关，长官御史大夫，为高权重。据史料所载，现唯一一位得以查证的官至南汉御史大夫的，是进士出身的周邦，平南人，以直节著称，颇符合御史大夫的身份。李纡任御史中丞，为御史大夫副贰，辅佐御史大夫监察弹劾百官。

志文谓李纡最初任知县一职。"知县"，唐中晚期出现，称"权知县事""权知县令"，寓试才之意，非正官，也无定员，五代亦然，至北宋以朝官、京官掌知县事，遂成定例。[3]此为五代十国"知县"职衔之又一例。

---

[1]《唐六典》卷二《尚书吏部》，北京：中华书局，1992年。
[2]《旧唐书》卷二十二《职官一》，北京：中华书局，1977年。
[3]龚延明编著《宋代官制辞典》，北京：中华书局，1997年。

从上述简单梳理，再次应证了南汉官制大体依据唐例设置而略加变动这一学界共识。[1]"国业初创，诸多简陋，……一依唐制，百度粗有条理。"[2]南汉初年重臣躬勤为刘氏建国擘画设计，此言良有以也。而李纾想必也亲历其中，筹谋勷策，与有力焉。

志文言墓主"窆于兴王府咸康县石子径"。按：刘氏建国，仿唐之京师长安例，析南海县为常康、咸宁二县，作为京（赤）县。[3]志文称"咸康县"者，实误。又清末，广州白云山南麓下塘村人于下北门外古冢得一方南汉大宝五年马氏二十四娘地券石，券文曰葬地在"咸宁县"。[4]广州城北下塘村与李纾墓地所在的横枝岗距离不远，应在当时咸宁县境为宜。

——2020年4月2日记于越王台畔

（作者单位：广州博物馆）

---

[1] [清]吴任臣《十国春秋·十国百官表》序："十国官制，大略多仍唐旧，见有与《六典》异名者，……仅一二见焉。"后世治五代十国史者咸认同之。

[2] [清]梁廷枏《南汉书》卷九《杨洞潜传》，傅璇琮等主编《五代史书汇编》（丙编），杭州：杭州出版社，2003年。

[3] 陈鸿钧《南汉兴王府暨常康咸宁二县设置考》，《岭南文史》2008年1期。

[4] 南汉马氏二十四娘地券石现存广州博物馆。参见陈鸿钧《广州出土五代南汉国"马氏二十四娘买地券"考》，《文博学刊》2018年1期。

广州博物馆藏宋"番禺县尉司"铜印纪略

陈鸿钧

广州博物馆典藏一枚宋官印（图一、二），铜质，杙钮，通高4.5厘米，边宽4.1厘米，印文"广州番禺县尉司朱记"，书体近似九叠篆；印背楷体刻写"治平元年少府监铸"。可知此印铸造于北宋英宗治平元年（1064年），其规格、印文及书体均符合宋代官印制度。

图一 宋番禺县尉司印印文（广州番禺县尉司朱记）

图二 宋番禺县尉司铜印

宋代官印的一个显着特点是多数印的印背有刻文，或刻年款，或刻年款及铸印机构名，个别印的钮顶上还刻有"上"字，故对其时代容易确定。[1] 馆藏该枚"番禺县尉司"铜印其来历不明，根据国内考古出土的相类似的宋官印推断，此印与出土之物相似之处颇多。[2]

中国古代各朝县令（长）及属官设置情况，自两汉以至明清，变动不大。在县的诸佐属官吏中，以县丞、主簿、县尉三者最为重要，也最为常设，乃县内高级佐属，又统称县佐，《通考·职官》之十七《县丞、主簿、县尉》："县佐曰丞、簿、尉。"[3] 其下仍有若干低级官吏，分理县务，并经县丞、主簿、县尉而总于县令。县尉，职掌一县逋盗治安事务，秩九品上或下，相当于现今的县公安局长；县尉司，即县尉办公治事之署，或简称尉司，相当于现今的县公安局。

宋代县制是沿袭秦汉以来常制，不过其长官大多是皇帝差遣文官充任，故其县令又称知县事，即知县。就全国而言，县分八等：赤、畿、望、紧、上、中、中下、下。赤和畿是京县的等级，其余则按户口多寡而分等差。知县总治一县民政，劝课农桑、平决狱讼，宣布朝廷德泽和禁令。县里设有县丞、县尉、主簿等官吏。县丞为知县佐贰之官，主管常平、坑冶、农田、市易、山泽等。如果一个县户数少且并无山泽坑冶则不设县丞，其职由主簿兼任，主簿主要掌管钱粮出纳和文书。县尉掌管训练弓手、戢奸禁暴，并负责巡禁私盐私茶等事务。

《宋会要·职官》："县尉，建隆三年（962年），每县置尉一员，在主簿之

---

[1] 曹锦炎《古代玺印》第九章《宋辽西夏金印》，北京：文物出版社，2002年，第165页。
[2] 1978年于浙江海盐澉浦出土的"雄节第一指挥第三都朱记"铜印，印背刻"元祐五年六月少府监铸"。（见鲍翔麟《海盐出土宋朝军印初探》，《文物》1984年9期）；1978年于四川金堂出土的"武宁第十九指挥第三都朱记"铜印，印背刻"元祐元年少府监铸"。（见肖荣昌《金堂县发现宋代铜印》，《文物》1980年9期）；1981年于陕西子洲驼耳出土的"河东第九副将之印"铜印，印背刻"元丰七年少府监铸"。（见张渊《陕西子洲县出土一枚北宋官印》，《文博》1988年5期）；1984年于河北遵化新店出土的"广勇右第一军第八指挥第四都朱记"铜印，印背刻"元丰二年少府监铸"。（见刘震《河北遵化发现宋代军印》，《文物》1990年9期）；1985年于陕西扶风出土的"湟州兵马都监司印"铜印，印背刻"元符三年二月少府监铸"。（见侯若冰《扶风出土一枚铜印》，《文博》1989年4期）；1991年于广西南宁邕江防洪堤出土的"广南西路驻泊兵马都监铜记"铜印，印背刻"庆历七年少府监铸"。（见雷时忠《南宁出土宋代铜印》，《中国文物报》1991年8月11日）。
[3] [宋元]马端临《文献通考·职官》之十七《县丞、主簿、县尉》，转引自吕宗力主编《中国历代官制大辞典》，北京：北京出版社，1994年，第240页。

下，奉赐并同。……掌阅羽弓手，戢奸禁暴。凡县不置尉，则簿兼之。"[1]《宋史·职官志》之七《县尉》："逐县置一员，大县、极边县置二员分东尉、西尉。"县尉一般由文臣担任，但"沿边诸县间以武臣为尉，并带兼巡捉私盐、茶、矾，亦文武通差"。[2]

宋县尉，赤县尉从八品下，三京畿县尉正九品下，上县尉、中县尉从九品上，中下、下县尉从九品下。序位一般在县丞、主簿之下，总体上属于朝廷低级官员。

宋太祖初年还颁布了一道设置县尉的诏令，曰"置县尉诏"：

> 盗贼斗讼，其狱实繁，逮捕多在于乡间，听讼合行于另佐。顷因兵革，遂委镇员；渐属理平，合还旧制。宜令诸道州府，今后应乡间斗讼公事，仍旧却属县司，委令尉勾当，其一万户以上县差弓手五十人，七千户以上四十人，五千户以上三十人，三千户以上二十五人，二千户以上二十人，一千户以上一十五人，不满千户一十人，合要节级，即以旧镇司节级充，其馀人并仰停废，归县司免其役；弓手亦以旧弓手充。如有盗贼，仰县尉躬亲部领收捉送本县。若是群盗，仰尽时申本属州府及捉贼使臣，委节度防御团练使刺史尽时选差清干人员，将领厅头小底兵士管押及使臣根寻道逐，务要断除贼盗，肃清乡川，不得接便搅扰。其镇将都虞侯，只许依旧勾当镇郭下烟火盗贼争竞公事，仍委中书门下，每县置尉一员，在主簿下，俸禄与主簿同。[3]

鉴于五代之季武臣擅州县之权，遂罢县尉。宋代初年，官吏多不乐为此官。宋太祖欲复旧制，增置县尉。为了选县尉，曾驾至讲武殿，召三铨选人。令有乐为县尉者，东面立。选人多不愿东面立，皆面西立。太祖曰："迂儒如此。"令驱之出。至此后，乐于担任县尉者才渐多。[4]

据《宋史·地理志》等载，宋代广州领县七：南海、番禺、清远、增城、怀

---

[1]《宋会要辑稿》，转引自孔令纪等主编《中国历代官制》，济南：齐鲁书社，2002年，第92页。
[2]《宋史·职官志》之七《县尉》，北京：中华书局，1977年，第4111页。
[3]《宋大诏令集》卷第一百六十《政事十三·官制一》，北京：中华书局，1962年，第64页。
[4] 事见明彭大翼《山堂肆考》，转引自杨鸿年、欧阳鑫《中国政制史》，武汉：武汉大学出版社，2005年，第379页。

集、东莞、新会。其中番禺属"上县",置尉一员,在主簿之下,掌阅习弓手、戢奸禁暴。[1]

宋代番禺县丞、簿、尉等佐属官,方志多阙载而无案可稽。《南海百咏》的作者方信孺曾补番禺县尉。方信孺,今福建莆田人,《宋史》有传:"字孚若,兴化军人。有隽才,未冠能文,周必大、杨万里见而异之,以父崧卿荫,补番禺县尉。"[2] 志载方信孺初为番禺县尉,适有海贼劫掠商船,信孺设计先将贼船拖走而出兵围捕,海贼归船不行,致全部被缚,无一漏网。北宋大名鼎鼎的书法家米芾也曾任浛洸(广东英德)县尉,游广州九曜园,题书"药洲"二字,至今留存。另于广东各地摩崖刻铭中见有诸多"县尉"之名。[3]

朱记,印章之别称,宋代官印制度,将官印分为宝、印、记三种:帝、后及太子印称"宝",各级行政、军事机构称"印",其佐官属吏称"记"或"朱记"。《宋史·舆服志》:"监司、州县长官曰印,僚属曰记。又下无记者,止令本道给以木朱记,文大方寸。""朱记,同旧制。……凡内外官有请于朝,则铸给焉。用木者,易之以铜。"[4] 如此看来,此"番禺县尉"官印称作"朱记",与宋制相合。

通常所说的官印,其实应分为职官印与官司印两种基本形式。职官印是指以官职名称为印章文字的印,一官一印,颁发给每个官员使用。官司印是指以官署名称为印章文字的印,官司印不授予官员个人,但由官员保管使用,一任官员离任后,下一任官员继续使用。此"番禺县尉司朱记"确切的说属于官司印。

少府监,隋大业三年(607年)始置,北宋沿设,或简称少府,执掌官府百工技巧铸造进献之事,执事官名少府都监,从四品,以朝官充任,属官有少监、监丞、主簿等。北宋称少府监,南宋并入文思院。据《宋史·职官志》,其职"掌

---

[1]《宋史·地理志》,第2710页。
[2]《宋史》,北京:中华书局,1977年,第1121页。
[3] 据阮元《广东通志·金石略》载,肇庆七星岩之"濂溪周元公题名"有熙宁二年高县尉曾绪,英德南山"刘唐卿题名"有县尉李周,连州大云洞"黄伯祥题名"有县尉王端礼,连州大云洞"董宾卿题名"有县尉张某某,仁化锦石岩"龙王感应记碑"有仁化县尉兼主簿陈祐之。
[4]《宋史·舆服志》,北京:中华书局,1977年,第4113页。

造门戟、神农、旌节、郊庙诸坛祭玉、法物，铸牌印朱记，百官拜表，案、褥之事"。[1]是知"铸牌印朱记"，是北宋少府监职责之一。北宋时期，少府监辖文思院、绫锦院、染院、裁造院、文绣院等。南宋建炎三年（1129年）并归工部；绍兴三年（1133年），拨归文思院。所以《宋史·职官志》笼统说："凡车辇、饬器、印记之造，则少府监、文思院隶焉。"[2]两者都是国家专门的铸印机构，少府监设置于北宋，文思院设置于南宋。从现有实物看，至少是在真宗咸平年之后所铸官印的背款上多刻有"少府监铸"，南宋官印上多刻有"文思院铸"，这应是少府监、文思院作为铸印机构的直接物证。是知此"番禺县尉"官印乃少府监铸造。

宋代官僚机构设置重叠，形成了庞大的官僚集团，这样也使宋代的官印数量大为增加，从诸帝、后、王至省、部、院、司，继而节度、观察、经略诸使以及州、府、军、监、县都有官印。少府监（文思院）履行着繁重的铸印职责，神宗熙宁五年（1072年），"诏内外官及溪洞官合赐牌印，并令少府监铸造，送礼部给付"。[3]仁宗景佑三年（1036年），少府都监奏言京师内外频有伪造印记，盗领在京三司粮料及其他官物，请求提高制印难度，使其复杂化，以防伪造。

少府监（文思院）除直接从事官印的铸造外，还负责制定官印的形制。《宋史·职官志》载："元丰官制行，始置监、少监、丞、主簿各一人。监掌百工技巧之政令，少监为之贰，丞参领之。凡乘舆服御、宝册、符印、旌节、度量权衡之制，与夫祭祀、朝会展采各物，皆率其属以供焉。"[4]这里所谓的百工技巧之"政令"及符印等物之"制"，就包含有官印的形制。进而推知《宋史·舆服志》所载："诸王及中书门下印方二寸一分，枢密、宣徽、三司、尚书省诸司印方二寸。……诸王、节度、观察使、州、府、军、监、县印，皆有铜牌，长七寸五分，诸王广一寸九分，余广一寸八分。"[5]制印规格应是少府监所制定。

宋代少府监（文思院）负责官印的铸造，而归礼部负责官印的管理。《宋

---

[1]《宋史·职官志》，北京：中华书局，1977年，第3091页。
[2]《宋史·职官志》，北京：中华书局，1977年，第3096页。
[3]《宋史·舆服志》，北京：中华书局，1977年，第4110页。
[4]《宋史·职官志》，北京：中华书局，1977年，第3099页。
[5]《宋史·舆服志》，北京：中华书局，1977年，第4112页。

史·职官志》载:"礼部掌国之礼乐、祭祀、朝会、宴飨、学校、贡举之政令。……若印记、图书、表疏之事,皆掌焉。"[1]礼部对官印的管理,体现在官印的发放、收回及销毁。上引神宗熙宁五年(1072年)诏赐内外官印,"令少府监铸造,送礼部给付",意即礼部成为代表国家给各级官员颁发印记的部门。据《宋史·职官志》,礼部掌管"出入内外牌印之事"。按规定,凡印授给某个官署,须把牌放在原来置放印的地方,印收回来后则将牌再取出,即所谓"牌入印出、印入牌出"制度。湖南省博物馆于20世纪50年代初征集有"新浦县新铸印"铜印一枚,印背刻"太平兴国五年十月铸"。与该"新浦县新铸印"铜印同时征集的还有一块铜质印牌,长21厘米,宽6厘米,正面和背面均刻铭文,分别为"新浦县印牌"、"太平兴国五年十月铸"。[2]此牌与印应铸于同时,为我们了解宋代官印发放管理的牌印制度提供了物证。进而推理,该"番禺县尉司"印也应当有相对应的一块印牌。

宋代统治者为了扩大以皇权为中心的中央集权统治,吸取借鉴前代的经验教训,制定了一套相当严密的中央和地方政权机构,在置官上以便于皇帝控制为前提,而不厌目繁事剧,从此"番禺县尉司朱记"这样一个低层署衙的官印都须中央制铸和颁发,便可见其何等谨慎和严格。

学界认为宋太祖开宝五年(972年)番禺县曾被省并,宋仁宗皇佑三年(1051年)为了加强珠江三角洲的沙田开发与管理,复置番禺县,具体治所是在今广州市番禺区市桥西南的紫坭,至宋神宗熙宁二年(1069年)出于广州军事防卫的考虑,又将番禺县治北迁至广州旧城东的赤泥巷,即今广州仓边路一带。从宋仁宗皇佑三年(1051年)至宋神宗熙宁二年(1069年),设置于紫坭(泥)的番禺县治实际上只存在了不到20年时间,为时相当短暂,可能也没有大规模营建城池,以致北宋时期番禺县的这段历史被湮没无闻,粤中地志也多漏记或误记。[3]该"番禺县尉司朱记"铜印铸于北宋英宗治平元年(1064年),正值番禺县治设在紫坭时期(1051-1069年),成为番禺县沿革史上的一例珍贵物证。

——2020年6月6日记于越王台畔
(作者单位:广州博物馆)

---

[1]《宋史·职官志》,北京:中华书局,1977年,第3094页。
[2] 曹锦炎《古代玺印》第九章《宋辽西夏金印》,北京:中华书局,1977年,第168页。
[3] 吴宏岐《宋代番禺县治所考》,《中国历史地理论丛》2008年第1辑。

"南海Ⅰ号"三题

崔勇 李岩

内容提要：

《南海Ⅰ号沉船考古报告之二——2014～2015年发掘》正式出版刊行，[1]是该项目的重要阶段性成果之一；它的出版，不仅为我们提供了丰富的考古资料，也为继续做好后续工作提供一定的基础。回顾制订发掘计划之初，提出以聚落考古的方式进行发掘和认识这艘沉船，以初心度量之，在学习《报告之二》之后，就发掘过程的地层学原理应用、出土遗物空间位置以及在这些材料之上构建的船上海商之社会结构等问题进行了反思，现将这些意见陈述如左，抛砖引玉，供学者们参考。

一、南海Ⅰ号沉船沉箱内考古发掘地层学应用反思

作为一艘沉船，南海Ⅰ号发掘过程中，地层学能够起到什么作用？让我们先根据《南海Ⅰ号沉船考古报告之二——2014～2015年发掘》（以下简称《报告之二》）的描述，将相关内容简单举要如下：

1.T0101至T0601西壁剖面

根据报告描述，这个剖面贯穿了从船艏到船艉的全部，大体位于南海Ⅰ号沉船的中央。该剖面显示，C1之外的南部，C15之外的北侧，第1-3层堆积均呈下垂的倾斜状态，[2]在船体部分的这三层堆积或填埋了船舱的部分空位，并在表层略有起伏。这个原因相对容易理解，即南海Ⅰ号沉没并着陆于海床之后，船艏及船艉外

---

[1] 国家文物局水下遗产保护中心、广东省文物考古研究所、中国文化遗产研究院、广东省博物馆、广东海上丝绸之路博物馆《南海Ⅰ号沉船考古报告之二——2014~2015年发掘》，北京：文物出版社，2018年。本文以下所引用发掘资料，均出自该报告，简称《报告之二》。

[2]《报告之二》，第33-36页。

侧的两端基本是海水，当后来的泥沙堆积填埋上来之后，与沉积了相当长时间的海床相比，必定相对疏松，因而两端在水压力的长期作用下，远离船艄及船艉的方向必然是下沉的，所以形成了自船艄或船艉下垂状态的地层堆积。从地层的状态并结合当中的包含物来看，是沉船着陆于海床之后形成的；换句话说，是沉船事故发生之后形成的堆积。船艉自北向南倾斜的4a-4c层大体与第1-3层堆积同样，是沉船事故发生之后形成的堆积。

《报告之二》认为："总之，第2至4c层为沉船沉没后至1987年发现时期的历史沉积过程，其中第2、3层属于沉船上部随海洋动力而飘浮移动逐渐沉积形成的豁质淤积型泥沙，4a、4b、4c层为沉没时期及以后的较长时期内所形成。"[1]笔者认为这个推断是客观合理的。

但当中有一个问题：船艉之外，4b层含有较多的船载物件，包含大量散落铁钉、铁锅、瓷片、木块和大量海生物残骸等，散落到船艉外（以北），这个堆积从地层角度而言，该层形成的时间，相对来说早于4c层，而4c层普遍存在；如果说第5层为海床表面的话，4c层"以下暴露较清晰的船体结构轮廓和各隔舱内以成摞码放瓷器为主的船货。船体内外分布大面积凝结物，尤其是木船体表面以上整体呈凹凸不平状态，以铁锅、铁钉、瓷器等包含物为主，这些与船体及船舱内货物黏结一起的凝结物，作为该层以下的沉船整体对待"。[2]即南海I号沉没并着陆于海床之后的形成最早的堆积；这里涉及了两个方面问题：其一，4b层是在时间上是位于4c之后的。那么，4b层是属于1987年至今水下考古活动扰动形成的吗？还是在1987年水下考古活动之前就已经形成？如果是水下考古活动扰动的结果，证据是什么？如果不是水下考古活动扰动的结果，那这层堆积又是怎么形成的呢？似乎与船艉楼倒塌解体有关？这都需要进一步的工作或梳理已有的发掘资料，方能给出解答。其二，4c层既然是最早形成的覆盖南海Ⅰ号船体的堆积，那么，其下应当叠压着一个"面"，这个面理论上是南海Ⅰ号船体着陆后首层甲板或船体的表面。关于这个面的问题，在第二组地层关系中，笔者还会谈及。

---

[1]《报告之二》，第33-41页。
[2]《报告之二》，第34页。

2. T0401与T0402南壁剖面

这第二组地层中，第4c层，灰褐色泥沙土，较松散，包含大量较细小海贝残骸，散落大量瓷器和残瓷片、铜钱、铜环、朱砂及金银器等。深约0.26米－0.78米，厚约0.05米－0.23米。该层之下为沉船本体在内的堆积，木船左右舷板和隔舱的轮廓较为清晰。这两个探方包括了C10的绝大部分，是金器分布和出土较多的位置，残碎的瓷片数量亦较多，姑且不论铜钱等物，这些瓷片是否有可以拼合者，如果有，是否具有一定的数量；如果是具有一定数量的瓷片可以拼合，哪怕仅仅是拼合一部分，而不能复原，结合金器的分布，也具有非常重要的意义。我们假设一下：如果这部分瓷片可以拼合，是位于船舱中整摞瓷器之上，如果器类较多，且各类数量少，那么这些瓷器中，有部分极大可能性不是船货，而是沉船事故发生时与金器一同分布于此的。虽然不能完全确定这里第4c层下是否有一个面，也存在着另外的可能性：这些瓷器和金器乃至铜钱、铜环、朱砂在沉船事件发生时，从原有的位置被自然力作用抛散到了现有的埋藏位置，因为金器的分布从相关的图中可见，密集地分布于C10-C11的左舷以内较小的空间范围，[1]这样的分布状况，将平、剖面结合起来考察之，更像是沉船事故发生过程中，金器从原有位置在自然力作用下，被抛洒到目前的埋藏位置。这些金器原本在正常行驶的船上，更大的可能是位于船艉楼中，沉船事故发生时，船体颠簸并伴随有向右的急转时，这些金器在重力和离心力作用下，才能够有如此密集的近左舷分布。

如前述，如果4b层是船艉楼倒塌后的堆积的话，那么在沉船事故过程造成的分布与堆积，和船艉楼倒塌后形成的堆积，在相对时间上是吻合的，不矛盾的。

笔者认为，这是在对地层堆积成因与时间顺序分析基础上得出判断，即4c层的包含物更多地是反映了沉船过程或沉船刚刚着陆不久各种船载物件在船表面的分布；而4b层所反映的是经历一段时间之后的堆积，即船艉楼倒塌之后形成的。

如此，地层学原理对于南海I号沉船而言，4c层及包含物，不仅是沉船之后的堆积，而且还包含了沉船事故发生时的信息。水下考古是田野考古向水下的延伸，南海I号在沉箱内的发掘，与田野考古同理，类似一个较为复杂的建筑遗迹之发掘，建筑遗迹有兴建、使用、废弃三个基本过程，船只同理；地层学原理对沉

---

[1]《报告之二》，第465页，图7-1。

箱内南海I号的发掘而言，宏观角度而言，就是重构南海I号正常航行、沉没、沉没之后这样三个基本过程，通过对两组地层的分析，我们在一些合理假设的基础上，对沉没、沉没之后的情况有了大体的推断，那么，关于这艘船正常航行的堆积是什么呢？正如报告所言，"是木船体表面以上整体呈凹凸不平状态，以铁锅、铁钉、瓷器等包含物为主，这些与船体及船舱内货物黏结一起的凝结物，作为该层以下的沉船整体对待"，即4c层之下，及船体内的高于4c层凝结物即为南海Ⅰ号装载和正常航行时的堆积。

二、船舱内的瓷器的空间位置及其共存关系的意义

进入船体内，或者说以货舱为主的空间，以凝结物和舱内以瓷器为主的货物之堆积，即为南海Ⅰ号发掘过程所面对微观地层堆积。由于凝结物经多次拆解，因此本文这部分仅以瓷器为代表的船货，以及墨书与共存的货物对海商个人货物价值的意义等方面进行一些探讨。

已经见到的出版物中，对此类问题围绕着如下几个方面展开，一是报告中对瓷器和墨书瓷器的报道，以及对南海Ⅰ号始发港的推断；其次是一些学者对墨书文字的解读，并涉及到了船上海商团体的组织结构。

1.关于船舱中的瓷器

从《报告之二》的编写体例来看，第五章专门讲述陶瓷器；共分七节，按照窑口和墨书排列。或许因为时间较为仓促的原因吧，即使是各个窑口的瓷器仅举出各类器形的代表，不知其数量，不知原有的包装情况，不知墨书与瓷器的共存情况，可以说是有些遗憾的。

如果按照聚落考古的方法，我们更需要的是每个货舱中都装载了什么瓷器（暂时忽略其他质地者），舱内的瓷器具体如何码放，有墨书者与这些瓷器及包装的关系等。如果以田野考古来比较，以舱为房子或墓室对待，其中的遗物状态、位置、数量都需要较为详尽的描述以及配图说明，众多目的中，更为重要目的有：装载过程的重构，写有墨书瓷器以及共同包装的瓷器数量，进而了解相关海商的瓷器货物拥有数量等。这是未来重新梳理资料时，需要补课的重要部分。也就是说，以舱为遗迹单位进行描述方有可能达成上述重要目的。

瓷器报道与研究的另一重要目的是对南海Ⅰ号始发港的推断，因船上并未幸运地见到"公凭"类文字材料，因此，对于始发港的推断更为复杂，瓷器是其中一个重要证据。有学者认为，南海I号的始发港是泉州，其中一个重要理由除了船体为福船之外，还因为船上装载了大量的福建各窑口的瓷器。但这里遇到一个非常重要问题，即对景德镇瓷器是如何装船的问题。是否在福建的福州、或泉州装船呢？笔者的回答是否定的。迄今为止，福州、泉州两地不仅未见宋代关于景德镇瓷器集散地的记载，也从未发现过景德镇瓷器的仓储遗存。林士民先生早在20世纪80年代初，对宁波（南宋称明州）东门口码头遗址、江厦码头遗址、渔浦城门遗址和码头基址进行了考古工作，特别就东门码头遗址发表了观点，即从考古与文献相结合的角度，证实了宁波古港是宋元时期景德镇陶瓷的外销集散地之一。[1] 笔者采纳这个观点，原因是在码头遗址发现了数量众多的景德镇瓷器，这在东南沿海地区的古码头遗址发掘资料中所罕见，其他依据文献或推断的观点相比之下，未如宁波集散景德镇瓷器的说法证据充分；这仅仅是从瓷器集散地的角度而言，而确定南海I号始发港（地），还需要其他证据综合考察之。

2.关于瓷器墨书与位置

从《报告之二》所见的瓷器墨书中，大体有两大类：一是船货的墨书，其次是非船货墨书。在非船货墨书中，有几例非常重要，本文试释读之。

"郑知客"墨书。共五件，其中两件位于C9舱中，还见于其他位置；有意思的是此类墨书的瓷器与纲首墨书瓷器装载于相同仓位；此墨书书法在南海Ⅰ号的墨书字迹中可称上品；但其内容，"知客"二字的含义是什么呢？

宋代文献中，记录了知客作为低阶官员的名称，大体有两种情况：或为州级政府机构的公吏或为皇子的府内幕僚，[2] 或者是汉传佛教寺院中的僧职；或见于国外使团的组成人员，也有知客一职。

乾道九年（1173年），广西经略安抚司奏报："安南都知兵马使郭进赍牒关报，差使、副管押称贺今上皇帝登极，及进奉大礼纲运赴行在（杭州）。……赴

---

[1] 林士民《宁波东门码头遗址考古发掘报告》，浙江省文物考古研究所编《浙江省文物考古研究所学刊》，北京：文物出版社，1981年；林士民《从明州古港(今宁波)出土文物看景德镇宋元时的陶瓷贸易》，《景德镇陶瓷》1993年4期；林先生此后陆续发表相关论述，在此不赘述。

[2] 苗书梅《宋代州级公吏制度研究》，《河南大学学报（社会科学版）》第44卷第6期；刘坤新《南宋潜邸出身官员群体研究》，河北大学历史学博士学位论文，2015年。

行在人员：贺登极纲一员大使，八名职员，一名书状官，一名都衙，二名通引官，四人知客，五人象公，三十人衙官从人。"[1]此条文献有两点与海商之船有类似之处，一是纲运，负责人为贺登极纲大使，二，该大使的团队中，随员有知客数人。故此，笔者以为，使团中的知客，与南海Ⅰ号知客有类似之处，在南海Ⅰ号纲首之下有知客这个职位；而公吏、皇子的府内幕僚、僧职等身份可能性极小。从这条文献显示：知客在使团的人员排列中，所处位置较为靠前。

综合考量，笔者认为，南海Ⅰ号的郑姓知客与使团中所列知客类似，为南海Ⅰ号上的管理日常事务之职，与海商团队中的"事头"承担的岗位职责相吻合。

"柯头甲"墨书。[2]出土于C2舱表面。北宋以降，王安石的改革中，保甲制度是重要内容，同样在海船上被应用，[3]此墨书瓷器的主人很大可能是船上头甲、或称为第一甲的成员，亦可能是甲长，柯姓。为当时海船保甲制度的重要物证。

"艕前公用、纲"墨书。T0502第四层发现的一件酱釉执壶，底部有"纲"，壁近底部有"艕前公用"内容的墨书。如何解读之，有两种意见，或认为艕前公为一人称谓，此瓷器为此人所专用，或认为"艕前公用"为公用之器皿。但均未涉及到器物底部为何又有一个潦草的"纲"字，如何解释这五个字的整体含义。[4]

器物出土的空间位置。这件酱执釉壶根据其标本编号可知，出土于T0502探方的第四层，位于船舷部之外。首先可以肯定这不是它在船上的应有位置；关于这个位置，还有相关重要的一点，即在船舷部分的船体之舱位情况：此位置为第十四、十五舱的左部分；同时正如报告所言："从木船体后部几个船舱和隔舱板的结构以及散落的木构件推测，该木船应当存在一定的舰楼上部建筑。如后部的C12、C13、C14船舱的隔舱板厚重，且有补强的附贴薄板结构，隔舱板表面也残留多处榫卯结构。现存船体的尾部上层建筑基本无存，建筑结构一概不明，大量船木构件散落于沉船尾部外侧周缘。"[5]也就是说，这个范围还有船舷楼倒塌的堆积。

关于船舷的上层建筑，可考的宋代文献中，有少量的记载，斯波义信先生考

---

[3] [清]徐松《宋会要辑稿》，北京：中华书局，1957年，第7866页。
[2] 林唐鸥《"南海I号"沉船瓷器墨书初步研究》，《南海学刊》第4卷第4期。
[3] 廖大珂《宋代海船的占籍、保甲和结社制度述略》，《海交史研究》2002年第1期。
[4] 林唐鸥《"南海I号"沉船瓷器墨书初步研究》，《南海学刊》第4卷第4期。
[5] 《报告之二》，第127页。

证了《宣和奉使高丽图经》中客船的结构，"中部分隔为三舱，前舱位于两樯（头樯、大樯）之间（樯即为船帆），不安舱板（甲板），底置灶和水柜，其下层用作水手之卧室。中央舱为四室。后舱是称为"庌屋"的楼房状客室"。[1]虽然出使高丽的海船与南Ⅰ号并非完全一致，但具有明显参考意义，指明了灶房、水柜位置和楼房状客室的位置及名称。

该酱执釉壶在南海Ⅰ号出土品中仅见一件。酱黄釉，方圆唇，束颈，扁鼓腹，平底内凹，肩上有壶嘴，已残，另一侧有颈部到肩部的扁条执手。胎质致密坚硬，夹砂粒较多，胎色灰黄，釉质较差，下腹及器底有如上述内容之墨书。口径9.9、高18.7、底径10.5、腹径18.5厘米。从数量、器物尺寸、质地等方面而言，为船上使用器皿无疑。

该墨书瓷器对艢字的理解是关键。出使高丽的海船之楼房状客室名为"庌屋"，字从广，说明该字与房屋有关，乔为表音部分；与艢字类似之处在于，两者表音部分相同，左偏旁为舟，即与舟船有关；而目前常用的轿字，则与两字有异曲同工之处，所以，笔者推断，艢同庌两字的含义相同，称谓有别而已；均指船上专门为人居住的似楼房的设施。

故此，艢字应指南海Ⅰ号船艉上层建筑的客舱，"艢前公用"的意思即为放在客舱前，公用的饮水器皿，底部的纲字，应为纲首提供此壶之意。

上述三件墨书瓷器的出土位置十分重要，郑知客的墨书瓷器有不少与"纲"字墨书同舱，从田野考古的角度而言，显然，郑知客与南海Ⅰ号纲首的关系非常密切，非同一般。"艢前公用"执壶的位置也非常有趣，显示其为船艉客舱居住者所用；而"柯头甲"墨书瓷器所在的C2舱，则与"艢前公用"执壶表示的船舱无论是位置还是乘船的舒适度，都存在着明显差别。

三、聚落考古分析方法与船上社会等级撮要

文献记载表明，宋代海外贸易之船，主要乘员为纲首以下所构成的海商团队。具体到南海Ⅰ号上的具体情况又如何呢？

---

[1] [日]斯波义信，庄景辉译《宋元时代的船舶》，《船史研究》1985年第1期。

"纲"墨书。共十五件，皆为磁灶窑酱釉罐，写在罐子底部；此类主要集中在C9舱中，应为装船时的位置，另外一件出土于船后部的T0502探方。[1]"纲"字为纲首，得到了学者们的公认，为南海Ⅰ号船上的等级地位最高者，并有一定的执法权。C9舱较为集中的存放带有纲首标志的器物，C9舱同时还有郑知客的墨书瓷器；同样较为重要的舱位还有其后的C10、C11舱，大量的银铤装载于这两舱之中；"艌前公用"执壶的位置与船艉楼密切相关，这些证据都说明，C9-C11以及船艉的艌舱都是船上等级较高之人所使用的空间，且位于艌屋之前，艌屋中的海商目光容易顾望之处，既安全又便于看管；有理由推测，装货物于C10-C11舱瓷器墨书所显示的杨、林、王、谢、庄、蔡等姓氏的海商，在日常是与纲首较为亲密的商人，所以，他们的货物才能在纲首货物的附近；也就是说，C10-C11舱内货物的主人，是南海Ⅰ号船上等级较高的海商。

其他舱位则应当是中、小海商的船货了，这个等级中，还有"以舱代薪"的船工，例如"陈工直"墨书瓷器，即为船工所有，受雇于纲首，拥有少量舱位代替工资，可以贩运些瓷器而已。

从上述简要的分析中，可透视南海Ⅰ号上的海商至少有四个等级，依次为："纲"字墨书瓷器的所有者，纲首；"郑知客"墨书的所有者，船上的事头，其货物可与纲首同放一舱，再次是第三等级者，即船货装载于C10-C11舱，瓷器墨书为杨、林、王、谢、庄、蔡等姓氏的海商；最低等级者乃"陈工直"墨书之瓷器所有者。

如何看待南海Ⅰ号近三千克的黄金制品和三百多千克的银铤的所属呢？没有任何文字记载这些金银制品的所属，而船上其他出土物，给我们提供了一些重要的线索，那就是衡具。根据《报告之二》的介绍，南海Ⅰ号上共出土了至少六件天平和若干杆秤。[2]这些天平的主要作用为称量交易过程中贵金属制品，那么也就意味着拥有黄金制品的海商至少有六位，这六位海商从前述等级分析来看，应当是纲首及郑知客和装货物于C10-C11舱的墨书所示之杨、林、王、谢、庄、蔡等姓氏的海商中的某些人；即所谓等级地位与所拥有的货物或随身物品相符的原

---

[1]《报告之二》，第403页。
[2]《报告之二》，第489-492页。
[3]俞伟超、高明《周代用鼎制度研究》（上、中、下），《北京大学学报》1978年第1-2期，1979年第1期。

则，与俞伟超、高明两先生所说周代用鼎制度的考古学观察，[3]虽两者年代想去久远，但对于等级社会而言，确有异曲同工之处。同理可知，银铤中的大部分应当属于第三等级以上海商所有。

四、远未结束的未来

  作为考古发掘的高级目标之一，就是对发掘对象的重构，南海I号更是如此。南海I号发现之前，我们从未有过如此完好的宋代沉船，从未见过如此丰富的海贸商品；可以说是一个完美的"时间胶囊"，所蕴含的历史信息也是空前的，因此，即使在获得十大发现之后的今天，如何做好南海Ⅰ号的资料整理，编写出更为客观、全面、翔实的报告更是我们所应承担的历史使命，本文虽然谈到一些基于发掘资料的认识，仅仅是冰山一角；更重要的目的是引起学界对南海Ⅰ号发掘资料整理及报告编写这一历史使命的重视，从这个意义说，未来的工作未有穷期，唯有不断总结经验，不断继续前行。

（作者单位：广东省文物考古研究所）

关于"南海Ⅰ号"出水陶瓷上墨书的研究

[日]石黑ひさ子 施梵 译

内容提要：

1987年在中国广东省近海发现的"南海Ⅰ号"沉船于2007年在海上整体打捞，并成功安置到广东海上丝绸之路博物馆。其后室内的发掘工作只能具体了解其中一部分，不过2017、2018年"南海Ⅰ号"两部发掘报告业已刊行，可以获悉发掘遗物的概况。

"南海Ⅰ号"所发现的不少陶瓷器上都有发现墨书，2011年船体打捞后的试掘报告以及2018年刊行的报告可以明确有高达数百件墨书陶瓷的存在，"纲"字墨书也有发现。"纲"字墨书在日本及韩国海中遗址有发现数例，但在中国大陆仅有数件，特别是中国内陆出土的墨书陶瓷没有发现"纲"字款。根据"南海Ⅰ号"的出土，越发明确"纲"字墨书与海外贸易有很深的关联。本稿重新整理"南海Ⅰ号"的发掘经过，探讨出土墨书陶瓷的概况及其意义。

前 言

"南海Ⅰ号"于1987年在珠江三角洲往东200公里、广东省阳江市的海上、水深22米-24米的位置被发现，是长约23.8、宽约38、深约3米的南宋时期贸易船。在发现30年后的2017年、2018年，《南海Ⅰ号沉船考古报告（一、二）》业已陆续刊行。[1]发掘工作至2019年依然在继续，这就是作为中国水下考古标杆的"南海

---

[1] 国家文物局水下文化遗产保护中心、中国国家博物馆、广东省文物考古研究所、阳江市博物馆编《南海Ⅰ号沉船考古报告之一——1989~2004年调查》，北京：文物出版社，2017年（以下简称"《Ⅰ号一》2017"）；国家文物局水下文化遗产保护中心、广东省文物考古研究所中国文化遗产研究院、广东省博物馆、广东海上丝绸之路博物馆编著《南海Ⅰ号沉船考古报告之二——2014~2015年发掘》，北京：文物出版社，2018年（以下简称"《Ⅰ号二》2018"）。

Ⅰ号"的总体情况。"南海Ⅰ号"满载陶瓷沉没于广东海域,其发掘对贸易陶瓷研究产生了重大的影响。

本稿着眼于"墨书陶瓷",通过这份报告得到新的认识。不只是"南海Ⅰ号",近年来从中国近海贸易船发现的陶瓷可见墨书铭文的报道剧增。但是这些消息大多不实。类似日本博多遗址群这种中国贸易船目的地所发现的陶瓷器的墨书铭文究竟是在何时、何地书写的,还缺乏明确的资料。

采用全船打捞这一划时代的方法来保存在博物馆内再进行发掘的"南海Ⅰ号",根据报告已发现多达1000件以上的墨书陶瓷。据此可以确定在到达交易地之前,贸易船内就有一定数量的墨书陶瓷。本稿概观"南海Ⅰ号"的发掘,试图从中发现墨书陶瓷的意义。

一、"南海Ⅰ号"的发现与发掘

"南海Ⅰ号"是1987年在广东省台山市、阳江市交界的海域发现的南宋时期沉船。[1] 这艘沉船的发现和发掘也与日本有关,1993年"大航海陶瓷海路展——以中国·南海沉船文物为中心"[2]在日本举办,在海外展示沉船发现以来"南海Ⅰ号"的文物。但是,当时从"南海Ⅰ号"出水的文物只有22件,而后的发掘规模也与预期的不同。根据当时的图录,1985年英国人在中国南海海域发掘出清朝时期的文物,1986年4月以降在荷兰阿姆斯特丹竞拍,产生巨额的收益。通过这件事,中国政府认识到了水下考古的重要性。[3]

---

[1] 根据所发现铜钱的下限是乾道元宝,推断为南宋乾道年间(1165—1173年)以降的沉船。(《Ⅰ号二》2018)。
[2] 大航海陶瓷展——以中国·南海沉船文物为中心"展的展期、展场、主办方如下。[展期·展场]1993年4月8日—4月20日 日本桥高岛屋(东京)·同4月27日—5月30日出光美术馆(大阪)·7月3日—8月8日名古屋市博物馆·8月13日—9月15日广岛县立历史博物馆举办、[主办]朝日新闻社·中国历史博物馆·出光美术馆(大阪)7月3日—8月8日名古屋市博物馆·8月13日—9月15日广岛县立历史博物馆举办。[日]田边昭三主编 图录·朝日新闻文化企划局东京企划第一部编集《—中国·南海沈船を中心とする—はるかなる陶磁の海路展》,东京:朝日新闻社,1993年(以下简称《图录》1993")刊行。
[3] [日]俞伟超《中国における水中考古学の玄奘と今後の展望》,《图録》1933。

1989年11月中国历史博物馆（现中国国家博物馆）馆长俞伟超任队长的中日联合南海沉船水下考古调查队在广州成立，与日本方研究者共同启动水下考古发掘。时任队长俞伟超将沉船命名为"南海Ⅰ号"。2005年国家文物局论证会确定"整体发掘、异地保护（整体发掘、异地转移保护）"的方针。这正是海底沉船"南海Ⅰ号"全船原样从海底打捞，转移到陆地发掘的计划，2006年整体打捞方案获国家文物局批准。海底沉船原样打捞到陆地的大项目在2007年4月9日到12月22日的264天内实施，在中国国内也大张旗鼓地进行过报道。

2007年末"南海Ⅰ号"安置在"水晶宫"，2013年11月开始全面保护及发掘。

"南海Ⅰ号"发现后，1989年到2004年在海上发掘阶段的发掘报告于2017年刊行。[1] 2005年到2007年实施全船的打捞作业，在2009年、2011年实施试掘期间，刊行2011年实施的试掘简报（Ⅰ号试掘2011）。2011年到2013年在保存设备的"水晶宫"内实施水环境整治等工作，真正的发掘是在2014年到2015年，发掘报告于2018年刊行。[2] 2016年之后发掘继续，本稿即根据这三次试掘、发掘报告，窥探"南海Ⅰ号"墨书陶瓷器的出土状况。

二、"南海Ⅰ号"的墨书陶瓷器

由于"南海Ⅰ号"是满载陶瓷器的南海商船，故而在日本举办展览，和日本出土贸易陶瓷进行对比展示。若着眼于墨书陶瓷，日本展示的器物中也有墨书铭文的陶瓷器。[3] 虽说在沉船打捞上来的陶瓷器中墨书并不鲜见，但尚未在海底沉船发现过大量墨书陶瓷器。"南海Ⅰ号"从海里全船打捞再到陆地进行发掘的方法也属首次，商船所搭载陶瓷器上墨书的实际状况得以了解。2014年到2015年的报告有专门的章节论述墨书陶瓷器，[4] 当时发掘发现有墨书的陶瓷器共计910件附在

---

[1]《Ⅰ号一》2017。
[2]《Ⅰ号二》2018，第五章第七节。
[3]《図錄》1993，第35页图11。
[4]《Ⅰ号二》2018。

一览表。在此之前的发掘也有墨书陶瓷器的报告，[1]三份报告书接载的墨书陶瓷器达到1120件。

关于这1120件，著者将报告揭载的情况录入生成数据库，[2]根据这个数据库，整理出关于"南海Ⅰ号"所发现墨书陶瓷器的资料：窑口、器型，再进一步探讨墨书内容。

1.窑口

近年，中国大量开展陶瓷窑口的考古学调查，关于沉船和各地发现的历史陶瓷器，能够断定其窑口的可能也在增加。虽然"南海Ⅰ号"发现于1987年，但真正的考古发掘是在2014年以后。因此，它的发掘也能反映出这四分之一世纪中国陶瓷研究的成果，发掘报告也按照具体的窑名对陶瓷器进行分类。

对这1120件有墨书铭文陶瓷器的生产窑址进行整理，其中德化窑688件（约62%）、磁灶窑354件（约32%）、罗东窑13件（约1%），龙泉窑5件（约1%）、闽清义窑2件、景德镇窑2件、东张窑1件（以上3窑都不满1%），不明及其他55件（约5%）（参见表一）。[3]

表一

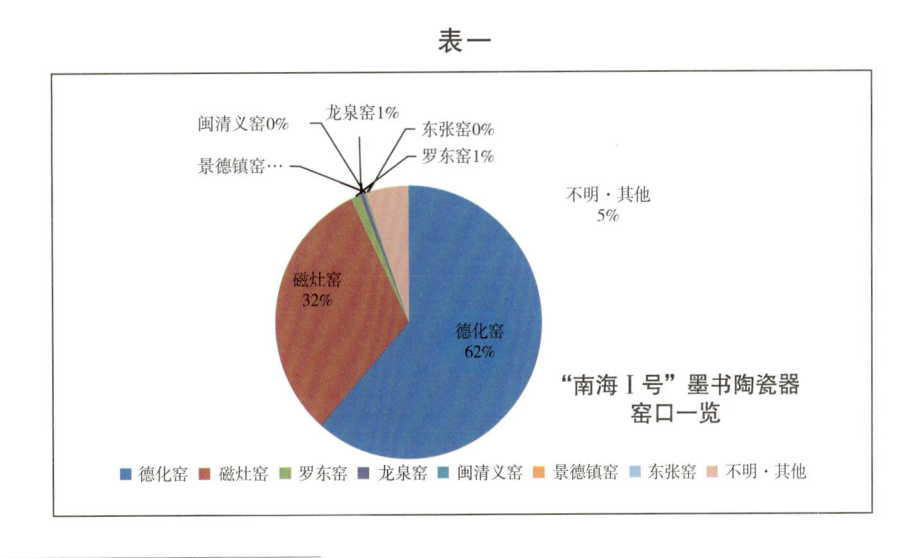

"南海Ⅰ号"墨书陶瓷器窑口一览

---

[1]《Ⅰ号试》2011、《Ⅰ号一》2017。
[2]明治大学国际日本学研究所在HP公开的预定资料。
[1]根据林唐欧《"南海Ⅰ号"沉船瓷器墨书初步研究》（《南海学刊》第4卷第4期，2018年12月，以下简称"林2018"），2013年末至2017年初出土的921件墨书陶瓷器中，德化窑559件，磁灶窑304件，闽清义窑29件，龙泉窑5件，景德镇1件，其他23件。

"南海Ⅰ号"是从中国出发的商船，搭载大量陶瓷器作为货物。其陶瓷器的发掘总数和制造窑的比例目前还没有报告。但是2014-2015年的发掘报告有介绍发掘陶瓷器的主要窑口。[1]已知的有景德镇窑、龙泉窑、德化窑、磁灶窑、闽清义窑、其他（福建地区青瓷、福建南安路罗东窑、福建东张窑、陕西耀州窑）。以下整理发掘报告中每个窑的内容。

　　景德镇窑现在是江西省乃至中国最有名的窑口，在宋代生产青白瓷。发掘报告中写道"有一定数量，器型也很丰富，分布在沉船内各个船舱，是其中一项重要的船货"。

　　龙泉窑位于浙江省南部，是宋代最为繁盛的青瓷窑。发掘报告写道"占沉船的船货相当大的比重，前、中、后的船舱均有分布。器型较少，碗最多，盘次之"。

　　德化窑位于福建省，是有名的白瓷窑。发掘报告写道"德化窑瓷器的数量非常多，各船舱均有分布，各种类别的器型都有，全是青白瓷"。

　　磁灶窑是福建省泉州生产贸易陶瓷的重要窑口。发掘报告没有记载发掘的总量，但是有"主要分布在沉船的中部、前部，后部的十一舱几乎看不到"、"器型以罐、瓶为主"的论述。

　　闽清义窑也是福建省的窑口。发掘报告写道"义窑的数量非常多，形式多样，属外销瓷"。其他窑口的福建地区青瓷"占船货的比例很少"，福建南安罗东窑"青白瓷的数量不多"，福建东张窑"黑釉瓷器的数量不多，只有几件盏"，陕西耀州窑"只有2件青瓷出土"。

　　根据发掘报告，发掘总数最多的是德化窑和闽清义窑的器物，龙泉窑和景德镇窑的制品次之，磁灶窑器型的种类和船内的位置比较偏，少量义窑、磁灶窑以外的福建省窑的制品和耀州窑制品。这是全船打捞之前调查报告书的比例（参见表二）。[2]

---

[1]《Ⅰ号二》2018，第五章。
[2]根据《1989年到2014年水下考古学出水的南海Ⅰ号遗物》，《Ⅰ号一》2017。

表二

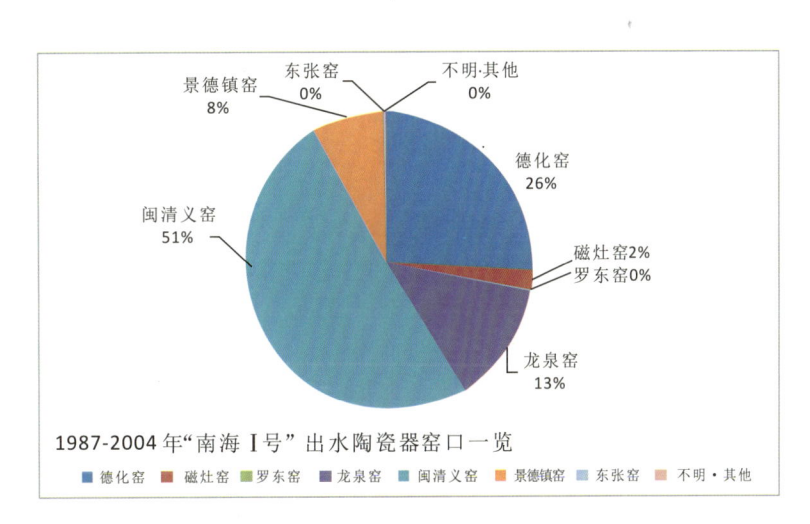

表二
1987-2004年"南海Ⅰ号"出水陶瓷器窑口一览

- 德化窑 26%
- 磁灶窑 2%
- 罗东窑 0%
- 龙泉窑 13%
- 闽清义窑 51%
- 景德镇窑 8%
- 东张窑 0%
- 不明·其他 0%

从墨书数量的比例来看，德化窑688件（约61%）最多，但同样应该大量搭载的闽清义窑却只有2件（不满1%）。陶瓷的总量上排在德化窑、义窑之后的景德镇窑只有2件（不满1%），龙泉窑也只5件（不满1%）。磁灶窑354件（约32%）有记录器型的种类和保管位置的特征，相对于陶瓷的总量，义窑、景德镇窑、龙泉窑也有大量发现。而且本应占陶瓷器的总量很少的罗东窑有13件（不满1%），只发现几件的东张窑也有1件（不满1%）。每个墨书陶瓷器生产窑的比例与沉船搭载陶瓷器生产窑的比例不尽相同。

2.器种

对"南海Ⅰ号"有墨书铭文的陶瓷器按照器系类别进行整理（参见表三），罐系（四耳罐、双耳罐、小口罐等）390件（约35%）、碗·盘系（盘、碗、盆等）382件（34%）、瓶·壶系（长颈瓶、喇叭瓶、执壶瓶等181件（约16%）、盒系（盒、粉盒、盖碗等）99件（约9%）、其他（梅瓶、不明等）68件（约6%）。

贸易陶瓷的分类不是按照器物的商品价值，而是看用来保存、搬运器物的容器，而罐系器则正是这种容器。这种容器和碗、盘等装盘或饮食用器的出土比例大抵相同。用于暂时保存液体的瓶类以及保存粉状或者膏状化妆品的盒也有一定的数量。关于窑口的比例，墨书陶瓷器中德化窑和磁灶窑占90%以上。其中磁灶窑的器种主要为罐和瓶，器型的比例方面，罐占30%以上，可以推断为德化窑。德化窑有各种各样的器型，碗系、瓶·壶系、盒系多为德化窑制品。

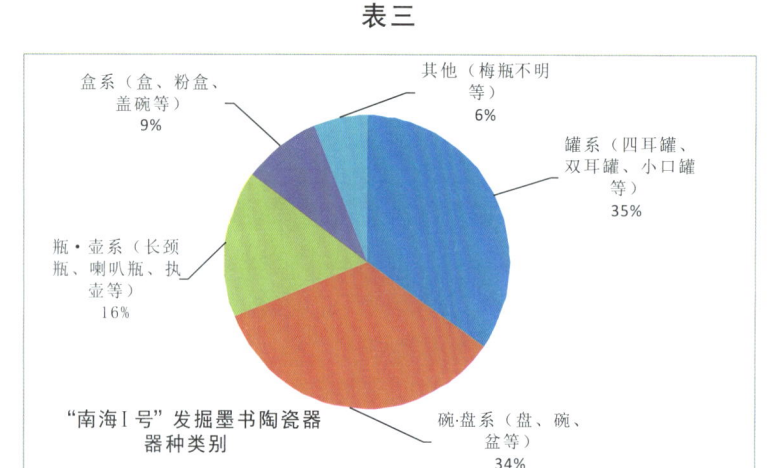

表三

"南海Ⅰ号"发掘墨书陶瓷器器种类别

- 罐系（四耳罐、双耳罐、小口罐等）35%
- 碗·盘系（盘、碗、盆等）34%
- 瓶·壶系（长颈瓶、喇叭瓶、执壶等）16%
- 盒系（盒、粉盒、盖碗等）9%
- 其他（梅瓶不明等）6%

有墨书的陶瓷器在中国各地都有发现。[1]虽然出土状况大多难以数字化，但是内蒙古包头燕家梁发现的元代遗址出土的墨书陶瓷器2239件中有289件在报告书中[2]有详细记录可以生成数据，[3]此外博多遗址群出土的墨书陶瓷器已汇总资料刊行。[4]

内蒙古包头燕家梁遗址被推定为元代的交通据点，从陶瓷器的使用来看是消费地。博多遗址群是中世日本对外贸易的据点，从陶瓷器的使用来看，是贸易的中转地和消费地。从燕家梁遗址报告书中提取的数据，289件墨书陶瓷器中可以知晓器种的几乎全是碗·盘等装盘或饮食用器。[5]"南海Ⅰ号"的分类中，相当于罐系的壶·四耳壶33件，相当于瓶·壶系的瓶或水注等17件，相当于盒系的盒子等

---

[1] [日]石黒ひさ子《"墨书陶瓷器"とその史料化》，《明大アジア史論集》第23号，2019年3月（以下简称"石黑2019"）。

[2] 内蒙古自治区文物考古研究所、包头市文物管理处编，塔拉、张海斌、张红星主编《包头燕家梁遗址发掘报告》，北京：科学出版社，2010年（以下简称"《包头2010》"）。

[3] 明治大学日本古代学研究所在HP公开资料。http://www.kisc.meiji.ac.jp/~meikodai/obj_bokusho.html

[4] [日]《博多遺迹群出土墨書資料集成》，博多：博多研究会，1996年（以下简称"《博多》1996"）；[日]大庭康时《博多遺跡群出土墨書資料集成2》，《博多研究会誌》第11号，2003年（以下简称"大庭2003"）。

[5] 《博多》1996、大庭2003。

4件，其他的"南海Ⅰ号"墨书陶瓷器有9件香炉无法确认。这些全部加起来有63件，博多遗址群墨书陶瓷器汇总的数量大约只有总数的3%。

此前陆地上发现的墨书陶瓷器可以确定的器种中，碗、盘、碟等占绝大多数，用于装盘和饮食用。根据"南海Ⅰ号"的墨书陶瓷器，通过贸易船移送的器物中，饮食器和罐等存储器的比例相同，可以得知都是有墨书文字的容器。这对陆地上发掘所看不到的墨书陶瓷器有新的认识。

陆上考古发掘所发现的墨书陶瓷器几乎全是碗、盘、碟等饮食器。把视角转向传世的陶瓷器，这些储存用器有墨书残留。以茶道具的"茶壶"著称的"千种（ちぐさchigusa）"有五个墨书花押。[1] 这种墨书有一部分是日本书写的，但根据"南海Ⅰ号"的墨书陶瓷，也有可能在贸易船上就已经书写墨书。"千种"是中国生产的器物，今年考古发掘关于陶瓷器的生产窑，"千种"的产地可能是广东省的佛山窑或奇石窑，亦或是福建省的磁灶窑等窑。[2]

"茶壶"有墨书铭文的不单是"千种"。昭和56年（1981年）德川美术馆·根津美术馆主办的"茶壶"展图录上发表的64件茶壶中24件有墨书铭文。[3] 其中日本产的茶壶及用假名书写的可以确定是日本国内的墨书。[4] "茶壶"是茶道具，作为唐物的"大名物"包含各种各样的要素。"茶壶"作为茶道具一时间获得极高的评价被追捧。但是"茶壶"为何要标记墨书文字，目前还没有相关的研究。

"南海Ⅰ号"的发现，表明贸易船内的陶瓷器装货用器也有与饮食器大致相同的比例的墨书。日本茶叶专用的高级保存容器"茶壶"本来就是作为一种容器，从中国推广到东南亚，这在"茶壶"展已经有提及。在中国被划分为"罐"的所谓"茶壶"形的手持容器，在搭载贸易船是写上墨书文字。以这些墨书为嚆

---

[1] [日]竹内顺一、冈佳子等编《"千種"物語二つの海を渡った唐物茶壺》，京都：思文阁，2016年12月（以下简称"《千種》2016"）。此外，关于陶瓷器的器型名称日中两国存在用法不同的情况。日本一般称为"壶"的器型在中国被称为"罐"。"茶壶"相当于中国的"罐"。

[2]《千種》2016。

[3] [日]德川美术馆、根津美术馆编《茶壺》（図録），京都：淡交社，1981年（以下简称"《茶壺》1981"）。此次展览的图录承蒙森本朝子先生的指教。深表感谢。

[4]《Ⅰ号二》2018第五章第七节。

矢，原本就存在的墨书文字在日本作为"茶壶"被珍视，此后也有写墨书文字。

3.墨书内容

关于墨书内容，报告书有专门的章节论述墨书的释字存疑。但是2014-2015年发掘确认的910件墨书陶瓷器中，只有38件墨书的内容无法读懂，其他872件可分为8类：姓名、"直"字类、器物用途类、纲字类、地名类、花押、符号类、其他。[1] 此外，林唐欧2013年末到2017年初发现921件墨书陶瓷器，其中文字可以读懂的有888件，无法读懂的有33件。[2] 从内容来看，"南海Ⅰ号"的墨书内容没有发现干支和年号等可以断代的史料。

在此期间，关于"直"字类已有别稿论述，但还没有关于花押的论述。详细的情况留待别稿论述，[3] 关于带墨书陶瓷器"直"状的文字的器物，黄建秋最早进行论述。黄氏整理博多遗址出土的墨书陶瓷器，"直"是"置"的简体字，"置办"即"置"＝"直"，"直"字表示器物的所有权[4]。整理福建省福州市出土墨书陶瓷器的张勇、梁如龙也援用这个研究思路[5]。但是梁如龙认为由于"直"字只存在于墨书陶瓷器，姓+"直"为某姓购入品，但这又产生新的问题，是否有"直"不是"置办"的缩略字的情况。从这个"直"字的结论来看，花押的书体只有一例。孙慰祖的唐宋元私印集成中有收录与"直"很相似的花押印。此外，宋代碑文残存花押也有类似"直"字的。[6] 报告中称墨书陶瓷器的花押"与后世的花押很相似"，[7] 但是根据目前为止可以确认的铜钱断定"南海Ⅰ号"为南宋乾道年间（1165-1173年）以后的沉船，而并非后世，与同时期的宋代花押很相似。

---

[1] 林2018。
[2] 石黑ひさ子《墨书陶瓷上的花押和宋元花押印》，《第五届"孤山证印"西泠印社国际印学峰会论文集》，杭州：西泠印社，2017年12月（以下简称"石黑2017"）。
[3] 黄建秋《福冈市博多遗址群出土宋代陶瓷墨书研究》，《学海》，2007年第4期（以下简称"黄2007"）。
[4] 张勇《浅谈近年出土、出水的唐宋时期墨书瓷器》，《南方文物》，2016年第1期（以下简称"张2016"）、张勇《福州地区发现的宋元墨书》，《福建文博》，1998年第1期（以下简称"张1998"），梁如龙《福州市地铁屏山遗址河沟出土瓷器墨书分析》，《福建文博》，2016年第4期（以下简称"梁2016"）。
[5] 石黑2017。
[6] 《Ⅰ号二》2018第五章第七节。
[7] 陈波《南海Ⅰ号墨书问题研究》，《东南文化》，2013年第3期（以下简称"陈2013"）。

关于"南海Ⅰ号"的墨书陶瓷器，陈波根据2011年的试掘报告论述陶瓷器的墨书行为是为了辨别器物的物主和排列顺序、器物的存放来理解墨书的性质，从这个立场来提出"直"字是"置"的同音字的疑问。[1]花押标识物主的姓名方便本人识别。此外，"直"的文字写法不统一，也有"不看为'直'"的范畴。因此"直"字类应该是花押。

林唐欧把墨书分为船货用墨书和非船货陶瓷器墨书两类，在此基础上把船货用墨书分为十种类型。这十种为：1姓氏、2姓+名、3姓+直（置）、4姓+名+直（置）、5直（置）、6姓+花押、7花押、8直（置）和花押都有、9单字、10数字。具体的发现数量，5直（置）208件、6姓+花押16件、7花押75件、8置和花押都有的5件，9单字"然"40件、"纲"15件、"五"、"号"、"赐"各1件（计58件）。[2]

林氏把墨书的对象分为贸易的船货和非船货的想法卓有见识。从沉船发现的墨书陶瓷器可以识别货主的船货。但是从宋元时代中国各地的墨书陶瓷器的发掘报告来看，[3]在个人和团体所有的陶瓷器上墨书的做法在宋元时代便已经存在。因此几天乃至数周的船上生活期间生活用器有墨书不足为奇。此外林氏指出墨书陶瓷器出土的船内位置。这是"南海Ⅰ号"整体打捞才可能实现这种难得的分析手段。

一方面，林氏也把船货用的墨书分为直（置）和花押，但是分类的标准并不明确。如上文所述直（置）可以看做花押，林氏的十分类中，1姓氏、2姓+名、3姓+直（置）、4姓+名+直（置）、5直（置）、6姓+花押、7花押、8直（置）和花押都有，这八种都是为了识别个人和团体而书写的。此外10数字中有2件阿拉伯数字状的，这是报告中所说的"符号类"，数字也有作为其他"符号"的可能性。加之数字"五"不属于"数字"而是划分为"单字"，分类10"数字"的分类标

---

[1] 林2018把2013年末-2017年初出土的921件墨书陶瓷器作为研究对象。5直（置）208件约占总数的23%，6姓+花押16件约2%，7花押75件约8%，8置和花押都有的5件约1%，9单字"然"40件约4%，"纲"15件约2%，"五"、"号"、"赐"各1件不足1%，单字合计58件约6%，10数字2件约1%不到。921件中，文字不明33件（约4%），1姓氏、2姓+名、3姓+直（置）、4姓+名+直（置）和非船货的墨书陶瓷器合计524件（约占总数的57%）。

[2] 石黑2019。

准并不明确。

　　报告书中把姓名·花押类以外的器物分为用途类、纲字类、地名类、符号类，关于符号类有部分近似外国的文字。[1] 这些有可能是阿拉伯文字，关于这点林氏完全没有提及。而且也没有提及地名，船货的墨书分类还可以存在几点疑问。

　　"南海Ⅰ号"发现的墨书陶瓷器的墨书内容，大多数是为了区别个人或团体的姓名和花押。除此之外，报告书按照器物用途、纲字、地名、符号进行分类，林氏的分类为单字、非船货的陶瓷器。关于地名，德化窑产的执壶中"东山"有10件，"东山"是福建省的地名，有可能是在"东山"生产的。推断为地名的墨书还有磁灶窑的小口罐，有4件"济阳"。[2] 林氏把"单字"分为5种，其中"然"也用为姓氏。"五"、"号"、"赐"分别只有1件，用途还没有明确。但是，"赐"在报告中有1件，[3] 是在景德镇窑的青白釉盘上书写的。景德镇窑制品有2件墨书，只有这个"赐"墨书能够考虑，可以推断这个"赐"有特殊的含义。但是关于"赐"没有其他的例子，因此具体的情况不明确。

　　报告书中把"纲字系列"单独分类，15件"纲"字墨书都是磁灶窑酱釉罐，基本都在C9地点集中发现。而且在"器物用途类"的分类中"也有1件酱釉执壶底部墨书'纲'字"。[4] 这件执壶分属器物用途，下腹部书有"艠前公用"，底部有"纲"字。林氏指出"前公用"并非船货。[5]

---

[1]《Ⅰ号二》2018第五章第七节。
[2]《Ⅰ号二》2018第五章第七节。
[3]《Ⅰ号二》2018第五章第七节。"2014-2015年出土墨书统计表"中的数量为1，但是器物编号有两个，T0201②：191·T0301②：200，故出土总数应为2件，生成数据库时改为2件。
[4]《Ⅰ号二》2018第五章第七节，第403页。
[5] 林2018中指出其他中"柯头甲"、"蔡火长直（直字为花押）"、"陈工直（直字为花押）"的墨书有一定的比例为乘船人的私人物品。"柯头甲"的器物编号为2017NHIC2b①：0012，在刊发2017年出土的报告书中无法确认。[日]斯波义信《宋代商业史研究》，东京：风间书房1968年（以下简称"斯波1968"），第二章第二节"运船业的经营构造"中讲道元代的通制条格、[宋]吴自牧《梦梁录》、[宋]洪迈《夷坚志》三提到"蔡火长直（直字为花押）"的"火长"是航行的负责人，指航海长的物品，可以确认是在船内担任职务的人物。但是，关于"陈工直（直为花押）"的"工"没有能够明确的史料。此外，林2018中推测这些墨书是蔡火长、陈工代替乘船工作报酬的个人商品，但是其依据无法明确。为此，本稿没有对这个问题进行探讨，留待日后资料公开。

关于墨书的内容，基本有可以识别个人或者团体的姓名·花押，将"直"字理解为花押这一点与报告的分类不相同。关于这一点准备在别稿论述其与元宋代花押的比较。除此之外，内容方面重点关注"纲"字的存在。墨书陶瓷器"纲"字的问题笔者已有撰稿探讨。[1]关于"纲"字准备在下个章节重新探讨。

三、"南海Ⅰ号"搭载陶瓷上的"纲"字墨书

上述"南海Ⅰ号"除了15件"纲"字墨书陶瓷器，还有1件"艣前公用"和"纲"字一起共计发现16件"纲"字墨书。关于这批陶瓷器的出土地点，林氏注意到15件"纲"字中有14件集中在C9舱，这是船内中部比较安全的位置，需要有足够力气才能搬到此处。而且"纲"即有船长意义的"纲首"，把船长的船货放置在能够保证安全的场所。[2]不只是"纲"字，磁灶窑酱釉罐也放置在C9、C10的第9舱、第10舱。[3]放置在第9舱不是为了保证安全，而是由于磁灶窑的制品比较小。

墨书陶瓷器最能引起重视的是这个"纲"字。"纲"或者"□纲"和纲字前加姓等墨书在博多遗址群有超过200件。韩国马岛遗址也有发现82件。在其他地方，日本的北九州、尼崎、奄美也有发现与"纲"字相关联的墨书陶瓷器。此处的"纲"不是表示船长作为"纲首"的私物，"纲首"代表贸易集团"纲"，或者表示"纲司"所拥有的商品。

提出这一说法的是龟井明德氏，传入日本的陶瓷器在运输的过程中为了标识属于"纲"的商品，将"纲"字书写在器物上。[4]贩卖时不需要的器物侧留在博多等作为据点的港口城镇。在中国大陆的生活遗址没有发现"纲"字，证明"纲"字与海上贸易有关。[5]

---

[1] [日]石黑ひさ子《墨書陶磁器からみた"綱"》，《南島史学》第86号，2018年11月（以下简称"石黑2018"）。
[2] 林2018。
[3]《Ⅰ号二》2018，第五章第七节。
[4] [日]龟井明德《日本貿易陶磁史の研究》第4章"綱首·綱司·綱の異同について"，京都：同朋出版社，1986年（以下简称"《龟井1986》"）。
[5] 石黑2018。

"南海Ⅰ号"内的墨书陶瓷器多为标识物主的姓和花押。"纲"如果是主导贸易的组织的话,"纲"下面应该汇集有多件个人货物,个人货物的一部分标记有识别物主的姓和花押,"纲"可以理解为管理部分船货而书写。

根据"南海Ⅰ号"的发掘,沉船内也有一定数量的墨书陶瓷器,而且也有"纲"字墨书。移送时已经将部分船货写上墨书,龟井氏关于"纲"字墨书的意见也证实了这一点。但是,博多遗址群发现的墨书陶瓷器几乎全都书写在碗和皿(盘)上,推测移送时书写的墨书主要是碗和皿(盘)。这个推测囊括了"南海Ⅰ号"的发现,和碗、皿一样,壶(罐)这样的储存和装货用的容器也同样存在墨书。有15件"纲"字的磁灶窑酱釉罐。这个器型类似茶道的"茶壶",肩部可以确认带有茶壶的"莲华王"铭莲华文王字印章。磁灶窑南宋到元代大量生产出口用的壶,在东南亚也有大量发现该窑产的壶。茶道用具的"茶壶"与磁灶窑产壶相似,但是李宝平氏、粟建安氏指出泉州湾沉船、爪哇海沉船等13世纪至14世纪的海底遗址都有发现(类似的壶)。[1]

分析"南海Ⅰ号"的"纲"字墨书,不得不提和"艢前公用"一起出土还有1件"纲"字。这是磁灶窑产的执壶(水注),不是储存器,而是日常装水用器。关于"艢前公用"的解释,林唐欧有"艢前共用"和"艢前公所使用"两种看法。[2] 艢是舟和乔的合字,不是常用汉字。"乔"有高的含义,指舟中较高的部分。"南海Ⅰ号"等宋代的船后部较高的部分为房屋的形状,应该是用于该部分前方。关于在船内"公"这一尊称的使用,斯波义信整理的船夫的职务称呼中没有"公"的存在,[3] 因此很难成立。"公"应该是"公用","艢前公用"是在执壶上标注"在船内较高的部分前方共用"。这不是写在船货上,而是为了明确船内使用目的的墨书。与此同时这件执壶底部书有"纲"字。这是表示这件器物的所有者是管理商船的"纲"。

此前没有关于"纲"字在何种状况下书写的史料。这个"艢前公用"和

---

[1] [日]李宝平、粟建安,《唐物茶壶の展开》,《千种》,2016年(以下简称"《李、粟2016》")。
[2] 林2018。
[3] 斯波1968,第二章第二节,《运船业的经营构造》。

"纲"同时在执壶上发现，可以判明"纲"字墨书"不是作为'纲'所拥有的船货而是生活用器"。

香港中文大学藏品虽然没有"艠前公用"这样的文字，但是也有类似的事例存在。文物馆的藏品中有广州西村窑的军持，其底部有墨书"纲司"。[1] 这件军持的来历不明，但是军持和执壶一样都是作为水注的用器，表明是"纲（纲司）"的所有物。

目前为止博多遗址群发现的墨书陶瓷器多认为是贸易货的一部分。"南海Ⅰ号"的发掘整理表明墨书不限于船货，船内使用的生活用品也有墨书。贸易船到达目的地墨书陶瓷器在船的内外使用，其中破损的则丢弃，墨书陶瓷器应该从这样的性质出发来考虑。

关于舱内放置的磁灶窑产酱釉罐上所看到的"纲"和其他墨书，有必要对出土同种罐的泉州湾沉船的状况重新确认。泉州湾沉船是1974年在泉州湾内发掘的沉船，在海泥中发掘出船的底部。这艘船发现了香料等销往中国的货物，说明可能是返回泉州的贸易船，在南宋末年被卷入战乱，还没有完成卸货就沉入水中。[2] "南海Ⅰ号"满载陶瓷器驶向南海，而泉州湾沉船则是从海外返回泉州。从泉州沉船上也有出土6件磁灶窑罐。6件中有黄釉1件，淡黄釉1件，酱釉2件，大小如下表所示与"南海Ⅰ号"的酱釉罐基本相同。其中有1件酱釉上的墨书被释字为"王正"。[3]

表四

	口径（厘米）	高（厘米）	底径（厘米）	腹径（厘米）
"南海Ⅰ号"C9c①:4"纲"墨书酱釉罐	12	37.4	16.3	34
泉州湾沉船Ⅰ式瓮（6件）	12.2	36.5-42	14.5-17.3	32-38

---

[1] 龟井1986，第4章，《纲首·纲司·纲的异同》、关于"纲"的墨书1984年香港中文大学文物馆的"新增赠品选介"中的褐釉印花陶盆（广东西村窑系盆）的底部有"纲"的墨书，这个解释在《文物馆季讯》1984 Ⅳ-1中有论述。关于这点作者曾向香港中文大学咨询，"纲"字褐釉印花陶盆在香港中文大学文物馆所藏编号为960-1127，除此之外所藏编号960-1126广州西村窑青釉军持也有"纲司"墨书，2019年2月在香港中文大学文物馆实地调查确认。在此对香港中文大学文物馆深表谢意。

[2] 福建省泉州海外交通史博物馆编《泉州湾宋代海船发掘与研究》，北京：海洋出版社，1987年（以下简称"《泉州》1987"）。

[3] 《泉州》1987。此外，《李、栗2016》注24中指出磁灶窑罐与这6件瓮相对应。"王正"是根据泉州1987的释字，同书有附上照片，可以看到"正"是花押。

"南海Ⅰ号"出土铜钱的下限是南宋乾道年间（1165-1173年），泉州湾沉船出土铜钱的下限是南宋咸淳七年（1271年），这两艘沉船出土的罐型非常接近（表四）。"南海Ⅰ号"是出发前往南海进行贸易，泉州湾沉船则是从南海返回泉州。贸易船装载的陶瓷器不全是商品，也有生活用品和容器。带回来的陶瓷器并非全都写上墨书，同类型的6个罐只有1个有墨书，注明该罐在返程使用的所有者。

泉州湾沉船的发掘处于20世纪70年代前半段，其发掘规模与全船打捞并在博物馆内进行发掘的"南海Ⅰ号"不可同日而语。泉州湾沉船船体上层发掘出40件陶瓷器，船内出土的仅有58件可以复原。[1]但是其中船体上层出土的"纲"墨书青釉碗，"许"和"里"墨书灰陶罐、"郡"墨书灰陶罐，船内出土上述的"王正"墨书酱釉瓮，"新宙丘师长"墨书罐，"余上名"墨书陶瓷器残片以及6件可以确认墨书的陶瓷器。6件中有4件是罐、瓮这样的储存容器，可能是返程时带回去的。

目前所见中国各地出土的墨书陶瓷器，其初衷是为了明确所有者。搭载贸易货的"南海Ⅰ号"也不例外。但是可以明确的是其中分为两种，一种表示贸易船内船货所有者的墨书，另一种是表示生活和返程使用的非船货的所有者的墨书。博多遗址群等中转地和消费地出土的碗和盘等饮食用器多有墨书，储存用器则几乎看不到墨书，因此在贸易船上出土的墨书储存用器应该是在返程期间使用的。而且除了博多遗址群之外，"纲"字墨书在北九州各地也有发现，说明"纲"所属组织的商人在日本各地活动，所到之处将组织的日用陶瓷进行分销、存放。在中国大陆，除了泉州以外，广州南越国宫署遗址宋代地层也有出土"何纲"墨书。[2]可能是贸易从业者在行商的过程中留下的"纲"字墨书。

---

[1]《泉州》1987。
[2]南越王宫博物馆筹建处、广州市文物考古研究所编《南越宫苑遗址1995-1997年考古发掘报告》下篇·附录一·其他朝代遗存·第五节·宋代遗存·图287，北京：文物出版社，2008年，第286-287页。本书第286页中释字为"何□"，但是笔者2019年2月到广州南越王宫博物馆实地调查确认为"何纲"。在此对南越王宫博物馆深表谢意。

四、结 语

"南海Ⅰ号"的报告业已刊行，但是还有不少疑点，如出土陶瓷器的总数等。虽然报告书已经汇总了保存、发掘等各个方面的问题，但是今后还会有新的材料出现。本稿只是对墨书陶瓷器的个别问题进行介绍，但也因此了解了墨书陶瓷器制造窑和墨书的关系、器种和墨书的关系等新的知见。此外，关于"纲"字，15件纲字墨书，以及明确用途的"纲"字墨书也通过新材料得以确认。

关于"纲"字，对文献上的"纲"、"纲首"以及残存在文字资料上的"广州纲首"等的比较研究是一个值得研究的课题。[1] 然而本稿尚未涉及，留待而后的课题进行研究。

本文原载于《南岛史学》2019年11月30日第87号，第224–246页。经日本明治大学政治经济学部兼任讲师石黑ひさ子女士同意，授予翻译转载权利。部分内容有改动。特此鸣谢！

（作者单位：明治大学，译者单位：南越王宫博物馆）

---

[1] 关于有"广州纲首"铭文的南华寺五百罗汉像，[日]石黑ひさ子《経筒にみえる宋人銘墨書と"綱首"——広東省南華寺出土五百羅漢銘文"広州綱首"をめぐって——》，《岩手大学平泉研究センター年報》（7），2019年3月，第29-43页中有进行探讨。

英国发现清代嘉庆朝南海县衙告示考释*

邢思琳　冷东

内容提要：

英国国家档案馆收藏有一份清代嘉庆朝南海县衙纸质告示，针对清代中期广州商馆区特有的中外商业纠纷事件，宣示了清代严格的涉外管理制度，揭示了广州城市经济生活的活跃，提供了外国商馆及商馆区的宝贵信息，显示了文书事关"政通人和"的功能，得以对十三行的管理制度、十三行的地理属性、十三行的经济活动、十三行的外国商馆产生新的认识，具有重要的研究价值。该实物原件近乎全新而又毫无损伤黏贴痕迹，是弥足珍贵的历史档案，具有较高的文物价值，为清代文书研究提供了宝贵文献例证。

十六世纪世界开启了"海洋时代"，中国丰饶物产和巨大市场吸引西方资本主义国家商船蜂拥而至。乾隆二十二年（1757年）清朝停止其他海关与西方国家的海路外贸渠道，通过粤海关建立"以官制商、以商制夷"的广州十三行制度，成为中西重要贸易体系及文化交流中心。[1]频繁的人员流动、丰富的商品交易、不同的文化交流，必然要在口岸城市引起蝴蝶效应般潜移默化的变化，而反映这种变化的晴雨表莫过于政府告示了。

作为清代重要下行文书的县衙纸质公告，是国家基层行政单位针对管辖地方社会特有事件、直接对社会民众宣示国家政策的信息传播窗口，"州县之患，莫患乎上下隔绝，而情意不通"，[2]告示传达政令、官民互动，事关"政通人和"

---

* 2020年度国家社科基金冷门绝学研究专项"广州十三行印章印记整理研究"（20VJXG005）阶段性成果

[1] 可参考林瀚《清代广州十三行在中西交流中的历史地位》，《广州大学学报》（社科版）2006年8期；冷东《"十三行与清代中外关系"国际学术研讨会综述》，《广州大学学报》（社科版）2012年5期。

[2] 徐栋辑《牧令书辑要》卷一《治原》，《续修四库全书·史部》第755册，上海：上海古籍出版社，2002年，第380页。

与社会稳定的重要功能。

清代县衙纸质公告具有重要的文物价值和文献价值，已引起学界广泛注意，总结性研究有吴佩林、李升涛《近三十年来关于明清告示的整理与研究》，[1] 个案性研究主要有王洪兵《清代告示与乡村社会秩序的建构——以顺天府宝坻县为例》，唐仕春《清朝基层社会法秩序的构建:会馆禀请与衙门给示》，潘浩《清代前期榜文告示初步研究》，卞利《明清徽州地方性行政法规文书初探》。[2] 此外雷荣广、姚乐野《清代文书纲要》，史媛媛《清代前中期新闻传播史》书中也涉及清代告示的类型、内容、传播等内容。[3] 清代县衙告示的文献资料整理也成果颇丰，如杨一凡《古代榜文告示汇存》，四川省档案馆《清代四川巴县衙门档案汇编》（乾隆卷），四川大学历史系、四川省档案馆《清代乾嘉道时期巴县档案选编》等。[4] 但是从严格意义上清代县级纸质告示的研究范围来讲，仍存在区域不平衡的现象，作为清代重要通商口岸的广州还是空白。个案研究特别是蕴含时代丰富变化内容的涉外县衙告示研究仍然有很大的发掘和研究空间。

一、清代嘉庆朝南海县衙告示由来

2017年5月，冷东教授在英国国家档案馆查阅广州商馆中文史料档案（编号FO 1048），发现许多行商的亲笔信函，广东各级官员往来的文书、谕帖，行商与

---

[1] 吴佩林、李升涛《近三十年来关于明清告示的整理与研究》，《西北师范大学学报》(哲学社会科学版)2014年3期。
[2] 王洪兵《清代告示与乡村社会秩序的建构——以顺天府宝坻县为例》，《中国社会历史评论》2010年第十一卷，天津：天津古籍出版社，2010年；唐仕春《清朝基层社会法秩序的构建：会馆禀请与衙门给示》，中国社会科学院近代史研究所《青年学术论坛》2007年卷，北京：社会科学文献出版社，2009年；潘浩《清代前期榜文告示初步研究》，武汉大学2011年硕士论文；卞利《明清徽州地方性行政法规文书初探》，安徽大学学报（哲学社会科学版）2009年3期。
[3] 雷荣广、姚乐野《清代文书纲要》，成都：四川大学出版社，1990年；史媛媛《清代前中期新闻传播史》，福州：福建人民出版社，2008年。
[4] 杨一凡《古代榜文告示汇存》，北京：社会科学文献出版社，2006年；四川省档案馆《清代四川巴县衙门档案汇编》（乾隆卷），北京：档案出版社，1991年；四川大学历史系、四川省档案馆《清代乾嘉道时期巴县档案选编》（上、下），成都：四川大学出版社，1989、1996年。

外商的信件、交易赊借契约、货品清单等，还发现一件嘉庆十九年（1814年）南海县衙张贴的告示（图一），[1]宽约80厘米，高约150厘米，白色厚棉纸张，毛笔正楷大字书写，盖有南海县印章及多处红笔标示。这张告示几乎崭新，也不是底本或副本，没有任何粘贴破损痕迹，弥足珍贵，说明这张告示并没有张贴出来就到了英国人囊中，个中原因不得而知。

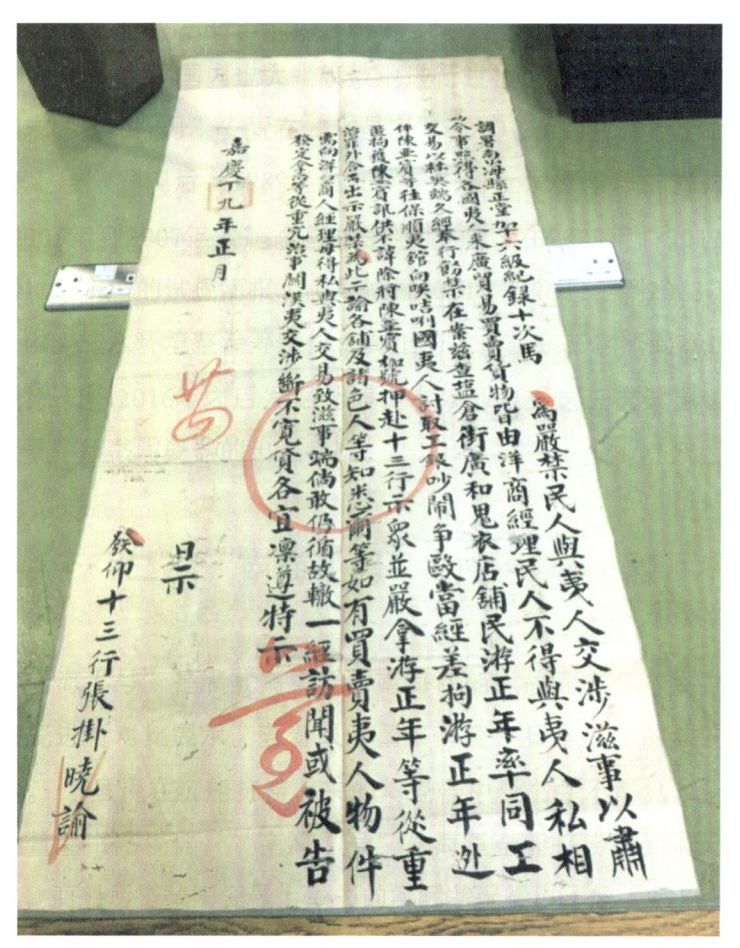

图一 嘉庆十九年（1814年）南海县衙张贴告示（现藏于英国国家档案馆，冷东拍摄）

---

[1] 英国国家档案馆FO 1048/14/2。Proclamation by acting Nan-hai magistrate. Trade by shopkeepers with foreigners must be channeled through the hong merchants, upon pain of severe penalties.

清代嘉庆朝的档案文书曾经数量庞大，由于时代更迭和两次鸦片战争的破坏，纸质公告不易保存，大多已被焚毁或散佚在国内外众多档案馆、博物馆、图书馆之中，保存至今日者相当珍贵。虽然与广州有关的文书成果相当丰富，如《葡萄牙东波塔档案馆藏清代澳门中文档案汇编》《达衷集——鸦片战争前中英交涉史料》《鸦片战争前中英交涉文书》《叶名琛档案——两广总督衙门残牍》《明清皇宫黄埔秘档图鉴（上、下册）》《粤港澳商贸档案全集》《广东澳门档案史料选编》《汉文文书：葡萄牙国立东波塔档案馆所藏澳门及东方档案文献》《洋商与大班：广州十三行文书初探》《洋商与澳门：广州十三行文书续探》《剑桥大学所藏怡和洋行中文档案选注》等，但这件告示应该是目前唯一发现存世的嘉庆朝涉外县衙纸质珍品，实物难得，弥足珍贵，具有重要的文物价值。也是了解研究清代广州外贸及城市发展重要的资料依据,同样具有珍贵的文献价值。

二、清代嘉庆朝南海县衙告示格式

英国国家档案馆馆藏清嘉庆十九年（1814年）南海县衙张贴的告示，内容如下：[1]

> 调署南海县正堂加十六级纪录十次马，[2]为严禁民人与夷人交涉滋事以肃功令事。照得各国夷人来广贸易买卖货物，皆由洋商经理，民人不得与夷人私相交易，以杜弊端，久经奉行，饬禁在案。兹查盐仓街广和鬼衣店铺民游正年，率同工伴陈亚宾等往保顺夷馆，向英吉利国夷人讨取工银，吵闹争殴，当经差拘。游正年外匿，拘获陈亚宾讯供不讳。除将陈亚宾枷号押赴十三行示众，并严拿游正年等从重治罪外，合而出示严禁，为此示谕各铺及诸色人等知悉，尔等如有买卖夷人物件需向洋

---

[1] 标点为笔者所加。
[2] 告示首句记叙颁布者为嘉庆朝南海县令以及他的褒嘉记录，清朝的议叙制度分为记录、加级两种。最低奖赏叫记录一次，依次记录三次或者三次以上者，合为加一级。然后是加一级记录一次、二次，加二级记录一次，二次等等，与官员的降调处罚和加级奖励挂钩，二者可以互为抵消。参见赵德义、汪兴明《中国历代官称辞典》，北京：团结出版社，1999年。

行商人经理,毋得私与夷人交易,致滋事端。倘敢仍循故辙一经访闻或被告发,定拿尔等从重究治。事关汉夷交涉,断不宽贷,各宜凛遵特示。

  嘉庆十九年正月廿四日示
  发仰十三行张挂晓谕

告示作为一种官方下行文书,其内容涉及具体事件、发布地点以及被告知对象,可以从中了解民众与政府以及政府与中央之间的互动机制,是一种具有较高价值的史料。这份告示开头冠以南海知县的职衔和所发布告示主题,是告示的一种常见的写作方式,同时可以反映出告示内容所呈现的事务特性。[1]

  告示首先以职官开头,可以了解官方告示事务的层级高下,即这份告示的禁约仅限南海县一县的范围之内,也反映了广州与南海县的行政隶属关系。秦始皇统一中国后在岭南置了南海、桂林和象三郡,广州作为南海的郡治,在当时被称为"蕃禺"。汉朝时有了番禺县治,到了三国吴黄武五年(226年)交广分治,第一次出现了"广州"的名称。隋朝时改番禺县为南海县,在江南州上另设番禺县。到了宋开宝五年(972年),又将番禺县并入南海县。皇佑三年(1051年)又重分南海、番禺。宋元以后广州城的东西部分分属番禺、南海,到明清时仍然保持这样的格局。[2]据清《南海县志》捕属图所载,广州城区由北向南大抵相当于今解放北路、光华街至聚旺里、都土地巷、正南路、北京路、大南路、起义路、大德路、解放南、海珠广场西侧至珠江边,东属番禺,西属南海。告示所涉及内容的位置在广州城西,当属南海管辖,[3]所以这份告示出自南海县衙而非番禺。

三、清代嘉庆朝南海县衙告示分析

  与目前学界研究清代县级告示内容以国内民间事务为主不同,这份清嘉庆朝

---

[1]连启元《明代官方告示的结构与格式》,《明史研究》第十四辑,北京:中国社会科学出版社,2015年,第55页。
[2]梁莎《明清到民国时期番禺县治的迁徙与原因分析》,《中国市场》2010年第14期。
[3][清]潘尚楫修、[清]邓士宪纂《南海县志》卷七《舆地略》,同治八年重刻本。

南海县衙告示则是针对清代中期广州商馆区特有的中外商业纠纷事件，宣示了清代严格的涉外管理制度，揭示了广州城市经济生活的活跃，提供了外国商馆及商馆区的宝贵信息，得以对十三行的管理制度、十三行的地理属性、十三行的经济活动、十三行的外国商馆产生新的认识，具有重要的研究价值。

1.昭示了十三行的管理制度

县衙告示的目的是向社会传达国家的各项政策，表达官方基本态度，嘉庆朝南海县衙告示则是重申清朝外贸管理政策："照得各国夷人来广贸易买卖货物，皆由洋商经理，民人不得与夷人私相交易，以杜弊端，久经奉行，饬禁在案。"缘于乾隆十年（1745年），两广总督兼粤海关监督策楞因部分行商资本薄弱，拖欠税饷，遂设立保商，由几家殷实行商担任，保证进出口货税的交纳。"以专责成，亦属慎重钱粮之意。"[1] 乾隆十五年（1750年），清政府下令以惯例由通事缴纳的船钞及规礼银两（1950两）今后改为"保商"缴纳，由是保商制度完全成立。[2]

设立保商以后，不论货物是否由保商买卖，一律要负完税责任。监督等官员购办备贡的珍奇物品，也要由保商搜购。在开海贸易初期，海关监督常常到黄埔丈量船只，征收税饷，与督抚亲自料理备贡。至乾隆初年，中外之防渐密，在"人臣无外交"的封建禁例之下，督抚、监督不再亲自料理征税及备贡事务，而由保商办理。乾隆十九年（1754年），规定每艘外船要由一家行商作保，外船的行为及税饷必须由保商负责。乾隆二十四年（1759年）总督李侍尧的《防范外夷规条》更规定，行商必须对寓歇商馆的外商稽查管束，"如有纵夷人出入，以致作奸犯科者，分别究拟"。至此，行商承保外船，交纳税饷，备办贡物，管理约束外商的各项职能已经完备。正因为不是行商的小铺民擅自和外国商馆交易，才颁布告示严加禁止："并严拿游正年等从重治罪外，合而出示严禁，为此示谕各铺及诸色人等知悉，尔等如有买卖夷人物件需向洋行商人经理，毋得私与夷人交易，致滋事端。倘敢仍循故辙一经访闻或被告发，定拿尔等从重究治。事关汉夷交涉，断不宽贷，各宜凛遵特示。"表示了南海县衙对于发布告示的决心，反映

---

[1]《史料旬刊》第4期，北平故宫博物院，1930年，第122页。

[2] H.B.Morse, *The Chronicles of the East India Company Trading to China, 1635–1834*, vol.1, pp.247,260,268,289.

出县衙对从严处置以身试法的人的坚决态度。"断不宽贷"、"特示"等词语的运用都是为了加强语气，起到恫吓作用，说明"汉夷交涉"事关重大，要"各铺及诸色人等"务必遵守县衙禁令。

还有告示中提及游正年率同工伴陈亚宾等向英吉利国夷人讨取工银，说明中方涉及人员不止二人而是多人，而且到了吵闹争殴的地步，可见事态的严重。四年前的嘉庆十四年（1810年），多名中国鞋铺工人在广州十三行商馆区与外国水手斗殴，黄亚胜被杀身亡，其父黄万资到南海县报案，南海县令刘廷楠亲自到鞋铺验明黄亚胜尸身并审问证人，认为凶手为英国水手并向上逐级禀报。粤海关监督宣布拒绝发给英国商船离港红牌，并禀报两广总督及广东巡抚；一面谕令行商查明凶手所属船只及该船保商，并要求英国东印度公司交出凶手。其后中英双方就此案件进行长期交涉，成为影响中英商贸、外交及司法关系的一个重要事件。[1] 前车之鉴尚在，南海县官吏岂敢忽视。

2.反映了活跃的城市经济

虽然清朝政府制定了严格管理制度，严禁非行商人员与外商有任何经济联系，但是在广阔的广州城市发展和活跃的经济生活里，这样的禁令只是一纸公文，也在这件告示中反映出来。

据梁嘉彬先生的《广东十三行考》记载，广州十三行的范围"全在广州十三行街，即今十三行马路路南。外人之粤者，不得逾越十三行街范围〔十三行街为东西路，两头俱有关栏；内中除夷馆、洋行外，尚有无数小杂货店、钱店、故衣（刺绣）店之类，专为外人兑换银钱及购买零星物品而设。又有无数小街，将各夷馆隔离〕"。[2] 政府虽然划定了洋人在广州的活动范围，三令五申禁止民间与洋人来往，但是禁令之下，仍有人以身试法。从告示内容中得知，广州商铺店主游正年与英国商馆产生商业纠葛，率工人陈亚宾到英国广州保顺夷馆讨取工银，因吵闹争殴，为南海县衙缉捕。

---

[1] 参见[美]马士《东印度公司对华贸易编年史》，[美]马士《中华帝国对外关系史》，嘉庆朝《清代外交史料》，许地山校录《达衷集——鸦片战争前中英交涉史料》，英国国家档案馆FO 1048/10/19(1/6)至FO 1048/10/19(6/6)。
[2] 梁嘉彬《广东十三行考》，广州：广东人民出版社，1999年，第350页。

告示中提及的广和鬼衣店位于盐仓街，盐仓街顾名思义和盐仓有关。盐是历代朝廷专卖的产品，民间不得私售。盐场生产的盐先要统一运到盐仓，经查验后再由官府的船只运往各地销售。据《越秀史稿》记载，盐仓街位于今天的起义路东侧惠福巷附近，因为建有盐仓而得名，紧邻盐仓街的城门叫盐步门，出门就是码头。如果是洋行到过广和鬼衣店买过丧葬用品而欠账，想必所欠账目不致引起这么大的纠纷。告示中还提及游正年向英国商馆讨取的是"工银"，而不是货物交易的"价银"，说明事件涉及的很可能是商馆建筑或者其它内容的工程。《广东十三行考》提及十三行内中除夷馆、洋行外，尚有无数小杂货店、钱店、故衣（刺绣）店之类，专为外人兑换银钱及购买零星物品而设。[1] 可以猜测广和鬼衣店除经营丧葬用品之外可能涉及为外国人兑换银钱的业务或者商馆扩建及维修的土木工程。正如当时十三行商馆区的商业零售商店的"办馆"，除了经营商品的批发和零售业务，也为外国商人提供后勤生活服务，还担负了部分邮政功能、特别是传递外国书信的邮政功能。而当时清政府与通商各国尚无正常的邮政联系，规定了严格的中外文书信件传递制度，特别是禁止中国人私自为外国人传递信件[2]。说明广州作为清代的对外开放贸易口岸，得之地利，城市经济在贸易的带动下，获得了巨大的进步。城市的商品经济、手工业经济有了很大的发展，纺织、制瓷、茶叶加工等蓬勃兴起，使广州在十三行时期成为全国经济发达的城市，并奠定了以后广州在国内经济发达的基础。

3.印证了十三行地理属性

县衙告示的发布场所与传播影响关系密切，因此通常选择交通便利和人烟稠密的场所。但告示的具体内容所关涉的范围又制约了其张贴地点，特定告示会以张贴在被告知对象的所在地为重。清代县衙告示的发布地点遵循以县衙为中心，然后向四路城门、通衢集镇、四乡村落扩散的信息传递原则。[3] 而本份告示则明确限定在"十三行张挂晓谕"，而案犯陈亚宾枷号示众的地点也是"十三行"，

---

[1] 梁嘉彬《广东十三行考》，广州：广东人民出版社，1999年，第350页。
[2] 冷东《再议海上丝绸之路中的"办馆"》，《暨南学报》（社科版）2016年4期。
[3] 参见吴佩林、李升涛《近三十年来关于明清告示的整理与研究》，《西北师范大学学报》，2014年3期；王洪兵《清代告示与乡村社会秩序的建构—以顺天府宝坻县为例》，《中国社会历史评论》第十一卷，2010年。

显示了告示的地理特点。反映出在清代广州对外经济、文化交往蓬勃发展的基础上，一个新的城市地标——十三行商馆区在广州产生了。这一商馆区域作为清代前期"一口通商"的中心所在，是当时中外贸易的集散地、西人在华活动的主要场所和中西文化的交汇点，它为广州城市发展注入了新的动力与元素，直接带动了广州西关的繁荣，并产生了强大的辐射作用，从而引起中外人士的普遍关注，积久而成为人们普遍使用的地域名称。[1]

乾隆二十二年(1757年)清朝实行"一口通商"政策直至1842年《南京条约》签订，通过粤海关管理"以官制商、以商制夷"的外贸体制和商会组织，无论学术界还是社会民众皆已习惯称之为"十三行"，似乎已成定论。但是"十三行"之名最早起始于何时？为何冠以"十三行"之名？又是学术界"一个没有解决的历史疑案"。[2] 正如赵春晨教授指出的，"十三行"既可以是指行商团体，也可以是指行商从事对外贸易活动的一个特定的地域，即广州的十三行商馆区。[3] 从这件嘉庆十九年南海县衙发往十三行的告示来看，更加证实了"十三行"的地理属性。同时十三行也逐渐成为这一商会组织的同义词，延续至今。

4.提供了宝顺夷馆信息

告示中的"汉夷交涉"涉及的"保顺夷馆"，告示中明确称其为"英吉利国夷人"，可见是英国商馆无疑。但是具体名称在现有中文资料两种记载，一为"保顺"，二为"宝顺"。

道光十六年（1836年）清朝发给十三行总商禁止鸦片的谕令中称为"保顺"：

兵部侍郎广东巡抚部院祁、兵部尚书两广总督部堂邓、奉宸苑卿

粤海关监督文

谕洋行总商等知悉：照得本部院、部堂、关部顷奉上谕：饬将给事中许折内所奏如贩卖之奸民、说合之行商、包买之窑口、护送之蟹艇、贿纵之兵丁严密查拿，各情节悉心妥办，力塞弊源，据实具奏等因，钦

---

[1] 赵春晨、陈享冬《清代广州"十三行"一名的双重含义》，《清史研究》2011年3期。
[2] 彭泽益《清代广东洋行制度的起源》，《历史研究》1957年第1期；彭泽益《广州十三行续探》，《历史研究》1981年4期。
[3] 赵春晨、陈享冬《清代广州"十三行"一名的双重含义》，《清史研究》2011年3期。

此。并钞给给事中许原奏：内开贩卖鸦片之奸民，非能尽与夷船自行交易也。包买则有窑口，说合则有行商，收银给单，令往趸船取土，则有坐地夷人。其坐地夷人分住洋行：住义和者一名渣顿即铁头老鼠、一名轩亦士；住保顺行者一名颠地、一名化林治、一名骂啃治；住丰泰行者名打打罢；住广源行者名噶唔；住狔鹰行者名挖叹；住吕宋行者名嘽拿，此外恐复多有各等语。

道光十六年九月十九日[1]

而存世的由外国人测绘的多幅历史地图中，则称为同音异字的"宝顺商馆"。宝顺商馆的旧址位于十三行商馆区中的同兴路，旧为同兴街。在第二次鸦片战争中，商馆区内建筑被完全焚毁，成为一片废墟。至光绪末年，随着广州城市发展，该地域方又重新开街成市，并在南面沿江岸兴建长堤，但已不复承载昔日商馆区的功能。也说明宝顺洋行并不满足于清朝政府所规定的管理制度，而将贸易和经济活动的触角延伸到广州的城市经济活动之中。

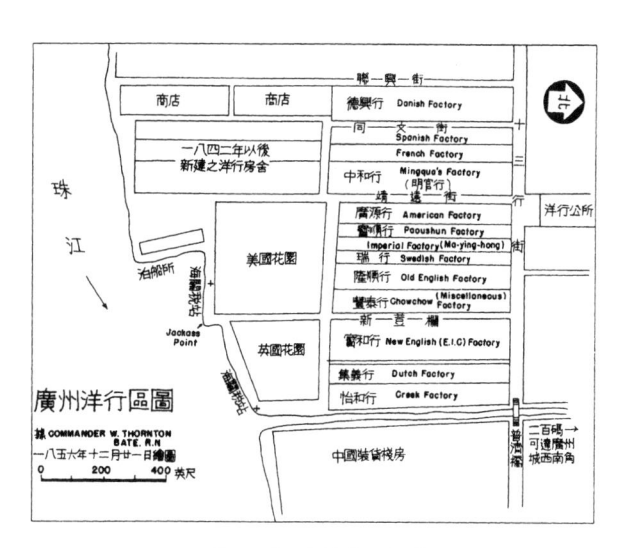

图二 广州洋行区图

---

[1] 英国国家档案馆《鸦片文录》第十四号。
[2] 参见冷东、赵春晨、章文钦、杨宏烈《广州十三行历史人文资源调研报告》附录《夷馆名录》《商馆区历史地图》，广州：广州出版社，2012年。

十三行商馆区平面图中商馆排列由西向东，依次为丹麦行（又称德兴行，Danish Factory）、同文街、西班牙行（Spanish Factory）、法国行（French Factory）、明官行（Mingqua's Factory）、靖远街（又称老中国街）、美洲行（又称广源行，American Factory）、宝顺行（Paoushun Factory）、帝国行（即德国馆，Imperial Factory）、瑞行（Swedish Factory）、老英行（Old English Factory）、周周行（又称丰泰行，Chow Chow Factory）、新豆栏街（又称猪巷，Hog Lane）、新英行（又称宝和行，New English Factory）、荷兰行（又称集义行，Dutch Factory）、小溪行（又称怡和行，Greek Factory）共十三座洋行商馆，并被垂直于北面十三行街的三条街道同文街、靖远街、新豆栏街分成三个区域。[1]

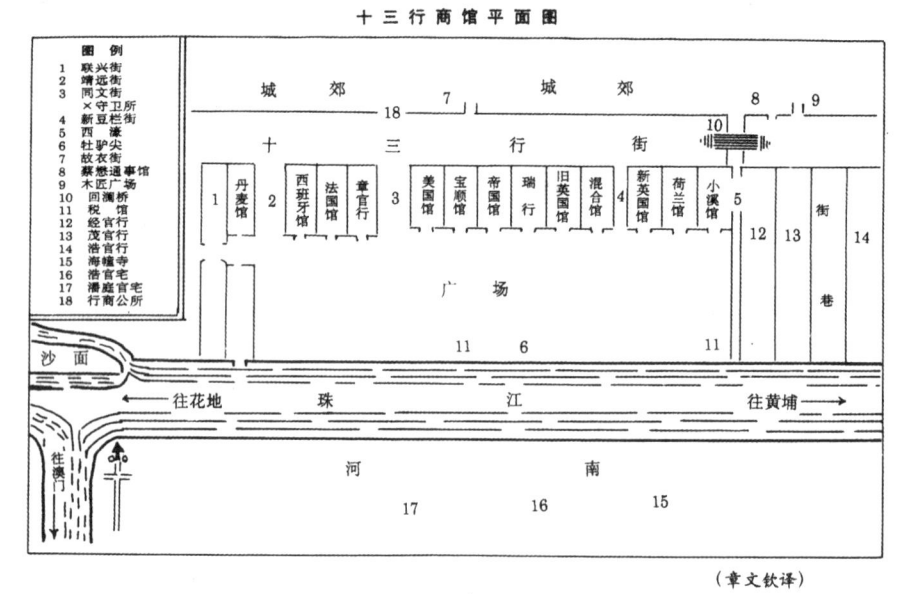

图三 十三行商馆平面图

宝顺馆并不局限于一座商馆中，而是分布于不同的商馆之中，如1837年在广州发行的《中国丛报》介绍在广州经商的巴斯商人，就是租用了多处的宝顺馆。[1]

---

[1] 曾昭璇、曾新、曾宪珊《广州十三行商馆区的历史地理》，唐文雅主编《广州十三行沧桑》，广州：广东省地图出版社，2001年，第9页。

[2] *The Chinese Repository*, Vol. Jan, 1837. Art. IX. pp. 429–432. *British Parliamentary Papers: China,* Vol. 30, pp.420–421.

清代广州巴斯商人租用商馆情况一览表

巴斯商行、代理号	租用商馆
阿德史·弗当治 Ardaseer Furdoonjee	丰泰馆2号 No. 2 Fungtae hong
包曼治·杰赊治 Bomanjee Jemsetjee	法国馆3号 No. 3 French hong
包曼治·曼诺克治 Bomanjee Maneckjee	宝顺馆1号 No. 1 Paoshun hong
布约治·曼诺克治 Burjorjee Maneckjee	法国馆2号 No. 2 French hong
架赊治、希尔治、钮罗治 Cursetjee, Heerjee and Nowrojee Partners: Heerjee Jehangier, and Nowrojee Cursetjee	丹麦馆4号 No. 4 Danish hong
敦治皮·八左治·拉那 Dhunjeebhoy Byramjee Rana	丰泰馆5号 No. 5 Fungtae hong
打打皮、曼诺克治·罗心治 Dadabhoy and Maneckjee Rustomjee	丰泰馆1号 No. 1 Fungtae hong
敦治皮·曼车治 Dhunjeebhoy Mancherjee	宝顺馆5号 No. 5 Paoshun hong
化林治·杰赊治 Framjee Jemsetjee	法国馆6号 No. 6 French hong
驹姆治·拿舍湾治 Jummoojee Nasserwanjee	荷兰馆5号 No. 5 Dutch hong
那那皮·化林治 Nanabhoy Framjee	法国馆7号 No. 7 French hong

之所以出现"保顺"和"宝顺"共存的现象，是因为古代的文字书写没有那么规范，特别是中外人士的不同书写，许多读音相同的字，有时候会替换来用，出现许多异体字和同音字。例如将十三行商馆区新豆栏街写成"下豆栏"、"豆兰街"，将靖远街称为静远街和清远街等等。[1]因此可以断定，告示中所提到的"保顺夷馆"就是宝顺洋行前身"宝顺商馆"。中国方面称之为"保顺"，而英国方面称为"宝顺"。

值得注意的是，与英国商人威廉·查顿（William Jardine，1784-1843年)于1832年在广州开设了怡和商馆（即日后影响世界的著名财团怡和洋行前身）一样，威廉·查顿的合伙人詹姆士·马地臣（James Matheson，1796-1878年）也通过与广州十三行密切的商务往来发展壮大，其在广州的基地正是宝顺商馆。鸦片战争后上海开埠，其又跟随英国领事巴尔福到上海成立宝顺洋行，[2]是最早到上海设行的洋行之一，后改名颠地洋行（Dent & Co.），是十九世纪中叶在华主要的英资洋行之一，成为怡和洋行和旗昌洋行在中国的主要竞争对手，主要经营鸦片、生丝和茶叶，其在中国的鸦片贸易，《东印度公司对华贸易编年史》中多有记载，在中国近代社会变迁史中占有重要地位。

四、结 语

广州在成为清朝重要的通商口岸后成为中外贸易的中心。在中外商贸领域的交流、纠纷和交涉中，清政府以文书制度为基础，衍伸出清廷与外商、清廷与行商、行商与外商、外商与清廷、清廷与社会广泛而又错综复杂的信息传递网络，成为清代前期处理涉外事件的基本渠道。此次发现的嘉庆十九年（1814年）南海县衙发往十三行的告示具有重要的史料价值，是中国传统社会向近代社会变迁的见证，也是研究清代外贸文书制度重要资料依据。至道光二十二年（1842年）中

---

[1] 冷东、沈晓鸣《嘉庆年间英国水手刺死中国人黄亚胜案》，《历史档案》2014年2期。
[2] 陈文瑜《上海开埠初期的洋行》，《上海经济研究》1983年1期。

英《南京条约》规定:"凡大英商民在粤贸易,向例全归额设行商,亦称公行者承办,今大皇帝准以嗣后不必仍照向例,乃凡有英商等赴各该口贸易者,勿论与何商贸易,均听其便。"[3]废除了十三行商的特许身份,也标志着清朝传统外贸管理制度的终结。

(作者单位:澳门科技大学社会和文化研究所)

---

[1] 王铁崖编《中外旧约章汇编》第1册,北京:三联书店,1957年,第31页。

清代雷州半岛糖贸易及其规范化

——以新发现的雷州花桥碑刻为例

陈 锐

内容提要：

雷州半岛地处中国的南疆，三面环海，交通便利。同时由于地理条件的因素，诸多外来经济作物皆可在该区域种植成功。17世纪后，甘蔗已在雷州半岛普遍种植；制糖业也随之而兴此区域成为广东重要的制糖基地。雷州花桥埠发现的碑刻材料显示清朝时期，这里存在着一个繁荣的糖业贸易市场，为了规范贸易市场，减少纷争，促进糖贸易的发展，"合栈"商人制定了二十四条规文，涉及到糖贸易中的方方面面，并得到官府的同意，从而保证了区域糖贸易的规范化。

雷州半岛种植甘蔗的历史比较长，用甘蔗制成红糖块，也有数百年的历史了。制糖与制盐一直是雷州半岛两项重要的手工业。解放后境内的遂溪县因为蔗糖产量跃居全国县级第一，故有"全国第一甜县"之称。湛江也一直是全国四大糖业基地之一，是中国最大的地市级制糖工业基地。但有关雷州半岛糖生产与贸易的历史，或许因为史料的因素，关注度远远不够，只是散见于个别学者片言只语的论说之中。[1] 笔者以最近发现的雷州花桥道光十七年《奉县示规条》碑刻为中心，结合其他相关史料，探析清代雷州半岛糖贸易及其规范化的问题，希冀抛砖引玉。

一、新发现的雷州花桥道光碑刻

2019年12月，根据乡民的报告，笔者在雷州市南兴镇花桥村委会的天后宫内

---

[1]如周正庆《中国糖业的发展与社会生活研究——16世纪中叶至20世纪30年代》，上海：上海古籍出版社，2006年；冼剑民等《明清时期广东的制糖业》，《广东社会科学》1994年第4期；刘玉甫、陈依群《海康县的蔗糖业》，《海康文史》1985年第1期。

发现一块《奉县示规条》碑刻。粗略浏览，可知该碑是由清代栈客勒石为规、并经县府同意的、关于对蔗糖交易的若干规定碑刻。立碑时间为清道光十七年（1837年）。根据目前掌握的情况，此碑是雷州市境内至今为止，唯一发现的关于记载蔗糖贸易经营方面的专门规定的石碑史料。碑嵌在天后宫山门左侧内墙，为玄武岩石材，石质光滑，裸露的碑身高约166厘米，宽约60厘米，内有碑文1200多字。天后宫略显破败，但整体建筑仍保持完好，屋内数根石柱上方下圆，很有特色。门口有麻石撰写对联一副，书曰："是莆田闺里真仙灵昭闽海 为花桥境中活佛泽沛雷阳"，落款者为"知海康县事、廉江邹武敬书"。

根据《湛江市地名志》的记载，雷州花桥在"雷城镇南14公里花桥河西北岸。属南兴镇。古为县南繁盛的圩集，因有花艇长桥，故名花桥。后以海盗骚扰，逐渐衰落。人口108。集镇沿河岸分布呈'T'字形。圩内有各类商店，并有医疗站、小学等。南兴至东里公路穿圩而过。"[1]同时，据清嘉庆朝《海康县志》卷之一"疆域"，有载："南兴市，县南二十五里，知县南姓创，故名。""花桥埠，郡南四十里。"[2]而在之前的康熙朝《海康县志》却不见所载。同时结合碑文有"如我花桥埠开栈接卖客糖，原请县示立碑规条遵行，奈时过日迁"所载，因而可以判断花桥商贸兴起大致在雍正与乾隆朝。根据地图观察，该地地处雷州双溪口渡仔河上游，是南渡河以南洋田与山坑的结合部，是县城通往东里、雷高、调风、徐闻锦囊所城等地交通要冲，以"埠"命名，自然具有港口埠头的功能，何况该地还有天后宫的建筑。

根据碑文，可以判断是经纪人为规范花桥埠蔗糖交易所制定规则，共有二十四条规则之多，全部碑文一千二百多字。石碑开篇即言："从来法积久而大备，事深历而知情。故法者事之体也，事者法之用也。所以法有未奋者，宜补之；事有过情者宜罚之。"然后说到"如我花桥埠开栈接卖客糖，原请县示立碑规条遵行，奈时过日迁，久则生敝，迫我同人补议艮两（即银两，艮为银异体字，不同），箕脚糖业，驳船数条，窃恐人心不齐，复请谢县主给示，立补偏救敝之条，

---

[1] 广东省湛江市地名志编纂委员会编《湛江市地名志》，广州：广东省地图出版社，1989年，第106页。
[2] 嘉庆《海康县志》卷一《疆域》，广州：岭南美术出版社，2009年影印本，第136-137页。

即童叟无欺之意,谨从旧迹鼎新,永垂勿替,今将规条开列"。从中可以看出,在立这通石碑之前,花桥埠应有一块"县示立碑规条"规定糖业贸易,由于执行历经百十年"时过日迁,久则生敝,"故新立规条以"补偏救敝""谨从旧迹鼎新"。然后石碑后面将二十四条文罗列,从白糖、赤糖、白赤糖质量,到每包糖标准重量;从栈(仓库)内外议价、内客外客、埠头直接交易,到驳船海运、搬运费用等,以及对以次充好、缺斤短两、私下交易等行为处罚规定,都有所规范,非常详尽。最后说:"诸例均属至公,如有不遵者,鸣官究治。"石碑所立时间是道光十七年（1837年）,由"合栈"所立。

二、雷州半岛糖贸易市场的品种与商人

贸易是买卖双方就商品进行交易的行为,它涉及的内容包括买卖双方,商品的内容,交易方式等内容。那清代雷州半岛糖贸易的情况如何呢?

"盖番禺、东莞、增城糖居十之四,阳春糖居十之六。而蔗田几与禾田等矣。"[1]清人屈大均的记载,从某种程度上说明,当甘蔗成为经济作物后,由于社会的广泛需要以及糖贸易的促进作用,从而它在农业生产上占居着一定的位置。由于糖的独特味道,人类的味蕾很快就被糖征服。"由于公众的力量,蔗糖可能是第一个征服多变市场的食物。"[2]正是由于这份独特的魅力,糖文化迅速在世界兴起。大致自16世纪起,糖即进入到世界贸易圈内,中国的糖也通过各种贸易方式进入世界贸易圈。当明末清初广东成为商品糖基地后,糖更成为广东主要贸易商品,无论是外销还是内销。而这个过程中,作为贸易商品的糖是有多个品种的。事实上,由于制造工艺的差异,糖品种是有所不同的。清人刘献廷在《广阳杂记》里记曰:

涵斋言:嘉靖以前,世无白糖,闽人所熬,皆黑糖也。嘉靖中,一

---

[1] [清]屈大均《广东新语》卷二十七《草语》,北京:中华书局,1997年,第689页。
[2] [美]阿莫斯图著,何舒平译《食物的历史》,北京:中信出版社,2005年,第217页。

> 糖局偶值屋瓦堕泥于漏斗中，视之，糖之在上者色白如霜雪，味甘美，异于平日；中则黄糖，下则黑糖也。异之，遂取泥压糖上，百试不爽，白糖自此始见于世。[1]

根据石碑二十四条规条中的第二、三、四条所载，花桥埠贸易的糖相继包括："白糖每包簧连脚共重三斤八两至三斤十二两为准"、"赤糖每包簧连脚共重三斤十二两至四斤为准"、"白赤糖每包糖叶乙斤十二两至二斤正为准"。也就是在花桥贸易的糖包括有白赤糖、白糖、赤糖；甚至可能还包括有黄糖："白糖包内倘有参入黄糖，盘出罚戏金艮十元外，拣出黄糖多少将白糖补足。"花桥埠贸易糖的品种或者比方志所载还多、更详细。嘉庆朝《海康县志》卷一有载，雷州之糖"有乌白二种。乌者，糖块；白者，糖霜。有三曰结粉，曰洋、曰水赤。块有厚有薄。雷人婚嫁之礼必需糖，故糖价与米价等"。[2] 而嘉庆《雷州府志》卷之二《地理》也说，海康所产"糖名颇繁，不外乌白二种：乌者糖块，白者糖霜。霜有三：曰结粉、曰洋、曰水，赤块有厚有薄。雷人婚嫁之礼，必需糖。故糖价与米价等。雷之乌糖，其行不远；白糖则货至苏州、天津等处"。[3] 不知文献所载的乌糖是否就是石碑所讲的白赤糖与赤糖？其实屈大钧的《广东新语》也谈到广东贸易糖品种，细分更具体。包括：

> 其浊而黑者曰黑片糖，清而黄者曰黄片糖，一清者曰赤沙糖。双清者曰白沙糖。次清而近黑者曰瀵尾，最白者以日曝之，细若粉雪，售于东西二洋。曰洋糖，次白者售于天下。其凝结成大块者，坚而莹，黄白相间，曰冰糖，亦曰糖霜。[4]

碑文中二十四条规文中第1、第11、第18、第21、第23等条有如下的规定："白赤糖包连荳壳肉枯入某栈，某栈跟货取用"；"糖包荳枯，栈称校合本埠公石为准"；"荳仁枯入栈，每万斤抽内客栈租钱乙千五百文，壳枯每万斤抽内客栈租

---

[1] 转引自[美]穆素洁著，叶篱译，林燊禄校《中国：糖与社会——农民、技术和世界市场》，广州：广东人民出版社，2009年，第224页。
[2] 嘉庆《海康县志》卷一《疆域》，第160页。
[3] 嘉庆《雷州府志》卷二《地理》，广州：岭南美术出版社，2009年影印本，第91页。
[4] [清]屈大钧《广东新语》卷二十七《草语》，第690页。

计七百五十文";"荳仁枯出下滩……壳枯每万斤店钱";"糖叶入栈,每把抽栈租小十式文,□元入栈每篑抽栈地计五十文,棉花入栈,每包抽栈地计五十文,糖块每笠抽栈地计乙百文。至所沽杂货每百花艮加用艮式元,至采办荳油谷米,生猪,每百花艮加艮三元正。"可大致判断花桥埠这个糖业交易市场除了糖商品外,还有与甘蔗、糖相关联商品的交易,如荳仁枯、壳枯、糖叶、棉花等。据了解,甘蔗是一种耗肥料,喜高温、湿润的农作物,日常种植中需要大批的肥料。如宋朝王灼就在《糖霜谱》中强调甘蔗种植施肥的重要性:

> 凡蔗田十一月后深耕耙搂,燥土纵横,摩劳令熟如(面)。开渠阔尺余,深尺五,两旁立土垄。上元后,二月初,区种行布,相傹灰薄盖之。又,盖土不过二寸。清明及端午前后两次以猪牛粪细和灰薄盖之。盖土常使露芽。六月半,再使涸粪,余用前法,草不厌数耘,土不厌数添,但常使露芽。候高成丛,用大锄翻垄上土尽盖。十月收刈。凡蔗最因地力,不可杂他种。而今年为蔗田者,明年改种五谷,以休地力。田有余者,至为改种三年。[1]

近代学者的研究认为,在清朝甘蔗种植中,肥料诸如大豆粉、芝麻和菜籽残渣一般地仅由富裕农民使用。即使是到了18世纪,较贫穷的农民仅能够用得起灰粪、头发和其他较便宜的肥料。当花生被引进中国后,除了作为经济作物被广泛利用后,还在农业种植中得到利用。约在17世纪的广东,花生即在植蔗的地区被培植,并建立了一种长期的合种方式。[2]而清人也言种蔗时,"种至一月,粪以麻油之麸"。[3]说明芝麻、菜籽残滓和花生饼似乎已经是用于甘蔗栽培中最普及的肥料,甘蔗的栽培者不得不预先准备豆和花生肥料。因而榨油后花生麸(即荳枯)以及花生壳,自然在糖业市场得到交易。事实上,当其时,雷州半岛也是有种植花生的。"落花生,俗名番荳,蔓生,花吐成绿丝不成,荚荳生,或三或四,生熟

---

[1] [宋]王灼《糖霜谱》,《景印文渊阁四库全书》第八四四册,台北:台湾商务印书馆股份有限公司,2008年,第844-842页。

[2] [美]穆素洁著,叶篱译,林燊禄校《中国:糖与社会——农民、技术和世界市场》,第350页。

[3] [清]屈大钧《广东新语》卷二十七《草语》,第689页。

[4] 嘉庆《海康县志》卷一《疆域》,第160页。

皆可食，亦可榨油。有小荳、大荳之分，小荳七月收；大荳十一月收。"[4]

碑文上的糖叶、棉花以及另一个货品"□元"，估计主要是用在糖运输中的包装物品。一些文献及研究成果都谈到，明清雷州半岛的糖，很大部分是外运天津、上海等地的。道光《遂溪县志》卷十"物产"说到"糖……通天津各省等处"。[1]嘉庆《雷州府志》卷二"地理"条则说："雷之乌糖，其行不远；白糖则货苏州、天津等处"。学者周正庆则言："潮州府的潮州港、高州府的徐闻港（按，应为雷州府）、廉州府的北海港……分别集结了潮汕地区、粤西地区、粤西偏西地区和广西靠东地区的糖成品，这些成品糖大部分成为商品糖集结到广州出口或转销内地。"[2]冼剑民等人也认为："在（广东）省内形成以广州、佛山、潮州、汕头四个贸易中心……雷州、湛江等地出产的，则从海路运抵广州。"[3]长途运输，自然要考虑货物（糖）的包装问题。

至于所言的"采办荳油谷米，生猪"，主要是经纪人帮助外地商人采购生活物品，采购的费用规定是每一百两银元的物品，需要支付三两代办费。

有学者在研究明清时期中外糖贸易时，明确指出，这个贸易包括公行商人、坐商、经纪人和客商等商人等级。[4]而我们根据花桥碑刻内容，可以发觉雷州半岛糖贸易体系中，商人级别包括外客、内客、合栈商人。"白赤糖包连荳壳肉枯入某栈，某栈跟货取用，每一百元抽外客用艮式元，若内客自沽亦归回用艮式元"；"倘内客未曾在栈，外客要出，本栈则请栈友数人议处，不必侯内客"等等。

外客，就是来雷州半岛采购糖的外地商人。虽然花桥碑刻没有提及，但半岛另一处碑刻多少披露相关信息，即潮汕商人是不可缺少的。湛江麻章区《重建北帝庙碑志》载："乾隆四十乙未初冬，埠秤沽糖，强壮太甚，众不甘兴……同在上帝案前，设立行规，措置公平，针秤石码，行众通用。"碑刻下面刻有捐款修庙名录，其中就包括潮会馆、汉义会、善庆会等社团组织，及顺丰行、大利、大

---

[1] 道光《遂溪县志》卷十《物产》，广州：岭南美术出版社，2009年影印本，第324页。
[2] 周正庆《中国糖业的发展与社会生活研究——16世纪中叶至20世纪30年代》，上海：上海古籍出版社，2006年，第125页。
[3] 冼剑民、谭棣华《明清时期广东的制糖业》，《广东社会科学》1994年第4期。
[4] [美]穆素洁著，叶篱译，林燊禄校《中国：糖与社会——农民、技术和世界市场》，第408-419页。

顺行、丰裕行、漳兴行、信丰行、树记行、丰元号、中成行、逢源行、泰兴行、可顺号等商号名称。[1]

至于内客，大致就是美人学者穆素洁所言的坐商，即本地商人。这部分商人是否就是屈大钧所言的"春以糖本分与种蔗之农，冬而收其糖利"商人？目前因为史料欠缺，还是未知数。

"作为买方和卖方的中间人，所有经纪人本质上都是收取佣金的代理……提供这些服务的经纪人允许索取买方和卖方之间分摊的佣金，通常是商品价值的5%左右"；"牙行经纪人主要为以城镇和城市作基地的商人购买商品，为这些商品提供初期的贮藏和运输，并为规定的销售价格预支现金。"[2]而在雷州半岛，经纪人就是这些合栈商人了。文献也载，清代后期，徐闻"境内制糖户丰年约二千余家，糖厂约六七百处。平年糖户及糖厂减半，凶年则三之一。"单是海安街就有"糖行商栈八家，曰悦来、曰杂记、曰协和、曰源城、曰庆丰、曰遂隆、曰悦记、曰合成"。[3]这通花桥石碑其实就是这些商栈、经纪人所立的。但佣金数与一些地区还是有差别，雷州半岛的经纪人、牙行经纪人收取的佣金并非5%，而是2%。"白赤糖包连荳壳肉枯入某栈，某栈跟货取用，每一百元抽外客用艮式元，若内客自沽亦归回用艮式元"。雷州半岛对一些经纪人称呼为"九八佬"，大致就是指他们收手续费2%的因素。

三、有关糖贸易的规范化

天下熙熙皆为利来，天下攘攘皆为利往。似乎众生都在为了各自的利益而奔波。在为利益奔波的过程中，人与人为了利益冲突是难免的。如何避免这些冲

---

[1]《重建北帝庙碑志》，现在湛江麻章玉虚宫内。谭棣华、曹腾騑、冼剑民编《广东碑刻集》（广州：广东高等教育出版社，2001年）有收录，但收录不全，诸多商号名称不收。见该书第462—464页。

[2][美]穆素洁著，叶篱译，林燊禄校《中国：糖与社会——农民、技术和世界市场》，第415页。

[3]何炳修《徐闻县实业调查报告》，转引自冼剑民、谭棣华《明清时期广东的制糖业》，《广东社会科学》1994年第4期。

突、减少冲突，为商业利益服务，自然是商界需要考虑的问题。在清道光年间，罗定县城因面临大江，"舟楫通津，土工络绎"，各种货物，包括糖品在内，纷纷于此集结后，进行中转批发，货物的集结通过雇佣大量的"挑夫"进行肩挑完成，为了对行业进行规范，避免"挑夫停挑强勒"，保证商业的正常运作，"使物有轻重，路有远近，多寡适宜"，行内从业者制订了《五街众议挑货各款规条》，并勒石公布。[1]而没有规范化的管理，一旦发生冲突，不仅损害买卖双方的利益，甚至会闹出人命的。如在乾隆时期，广东合浦县，陈大恒租佃数量较多的土地，雇佣工人种植甘蔗，并设有规模较大的糖坊，熬糖发卖与包买商人。包买商人卢大振，专门从事"贩糖生理"。乾隆十六年（1751年）四月二日，卢大振"与陈大恒同船往趁石康墟，大恒告以伊家糖出售，卢大振即与陈大恒定买糖五万片，每万片价银三两五钱，是日交定钱二百文，大恒收受，约定十二日交钱，十四日出糖。迨十二日，卢大振携银到大恒家，适大恒之父陈朝德携戥外出，大恒以无戥秤兑，即令大振带回，俟出糖之日一总交收。大振回后，值糖价日昂"，大恒为牟取更多的利润，"将糖别卖"，以致大振不依，"彼此争闹、互殴，酿成人命"。[2]

事实上，在清代，雷州半岛糖贸易量还是比较大的。如湛江麻章的《重建北帝庙碑志》记载，"乾隆四十乙未初冬，埠秤沽糖，强壮太甚，众不甘兴……同在上帝案前，设立行规，措置公平，针秤石码……议定每糖每簧秤租铜钱五文，出众建庙，久后香灯。自此积汗成鱼，集腋成裘。四十八年癸卯，合墟议兴工木"。至乾隆五十五年（1790年）建成。根据石碑的记载，建庙资金三分之一多来自糖商。如"糖秤租银一百七十一元一角六色"；"糖秤银五百〇六元一角一色""糖簧钱二百六十'八'千五百二十七文"；"揭入万吉号钱三十千文。甲辰年糖簧钱清偿"；"借入武帝戏楼钱尾四千文，甲乙年糖簧清还"等。如此大规模糖贸易市场，若没有规模好自然是会产生矛盾与冲突的。故此花桥埠糖贸易市场对各方面都进行了规范化管理。

---

[1] 谭棣华、曹腾騑、冼剑民编《广东碑刻集》，广州：广东高等教育出版社，2001年，第744–746页。
[2] 黎民《乾隆刑科题本中有关农业资本主义萌芽的材料》，《文物》1975年第9期。

重量方面，明确规定："白糖每包篸连脚共重三斤八两至三斤十二两为准，如加重至四斤罚油十斤，至四斤以上罚戏金艮式拾元，或重出例外数斤，罚银三十元又要另外如数补糖"；"赤糖每包篸连脚共重三斤十二两至四斤为准，如加重至四斤四两罚油十斤，至四斤四两以上以上罚戏金艮式拾元，更要补足糖与外客，或有枭内客篸脚重出例外数斤，罚戏银五十元"；"白赤糖每包糖叶乙斤十二两至二斤正为准，如加至式斤四两，罚油十斤；至二斤四两外，罚戏艮乙拾元，更要如数补足糖与外客"。当然，称重的工具使用市场的"本埠公石"："糖包□枯，栈称校合本埠公石为准。如轻公石，罚艮式十元。至出糖时每百包在栈抽称五包，如轻，照数补足，或鼠咬非力不称。"而在质量方面，则根据经验，杜绝以次充好，以它物充糖："白糖包内倘有参入黄糖，盘出罚戏金艮十元外，拣出黄糖多少将白糖补足"；"赤糖包内倘有参入火碳，盘出罚戏金艮乙十元，其糖众议退价"。

早期粤人经商，虽双方白纸黑字签约的少见，但契约精神却是肯定的，故粤民间社会有"牙齿当金使"的民谚流传。花桥埠糖贸易市场，对于贸易诚信方面有多条规文涉及："外客买白赤糖既接买单，照例收用，如又沽别客，每百花银扣用银乙元"；"外客买白赤糖多少，立单为定。日后糖价或低，务要照单出完，如不出完，只要追足原价补与卖客，或价大高，卖客至减包数，亦要照行情赔还买客"；"白赤糖不拘高低务要照办，如不照办，照色退价，倘内客未曾在栈，外客要出，本栈则请栈友数人议处，不必侯内客"。

而在糖品运输方面，也进行规模化处理："牛车弊端甚多，拖贷来栈倘有盗挖斤两私拖回，等情查出罚艮五元"；"糖枯任买客请驳本埠，驳仔不得籍端硬占埠头与他自驳"。

有学者言："面对不可抵挡的灾难，难以获得勇气和希望，人们必然会诉诸超人类力量的帮助。"[1]这也许是中国民间社会比较多民间信仰的一大因素。古代商人，由于到处流动，面临诸种不确定因素比较多，面临的危险性因子也比较

---

[1] [美]杨庆堃著，范丽珠等译《中国社会中的宗教——宗教的现代社会功能与其历史因素之研究》，上海：上海人民出版社，2007年，第97页。

多，故对于神灵信仰也自然普遍。上述提及的湛江麻章北帝庙捐资者以商人为主、抽取糖捐是一例，而在东桥埠糖贸易中，也明确规定要从糖贸易额中抽取钱银捐献给天后宫。"大舟在双溪承装花桥货物，每船抽钱式百文，驳货帆船，每只抽计乙百文；无帆船每只抽计五十文，以为天后宫圣母香灯之用"。"白赤糖出下滩，每包店计十八文外，每一百包抽油灯钱叁十文"。或许正是因为往来商人的乐捐，部分乡村的民间信仰场地得以维护，民间信仰得以传承。正所谓是，"昔也，来往船多，神享无疆之奉食也。庙宇隳坏，人兴乐捐之恩，卜吉良辰，另修庙宇，功成告竣，绘新神容，俾船户商人之既见庙宇之新，乐给香灯用，则神安人乐，长发其祥。居山者，食德霑恩。出海者，顺风得利"。[1]

四、余论

近十年来，各地区碑刻材料不断涌现，碑刻已成为重新探研中国乡村史的主要史料之一。17世纪以后，随着我国糖业生产的不断发展，全国糖业贸易不断扩展，贸易销售体系形成了以广东、闽台、华北和西南为中心、辐射全国的国内糖业贸易网络。在这个网络中，糖业贸易往往是从产糖区的乡镇市场集散地，向连结国内外大都市的市场集散地流动。探讨乡村糖贸易具有乡村经济史、乡村社会史等意义。虽由于乡村地区远离文化中心，遗留下来的纸质文献不多，但幸运的是，传统乡村社会还是遗留不少碑刻材料。民间碑刻便成为了一种叙述乡村社会的内部矛盾、乡村经济、规章制度和祭祀仪式等内容的文献。古代雷州地区，由于远离中原地区，文化并非发达，遗留的文献资料不多，这对于我们了解古代雷州地区社会的状况是一大缺陷。但雷州半岛田野乡间却普遍见到不少碑刻材料，我们可以通过找寻民间乡村社会遗留下来碑刻资料，利用这些碑刻资料，探求当时的社会环境，以此深入理解以农业为基础的雷州半岛传统乡村社会。雷州花桥埠天后宫内这通石碑，正是具有这种功能的非传统史料的文献。

（作者单位：雷州市博物馆）

---

[1] 石碑建于广东湛江市遂溪县建新镇库竹村土地庙前。

附录：奉县示规条

从来法积久而大备，事深历而知情。故法者事之体也，事者法之用也。所以法有未奋者，宜补之；事有过情者宜罚之。

如我花桥埠开栈接卖客糖，原请县示立碑规条遵行，奈时过日迁，久则生敝，迫我同人补议艮两，簀脚糖业，驳船数条，窃恐人心不齐，复请谢县主给示，立补偏救敝之条，即童叟无欺之意，谨从旧迹鼎新，永垂勿替，今将规条开列：

白赤糖包连荳壳肉枯入某栈，某栈跟货取用，每一百元抽外客用艮式元，若内客自沽亦归回用艮式元；

白糖每包簀连脚共重三斤八两至三斤十二两为准，如加重至四斤罚油十斤，至四斤以上罚戏金艮式拾元，或重出例外数斤，罚银三十元又要另外如数补糖；

赤糖每包簀连脚共重三斤十二两至四斤为准，如加重至四斤四两罚油十斤，至四斤四两以上以上罚戏金艮式拾元，更要补足糖与外客，或有枭内客簀脚重出例外数斤，罚戏艮五十元；

白赤糖每包糖叶乙斤十二两至二斤正为准，如加至式斤四两，罚油十斤；至二斤四两外，罚戏艮乙拾元，更要如数补足糠与外客。

外客买糖限至二十日，艮清糖出。如过期不出，其糖别卖，定艮无追。

白赤糖入栈每包抽内客栈租计式十文。

白赤糖不拘高低务要照办，如不照办，照色退价，倘内客未曾在栈，外客要出，本栈则请栈友数人议处，不必侯内客。

白糖包内倘有参入黄糖，盘出罚戏金艮十元外，拣出黄糖多少将白糖补足。

赤糖包内倘有参入火碳，盘出罚戏金艮乙十元，其糖众议退价。

白赤糖有不入栈在埠头下船，每包抽计五十文，以为修路油灯之费。

糖包荳枯，栈称校合本埠公石为准。如轻公石，罚艮式十元。至出糖时每百包在栈抽称五包，如轻，照数补足，或鼠咬非力不称。

本埠公费，向糖包抽用出艮务要照数尽开，不得私匿，如有私匿，查出罚艮式拾元。

外客买白赤糖既接买单，照例收用，如又沽别客，每百花银扣用银乙元，。

外客买白赤糖多少，立单为定。日后糖价或低，务要照单出完，如不出完，只要追足原价补与卖客，或价大高，卖客至减包数，亦要照行情赔还买客。

牛车弊端甚多，拖贷来栈倘有盗挖斤两私拖回，等情查出罚艮五元。

糖枯任买客请驳本埠，驳仔不得籍端硬占埠头与他自驳。

大舟在双溪承装花桥货物，每船抽钱式百文，驳货帆船，每只抽计乙百文；无帆船每只抽计五十文，以为天后宫圣母香灯之用。

荳仁枯入栈，每万斤抽内客栈租钱乙千五百文，壳枯每万斤抽内客栈租计七百五十文。

一议以上罚例若内客来货沽艮不足罚数，将货艮罚完不用追足。

白赤糖出下滩，每包店计十八文外，每一百包抽油灯钱叁十文。

荳仁枯出下滩，每万斤店钱式千文，壳枯每万斤店钱乙千八百文。

出入艮两俱用成员本埠公桥，每百元兑足六十九两为准，公头破烂级口不收。

糖叶入栈，每把抽栈租小十式文，买栈每箐抽栈地计五十文，棉花入栈，每包抽栈地计五十文，糖块每笠抽栈地计乙百文。至所沽杂货每百花艮加用艮式元，至采办荳油谷米，生猪，每百花艮加艮三元正。

折箐脚糖叶连打回包，每包工计乙百文，若折出重其工计内客自理，始果合例系买客之事。

诸例均属至公，如有不遵者，鸣官究治。

　　　　　　　　　　　　道光十七年岁在丁酉合栈仝立

广州大黄滘炮台考论

黄利平

内容提要：

  大黄滘炮台深受清代中晚期多位两广总督的重视，是广州江防重修次数最多的炮台群。始建于清嘉庆二十二年（1817年），当时只是岛上的单一炮台；再建于第一次鸦片战争后，扩大至东西两岸共4个台(大黄滘、沙腰、南石头和东塱台)。三建于咸丰十一年（1861年），有江中岛上的大黄滘和沙腰台。四建于光绪七年（1881年），有5个炮台(绥定、大黄滘、镇南、保安和永固台)。五建于光绪十年(1884年)，在绥定、镇南和永固台安装10门西洋猛的力后膛大炮，稍后在镇南台又添加1门德国克虏伯大炮。民国时俗称岛上绥定炮台为车歪炮台，现仍有部分保存，是广州市级文物保护单位，白鹅潭南重要军事景观。

  大黄滘炮台也称为南石头炮台,其江中岛上部分也称为车歪炮台等，位于珠江南路段，这里东岸为南石头村、西岸为东塱，江中有小岛名龟岗。是进入广州河道上的"西南路，距省十里，曰南石头，为五门诸河达省之总道"。[1]嘉庆二十二年（1817年），时人看到"广东省河广阔，惟东路二十里之猎德二沙尾，西南十五里之大黄滘河面稍狭，可扼守。……猎德、大黄滘（是广州的）两咽喉"，[2]开始在岛上建炮台，成为当时珠江南路上唯一的江防设施。之后炮台经历过多次重建，也从开始的一个台演变成包括两岸炮台的炮台群。其多次的重建成为清代中晚期广州江防建设的缩影。

1.第一次修建

嘉庆二十二年（1817年）两广总督阮元提议在龟冈岛上建大黄滘龟冈炮台：

  嘉庆二十二年十二月，两广总督臣阮元会同巡抚陈若霖附片谨奏，

> 臣阮元此次偏阅内港外海炮台、兵房俱为得力。惟内港大黄滘地方有大河一道，南通香山，东南通黄埔、虎门，为商船之所必经。若由大黄滘直抵省城，即可不由东南之猎德，是仅建猎德炮台，不足以严两路门户。臣阮元亲自相度大黄滘有小石山土名龟冈，四面皆水堪以添建炮台。[1]

新建的大黄滘炮台配炮22位，和猎德炮台分头扼守通往广州的珠江南路和北路。

2.第二次修建

在第一次鸦片战争中大黄滘炮台被炸毁，道光二十一年（1841年）重建，这次把两岸同时纳入布防范围，重建了岛上的大黄滘台，新建东岸的南石头台和西岸的东塱台。后由于江心淤泥，道光二十三年（1843年）又在大黄滘台南建沙腰炮台，形成岛上有两座紧连在一起的炮台、两岸各有一座炮台的大黄滘炮台群，即"大黄[滘]、南石[头]、沙腰、东塱四台，安放大炮共六十一位"，[2]均"系内河水师顺德协右营管辖"。[3]开始了这里两岸与江中岛的三点防御格局。

记载这一时期大黄滘区域炮台的主要文献是王洁玉编《道光间广东防务未刊文牍六种》中收录的清人顾炳章《外海内河诸炮台图说》，但因为其中的大黄滘台条有缺文，且编排失误，造成了错乱：

该书大黄滘台条的台名、位置、台体尺寸、建台材料等均缺佚，仅余：

> 四位，六千斤炮一位，五百斤炮一位。建神庙二间、官厅一座、兵房二十五间、望楼一间、塔一座，名龟岗塔。左开大门一道。系内河水师顺德协右营管辖。派武举候补千总关鹏飞配营兵九十名在台防守。该台建自嘉庆二十三年。复经饬发正项重修，于道光二十一年十月工竣。承办委员永安县知县钱燕诒等。[4]

从其中有"塔一座，名龟岗塔"和"该台建自嘉庆二十三年"文字来判断，可以认定这段残文就是"大黄滘台条"。该条其上紧随在南石头台条结尾的"是以未一并绘图。理合注明"之后，没有分段，显然被误为是南石头台内容；其下紧接"沙腰台条"：

---

[1]《广东通志》卷一二五，见广东省地方史志办公室编《广东历代方志集成》，广州：岭南美术出版社，2006年。
[2]《续修四库全书》860册，上海：上海古籍出版社，2002年，第436页。
[3]王洁玉编《道光间广东防务未刊文牍六种》，全国图书馆文献缩微复制中心，1994年，第840页。
[4]同上注。

> 再台之前面有坭地一幅，长二十丈。因炮子不能远击，是于道光二十三年春间委员勘估，就地建筑炮墙一道，长十五丈四尺，高一丈二尺，歇台面铺石板，配炮七位，内一万二千斤炮二位、八千斤炮三位、五十斤炮二位，另，左右两旁土墙配炮十位，内二千斤炮三位、一千五百斤三位、一千斤四位。建兵房九间。该台名曰沙腰炮台。即归大黄滘台弁兵兼守。据绅士华祝三等捐办，改委监工委员广东使用通判顾。理合注明。[1]

因该两台同在岛上且位置相连，故两台文字连续，再证前面乃大黄滘条无误。综上，原书此处应在南石头台条后另起一段，以放置"大黄滘台条"；现存文字前还佚失了"大黄滘台名、位置、台体尺寸、建台材料"等。不知是编者不能理解原文，还是"手民之误"而致出现这样的错误。

3. 第三次修建

第二次鸦片战争后，广州江防海防炮台全部废弃。在战后四年的咸丰十一年（1861年），修复了江中龟岗岛上的大黄滘和沙腰两个连在一起的炮台（图一），"控扼西路之大黄滘、沙腰炮台二座，经于咸丰十一年修复"，[2]成为当时广州江防唯一的炮台。但在当时防务松懈的大环境下炮台很快就被废弃，五年之后的同治五年（1866年），广东巡抚蒋益澧就说："迤路过大虎、小虎、大黄滘、猎德一带，所有拒险炮台，全行废堕。"[3]

图一 沙腰炮台门楼历史照

---

[1] 王洁玉编《道光间广东防务未刊文牍六种》，第840页。
[2] 广东省文史研究室编《三元里人民抗英斗争史料》，北京：中华书局，1978年，第447页。
[3] [清]宝鋆等《筹办夷务始末》（同治朝）卷43，故宫博物院1930年影印本，第14页。

4.第四次修建

同治十三年（1874年），清廷要求沿海地区加强防御，完善海防江防。两广总督张兆栋启动广东海防江防重建，工程包括汕头的崎碌台，虎门的威远和下横档炮台，珠江上的中流砥柱台、大黄滘台。工程分两个阶段，第一阶段是光绪五年（1879年）建成岛上绥定台和江东镇南台。光绪六年（1880年）一月，据两广总督刘坤一所述：

> 由东路之中流砥柱前赴虎门之威远、下横档，转至西路之大黄滘各炮台，逐一履勘查，中流砥柱及大黄滘炮台早经竣事，现在兴修药局、兵房。
>
> 该两处炮台口门过于宽大，臣坤一抵任之时，规模已具，拟难更改。[1]

炮台形制较鸦片战争时期有了较大的改进。它是将安放大炮的炮位制成券顶式，类似今天北方地面上的窑洞。炮洞深到可将大炮完全置于洞中，并且将炮位后的连接通道上加盖，形成密闭式炮位。具体形式可参见尚存的虎门威远月台和汕头崎碌炮台。工程耗时五年，质量较差。光绪六年（1880年）出任两广总督的张树声说："省河中流砥柱，大黄滘等处炮台甚不合法，尤有颓废之虞。"[2]不得不立刻启动第二阶段的改造工程，主要有三项：在绥定台迫近河滨的当冲之处改建4个铁拱房（铁炮洞）；将镇南台正面改作露天坚大炮台；在西岸新建永固台、东岸镇南台北新建保安台。[3]工程于光绪七年（1881年）底竣工。光绪九年（1883年）三月二十日，时任署两广总督的曾国荃在《修筑虎门等处炮台报销疏》中记述：

> 广东省修筑虎门威远、下横档炮台两座，省河中流砥柱炮台一座，大黄滘绥定、镇南炮台两座，又添筑定洋、绥远、定功、永固、保安土台五座，又潮州汕头添筑土台一座，均于光绪七年十二月间一律工竣。[4]

形成岛上大黄滘、绥定台，东岸镇南、保安台，西岸永固台共5台，大黄滘区段江防形态至此定形（见图二）。

---

[1]中国第一档案馆、鸦片战争博物馆合编《明清皇宫虎门秘档图录》，北京：人民出版社，2011年，第290页。
[2]同上，第294页。
[3]同上注。
[4][清]曾国荃《曾国荃全集》第二册，长沙：岳麓书社，2006年，第136页。

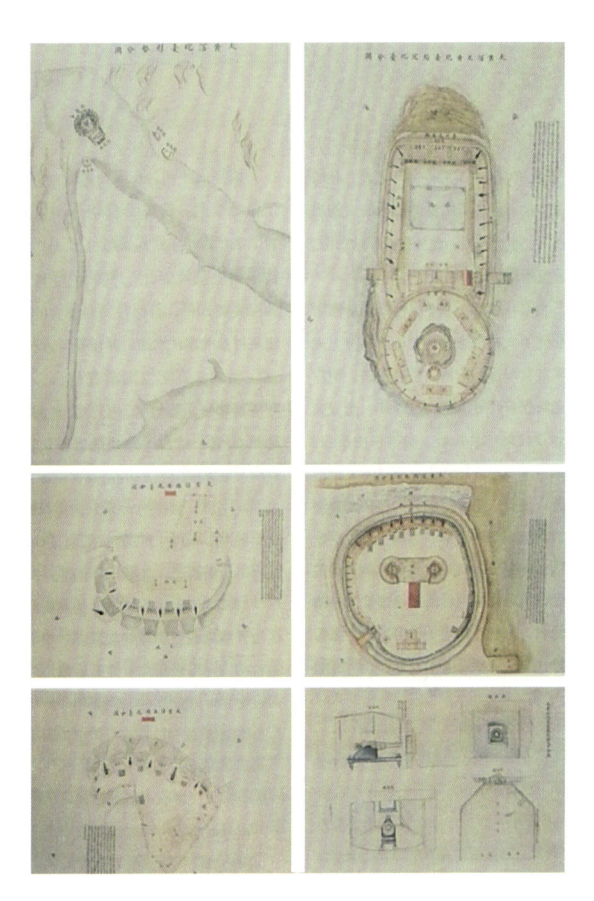

图二　传世《大黄滘炮台图》[1]

5.第五次修建

光绪十年（1884年）大黄滘台成为钦差大臣督办广东军务彭玉麟行营及其湘军的驻防地，[2] 其将绥定、镇南和永固台进行了改造，安装10门英国猛的力后膛大炮（镇南台6门、绥定台2门、永固台2门）。故《广东全省海图总说》记绥定台"光绪十年复修，加培三合土，改从新式，设后膛大炮两尊"（参见图三）。[3] 火炮和炮台建筑数据可见清代王治《广东海防图》和萨承钰《南北洋炮台图说》。

---

[1] 图见梁二平《败在海上——中国古代海战图解读》，北京：生活·读书·新知三联书店，2016，第147页。
[2] 苑书义等编《张之洞全集》第1册，第250页。
[3] [清]佚名《广东全省海图总说》，广州大典编纂委员会编《广州大典》34辑29册，广州：广州出版社，第154页。

图三 大黄滘炮台群位置（图左下）[1]

6.《广东海防图》和《南北洋炮台图说》中记录的大黄滘炮台

《广东海防图》：

大黄滘绥定台左右两台各安放猛的力后膛炮一尊，炮名：策勋；师贞。两炮制式相同，都是重一万二千觔，炮口七寸二分，后膛七寸七分，来复线二十条，身长一丈二尺，受药三十二磅，空心子一百二十八磅，实心子一百六十二磅。[2] 另配绥定台洋式炮二十尊。台后大黄滘台安放洋式铁炮八尊。

镇南台安放猛的力后膛炮六尊，炮名分别是一号扼要，二号攻坚，三号奏捷，四号节制，五号摧坚，六号保泰。猛的力后膛钢炮一尊，6门炮制式相同，重六千觔，炮口六寸四分，后膛六寸六分，来复线三条，身长九尺一寸，受药十二磅，空心子七十八磅，实心子八十一磅。保安台安放洋式铁炮六尊，土铁炮四尊。

---

[1]图见中国第一档案馆等编《广州历史地图精粹》，北京：中国大百科全书出版社，2003年，第78页。
[2]"猛的力"是炮的品牌，英国产；"后膛"是炮的制式，即从后面装填弹药，"策勋"是炮的名字。

永固炮台安放炮名为灵机、精锐的猛的力后膛炮二尊，数据与镇南台6炮相同。另配永固台洋式铁炮四尊，土铁炮十尊。[1]

《南北洋炮台图说》：

绥定炮台一座，坐北向南，三面临水，背面与大黄[滘]台相连，建铁拱房四间安炮处砌砧石一层，镶活轨铁路一条。东西两向砌石门各一道，石门外各砌石码头阶级一度。官厅一座，计五间，台中开水池一口。大黄[滘]台内新建火药库一间。

镇南炮台一座，建在南石头，坐西北向东南，三面临海，北面依岸，东西台墙开露天炮门八个。西南台墙开安炮洞七个，西南两向，各筑露天炮墩一个，安炮处均砌砧石一层，镶活轨铁路一条。东北台墙开露天炮门六个。东向开露天炮门一个。台内建大官厅一所，前后两进，各三间。台内竖旗杆一支，高六丈，筑将台一座，高三尺四寸，方四尺。四围造栏杆一道，高二尺二寸。又开水池一口，围长六十八丈。台内北向建火药库一间，前后木桥两道。

永固炮台一座，坐北向南，南面临海，东西北三面依山。东台墙长一十九丈，开露天大炮洞五个。西南隅开台门一。上建望楼一座。东西北台墙开垛口一十七个。北墙开便门一道。

东墙内开炮洞一个。又砌旗杆墩一个。台中开水池一口。官厅一所，计三间。

保安炮台一座，坐北向南，西南临海，东北依山。南面开露天大炮门五个。隔堆后筑露天大炮门二个。又西隅台墙外，用灰沙筑露天小炮台一座，围圆五丈，宽一丈五尺，高三尺。

东北台墙长二十四丈。台内东北隅建官厅一座，计三间。[2]

李瀚章任两广总督后大黄滘炮台已不再被重视，光绪二十六年（1900年），北洋水师统领叶祖珪在这里看到"南石头镇各台所配炮位均外洋前膛老炮，惟十五生特

---

[1] [清]王治《广东海防图》，国家图书馆藏本，转引自刘卫《广州古城水系与城市发展关系研究》，广州：华南理工大学出版社，2016年，第99页。

[2] [清]萨承钰《南北洋炮台图说》（一砚斋藏本），广东省中山图书馆藏本，第273-282页。

口径克鹿卜后膛炮一尊堪用"。[1] 10门猛的力炮已不见踪影。

民国时期因"龟岗石悬梗江中，左岸外复有隐礁，船行至此，每有戒心"。[2]海关设红绿警灯于此警戒，民间因轮船至此要转舵前行，因此民间将绥定台称为"车歪台"。1930年前后的虎门要塞司令陈庆云曾在《整顿虎门要塞之意见、整顿虎门长洲要塞计划之意见》中说：

> 虎门要塞现合原有之虎门与长洲两要塞而为一，统名之曰"虎门要塞"，归于一指挥之下。其大要以虎门之沙角与大角两处为第一重外户，再进而为威远与上横档、下横档各台。以长洲为第二重外户，再进而为中流砥柱及车歪两台。[3]

可见绥定台仍是广州江防要隘，但两岸的镇南、永固台等已废弃。广州沦陷后绥定台也不再驻防。

图四 绥定（车歪）炮台东台墙现状

---

[1] [清]叶祖珪《沿江沿海各省炮台图说》，国家博物馆藏本。
[2] [清]佚名《广东全省海图总说》，第153页。
[3] [民国]虎门要塞司令部《整顿虎门要塞之意见、整顿虎门长洲要塞计划之意见》，南京：中国第二历史档案馆，全宗号七八七。

1949年以后，在江中的小岛上先建传染病医院，后有广州造船厂等单位进驻，不对外开放。日前笔者曾有机会上岛，实地考察了绥定台遗址，看到了《南北洋炮台图说》所记的四座铁拱房即铁炮台的水泥基础及相间的三个隔堆、子药房等建筑遗址，四个铁拱房墙面上的铁拱固定座等还清晰可见；由于铁炮台在广东乃至全国都是罕见的江防炮台，况且目前另一座有铁炮台的中流砥柱台已完全消失，所以这一处遗存的价值当不言而喻。另外，目前绥定台东台墙体完整（参见图四），安装1.2万觔猛的力大炮的南炮台保存完好，它与沙路炮台石头山上安装2.2万觔猛的力炮的上、下台是已知的不同型号的猛的力炮台，其对研究这类大炮有着重要的价值。

绥定台遗址是广州目前唯一保存的晚清中式江防炮台，是中国沿海地区少有的晚清中式江防建筑设施，应该尽快给予保护和深入研究。

（作者单位：广州市南沙区虎门炮台管理所）

沙基惨案纪念碑修建过程考证

朱明敏

内容提要：

沙基惨案纪念碑历经多次重建，但相关记录不甚明确。笔者在现存文物记录档案的基础上，补充搜寻相关资料并加以考证，从而厘清该碑在不同历史时期的所在位置、存续时间、形制、修建原因等内容，深入发掘文物背后的故事，弘扬其代表的精神，讲好广州故事，讲好中国故事。

一、引言

"沙基惨案"是省港大罢工期间发生在广州的，英法帝国主义屠杀中国人民的流血事件。为了让人们铭记这一段沉痛的历史，国民政府广州当局于1926年在沙面西桥附近树立了一座惨案纪念碑。在其后的数十年里，由于城市建设等原因，沙基惨案纪念碑经历多次的迁建或重建，但相关记录或过于简略，或含糊不清，或自相矛盾。为此，笔者在广州市文物考古研究院现存文物记录档案的基础上，补充搜寻相关资料并加以考证，以期厘清历次迁建或重建的具体情况，并将其做一次较为全面的梳理与阐述，供大家参考。

二、"沙基惨案"事件概述与1926碑[1]的兴建

1925年5月30日，上海爆发震惊中外的"五卅惨案"（又称"沪案"），激起了中国人民强烈愤慨，掀起了反帝高潮。广州和香港工人在中国共产党的领导下，

---

[1] 由于纪念碑经历多次重建，为免混淆，本文采用各碑体的落成年份来做标记，如1926碑、1950碑、1967碑、2001碑等，以示区别。

亦于6月19日举行省港大罢工。广东各界对外协会于6月22日做出决议并发出通电，定于6月23日中午召开市民大会，随后举行示威游行。"对沪案之示威巡行"队列秩序："一为工人，二为农民，三为学生，四为商民，五为军人。"拟定游行路线："由东较场经惠爱东路、永汉中，直出长堤西壕口、沙基、菜栏街、蓑衣街、杉木栏、福德里、十八甫、桨栏街、太平门，至西瓜园散队。"[1]

6月23日12时，市民大会开始，约下午1时30分，举行反帝大游行。游行队伍依次列队行进，沿路高呼口号。约下午2时40分，游行队伍前队已转入内街（菜栏街），后队（主要是学生及黄埔军校学生军）进至调源街口时，沙面租界内英法士兵突然向游行队伍开枪，继而用机枪向沙基一带扫射，造成52人死亡，117人受重伤，轻伤无计。史称"沙基惨案"。

6月28日，国民党广州市特别党部召开数千人大会，一致通过了陈其瑗[2]的提议即把沙基路改为"六月廿三路"。[3]

次年，为迎接"沙基惨案"一周年纪念，广州市政委员会委员长伍朝枢饬令以市政府名义，在沙面西桥脚建造纪念碑。根据广州市工务局于1926年6月8日绘制的"六月廿三路纪念碑图"可知，整碑由麻石刻制，通高2.7米，分碑身、碑座两部分，碑身为方尖式，正面朝北，其上阴刻"毋忘此日"、"中华民国十四年六月廿三日"字样；碑座呈方形，最宽处边长为1.21米，正面阴刻"中华民国十五年六月廿三日广州市政府立"。该碑于惨案一周年纪念时落成，由张养记承建，"合计工料费共银二百卅五元"，并登报向社会公布，[4]具体位置坐落于沙面西桥北端石埗级以东约5米处，即惨案发生地点——调源下街（该街及其名称今仍存用）街口对面。在此处立碑且碑面朝北（朝南是沙面租界），用意很明显，就是要告诫国人，不仅要"毋忘此日"，还须记得这个惨案发生地点。

---

[1] 《广州民国日报》，1925年6月23日。经比照《广州市经界图》，将上述路名换成今地名为：从烈士陵园前英雄广场出发，沿中山路西行至北京路，然后南行至沿江路，转西一直进入六二三路，至十八甫南路转北，至杉木栏路，东行到长乐路北折，到桨栏路后东行，直至人民路状元坊一带解散。
[2] 陈其瑗（1888-1968），字伯玉，广东广州人。国民党左派人士，民革创始人之一。参见余克礼、朱显龙《中国国民党全书（下）》，西安：陕西人民出版社，2001年，第970页。
[3] 《广州民国日报》，1925年6月29日。
[4] 《广州民国日报》，1926年6月26日。

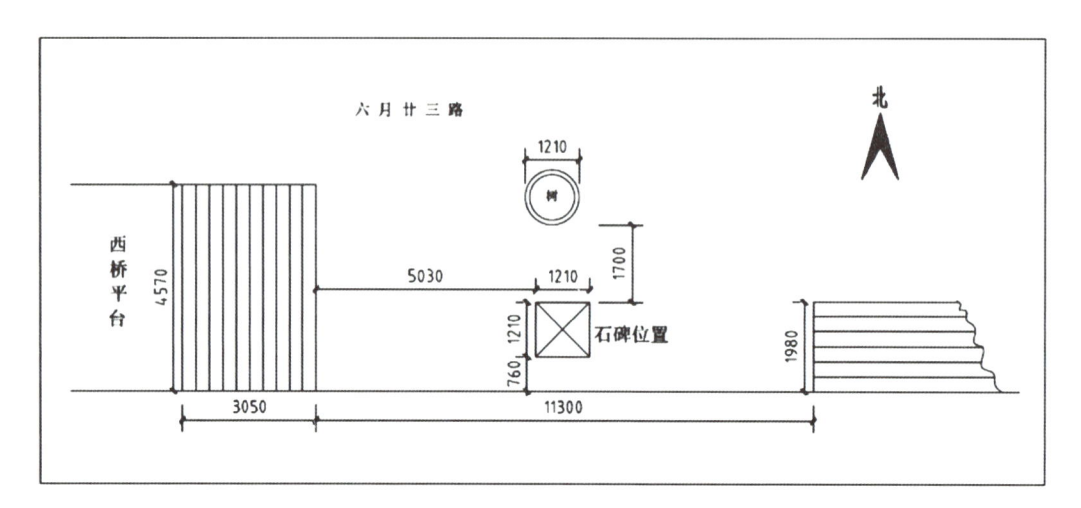

图一 1926碑详细位置图[1]

图二 1926碑建成时照片（由北向南拍摄）[2]

---

[1] 本图依据广州市工务局"六月廿三路纪念碑图"（图纸编号：C-43-S3）重绘，尺寸单位由英尺、英寸统一换算成毫米。

[2] 照片采自《广州市市政报告汇刊（民国十三、十四年）》。

三、"1927碑"始末

为迎接"沙基惨案"两周年纪念，广州市政府责令工务局在六月廿三路近沙面西桥处添建纪念碑一座。按照设计，该碑"亭葺柱阵、天花板及杆栏均用明珠云石，亭葺安黑碑石三件，分刻中英法三国文字"。[1]工务局于1927年5月21日发出招标公告，[2]5月24日开投，以招商承建沙基惨案纪念碑工程。但在招标过程中，出现了一个问题。按照《广州市市政公报》的披露，[3]投标的三家公司中，最低报价为2850元，而原定的工程栏票价[4]却为2300元，超出550元。按照规定此次招标不能成立，可迫于工程期限日近，已来不及再行招标。为此，时任工务局局长彭回向时任广州市政委员长林云陔[5]请示，5月31日林做出批示，鉴于工期紧迫，同意由工务局按招标最低报价承办。

但是，在6月3日第71次市政委员会议上，林云陔提议将工务局呈拟的沙基惨案纪念碑图式方案交由市政委员会公决，并形成决议："该纪念碑应增加高度至三丈，不要瓦盖，上半只用一条四方石柱，以图永久不坏。"[6]可以看出，这次决议完全改变了招标时的工程方案。不难想象，6月3日距23日周年纪念仅有20天的时间，还要在六二三路近沙面西桥处，寻找适当位置修建一座高约10米的纪念碑，无论从时间还是空间上，以当时的建筑营造技术水平，是无法做到的。从此以后，民国时期的报纸（无论是官办还是民办）再无关于该纪念碑后续修建情况的报道。

综上所述，我们可以推断，"1927碑"仅仅是停留在纸面上（所以加双引

---

[1]《广州市市政公报》，1927年第259-261期，第11页。

[2]《广州民国日报》，1927年5月21日。

[3]《广州市市政公报》，1927年第258期，第50-51页。

[4]栏票价，又称"拦标价"，指招标人在招标过程中向投标人公示的工程项目总价格的最高限制标准，是招标人期望的价格，要求投标人投标报价不能超过它，否则为废标。

[5]林云陔（1881-1948年），字毅公，广东信宜人。1927年5月20日，任广州市政委员会委员长。参见广州市地方志编纂委员会《广州市志（卷十九）》，广州：广州出版社，1996年，第66页。

[6]《广州市市政公报》，1927年第259-261期，第57页。

号），在正式动工前，由于广州当局临时改变工程方案，使其并未真正落成。至于时任当局为何要临时改变方案，其深层次的原因，需后续做进一步研究。

四、1926碑的存续时间与1950碑的兴建

关于1926碑的存续时间，目前有两种说法：一种是该碑在20世纪20年代末就已经被毁；另一是在新中国成立初期，1926碑被迁至沙面东桥头，兴建1950碑时又被拆去。

支持前种说法的文献，目前搜寻到了四份。第一份是在1928年的《策进周刊》上，刊登了一篇短文，名为《毁去沙基纪念碑》，文中提及"然而现在已是有被毁去的消息了。一次震动全球的惨杀事件居然可以轻轻的抹去，一块血泪和骨肉砌成的纪念碑居然可以随便毁去"。[1]第二份是在潘汉年的传记中有披露，潘于1928年春在《战线》周刊初创时，针对国民党广东当局"应允英帝国主义安铺粤汉和广九铁路，并下令清除反英宣传品，毁掉沙基惨案纪念碑和改换六二三（沙基惨案发生日）纪念日的卖国行为，发表文章予以严厉的批判"。[2]第三份是1930年的《平报副刊》，载有《打倒了沙基惨案纪念碑——六二三纪念》一文，文中提及"李将军已向英帝国主义秘密讨得了五十万金镑，呵！这五十万金镑，便是纪念碑的代价，拍卖沙基惨案的一笔还未报销的外账。碑，算是打倒了"。[3]第四份则是在1936编撰成书（但当时未公开出版）的《黄埔军校史稿》中，记录"沙基惨案纪念碑上镌'毋忘此日'四字以志不忘，而坚卧薪尝胆复仇雪耻之志。乃历时无几，此血泣建立之纪念物，顿遭销毁。此碑虽毁，然人心未死"。[4]从以上四份材料看，1926碑似乎在1928年之前就已被毁，并记录在官修的《黄埔军校史稿》当中。

[1]《策进周刊》，1928年第2卷第30期。
[2] 武在平《潘汉年全传》，天津：天津人民出版社，2015年，第32页。
[3]《平报副刊》，1930年6月23日。
[4] 中国第二历史档案馆《黄埔军校史稿》（第一册），华东工学院编辑出版部，1989年，第143页。

但是，在搜寻上述材料的过程中，又发现了截然相反的证据。在1932-1935年间发行的数种小报中，笔者找到了多份关于1926碑的报道及其照片。[1] 此外，美国《生活》杂志曾于20世纪40年代末（解放战争时期），派遣了一批摄影记者来到中国进行战时报道，积累了大量影像素材，这些资料的大部分在当时并未公开发表。2007年4月，《生活》杂志正式停刊，并公开了库存的影像，随后，该杂志影像素材全部由Google公司接收，保存在"arts and culture"数据库中。在该数据库中，笔者找到了两张照片：一张由《生活》杂志记者Carl Mydans拍摄于1949年3月（图三）；另一张由《生活》杂志记者Jack Brins拍摄于1949年8月8日（图四）。两张照片均显示，1926碑位于沙面西桥北端石埠级以东。说明至少到1949年的8月份，碑仍在原处，未被销毁。

图三 沙面西桥与1926碑的位置关系（由东南向西北拍摄）[2]

---

[1] 参见《中华月报》（1935年第3卷第1期）、《北洋画报》（1932年7月16日）、《新广州月刊》（1932年第1卷第6期）。

[2] 照片来源：https://artsandculture.google.com/asset/canton-china/

因此，1926碑毁弃于20世纪20年代末的说法，是不符合事实的。那么1928年以后，为什么会出现纪念碑被毁弃的舆论呢？笔者推测，应是与"1927碑"计划建设却未真正落成一事有关。正如前文所述，"1927碑"的倡建是经过很长时间准备的，不仅履行了工程招投标程序，还通过官方媒体将碑文以及碑的大致做法向社会公开，[1]这在普通民众印象中，应是很确定的事情。但是，由于时任广州当局临时改变工程方案，使得纪念碑未能落成，事后又未发正式的官方声明，从而造成了1926碑被毁的讹传。

图四　沙面西桥与1926碑的位置关系（由东向西拍摄）[2]

---

[1]《广州民国日报》，1927年5月28日。

[2] 照片来源：https://artsandculture.google.com/asset/canton-china/

接下来，我们讨论另一说法，即在解放初期，1926碑被迁至沙面东桥头，兴建1950碑时被拆去。多条材料显示，1926碑在被拆去之前有过一次迁移，即在1950年6月下旬由沙面西桥头迁至沙面东桥头，[1]故迁移一事应确有发生。至于迁移的原因，说是因为"建设需要"，较为笼统。将1937年《广州市最新马路全图》、1959年的地形图进行比对，可以发现，在这二十多年间，沙面西桥北侧、六二三路一带，无论是路网分布还是街巷肌理，其实变化不大。所以因"建设需要"而对1926碑进行迁移的解释似乎不太充分。

笔者通过翻查1950年的《南方日报》，[2]是年9月11日登载一则消息，题为《广州建立反帝纪念碑》，并披露"一在沙基东桥脚，一在三元里，各高八公尺半，今日完工""为纪念在反帝斗争中光荣牺牲的烈士，广州市人民政府特于沙基东桥脚及市北郊三元里各建'反帝纪念碑'一座。建碑的工程由市建设局招商承建，从本月三日开始兴工，全部工程可望于十一日前完成"。由此我们可读出以下五点信息：

1.1950碑确切的兴建时间，就在当年9月，这与人们曾见到的碑身落款："一九五〇年十月一日立"基本吻合，[3]后来出现其兴建时间为1952[4]或1954[5]的记录，是有偏差的；

2.1950碑位于沙面东桥近旁；[6]

3.1950碑有一姊妹碑，即"广东人民抗英斗争烈士纪念碑"，[7]二者是同时

---

[1] 广州市人民政府于2001年在复建碑前树有一说明牌，其上记录1926碑于1950年因建设需要，迁移至沙面东桥头。类似说法，还可参见广州市文物志编委会《广州市文物志》，广州：岭南美术出版社，1990年，第212页；陈泽泓、胡巧利《广州近现代大事典》，广州：广州出版社，2003年，第275页。

[2] 《南方日报》为中共广东省委机关报，1949年10月23日创刊于广州，数十年来是华南地区主流政经媒体。

[3] 参见广州市文物志编委会《广州市文物志》，第212页；陈建华《广州市文物普查汇编·荔湾区卷》，广州：广州出版社，2008年，第80页。

[4] 广州市国家档案馆、广州市荔湾区档案馆《沙面》，广州：广州出版社，2013年，第96页。

[5] 钟俊鸣《沙面：近一个世纪的神秘面纱》，广州：广东人民出版社，1999年，第120页。

[6] 根据广州市规划部门于1959年绘制的沙面及附近区域地形图（1:500），1950碑的确切位置应在当时的沙面东桥东端以南约50米处（沙基涌东岸），碑面朝向：东偏北20°。

[7] 关于"广东人民抗英斗争烈士纪念碑"的介绍，参见广州市文物志编委会《广州市文物志》，第208-209页；广州市文化局等《广州文物志》，广州：广州出版社，2000年，第161页；陈建华《广州市文物普查汇编·白云区卷》，广州：广州出版社，2008年，151页。

建造；

4.建碑目的明确，就是要突出其"反帝"特性；

5.两碑建造工期很紧，应是赶在国庆节之前，作为新中国成立一周年的献礼。

图五 1950碑影像（由东向西拍摄）[1]

结合上述分析，我们再来看1926碑的迁移与1950碑的兴建，它们的发生时间仅隔两个月，其深层次的原因，应该不是偶发的建设需求，而是与1950年6月25日朝鲜战争爆发后，当时国际国内复杂的斗争形势有着密切关系。1926碑迁移与1950碑兴建所反映的是：新生的人民政权需向世人表明中国人民反对帝国主义的决心，并着力展现新中国成立一年来的新风貌以及勃勃生气。

五、20世纪50年代以后纪念碑的重建情况

1950碑建成之后，每年的6月23日，都会有民众自发或学校组织学生在碑开展悼念活动，这在当时的《广州日报》《羊城晚报》上多有登载。1963年3月1日，广州市人民委员会将1950碑公布为广州市第一批重点文物保护单位，公布名称为"沙基惨案烈士纪念碑"。

---

[1]照片来源：广州市文物考古研究院现存文物记录档案。

沙基惨案纪念碑修建过程考证

图六　1967碑（由东北向西南拍摄）[1]

---

[1]照片来源：广州市文物考古研究院现存文物记录档案。

及至20世纪60年代中期，由于珠江南岸工业发展迅速，海珠桥难以承受日益加大的交通流量，急需在工业大道走廊上建设新桥，为此人民桥被提上日程，1965年11月正式动工，1967年5月1日竣工通车。[1] 由于当时主要目的是为了疏解工业大道南北向的交通压力，所以人民桥的选址，与1950碑存在空间上的冲突。为此，1967年春，1950碑被拆去，同时在它以东约60米处，再建石米批荡新碑，即1967碑。依据现存文物记录档案，1967碑占地面积90平方米，通高（含台基）9.98米，碑面朝向为东偏北22°，形制与1950碑相同，台基四角设花台，上4级为台基地面，再上两级为碑座。碑座为长方体，水刷石饰面，其上立四棱台，在南北两面再附一层长梯形碑身。碑身正面（东）阴刻与1950碑一样的碑文："一九二五年六月廿三日沙基反对帝国主义斗争中牺牲的烈士们永垂不朽"，落款时间依然是"一九五〇年十月一日"。

1999年，广州市兴建内环路，人民桥需向东扩建，1967碑又被拆除，并决定继续往东重建。但面对重建方案，出现了两种意见，一种为沿袭1967年的做法，按照1950碑的形制重建；另一种则是建议按照1926碑的样式重建。为广泛听取意见，2001年8月，广州市文物行政部门将纪念碑重建方案提交广州市文物管理委员会五届四次会议进行审议，经讨论形成决议，沙基惨案纪念碑按1926碑的原式样、原尺寸设计重建。

2001年10月，2001碑落成，其位置相对于1967碑而言，再次向东迁移了约30米，即新基路街口对面、沿江西路南侧。形制与1926碑相同，碑面朝东，背身和碑座用同一块花岗石雕凿而成，碑座底用石榫与埋在地下的一大块平卧方石板连接，空隙灌铅密封，这种做法是希望该碑今后不要再移动。[2] 此外，新增设计10米×9米的台基地面，用对角线分成4部分，每部分从外到内分别铺6、2、3块花岗岩石板，寓意"六二三"。2015年6月20日，广州市人民政府重新核定公布第一批至第七批广州市文物保护单位，2001碑的核定公布名称为：沙基惨案"毋忘此日"纪念碑。

---

[1] 广州市交通规划研究院《广州交通发展简史》，北京：中国人民大学出版社，2016年，第188-189页。
[2] 汤国华《广州沙面近代建筑群》，广州：华南理工大学出版社，2004年，第360页。

图七 2001碑（由东北向西南拍摄）[1]

---

[1] 照片来源：笔者于2019年7月30日自摄。

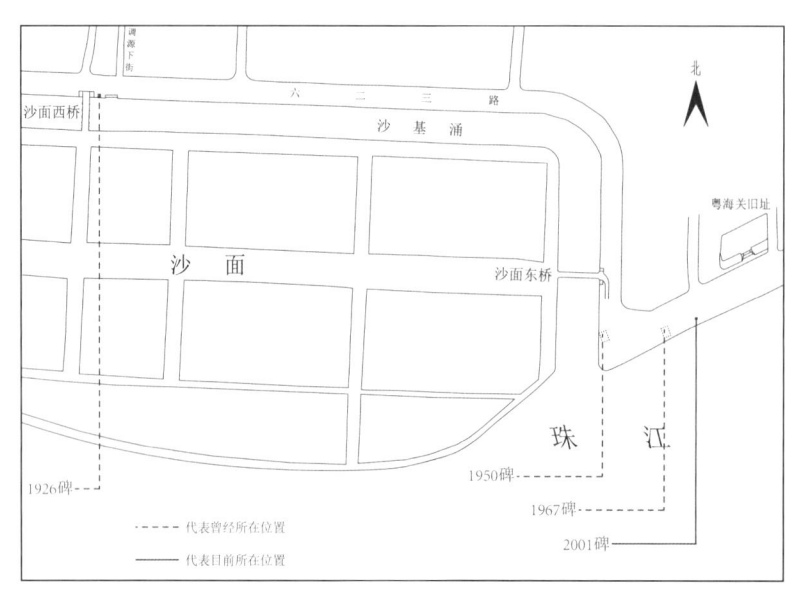

图八　沙基惨案纪念碑历次落成位置示意图[1]

六、结　语

"沙基惨案"发生至今已近百年，惨案纪念碑是用牺牲烈士的献血铸就，其代表的是近代以来灾难深重的中国人民不畏强权、不屈不挠的英勇反抗精神，而这种精神值得我们永远铭记。纪念碑虽小，但是它的迁建或重建经历，却能折射出不同历史时期的时代背景以及广州这座城市的发展变迁。一个时代有一个时代的任务，一代人有一代人的使命，作为当代文物工作者的一项重要任务，不是要用今天的认识水平去苛责前人的行为，而是要不断发掘、展现文物背后的故事及所代表的精神，并将其真实、深刻地传递下去，从而为坚定文化自信贡献一份力量。

（作者：广州市文物考古研究院）

---

[1] 本图依据广州市规划部门1959年测绘地形图改绘。

赵佗四台勾沉

陈泽泓

台是中国传统建筑中很早就出现的类型。按《尔雅》所称，"四方而高曰台"。

对于"台"的经典解释，是汉代刘熙《释名》所云："台者，持也。言筑土坚高，能自胜持也。""台"即保持的意思，筑土高峻而坚固，使之能多保持自己。按《山海经》所说，有轩辕台、帝尧台、帝舜台，所以，"台"这种建筑形制，有可能从一开始就与彰示权力有关。秦汉时期，在岭南已出现台的建筑。据古籍所载及考古发掘遗址表明，在岭南出现的这些台，是秦平岭南以及南越国政治、军事活动的产物。屈大均《广东新语》记载，南越国"赵佗有四台"，曰朝汉台、长乐台、越王台、白鹿台：

> 其在广州粤秀山上者，曰越王台，今名歌舞冈；其在广州北门外固冈上者，曰朝汉台，冈形方正峻立，削土所成，其势孤，旁无丘阜，盖茎台也，与越王台相去咫尺；其在长乐县五华山下者，曰长乐台，佗受汉封时所筑，长乐本龙川地，佗之旧治，故筑台；又新兴县南十五里有白鹿台，佗猎得白鹿，因筑台以志其瑞。是为四台。[1]

对南越王赵佗来说，此四台之建立并非即兴的游观设施，而是具有其深刻的政治意义。

赵佗四台的建筑时间先后不一，最早建立的是朝汉台。朝汉台建立于南越建国之初，又称朝台。据梁廷枏《南越五主传》中所载，赵佗接受陆贾游说内附归汉，"遂于所都城西圆冈筑朝台，制极宏峻，每月朔望登台北面而拜"。[2] 朝汉台是赵佗归汉之后所建，是南越国隶属汉朝的象征性建筑物。每月初一、十五赵佗

---

[1] [清]屈大均《广东新语》卷十七《宫语·四台》，北京：中华书局，1985年，第461–462页。
[2] [清]梁廷枏《南越五主传》卷一《先主传》，《岭南史志三种》，广州：广东人民出版社，2011年，第215页。

必登台北拜称臣行礼，以示服汉，这是一种政治礼仪。赵佗归汉是重大政治策略，由于归汉，确立了南越国与西汉朝廷的辖属关系，这是南越立国并得以延续下去很重要的条件，从而使南越国得以自保一方近一世纪。屈大均高度评价赵佗此举是有政治智慧的做法，是诸侯王作为朝天子措施的一个创举，谓："自古诸侯王筑台以朝天子，始自佗。战国之筑帝宫，奉冠带以事强秦者，无斯恭顺。佗亦贤也哉！"[1]朝汉台早已不存，其位置据《水经注》记载："佗因岗作台，北面朝汉，圆基千步，直峭百丈，顶上三亩，复道回环，逶迤曲折，朔望升拜，名曰朝台。"又引述三国吴交州治中姚文式《问答》所云："朝台在州城东北三十里。"[2]朝汉台遗址唐时犹存。《岭表录异》载："朝汉台，在（州城）西北五里冈原上，今址存焉。刺史李批于其上创余慕亭，至今迎送之地，又改为朝汉馆。"关于朝汉台的此段文字，未见于今存《岭表录异》三卷本中，而是辑佚于方信孺的《南海百咏·朝汉台》序文，[3]鲁迅为《岭表录异》校勘时作为补遗补入，文字基本相同，唯文中"冈原"在补遗中作"高原"，"又改为朝汉馆"作"又改为朝汉台"。[4]从字义上说，"冈原"更为贴切，而朝汉馆改为朝汉台也不可解。鲁迅校勘《岭表录异》附有所用古籍简介，其中就有方信孺撰《南海百咏注》[5]（按：此书名与今存《南海百咏》书名不同，当是一书）。

《南海百咏》作者为南宋人，当有可能看到《岭表录异》原书，辑佚宜以《南海百咏》为准。可知唐时在南越国朝汉台旧址上先后建起余慕亭、朝汉馆，作为迎来送往之地。对朝汉台的具体位置，今人看法不一，较为广泛的是指如今西汉南越王博物馆所在之象岗。此处位于解放北路，是原先广州城入城要道，作为古代迎来送往之地，又位于城北，在此建朝汉台理所当然。此外秦始皇平定岭南时派人断岭南风水龙脉的传说，此说并非空穴来风。据广州地区考古发现分

---

[1] [清]屈大均《广东新语》卷十七《宫语·四台》，第462页。
[2] [北魏]郦道元《水经注》卷三十七《浪水》，杭州：浙江古籍出版社，2001年，第582页。
[3] [宋]方信孺《南海百咏·朝汉台》，《南海百咏 南海杂咏 南海百咏续编》，广州：广东人民出版社，2010年，第20页。
[4] [唐]刘恂撰、鲁迅校勘《岭表录异》，《历代岭南笔记八种》，广州：广东人民出版社，2011年，第79页。
[5] [唐]刘恂撰、鲁迅校勘《岭表录异》，第106页。

析，有理由认定今广州地区早在秦军入粤之前就是一个大型的人群聚居地区，这应是秦平南越之初即择定番禺为政治中心的基本依据。今广州城区北面为一片丘陵山地，有险可据，这就是广州城墙一直在正北面不设城门的原因。为此，南下进入珠江岸平坦之地的广州城区，必须从北面打开缺口通道。从地形看，越秀山岗地横亘城北，明代建城墙在城北辟了两个城门，一为小北门，一为大北门。小北门出城通往白云山，其路道今称登峰，显然不是入城要道。大北门则是通往北方的主要通道，1949年解放军解放广州就从此入城。当年秦军南下抵珠江边，显然由此打开缺口。越秀山被凿开缺口之后，大北关隘东侧为越秀高地，西侧则为象冈独峰，扼道口形势险要。直至清代，不仅在大北门驻重兵把守，在象冈上还设有保极炮台，可见此处一直为扼南北来往要道之军事重地。赵佗归汉，在此南北要津建朝汉台当有其道理。元人吴莱《南海古迹记》有"越王台在大城北，尉佗筑。西有越王朝汉台，岁时望汉拜。两台踞山颠屹然"之语，[1]那么，朝汉台位于越王台之西到底有多远呢？历史文献中关于朝汉台方位较多的另一说法是在广州城之西郊。《太平御览》引载："裴渊明《广州记》曰：尉佗筑台，以朔望升拜，号为朝拜台。傍江构起华馆以送陆贾，因称朝亭。"[2]梁廷枏为《南越五主传》记述朝台之下作注："《广州记》则云：'南越王佗即城西江浒构越华馆以送陆贾，因迩朝汉台，称朝汉亭。'《岭海剩》引此，谓朝汉台、越华馆并在城西江浒，援唐张籍诗：'海色浸朝台'以证。"[3]此处所引《广州记》佚文，今人《岭南古方志辑录》[4]《汉唐方志辑佚》[5]所辑晋人《广州记》，均无此条，裴渊的《广州记》辑条则来自《太平御览》，没有"迩朝汉台"之说。"起华馆"的意思是建起一座华丽的馆舍，与"越华馆"之名也不一样。《岭海剩》为清人林辉撰，赵古农辑，道光四年（1824年）刻本。林辉当时所见的《广州记》为何版本不得而知，而该书引张籍诗为朝汉台位于城西江浒作证。林辉是清人，清

---

[1] [元]吴莱《南海古迹记》，《宋辽金元方志辑佚》，上海：上海古籍出版社，2011年，第683页。
[2]《太平御览》第二册卷一百九十四《居处部二十二·亭》，上海：上海古籍出版社，1994年，第824页。
[3] [清]梁廷枏《南越五主传》卷一《先主传》，第222页。
[4] 林燊禄辑《岭南古方志辑录》，广州：岭南美术出版社，2007年。
[5] 刘纬毅辑《汉唐方志辑佚》，北京：北京图书馆出版社，1997年。

代海岸已远离广州城，殊不知古时珠江近海，唐代海潮涨时直逼城下，唐人写广州之景以"海色"为辞并不鲜见。唐人李群玉《登蒲涧寺后二岩三首》诗中有"楼台笼海色"之句，[1]唐人曹松《南海旅次》诗也有"城头早角吹霜尽，郭里残潮荡月回"句。[2]因此，"海色"未必可为台在城西江浒作证。《南越五主传》云："《一统志》据《宋书》别有一朝亭，知《广州记》以越华馆为朝亭，亦误也。"[3]从地貌看，西关一带并没有什么地势高陡的圆岗，不可能出现吴莱所说的"两台踞山颠屹然"那样的景观。朝汉台设于象冈的可能性还是大一些。

赵佗四台的其余三台建于赵佗执政后期。《南越五主传》载：赵佗"少年习戎马，甫草创，尚安简陋。边境既久无事，为台于都城北歌舞冈上，每岁三月三日登高欢宴。别筑一台，据山面溪横浦。羾牁之水辐辏于其下"。[4]越王台在越秀山，是赵佗张乐歌舞之处，又称为歌舞冈。《南越五主传》载赵佗"然降汉后，号令国中，犹用故号；尝语其子孙若臣，谓事汉止期无失臣礼，他日勿因汉有温诏遽自入朝，将不得复返"。[5]可见他对汉廷心存戒备。南越国归汉之后，赵佗通过建朝汉台之举以示对汉朝的归顺，然而对内仍用帝号，教诲子孙对汉廷既不失臣礼又保持戒心与距离，从后来的史实看，赵氏子孙确实也照此执行。赵佗在南越域内仍握有至高权柄。从越王台的正称看，更着意于彰显其在岭南的至尊地位。南宋《方舆胜览》谓越王台"在（广）州北悟性寺"。[6]悟性寺今已不存，其位置在越秀山南麓，历代骚人墨客喜登越王台，已有几度兴废，台址近代尚存，晚清康有为《秋登越王台》诗有"秋风立马越王台"句。

赵佗建长乐台事出有因："又以龙川为兴王地，就五华山筑台，曰长乐。"[7]五华山所在之处，秦汉时期地属龙川县。赵佗率秦军入粤，推行郡县制时转任龙川县令，此为他的龙兴之地。台名长乐，表达了永享江山其乐无穷的意愿。北宋

---

[1]《全唐诗》卷五六九，北京：中华书局增订本，1999年，第6643页。
[2]《全唐诗》卷七百一十七，第8319页。
[3] [清]梁廷枬《南越五主传》卷一《先主传》，第215页。
[4] [清]梁廷枬《南越五主传》卷一《先主传》，第224页。
[5] 同上注。
[6] [宋]祝穆撰，[宋]祝洙增订，施和金点校《方舆胜览》卷三十四，北京：中华书局，2003年，第612页。
[7] [清]梁廷枬《南越五主传》卷一《先主传》，第224页。

熙宁四年（1071年）从兴宁县析置新县，因南越王赵佗在当地筑有长乐台而称长乐县，县名沿用了八百多年，直至1914年，因国内三县同名，才改称五华县。对于赵佗在五华山建长乐台之事，曾有人表示猜疑。《南越五主传》在记载四台的文字下注："《岭海剩》：佗略定扬粤，拜龙川令，筑台于惠州长乐县。且谓汉封爵，乃佗为南海尉自立为王之后。安有于长乐更筑台为游观之所云云。然旧志并云，作于受封后，今姑从之。"[1]林辉断定赵佗建长乐台在自立为王之后，彼时早已离开龙川，哪有可能再返旧地作台以游观，这说明其不了解赵佗在龙川旧地建台的政治动机，是为了彰示其龙兴之事迹，显示其王朝统治长久的心志。长乐台久已埋没，当代在五华县狮雄山发掘出汉代建筑遗址，考古工作者分析此处为长乐台遗址，并认为长乐台遗址为南越国时期台的形制提供了重要的实证资料。狮雄山位于五华山下南面台地，南临五华河，孤卧平畴中，形似雄狮而得名。遗址坐落在南岗顶部两级台地上，面积约1万多平方米，主体建筑位于岗顶东北最高一级平坦台地上，利用原生土作建筑台基，环绕主体建筑依地形修筑回廊。主体建筑的基址约1400平方米。这座基址既承袭了中原地区先秦以来流行的高台榭建筑形式，对山岗顶部作小范围平整以构筑建筑物。在局部上又有自己的特点，如回廊利用了地形，北高南低；回廊边缘靠近较陡的山坡处筑墙基；两端转角处构筑角楼。附近还有数个辅助建筑遗址。南越国时期台的形制，是宫殿和回廊的组合结构。[2]从长乐台遗址的规模及形制，可见其不仅是一处纪念性建筑，在南越国东部还具有重要的政治、军事战略地位。《南越五主传》载："（赵佗）晚岁稍荒田猎，于临允县南获白鹿，即其地筑白鹿台。时佗已百龄，识者谓鹿生百年而白，今被获，佗寿亦当止此。已而果然。"[3]据此，白鹿台是百岁高龄的赵佗猎得白鹿，以志其事所筑之台。临允在秦时属象郡。汉武帝平南越之后，于元鼎六年（公元前111年）始置临允县，属交州合浦郡。东晋永和七年（351年）析临允县置新兴、单牒二县，此后县称迭有改变，明洪武二年（1369年）改新州为新兴县，

---

[1] [清]梁廷枏《南越五主传》卷一《先主传》，第224页。
[2] 广东省文物考古研究所等《广东五华狮雄山汉代建筑遗址》，《文物》1991年第11期。
[3] [清]梁廷枏《南越五主传》卷一《先主传》，第224页。

沿用至今。赵佗建白鹿台时，其实还未有临允县名。白鹿台因年久毁佚，在新兴县集成镇的越王殿村（今南塘村），今存唐代庙宇遗址，据传为纪念白鹿台而筑，村名由此而来。据《新兴县志》记载，越王殿村位于县城南6公里，村东侧为象山山嘴，历代不少人士到此刻石凭吊。遗址面积180平方米，遗存有汉代、唐代的布格纹板瓦碎片，可见白鹿台原址在今新兴县言出有据。白鹿台建立有其政治意义，所谓"鹿生百年而白"之说，只是一种附会之说。百龄老人的赵佗仍能热衷"田猎"，他对猎得白鹿大事张扬，其意在表明其身体尚健及有能力掌控领土。长乐台建于南越国的东部，白鹿台的兴建，则与南越国西部政治版图有关。

南越国疆土西至何处？据张荣芳、黄淼章《南越国史》考证："综观夜郎、毋敛、句町三国与南越国的边界情况，可知今广西环江、河池、东兰、百色、德保这一线为上述三国与南越国的边界，也就是南越国的西界。"[1]新兴县只是位于今广东省中部偏西，说不上岭南之西，在南越国的疆土视域中，也未至西界。赵佗在年事甚高时西狩，应当是带有巡视疆土的政治色彩，为何只到今新兴一带呢？分析这一现象，应述及南越国政治管控格局的背景。秦平岭南之前，岭南地区主要存在三大部族，即南越族、瓯越族、骆越族，后两族即《史记》中记载的西瓯、骆族。《史记·南越列传》称："佗因此以兵威边，财物赂遗闽越、西瓯、骆役属焉。"[2]可见赵佗对相邻的闽越族（位于今福建）采取友好笼络的政策，对南越国治下的西瓯、骆则采取役属的政策，在管理方式上与主要分布着南越族的南越郡是有所区别的。西瓯族主要生活在今广西西江中游、灵渠以南的桂江流域，以及今越南北部的部分地区。据《淮南子》等书记载，至少在战国末年，西瓯已处于原始社会末期的军事联盟，有了一定的社会组织。所以，他们能在首领译吁宋的带领下，顽强地抗击南下秦军，利用熟悉地形之利，没入丛薄，采用疲兵之计，让秦军"士卒劳倦""粮食绝乏"，一度大败秦军，连秦军统帅屠睢也被杀。后来秦通过凿灵渠等措施，终于征服了西瓯族，并于其地置桂林郡。骆越又作"雒越"，晋人《交州外域记》记载："交趾昔未有郡县之时，土

---

[1] 张荣芳、黄淼章《南越国史》，广州：广东人民出版社，1995年，第74页。
[2]《史记》卷一百一十三《南越列传》，上海：上海古籍出版社，1986年，第327页。

地有雒田，其田从潮水上下，民垦食其田，因名为雒民。设雒王雒侯主诸郡县。县多为雒将。"[1]雒民就是垦耕雒田为生存方式的越族，即骆越族。据专家考证，"雒"是岭南越族所起地名的常见字，意为山坡、山麓。因雒人没有自己的文字，其同音异译之汉字亦作六、陆、禄、骆、洛、渌等。"骆田"就是"六田"，壮语称"那六"，即山麓岭脚间的田。岭南特别是广西左、右江及越南红河三角洲一带的丘陵众多，不少田地就是在山岭间辟成。骆越族主要聚居于西瓯族的西面与南面，即今广西的左、右江流域，越南的红河三角洲及贵州省西南部。从《交州外域记》及晋人《广州记》所载，可见战国末年骆越族已发展到了原始社会末期，有一定的社会组织，并有自己的部落联盟首领。后来一支西来的更强大的部族在其首领"蜀王子"率领下征服了骆越，自称"安阳王"，成为骆越族的首领。接替屠睢统帅秦军平岭南的任嚣，吸取屠睢以"苛法钳制粤人"而失败的教训，代以"有道""抚绥"的"和辑粤众"的政策，终平岭南，并得以在岭南推行郡县制以实行政治管控。秦平岭南，设象郡以治骆越之地，因统治力量有限，管治力度十分薄弱，类似后代的羁縻州，对骆越族的社会组织也基本上没有触动。赵佗称南越王之后，率军征讨安阳王，战斗十分激烈，甚至有赵佗不得不采用对安阳王公主采用"美男计"以智胜安阳王的传说载于文献。[2]经过交战，赵佗终于征服了骆越族，但鉴于这一地区的特殊情况，也只能沿袭秦朝的做法允其自治。"越王令二使者典主交趾、九真二郡民，后汉遣伏波将军路博德讨越王，……诣路将军，乃拜二使者为交趾、九真太守，诸雒将主民如故。"[3]是见南越国这种以南越王派出使者主管地方，而实际上由"雒将主民"的作法，一直维持到汉平南越。综合上述对岭南三大部族的记述，可见秦在岭南置三郡是基于对南越、西瓯、骆族的分布情况及社会情况而定，并非只是一种从地理角度的考虑。赵佗建立南越国之初，在兼并桂林、象郡之后，针对各处势力不同、发展不同的情况，采取了比较灵活的"和辑百越"的统治政策，虽出于无奈，但也是

---

[1] 转引自张荣芳、黄淼章《南越国史》，第82页。
[2] 事见《北堂书钞》卷一百二十五《弩》：赵曲者，南越王佗之孙，屡战不克，矫托行人，因得与安阳王女媚珠通，截弦而兵，既重交，一战而霸也。引自刘纬毅辑《汉唐方志辑佚》，第131页。
[3] [北魏]郦道元《水经注》卷三十七《叶榆水》，杭州：浙江古籍出版社，2001年，第582页。

明智有效的。他对雒族分布的象郡一带实行"自治"的做法，至于地属瓯越的交趾一带，部落势力十分强大，原部族的社会发展程度也比较高，已经形成了比较严密的部落组织，赵佗对待他们更加谨慎。仅派二使者前往"典主"册封王侯，同时又在桂林郡地区分封了一位西于王，这位西于王就是组织杀死屠睢的原西瓯君译吁宋的后裔，在西瓯族人中有着很高的声望和影响。南越国政权通过绥靖政策维持了对国土西部地区的控制。到了南越国后期，由于南越国内的民族问题矛盾逐渐尖锐起来，以致"瓯骆相攻，南越动摇"，[1]这种内耗极大地消弱了南越国的实力。因此赵佗西狩为何只到了今新兴一带，可以作出推测，那就是他只到了南越王势力能够直接管控的地域即不再往西。这应该是他在此立台以示权威的原因，而不是一时兴之所至的举动了，"赵佗划岭而治，击并桂林、象郡后，考虑到象郡中雒越族人部族势力的强大，故不再设象郡，而以其地分置交趾、九真二郡，象郡之名从此不见于南越国史"。[2]联系到秦、汉在岭南设郡情况有所变化，史家对南越国设郡的具体界线尚未得出一致结论，那么，对南越王在建立政权六十年年之后，于南越国西部建立这座白鹿台的位置，从建台的政治背景上考虑，应对交趾、九真两郡的政治势力存在震慑作用，从而存在对南越国政治版图研究的实际价值。这一问题，或可为南越国史的研究者提供一个思考的线索。

将上述对赵佗四台的分析作一小结。设立于南越国都番禺的朝汉台和越王台中，朝汉台是南越国向汉朝表示归顺的象征性建筑，越王台是南越王向南越国子民宣示管治权威的象征性建筑。分建于南越国东、西部的长乐台、白鹿台，是赵佗一生功业的象征。长乐台，是赵佗龙兴之地之纪念性建筑，也是对南越国长治久安的期愿的象征；白鹿台则是年事已高的赵佗在即将离开人世之前仍显示其统治威力的象征，特别是对南越国西部起震慑作用。长乐台、白鹿台的分布，透射出南越国行政区划上的政治管控格局。

（作者单位：广州市人民政府文史研究馆、广州市地方志研究所）

---

[1]《史记》卷一百十三《南越列传》，第327页。
[2] 张荣芳、黄淼章《南越国史》，第79页。

从驿庵看宋代岭南的陆路交通建置*

曹家齐

内容提要：

宋代潮州驿庵是继漳州之后而为之，虽仅见于潮惠及漳州一线道路，却是唐宋以来佛教因应社会发展，从而在全国，特别是南方地区创建接待庵院的具有地方特色的表现之一。从交通史视角来看，驿庵的出现折射出宋代岭南地区陆路交通建置的动态过程、地方特征，以及与其他历史内容之间的复杂关联。从驿传这一交通建置来看，岭南地区的陆路交通各地区间发展并不同步，亦不能充分体现宋代驿传制度的一般特征，但其又是在整个王朝制度框架下，逐渐发展，并与其区域地位、地理特征及地方社会因素相结合，体现出一定地方特色。

南宋末年，丞相贾似道因溃兵鲁港（今安徽芜湖西南），被贬往循州（治龙川，今广东龙川县西南佗城）安置，途经漳州木棉庵被缢杀的故事，众所周知。关于木棉庵，亦多有识者。此庵虽名为佛教寺庵，实际上是兼具驿传功能的一种交通建置。此类建置一般被称为驿庵（或庵驿）、铺庵（或庵铺），主要出现于福建泉州、漳州至广东潮州、惠州的交通线路上，成为宋代独有的一种区域交通现象。对于驿庵及相关问题，已有学者关注并论及。如黄敏枝撰有《宋元佛教的接待庵院》一文，其第五部分题为《设于山区险要乏驿传之接待庵院》，作为佛教接待庵院的一种，专门叙述漳州、潮州和惠州一线的驿庵设置状况。[1] 陈泽芳先后发表《宋代潮州佛教的社会功能》[2] 和《南宋蒙元时期潮州驿道的建设的政治功能》[3]，述及潮州驿庵。另外，黄挺、陈占山《潮汕史》[4]，郎国华《从

---

* 本文是2016年度教育部重大课题攻关项目"古代环南海开发与地域社会变迁研究"（编号：16JZD034）的阶段性成果
[1] 黄敏枝《宋元佛教的接待庵院》，《清华学报》新二十七卷第2期（台湾新竹，1997年6月），第151-199页。
[2] 陈泽芳《宋代潮州佛教的社会功能》，《汕头大学学报》2007年第4期。
[3] 陈泽芳《南宋蒙元时期潮州驿道的建设的政治功能》，《韩山师范学院学报》2009年第1期。
[4] 黄挺、陈占山《潮汕史》（上册），广州：广东人民出版社，2001年，第117-120页。

蛮裔到神州：宋代广东经济发展研究》[1]亦对驿庵问题略有叙及。然既往之研究，或着重考察佛教的社会功能，或立足于具体区域讨论相关史事，自然有所局狭。若从整个宋代交通发展来看，驿庵实际上是岭南地区，以及福建南部地区交通发展的一个缩影，折射出岭南等地陆路交通建置的历程及区域特征。本文拟就此问题略作申述。

交通建置在古代主要指水陆交通线及其设施之营建与设置，具体到陆路交通，则主要指道路、桥梁之兴修及驿传设置。其中驿传设置最能体现交通建置状况。从唐到宋，中国驿传制度经历了从传驿合一到驿递分立的演变过程。宋代的驿不再像唐代那样具有文书传递功能，而是与馆合并，变成为公差人员提供食宿和生活补贴的接待机构，故其间距亦由唐代的三十里变成六十里，其文书传递功能则由递铺取代。宋代的递铺不仅承担文书和小件官物传递，而且为公差人员提供马匹。普通递铺设置的间距常制是二十五里，但在实际设置中多是十几里或二十里，亦有达三十里者。南宋时先后创置专门传递紧急文字的斥候铺与摆铺，有九里、十里及五里一铺者。宋代递铺与馆驿相互配合，共同承担着文书传递和公差人员的接待任务。[2]但并非所有道路都有完备的馆驿与递铺建置。宋代道路有官路与私路之分，官路之中，大概又有驿路和县路。驿路乃邮传和人员往来之剧道，所以不是连通所有州（府）县，而是自京师向全国辐射，联通重要州（府）县。不当驿路之州县，则是依靠县路一类的官路与驿路连接，从而联通与中央的信息往来。[3]

最能直接反映宋代驿传建置的文献有《参天台五台山记》《淳熙三山志》《景定建康志》等。《参天台五台山记》是日僧成寻（1011-1081年）在北宋熙宁时入宋所作的日记，书中对从京城到五台山的往返路程及所经驿铺作了详细记录，现将成寻从京城赴五台山所经馆驿、递铺及具体里程草图节略如下：

---

[1] 郎国华《从蛮裔到神州：宋代广东经济发展研究》，广州：广东人民出版社，2006年，第171页。
[2] 曹家齐《唐宋驿传制度变迹探略》，《燕京学报》新十七辑，2002年11月。
[3] 曹家齐《官路、私路与驿路、县路——宋代州（府）县城周围道路格局新探》，《学术研究》2012年第7期。

东京城顺天门徒门马铺—12里—祥符县新照马铺—15里—八甬马铺—15里—醋沟马铺—10里—十里店马铺—10里—中年马铺**中牟县三异驿**—12里—义井马铺—12里—白沙马铺—西行—12里—国田马铺—12里—道士店马铺—15里—**郑州奉宁驿**—12里—侯家正马铺—12里—须水马铺—12里—廿里店马铺—10里—永青马铺—18里—**荥阳县驿**………**宝兴军宝兴驿**[1]

成寻所记京城到五台山的驿传设置应是北宋时期北方驿路交通建置的一般状况。那么南方地区情况是否也一样呢？《淳熙三山志》提供了相关参照。该志对福州（治闽县、侯官，今福建福州市）之西、南两路驿铺作了详细记载，今据其所载草成示意图如下：

西路：州城**迎恩馆**—半里—东门铺—18里—土堀铺—18里—葛崎铺**葛崎驿**—20里—陈湖铺—20里—丰田铺—20里—大濑铺**大濑驿**—30里—汤背铺—25里—小箬铺**小箬驿**—25里—嵩滩铺—向北25里—常濑铺**高溪驿**—向西15里—朱坑铺—30里—芋洋铺—20里—使华亭—10里—营顶铺

南路：州城—9里—横山铺**临津馆**—15里—江南铺—15里—方北铺**西峡北驿**—20里—方南铺—20里—大田铺**西峡南驿**—23里—常思铺**大义临津驿**—7里—太平铺**太平驿**—17里—假面铺—18里—渔溪铺**渔溪驿**—23里—蒜岭铺[2]

---

[1] [日]成寻《参天台五台山记》卷五，すみゃ书房《改订史籍集览》本，1967年，第727–736页。该驿路图主要依照成寻自东京往五台山行程列绘，并参校返程之记录。但返程与往程所经路线略有不同。

[2] 梁克家《淳熙三山志》卷五《地理类五·驿铺》，影印宋元方志丛刊本，北京：中华书局，1990年，第7828–7832页。

该志虽是南宋淳熙时修成，但在记述"驿铺"内容时，多注解北宋之情况，故该驿传设置实际上反映福州地区自北宋到南宋时期的状况，此与《参天台五台山记》所反映的情况是一致的。这说明宋代驿传建置之制度是南北通行的。南宋时又曾创置斥候铺和摆铺，情况有所变化，但驿传设置格局仍保持驿递分立之形势。《景定建康志》对这一状况有具体反映。该志载："驿路五十一铺，每铺相去十里……县路十一铺，每铺相去二十里，此系诸县不通驿路处递传之路。"[1] 其中驿路上相去十里的五十一铺，即是斥候铺。斥候铺沿途多有馆驿，如东路上元、句容两县共十三铺，有蛇盘（金陵驿）、东阳、柴沟和下蜀四驿。[2]

从以上所举北宋东京至五台山，以及南宋福州、建康府（治江宁、上元，今江苏南京市）地区的驿路建置情况，很容易让人推而广之，去想象和理解比如岭南等其他地区的交通建置状况，特别是循着《淳熙三山志》所载福州以南之驿路，进一步推想漳州至潮州，再至惠州等地的交通状况。诚然，整体上看，宋代岭南地区的交通和唐代相比，确实获得了很大的发展，特别是新辟出不少陆路交通线，各交通线的经济功能亦日益突出。[3] 但若从驿路建置角度观察，则岭南地区陆路交通在宋代发展过程和状况是甚为复杂的。

北宋在灭掉南汉的当年，就着手对岭南地区的驿路，特别是与中央联系的驿路建置，如《宋会要辑稿》载：

> 开宝四年（971年）十月十二日，知邕州范旻言："本州至严州约三百五十里，是平稳径直道路，已令起置铺驿。其严州至桂州请修置铺驿。"诏令严州、桂州据管界道路接续修持，各置铺驿。[4]

太宗时，陈尧叟任广南西路转运使，又"以地气蒸暑，为植树凿井，每三二十里置亭舍，具饮器，人免渴死"。[5] 这两个事例一方面说明在宋朝削平南汉之前，广西地区之交通已荒废不堪，或还很简陋；另一方面则显示自平定南汉之

---

[1] 周应合《景定建康志》卷一六《铺驿》，影印宋元方志丛刊本，北京：中华书局，1990年，第1536页。
[2] 周应合《景定建康志》卷一六《铺驿》，第1536、1537页。
[3] 参见陈伟明《宋代岭南交通路线变化考略》，《学术研究》1989年第3期。
[4] 《宋会要辑稿》（以下简称《宋会要》）方域一〇之一三，上海：上海古籍出版社，2014年，第9469页。
[5] [元]脱脱《宋史》卷二八四《陈尧叟传》，北京：中华书局，1985年，第9584页。

后，宋朝广西之地方官员便陆续把完备交通设施，改善交通环境作为地方行政的重要内容。先是建设铺驿，保障文书传递和公差人员之往来，继而沿途凿井、植树、布亭舍，解行人之暑热饥渴。而且这一系列做法是普遍性的，广南东路亦当如此。如太平兴国八年（983年）十二月，宋廷"诏自京至广州传置卒，月别给百钱"，[1]咸平五年（1022年）七月，又"诏户部判官凌策与江南转运使同计度，罢省自京至广南香药递铺军士及使臣计六千一百余人，皆陆运至虔州，然后水运入京"。[2]由此可知，宋初便设有自京至广州的驿路，而且此驿路建置亦当是从北宋灭南汉开始兴建。关于广州至京驿路，舆地文献亦有明证。如宋初修成的《太平寰宇记》记英州（治真阳，今广东英德市）"四至八到"称："北至韶州银官驿八十五里……东南八十里大驿路，下至广州，上至韶州。"[3]这些记载给人感觉，广州往北经英州至韶州，似有通途大道，但其实不然。该条之下就又言"其路有凤门岭，险不通鞍马"。嘉祐六年（1061年），广东转运使荣諲主持开凿了英州分别至广州和端州（治高要，今广东肇庆市）的峡山栈道，蜀人张俞为之作记文称：

> 度韶岭，由英州济真江达广州三百八十里，皆崇山密林，回□□□。过排场，逾黄岭，涉板步，渡吉河；攀空旷，履危绝，犯瘴荟，践荒域。财虎伏□，□□□人。人由此险，甚于死地。又自英由□光至端州四百里，林岭氛□，□□排场。居者逃，行者顿，黔流转徙，饥殍积道，虽咸交沙□之域，殆未过也。[4]

由此可见，广州以北的驿路条件是非常恶劣的，其上驿传设置状况估计亦不会太理想。又英州至端州之间，《太平寰宇记》中未见有路相通，此处虽见有路，仍是凶险无比。正因为如此，记文中又提到："近岁侬蛮入寇番禺城下，天

---

[1]《宋会要》方域一〇之一八，第9472页。
[2]《宋会要》食货四八之一四，第7082页。
[3] [宋]乐史《太平寰宇记》卷一六〇《岭南道四·英州》，北京：中华书局，2008年，第3073页。唐宋地志所记州县"四至八到""境土""地里"等均是道路里程，详见曹家齐《唐宋地志所记"四至八到"为道路里程考证》，《中国典籍与文化》2001年第4期。
[4] 伍庆禄、陈鸿钧《广东金石图志·广东新开峡山栈路记》，北京：线装书局，2015年，第98-100页。原石刻现存广东省英德市南山定光室南石壁上。石刻录文并参考陈鸿钧《英德南山北宋摩崖石刻<广东新开峡山栈路记>考》，《岭南文史》2017年第2期。

子遣将诛讨,而蒋偕辈顿兵英州,不能进尺寸地。□□□蛮渡江而去,亦由险道不通,兵不习险陁故也。"亦即驿路艰险,不能通行兵马,严重影响了朝廷对侬智高变乱的平定。荣諲新开栈道后,交通条件大为改善,"自英至广减道里八十三,废驿二,罢马铺□□□三、水递一十四;自英至端减道里百二十。"[1]此条记载亦反映出广州一线驿路上既有馆驿,亦有递铺,设置状况当如东京至五台山和福州西、南两线驿路。

然宋代递铺在北宋时分为三等,即步递、马递和急脚递。急脚递最快,只有军兴时才设,[2]故驿路上递铺平时只有步递和马递。但岭南地区的马递设置并非一开始就有,而是从真宗时因现实之需要才陆续设置,且广西早于广东。景德四年(1007年)六月,宜州军校陈进鼓噪士卒杀知州刘永规及监押国均,拥判官卢成均为帅,号南平王,据城反叛。七月,朝廷接到奏报,一方面遣兵讨捕,派官招抚,另一方面,则"增置自京至宜州马递铺。"[3]皇祐年间(1049-1054年),侬智高为乱,宋廷为保障与岭南之间的文书传递,于皇祐四年(1052年)七月下诏,"自京至广州增置马递铺,仍令内臣一员提举。"[4]关于急脚递,神宗时,为准备对交趾之战事,于熙宁八年(1075年)十二月二十一日,诏:"自京至广西邕、桂州已来,沿边置急递铺,仍令入内省差使臣一人点检。"[5]和广西相比,广东战事较少,未见设置过急脚递之记载。亦应是此故,广东的驿路历程亦比广西少许多。徽宗政和时,尚书省关于添置驿路巡辖使臣的札子中提及"今欲每及千里差置一员,旧额多寡处自依旧。仍仰逐(处)路提举官,将所添使臣以州军远近、道路顺便接连去处,重别均定,具合以某处寨名申吏部差注……广东路五千一百余里,管巡辖使臣七员,欲更不添置。广西海北二十三州,计一万二千六百余里,管巡辖使臣六员,欲添置六员。广西海南琼州、昌化军、万安军、

---

[1] 伍庆禄、陈鸿钧《广东金石图志·广东新开峡山栈路记》,北京:线装书局,2015年,第98-100页。
[2] 沈括著,胡道静校注《新校正梦溪笔谈》(以下简称《梦溪笔谈》)卷一一《官政一》,北京:中华书局,1963年,第125页。
[3] [宋]李焘《续资治通鉴长编》(以下简称《长编》)卷六六,景德四年七月甲戌条,北京:中华书局,2004年,第1473页。
[4] 《长编》卷一七三,皇祐四年七月壬子条,第4162页。
[5] 《宋会要》方域一〇之二三至二四,第9475页。

朱崖军共四州军，自来只是巡检兼管巡铺，未曾专置巡铺使臣，欲专置巡辖使臣一员。"[1] 限于文献记载，现已无法详细梳理出每条驿路的具体走向和驿传设置状况，[2] 但有史料可以呈现岭南地区，特别是广东地区的局部状况，此便是有关潮州（治海阳，今广东潮州市）驿路的文献记载。

南宋绍兴二十八年（1158年），林安宅出任广东转运判官，组织潮州和惠州地方官，修缮了潮州与惠州之间的潮惠下路，次年作《潮惠下路修驿植木记》，称：

> 绍兴戊寅，予蒙恩将漕东广。至潮问途趋番禺。父老谓予曰："直北而西，由梅及循，谓之上路。南自朝阳，历惠之海丰，谓之下路。绵亘八百余里。上路重冈复岭，峻险难登，林木翳翳，瘴疠袭人，行者惮焉。下路坦夷，烟岚稀远，行人多喜由之。然犹有不便者四：自有下路以来，役保甲为亭驿子。亭驿距保甲之家且远，客至，则扶老携幼，具荐席，给薪水，朝夕执役如公家之吏，不敢须臾离焉，俟其行乃去。客未至则尉之弓手，巡检之士兵，预以符来，需求百出。客或他之，则计薪刍尽锱铢，取资直去。民以为苦。此其不便一也。官兵商午鱼肉百姓，编氓远徙，不敢作舍道旁，行人无所扣阍以求水火。长堤旷野，绝无荫樾，炎天烈日，顶踵如焚，莫可休息，渴则饮恶溪之水，其不病者鲜。此其不便二也。驿可宿，亭不可宿，日行止于三四十里，过是则投夜无所。桥道颓毁，积水不泄，春霖秋潦，横流暴涨，行人病涉，往往多露宿，以待涸而后进。此其不便三也。沙汀弥望，杳无人烟，盗贼乘之，白昼剽劫，呼号莫闻，受御者不一，而州县莫之知。此其不便四也。予闻之，不觉先声叹息不已。乃移檄州县官，既同王事，安可坐视？而潮惠之守令，皆欣然相从，与其佐同心协力，创盖铺驿，增培水

---

[1] 《宋会要》方域一〇之二九至三〇，第9478页。北宋徽宗时，蔡京务开边，王祖道经略广西，曾于崇宁中在海南"开通道路一千二百余里"。见周去非著，杨武泉校注《岭外代答校注》卷二《海外黎蛮》，北京：中华书局，1999，第70页。

[2] 关于广西路之道路状况，不仅有《太平寰宇记》和《元丰九域志》等记载各州间的道路里程，又有前揭陈伟明《宋代岭南交通路线变化考略》和曹家齐《宋代西南地区交通述略》（原刊于《文献资料学新解释的可能性》（3），大阪市立大学东洋史论丛别册特集号，2007年12月。后收入曹家齐《宋代的交通与政治》，北京：中华书局，2017年）分别加以梳理，但具体哪条为驿路，哪条非驿路，仍难以清楚确定。

窟，夹道植木，跨河为梁。诱劝乡民，移道边居。而海丰令陈光，又唱增置铺兵之说于予，而潮、惠二守深以为然。每亭驿各差兵士以供执役之劳，而百姓之为亭驿子者，率皆罢去。俾得仰事俯育，不复有追呼之扰。予又刷上路铺驿之冗兵，以益下路，依闽中温陵上下路各置铺例，闻于朝廷。于是铺兵与居民相为依倚。道旁列肆，为酒食以待行人。来者如归，略无前日之患。……时绍兴二十九年八月一日也。"[1]

此段文字透露出的信息，首先是南宋时期潮州往西有两条道路，一为上路，一为下路。征诸其他文献，可知上路是自唐代便已存在的一条驿路，[2]到了宋初，不仅上路仍然畅通，下路亦见于记载。两路均连通广州，是广东东部的东西主干道。[3]只是两条路的交通条件都或艰或险，多有不便。但根据林安宅记录中"自有下路以来，役保甲为亭驿子。亭驿距保甲之家且远，客至，则扶老携幼，具荐席，给薪水，朝夕执役如公家之吏，不敢须臾离焉，俟其行乃去。客未至则尉之弓手，巡检之士兵，预以符来，需求百出。客或他之，则计薪刍尽锱铢，取资直去。民以为苦"，以及"予又刷上路铺驿之冗兵，以益下路，依闽中温陵上下路各置铺例，闻于朝廷"等句，可知上路一直为大驿路。又《永乐大典》卷五三四三《潮州府》引《三阳志·铺驿》，列出州城西路上有冷水铺、北洋铺、竹岗铺（三十里）、贵湖铺、散湖铺、春苑铺、蕉坑铺、横坑铺（三十五里过瘦牛岭）、汤田铺（十五里）九铺，亦是此路为驿路之明证。[4]只是潮州境内未见馆驿。观此段递铺间距或三十里，或十五里，当是普通递铺。而下路仅有驿而不见递铺，只是一般性官路，而非驿路。直到到林安宅主持修整后，才创盖铺驿，申

---

[1] 该记见于《永乐大典》卷五三四五《潮州府·文章》，北京：中华书局，1988年，第2483页。黄挺、马明达《潮汕金石文征》，广州：广东人民出版社，1999年，收录于内，见第94-95页。
[2] 参见陈伟明《宋代岭南交通路线变化考略》，《学术研究》1989年第3期。
[3] 详见《太平寰宇记》卷一五七《岭南道一·广州》、卷一五八《岭南道二·潮州》、卷一五九《岭南道三·循州》、卷一六〇《岭南道四·惠州》"四至八到"之记载，第3011、3035、3061、3067页。
[4] 黄挺、陈占山《潮汕史》（上册）第115页称："另有一条驿道纯为山路，其介于上、下路之间，由潮州经揭阳之龙川，有冷水等11铺。"应误。考《永乐大典》卷五三四三《潮州府》第二幅地图，用虚线画出了潮州城只有西北、南和东面三条道路，且三线递铺皆有和宋代递铺同名者，而西北线过瘦牛岭，其方向正与林安宅记文中所称上路一致。

报朝廷，下路才变成驿路。其次，林安宅记文显示，潮惠下路驿保甲为驿子，虽属于宋代"诸处州县例差乡户百姓充驿子"的普遍之制，[1]但令保甲承担驿内及行旅所需物品的做法，却与其他地区的普遍之制不同。在其他地区，馆驿内物品供应，多是州县财政承担。[2]这些均显示岭南地区在馆驿建置与役使方面的特殊之处。但从林安宅修路开始，驿亭差用兵士充驿，与递铺同。

林安宅在记述潮惠下路修整过程后，又云：

> 夫世事未有不忽于因循而成于勉强，人情未有不悦于须臾而厌于持久。是役之兴也，人莫不难之。今不费于公，不劳于民，幸迄于成矣。予以为不难于始而难于终。使所种之木，勿剪勿伐，因其枯瘁者复艺之；所创之舍，勿折勿毁，因其摧圮者复新之。倘历百年，如一日焉，复又何患！此予所以深有望于来者，故书其岁月以贻之。[3]

其意是寄望后来地方官员能坚持不懈地对此路进行维护与修葺，以保持既有之成效。但事实并未能如林安宅所愿，后继的地方官并未时时对道路加以保护和维修。数十年后，潮惠下路的诸般设施便"颓陋如故"了。[4]光宗绍熙三年（1192年），亦即林安宅修整完潮惠下路的三十三年后，才又有了转运使黄棆的修整之举，此便是驿庵的建置，却迥然与林安宅修盖铺驿的做法不同。对此《永乐大典》引《三阳志》称：

> 自运使林公安宅新传舍，太守傅公自修缮宾馆，凡过客便之。更阅岁月，颓陋如故。绍熙壬子（三年，1192年），运使黄公棆始以造庵规摹，檄郡营创，张公用成建三庵于潮阳之黄冈、新迳、北山，榜曰光华馆。宾客舍仆、马具、庖湢、床榻、荐席、器皿、薪刍之需，无一不备。薄暮而至，如适其家。守以僧，给以田，环以民居，为虑远矣！间有污败室庐，糜毁器用，暴横难禁者，僧得以经闻于官而为之惩治。仆

---

[1]《宋会要》方域一〇之一四，第9469页。馆驿差役百姓虽是普遍之制，但亦有个别地区差用兵士。如仁宗天圣六年（1028年），在御史中丞晏殊的建议下，开封府界曾以剩员兵士差充。见《宋会要》方域一〇之一四，第9469页。
[2] 曹家齐《宋代交通管理制度研究》，郑州：河南大学出版社，2002年，第19页。
[3] 黄挺、马明达《潮汕金石文征》，第95页。
[4]《永乐大典》卷五三四三《潮州府一·公署》引《三阳志·铺驿》，第2461页。

> 卒往往知惧，故庵迄今犹始创也。自是潮、惠之间，庵驿相望。庆元己未（五年，1199年），林公嶒新铺驿而为庵者凡七，措置便利，视光华无以异。因漳而潮，东驰南鹜，惟适所安。[1]

该志另记载，理宗绍定时（当是绍定二年至四年，1229-1231年），帅臣方淙设立若干庵驿。[2]此类举措，若仅就潮州区域着眼，似乎难明其所以，亦唯能从潮州佛教之兴盛予以解释。若要明何以会有驿庵出现，其于潮州及岭南之交通意义何在，当先明其所始。

驿庵之设置，并不始于潮州，亦非光宗绍熙时才有，而是始自宋孝宗淳熙末年（十六年，1189年）的漳州。时任知州的傅伯寿鉴于漳州至潮州的南路只有仙云驿，又南行一百九十里只有临水驿，"路远驿少，行人无所依托"，便"酌量道里之中，随铺立庵，命僧主之，以待过客。且置田赡僧，俾守庵焉。于是南路十有三庵，曰木棉铺庵、甘棠铺庵、横章铺庵、仙云驿庵、梅林庵、无象庵、黄堵庵、云霄庵、径心善护庵、大悲铺庵、半沙铺庵、林水庵、竹林庵"。[3]后来，傅伯寿之侄傅壅等知州又创通往泉州的鹤鸣庵、通源庵和鱼孚庵（属泉州）。一开始，诸庵以僧管理，皆采用十方院制（主僧非子孙相授，而是由官府妙选贤能居之），后为防止寺田流失、庵圮僧亡，又改成甲乙相承制（主僧师徒相授）。[4]

依此来看，绍熙三年转运使黄櫄在潮州造驿庵，便是继漳州之后而为之。黄敏枝根据《永乐大典》卷五三四三《潮州府一·公署》引《三阳志·铺驿》之内容，认为潮州驿庵除上举张用成建三驿和林嶒新建七庵驿等十庵驿之外，尚有在城的济川庵；东路的鼋梓庵、鹿景庵、小江庵驿、九泷庵、林江庵铺、黄冈庵驿、竹林庵铺（疑及前揭漳州竹林庵）、分水岭亭；南路驿庵有迥野庵铺、桃山庵铺、门关庵铺、鹿景门新亭、桑田庵铺、光华中庵、光华下庵。[5]不无疏误。

---

[1]《永乐大典》卷五三四三《潮州府一·公署》引《三阳志·铺驿》，第2461页。
[2] 方淙任帅臣（即安抚使）时间参见李昌宪《宋代安抚使考》，济南：齐鲁书社，1997年，第575页。
[3] 李维钰原本，吴联薰增纂《（光绪）漳州府志卷》卷三，清光绪三年（1877）刻本。
[4] 刘克庄《后村先生大全集》卷八九《漳州鹤鸣庵记》，四部丛刊景明抄本。另参见前揭黄敏枝《宋元佛教的接待庵院》，《清华学报》新二十七卷第2期（台湾新竹，1997年6月）。
[5] 参见黄敏枝《宋元佛教的接待庵院》，《清华学报》新二十七卷第2期（台湾新竹，1997年6月）。

其实，《三阳志·铺驿》所载潮州东路庵驿，应是和漳州之间道路上之庵驿，与漳州来路庵驿相衔接；南路七庵驿应是潮州通往惠州道路上的庵驿，亦即林嶪所新七庵驿。

从傅伯寿在漳州"随铺立庵"，名称多为"铺庵""驿庵"，及潮州庵驿多有注先为铺（驿），今为庵来看，驿庵的兴起并非平白而建，而是改铺驿为庵。而所见庵或称"驿庵"，或称"铺庵"，且一百九十里有十三庵驿，其状况亦正与宋代驿路上驿递分立格局基本一致，而且其间距相当于斥候铺。那么，漳州至潮、惠何以会出现驿庵这一独特的交通建置呢？这应是闽南、粤东的地域特征和南宋之时势造成的。

前揭《淳熙三山志》所记福州南路驿传设置整齐划一，且明言向南直接莆田，[1] 即向南经兴化军（治莆田，今福建仙游县东北古邑）至泉州（治晋江，今福建泉州市）和漳州（治龙溪，今福建漳州市），以至潮州，当有同样的驿传建置。而绍兴时林安宅修整潮惠下路，有"依闽中温陵（泉州别称）上下路各置铺例"建置铺驿，亦说明泉州地区铺驿建置亦较规范。但与《淳熙三山志》修撰的同一时期，傅伯寿却看到漳州至潮州是"路远驿少，行人无所依托"，其侄傅壅又创漳州至泉州驿庵。这说明，泉州以远的驿传设置不如其北的福州地区，或者至迟从淳熙时起，泉州以远的驿传建置便衰颓不堪了。又，潮惠下路在南宋初仍非大驿路，林安宅主持建成驿路后，几十年后又"颓陋如故"。此不仅因于闽南、粤东之地理位置，亦与南宋时具体背景有关。

无论北宋还是南宋，岭南地区都只是南部边远区，其政治军事地位低于北方的攻防区和京畿核心区。福建在北宋与岭南一样属于南部边远区，但到了南宋，变成京畿拱卫区，地位有所提升。[2] 岭南与福建之政治军事地位，直接影响着其驿传建置，但各地具体情况又有所不同。岭南地区，就军事地位而言，广西略重于广东，特别是侬智高变乱发生后，造成了北宋南部边疆的军事压力，故自京至广西先后设置过马递和急递，而广西州府又较广东密集，驿路里程亦比广东长许

---

[1]《淳熙三山志》卷五《地理类五·驿铺》，影印宋元方志丛刊本，北京：中华书局，1990年，第7828—7832页。
[2] 参见余蔚《两宋政治地理格局比较研究》，《中国社会科学》2006年第6期。

多。南宋理宗宝祐至开庆时，蒙古军从大理进攻广西，宋廷即命李曾伯出任荆湖南路安抚大使兼广南制置大使，筹措广西防务。为保障前线与朝廷间的情报传递，专门设置与摆铺递相当的军铺。[1] 更为重要的是，广西、广东与福建路及其州府文书传递，甚至是物资运输，都各有路线分别传递至京城，在本路没有共享路段，所以各路驿传建置便各有差异。如广西地区无论北宋和南宋，与京城的文书传递路线，都是经过湖南、江西而达，只有极个别的情况下才临时取道广东。如建炎四年（1130年）五月，广西路左右两江峒丁公事李械言："措置收买战马发付行在，探报江西路各有贼马，道路阻节。今踏逐得广东有便路经自福建入两浙赴行在，欲起马纲自广东径路前去。乞下经由路分监司，预行指挥下州县准备草料、口食，及严责巡尉，递相防护出界。"[2] 又如南宋末年，在湖南驿路受阻的情况下，广西与朝廷之文书才"取路广东，度梅岭，出江浙，前诣行在投下"。[3] 广东路各州府，即便是远在东部的潮州，亦在相当长时间内，是"若取本路递角，则自江西之广州而后达潮"，[4] 并非直接经过福建与朝廷沟通。而福建路各州府自然经福州与朝廷进行文书传递。如此，福建南部、广东东部、西南部，以及广西的边远州府，若非出现紧急军事形势，自然便成为朝廷与地方信息沟通、甚至人员往来的"神经末梢"。所以，文献中呈现漳州、潮州、惠州一段驿传建置，或驰或废，当在情理之中，尤其是在南宋前期为甚。

宋代驿传制度时有弊端发生，特别是文书稽滞违失最为常见，然此弊端比较严重则是从北宋末年开始，至南宋时期愈演愈烈，到孝宗时期达到极致。如乾道四年（1168年）正月，兵部侍郎王炎言："邮传之乖违，无甚于近时。"[5] 乾道八年十月，兵部侍郎黄均又言："递角稽违之弊，盖莫甚于今日。"[6] 当时造成邮传之弊的直接原因，主要有递铺人员不足、官员与使臣的舞弊失职、常程文字

---

[1] 参见曹家齐《威权、速度与军政绩效——宋代金字牌递新探》，《汉学研究》2009年第2期。
[2]《宋会要》兵二四之三二，第9127页。
[3] 李曾伯《可斋杂藁 续藁》后卷九《奏边事》，文渊阁四库全书本，第1179册，第775页。关于岭南与两宋朝廷之间的文书传递路线，详见曹家齐《两宋朝廷与岭南地区的文书传递》。
[4]《宋会要》方域一一之三八，第9509页。
[5]《宋会要》方域一一之二〇，第9500页。
[6]《宋会要》方域一一之二四，第9502页。

并私书多入急递致递角积滞、递铺组织混乱等，而深层次原因则是政治腐败造成的铺兵衣粮拖欠等管理之弊。[1] 因邮传之弊是全国普遍存在的，林安宅修整后的潮惠下路及泉州、漳州以南驿路之衰蔽正在此时，当与之一致。然孝宗淳熙和光宗绍熙时，漳州、潮州两地地方官再度兴起驿传建设，此固然是朝廷屡屡下诏整顿之结果，亦当与此地的交通形势变化有关。如嘉定六年（1213年）五月，监登闻鼓院张镐上言文书传递之事曰：

> 一路有一路之递铺，事有所属，自可谁何。惟其有两路相邻之州各不相关，递角之沉匿，无从稽考。昨守潮州，目击此弊。潮州属广东，若取本路递角，则自江西之广州而后达潮，其路为迂，故多由福建路转达，取其便速也。惟是福建路递铺官兵与潮州不相统属，故每每有沉匿之患。乞朝廷详酌，以福建路漳、泉州巡辖递铺官到任满罢，并令从潮州保明批书；广东路潮、梅州巡辖递铺官到任满罢，即从漳州保明批书。异时赴部注拟，得以点对递角有无（通）【违】滞，以为（降）【升】黜，庶几两路互有统摄，可革此弊。[2]

从张镐的上言可以看出，潮州与中央沟通的文书本来都是经广州、江西，后来才由福建转达。观淳熙时漳州至潮州仍是"路远驿少"，估计潮州文书多由福建转达中央的状况，之前并非日常之事，应是驿庵兴建后的普遍状况。

按理说，淳熙以后潮州至漳州和惠州之驿路建置，应和林安宅修整潮惠下路一样，完善递铺和馆驿，继续以兵士充役，但事实上却非如此，而是"随铺立庵"，或改铺驿为庵，以僧主之。这说明当时在潮州、漳州一带，继续以士兵充役已非易事，即便勉强为之，亦很难持久，故因地制宜，以庵为驿（铺），命僧主之，并建立行之有效的管理制度。这一做法，看似为潮州、漳州一带佛教发展的结果，如若开阔视野，则可见其更大背景，而不只是潮州、漳州之状况。

自唐代以来，佛教寺院就普遍对旅行者提供食宿，宋代士庶于寺院中休憩、游观、住宿、宴饮、读书者，更是屡见不鲜。在宋代，禅宗，尤其是南禅的兴起，促使禅师们势须到各地参禅访学，因此往来于路途中的禅纳便络绎不绝。这

---

[1] 参见曹家齐《宋代交通管理制度研究》，第144—152页。
[2]《宋会要》方域一一之三八，第9509—9510页。

一现象与日渐发达的商业交通相因应，促使越来越多的佛教寺院体现出接待行旅的社会功能，进而主动参与到行旅接待事务中来。宋代以来，尤其是南宋以降，普遍兴起了在道途之上兴建的施水亭庵、为巡礼佛教圣迹而设的接待庵院、位于交通要冲之接待院，以及山险地带充当驿传的接待院等。这些接待庵院的功能可以说补充了驿传、邸舍之不足。应是由崇佛风气和经济条件决定，这些佛教接待院又以两浙和福建最多。此风降及明清时期不替。[1]由此来看，潮州、漳州地区的驿庵建置只是这类现象的表现之一。然亦有其特别之处，宋元佛教的接待庵院，绝大部分都属私创，而潮州、漳州的驿庵却是由地方官员组织兴建，而且地方政府对其管理予以一定的保障。而且此类驿庵在南宋灭亡后亦随之废弃。

综上所述，可以看出，驿庵虽仅见于潮、惠及漳州一线道路，却是唐宋以来佛教因应社会，从而在全国，特别是南方地区创建接待庵院的具有地方特色的表现之一。若从佛教及地方社会之视角看，自然有其宗教信仰与地方行政相互关联的历史内涵，但若从交通史视角来看，驿庵的出现亦折射出宋代岭南地区陆路交通建置的动态过程、地方特征，以及与其他历史内容之间的复杂关联。从驿传这一交通建置来看，岭南地区的陆路交通各地区间发展并不同步，亦不能充分体现宋代驿传制度的一般特征，但其又是在整个王朝制度框架下，逐渐发展，并与其区域地位、地理特征及地方社会因素相结合，体现出一定地方特色。但需要补充说明的是，若从陆路着眼，岭南地区的交通会给人不甚发达之感。人们对于宋代岭南地区交通之印象，更多的是其发达的海上交通与以珠江水系为主的内河交通。但水路交通关联并存，才是岭南交通的全貌，以此理解岭南历史文化，才更为生动真切。

（作者单位：中山大学历史学系）

---

[1] 参见黄敏枝《宋元佛教的接待庵院》，《清华学报》新二十七卷第2期（台湾新竹，1997年6月）。

张燮《东西洋考》与岭南海洋文化

章文钦

内容提要：

明末张燮《东西洋考》是中国海外交通史的一部杰作，对闽粤两地海洋文化有着生动丰富的描述。本文将此书关于岭南海洋文化的描述，与明代戴璟、张岳《广东通志初稿》，黄佐《广东通志》，郭棐《广东通志》；清代陈伦炯《海国闻见录》，印光任、张汝霖《澳门纪略》、梁廷枏《粤海关志》；以及美国学者马士（H.B.Morse）《东印度公司对华贸易编年史》等中外文献相印证，并引用前辈学者的研究成果，从来往东西二洋的航路、民间信俗文化的海神信仰、海外贸易的税饷、佛郎机与濠镜澳诸方面，探讨明代岭南海洋文化的基本内涵及其对清代前期以至近代的影响。

一、引言

张燮，字绍和，福建漳州龙溪人。生于明代万历二年（1574年），卒于崇祯十三年（1640年）。出身士大夫家庭，二十一岁中举人，无心仕进，以吟咏著述终其身。《东西洋考》是张燮应海澄县令陶镕和漳州府督饷别驾王起宗之请撰写的，成书于万历四十四年（1616年），次年由漳州地方官主持刊行。2015年中华书局出版《张燮集》，[1] 此书收录其中。

明代前期，在商品经济发展和郑和下西洋的影响下，海外贸易随之发展。隆庆元年（1567年）解除海禁前夕，在民间海外贸易的基础上发展起来的漳州月港奏设海澄县治，地方官非常重视，邀请当地博学之士张燮，撰写一部海外贸易

---

[1] [明]张燮著，陈正统主编《张燮集》（四册），北京：中华书局，2015年。《东西洋考》收录在第四册，下文除注明引用的内容外，皆引自此版文集。

"通商指南"性质的书，此为《东西洋考》问世的时代背景。

《东西洋考》取材丰富，广泛利用前人各种文献记载，与政府邸报、档案，以至船商、舟师的口碑材料互相印证。全书十二卷，前六卷记载东西洋列国的历史沿革、山川名胜、物产方物及交易方式，后六卷记叙饷税、税珰、舟师、艺文、逸事。本书前承南宋赵汝适《诸藩志》、元代汪大渊《岛夷志略》、明代马欢《瀛涯胜览》、明代费信《星槎胜览》诸书，下启清代陈伦炯《海国闻见录》、谢清高《海录》、梁廷枏《粤海关志》、周凯《厦门志》诸书，具有较高的文献价值和学术价值，是中国海外交通史的一部杰作。

二、《东西洋考》所述东西二洋航路

东西二洋之名始见于元大德八年（1304年）陈大震、吕桂孙《南海志》，王尔敏据此书所载称："'西洋''东洋'概念之形成，应始于元代，……酝酿形成于十四世纪，至大德《南海志》，表达出形成定说，而当元明之际广为流行。"[1] 明宣德九年（1434年）巩珍著《西洋番国志》，正德十五年（1520年）黄省曾著《西洋朝贡典录》，西洋之名更加流行。

东西二洋的分界，以张燮《东西洋考》所载最为明确。此书卷五《东洋列国考》文莱条称："文莱即婆罗国，东洋尽处，西洋所自起也。"卷九《舟师考》东洋针路条文莱国注："即婆罗国，此东洋最尽头，西洋所自起处也，故以婆罗终焉。"婆罗又称婆利、婆罗洲，即今印度尼西亚加里曼丹岛，文莱国位于婆罗洲北部，至今犹存。据张燮所载，以婆罗洲为东西二洋的分界，以东为东洋，以西为西洋。

明代广东十郡，滨海者居其七，除海南岛的琼州府外，分为三路，东路为惠潮二郡，西路为高、雷、廉三郡，而以广州为中路。无论闽广海舶之通番贩洋，抑或列国番舶之来华贸易，皆需经过岭南海域，《东西洋考》对此亦有明确记载。

---

[1] 王尔敏《今典释词》，桂林：广西师范大学出版社，2008年，第186页。

《东西洋考》卷九西洋针路条，首载自镇海卫（今福建漳州）太武山往交阯东京（今越南河内）的针路（即航线），沿途所经之地为：大小柑桔屿、南澳坪山、大星尖、东姜山、弓鞋山、南亭门、乌猪山、七州山七州洋、黎母山和海宝山。除大小柑桔屿与镇海卫太武山同属闽省海域外，其余各地皆属岭南海域，而南澳、大星尖、东姜山、弓鞋山、南亭门和乌猪山之名亦见于《郑和航海图》。[1]

此条在南澳坪山之下注：

> 南澳是漳潮接连处，万历四年（1576年）设副总兵镇此，筑城周围五百丈。其外玄钟寨属漳，柘林寨属潮，最称重镇。

柘林在广东东路海防的重要地位，有成书于嘉靖年间的郑若曾《筹海图编》所载可资印证：

> 议者谓：潮为岭东之巨镇，柘林、南澳俱系要区，枕吭抚背之防，不可一日缓。……（下述筹惠潮海防之策），然未知柘林为尤要也。柘林乃南粤海道门户，据三路之上游，番舶自福趋广，悉由此入。……无柘林，是无水寨地；无水寨，是无惠潮也。为今之计，东路官军每秋掣班，必以柘林为堡，慎固要津。[2]

西洋针路条又载七州洋至广南（今越南广南）针路，所经之地为：铜鼓山、独珠山、交阯洋。铜鼓山在文昌东北，独珠山则：

> 俗名独猪山。《琼州志》曰：独州山一名独珠山，在万州东南海中，峰势高峻，周围五六十里。南国诸番修贡，水道视此为准，其洋为独珠洋。

位于海南岛东南的独珠山与独珠洋，不但为闽粤海舶往来航路标志，而且为东西洋诸国贡道所必经。

东西二洋在清代继续受到重视，明末清初著名学者、诗人屈大均多次在诗作中咏诵东西二洋所贩洋货、纱缎等。清雍正年间，官至浙江水师提督的陈伦炯著

---

[1]《郑和航海图》载于[明]茅元仪《武备志》卷二四〇，其所载地名与《东西洋考》略异，如弓鞋山作翁鞋山，南亭门作南停山，乌猪山作乌猪门。

[2]参见饶宗颐《柘林在海外交通史上的地位》，《东西方文化交通国际学术研讨会论文选》，澳门基金会出版，1994年，第22-26页。

有《海国闻见录》二卷,承袭《东西洋考》所述,著录中国沿海形势,尤详于闽台和岭南。陈伦炯是福建同安人,其父参与康熙收复台湾,伦炯少从其父,熟闻海道形势。

《海国闻见录》上卷为记八篇,下卷为图六幅。卷上《天下沿海形势录》中的《东洋记》《东南洋记》《南洋记》《小西洋记》诸篇,涵盖《东西洋考》所记之东西二洋列国。又增《大西洋记》一篇,记述自地理大发现以后东来的葡萄牙、西班牙、荷兰、英国等西方殖民国家,其源头亦可追溯到《东西洋考》,笔者将在《佛郎机与濠镜澳》一节论之。

三、《东西洋考》所反映的民间海神信仰

中国传统文化以儒家文化为主体,释道两教和民间信俗文化为补充。民间信俗文化扎根于百姓生产、生活土壤中,在民间有着深远影响,作为民间信俗文化一部分的海神信仰便是如此。

《东西洋考》关于海神信仰的记载,主要集中在卷九《舟师考》,起首称:

> 海门以出,洇沫粘天,奔涛接汉,无复崖溪可寻,村落可志,驿程可计也。长年三老鼓柂扬帆,截流横波,独恃指南针为导引。或单用,或指两间,凭其所向,荡舟以行。……或风涛所遭,容多易位;至风净涛落,驾转犹故。循习既久,如走平原。盖目中有成算也。

海神信仰是古代航海者和滨海居民生存所系、生活所依的精神支柱。因此人们倾向于制造多种多样的海神偶像,张燮在《舟师考》祭祀一条,专门记载了对于关帝、天妃和舟神的崇拜现象:

> 协天大帝者,汉前将军汉寿亭侯关壮缪也。万历四十三年(1615年)上尊号。天妃世居莆之湄洲屿,五代闽王时都巡检林愿之第六女也。……(永乐七年)己丑,加封弘仁普济护国庇民明著天妃。自是遣官致祭,岁以为常,册使奉命岛外,亦明禋惟谨。舟神,不知创自何年,然舶人皆祀之。

张燮接着记述了往来东西二洋的海舶,在舟中对三神的拜祀情况:

> 以上三神,凡舶中来往,俱昼夜香火不绝。特命一人为司香,不他事事。舶主每晓起,率众顶礼。每舶中有惊险,则神必现灵以惊众,火光一点,飞出舶上,众悉叩头,至火光更飞入幕乃止。是日善防之,然毕竟有一事为验。或舟将不免,则火光必飐去不肯归。

黄佐《广东通志》刊于嘉靖四十年(1561年),郭棐《广东通志》刊于万历三十年(1602年),其中皆有天妃拜祀情形的记述,两书皆成于《东西洋考》之前,所记应为来往东西二洋的中国商人、水手等的实际体验,与张燮所载相合。

三神之外,《舟师考》所载海神还有灵伯、都公和灵山石佛:

> 在万州东南海中,……舶人云:有灵伯庙,往来祭献。

> 都公者,相传为华人,从郑中贵抵海外归,卒于南亭门。后为水神,庙食其地。舟过南亭必邀请其神,祀之舟中。至舶归,遥送之去。

> 灵山石佛,头舟过者,必放彩船和歌,以祈神贶。

灵伯应为琼海一带颇受崇奉的海神。灵山位于今越南南部之华列拉岬,以峰头巨石,形似佛头而得名,为往来海舶的重要望山。

祭献之仪,除入庙拜祭之外,还有放彩船迎送之俗。即海舶出洋时,敲锣打鼓,点燃香烛,放下彩船,将神灵迎请上船,供奉于神楼。海舶归来,又用彩船将神灵恭送回庙。放彩船和歌之仪,向达先生校注之《两种海道针经》甲种《顺风相送》有《歌》一篇云可与张燮所载相印证:

> 灵山大佛常挂云,打锣打鼓放彩船。使到赤坎转针位,前去见山是昆仑。昆仑山头是实高,好风使去亦是过。……新做宝船新又新,新打舵索如龙根,新做宝船新又新,新打舵索如龙根,新舵做齿如龙爪,抛在澳港值千金。

这种放彩船的仪式,同样适应于天妃、灵伯和都公。

四、《东西洋考》所反映的海外贸易税饷

---

[1] 向达校注《两种海道针经》甲种《顺风相送》,北京:中华书局,1961年,第47页。

对海外贸易征收税饷，始见于汉代，至唐宋时期，随着市舶制度的发展而渐趋完备。北宋淳化二年（991年）始定十分抽解二分之制，其后税率虽有变化，对国内外货物征收实物税的抽分制已经确立。沿至明初，实行海禁，除贡舶贸易之外，禁止私人海外贸易，贡舶贸易也实行种种限制。

私人海外贸易既被视为非法，借贸易为生之闽粤商民，不得不椎髻环耳，效番人衣服声音，入番舶中，违法犯禁，走私劫掠，成为当时社会的一种不稳定因素。嘉靖年间，中国东南沿海倭患迭起，闽粤二省尤甚，海盗山寇并作，其主体实为违法犯禁下海通番的中国商民。嘉靖末年，福建巡抚谭纶提议放宽海禁，即所谓"市通则寇转为商，市禁则商转为寇"[1]。到明穆宗隆庆元年，终于由福建地方官奏请而开海禁。

随着中国商舶海外贸易的发展，原来对贡舶和番舶来华贸易所实行的抽分制，必须适应新形势而作出适当的调整。据《东西洋考》的《饷税考》载：

> 万历三年（1575年），中丞刘尧诲请税舶以充兵饷，岁额六千。同知沈植条海禁便宜十七事，著为令。于时商引俱海防官管给，每引征税有差，名曰引税。……其征税之规，有水饷，有陆饷，有加增饷。……自万历四年（1576年），饷溢额至万金，刊入《章程录》。至十一年（1583年），累增至二万有余。

《饷税考》将引税、水饷、陆饷和加增饷分别加以论列。关于引税：

> 每请引百张为率，尽即请继，原来定其地而限其船。十七年（1589年），中丞周寀议将东西洋贾舶题定额数，岁限船八十有八，领引如之。后以引数有限，而愿贩者多，增至百一十引矣。
>
> 原注：东西洋每引税银三两，鸡笼、淡水税银一两；其后加征东西洋税银六两，鸡笼、淡水二两。

此处的引税又称船引，以区别于宋代以来的盐引，亦由官府卖引给商，收取引银，而且限定商舶额数，刊刻编号，引数亦有限制。

关于水饷：

---

[1] 戴裔煊《明代嘉隆间的倭寇海盗与中国资本主义的萌芽》，北京：中国社会科学出版社，1982年，第76页。

> 水饷者，以船广狭为准，其饷出自船商。……万历三年（1575年），提督军门刘详允东西洋船水饷等第规则（原注：时海防同知沈植议详）：船阔一丈六尺以上，每尺抽税银五两，一船该银八十两。一丈七尺以上阔船，每尺抽税银五两五钱，一船该银九十三两五钱。……二丈六尺以上阔船，每尺抽税银十两，一船该银二百六十两。贩东洋船每船照西洋船丈尺规则，量减十分之七。
>
> 原注：西洋船面阔一丈六尺以上者，征饷五两，每多一尺加银五钱。东洋船颇小，量减西洋十分之三。

即对商舶进行丈量，按船只体积大小分别等第，抽收船钞。这是中国海外贸易的税收从抽分制发展到丈抽制的一项重要措施，对清代以后的海关制度有着深远的影响。而水饷条东洋船"量减十分之七"之说，疑有不确，应以上文原注"量减西洋十分之三"为是。

关于陆饷：

> 陆饷者，以货多寡计值征输，其饷出于铺商。又虑间有藏匿，禁船商无先起货，以铺商接买货物，应税之数给号票，令就船完饷而后听其转运焉。
>
> 原注：陆饷胡椒、苏木等货，计值一两者，征饷二分。

陆饷条还列出胡椒、象牙等货物种类，以及征税细则。这样货物税银就与船钞银分别征收，成为海外贸易的两项重要税收。

关于加增饷：

> 加增饷者，东洋吕宋，地无他产，夷人悉出银钱易货，故归船自银钱外，无他携来，即有货亦无几。故商人回澳，征水陆二饷外，属吕宋船者，每船更追银百五十两。谓之加征。后诸商苦艰，万历十八年（1590年），量减至百二十两。

吕宋自1571年（隆庆五年）起成为西班牙殖民地，马尼拉则成为西属印度殖民地首府，美洲白银开始通过海外贸易流入中国。故加增饷的征收，影响到明末以至清代前期的中西贸易。

闽省当局在海澄对海外贸易征收水饷、陆饷、加增饷的一整套规条，对岭南的海外贸易很快产生影响。

清朝于康熙二十三年（1684年）开放海禁，次年设立江、浙、闽、粤四海关。粤海关设满汉监督各一员，以宜尔格图为满监督，成克大为汉监督。宜尔格图在粤海设关当年，查阅粤中旧档及规例册，奏定关税之例，参照明末及清初禁海以前丈抽之例而略予变通，奉旨俞允。奏疏所言隆庆五年（1571年）改定丈抽之例，应与居澳葡人及其他番商报货奸欺，难于查验有关。而《粤海关志》卷八至十三为《税则》，卷十四至十五为《奏课》，所载货税细则、关税定额及递年征收情形，较之《东西洋考》的《饷税考》，有沿袭，亦有变通，而内容更为丰富。至于澳门海外贸易的税收，从明末到清代前期，也沿袭闽省的丈抽之例而有所变通。对澳葡海外贸易的额船，只征船钞，待华商至澳买货，始纳货税。

对于来粤贸易的西方商船丈量征钞的规例，《粤海关志》虽偶有提及，但不及马士（H.B.Morse）的《东印度公司对华贸易编年史》（*The Chronicles of the East India Company Trading to China,1635-1834*）所载为详。此书凡五卷，各卷之末，皆有来华贸易的英国东印度公司船只表，1635年（明崇祯八年）租给葡萄牙人的"伦敦号"（London），便有交纳船钞（Measurement dues）1400两的记载。1689年（清康熙二十八年）停靠澳门的"防卫号"（Defence），便有吨位（Toms,730）、中国单位（Chinese Units，221）、船钞基数（1500）和附加（Accretions,300）的记载。至1750年（乾隆十五年）停泊黄埔的"爱德华王子号"（Prince Edward）则有吨位（499）、中国单位（194）、船钞基数（1444）和规礼（Present,1950）的记载，[1]此后一直到英国东印度公司退出广州贸易的1834年（道光十四年），所载变化不大。

中国单位即经过中国官吏对英公司商船进行丈量之后记载入册的单位，而船钞开始时有基数和附加二项，附加源于明清官吏的陋规，后来将附加合并归公，刊入则例，便成为规礼。

至于丈量征收船钞的实际操作情形，由笔者译补的此书《词汇索引》有《丈

---

[1] H.B.Morse, *The Chronicles of the East Company Trading to China,1635-1834*,Oxford,1926,vol 1,pp.307-308;Oxford, 1928,vol.5,p.199.

量》（Measurage）一目，收各卷索引52条，包括要求确定、征收数额、由保商缴纳、计算方式等项。《丈量船只》（Measurage Ship）一目，收第1、2、3、5卷索引32条，包括丈量定例、大班及海关耽搁等项。[1]这一规例又影响到近代海关的吨位税。

从明末开始到19世纪初期鸦片贸易盛行以前，西方各国对华贸易一直处于出超的地位，必须向中国输入白银作为对华贸易的资金，以平衡向中国购买丝绸、瓷器、茶叶等货而出现的逆差。同书《词汇索引》有《白银》（Silver）一目，仅输入中国一项就达107条。粤海关向输入的白银（银元）征收附加税，最高达10%（Ten percent）。[2]

从《东西洋考》之《饷税考》所载的水饷、陆饷、加增饷，到属于岭南海洋文化的船钞、货税、白银附加税，均有明显的演化轨迹可寻。

五、佛郎机与濠镜澳

从明末到清代前期，中国对外关系处在从朝贡体制向条约体制过渡时期，与外国的关系，从与亚洲朝贡国的关系为主，逐渐转变为与葡、西、荷、英、法、美等西方国家的关系为主。

明末，地理大发现之后先后东来的葡萄牙人、西班牙人、荷兰人，都在亚洲建立殖民地，并与中国发生关系。被称为佛郎机的葡萄牙人，在印度、马六甲建立殖民地，并入据中国澳门。同样被称为佛郎机的西班牙人，在吕宋建立殖民地，并一度入据中国台湾。被称为红毛番的荷兰人，在印度尼西亚建立殖民地，并取代西班牙人入据台湾。张燮《东西洋考》对此皆有记载，本文限于篇幅，只略论佛郎机与濠镜澳，亦即葡萄牙人与澳门。

关于这一专题，20世纪有三位中国前辈学者进行研究，成果卓著。张维华先

---

[1] 马士著，区宗华译，林树惠校，章文钦校注《东印度公司对华贸易编年史》第5卷，广州：广东人民出版社，2016年，第362–363页。

[2] 马士著，区宗华译，林树惠校，章文钦校注《东印度公司对华贸易编年史》第5卷，第401、414页。

生在1932-1934年写成《〈明史·佛郎机、吕宋、和兰、意大里亚传〉注释》，同年由哈佛燕京学社出版，至1982年，由上海古籍出版社出了新版，更名为《〈明史〉欧洲四国传注释》。梁嘉彬先生1932年毕业于清华大学历史系，任中山大学文史学研究所编辑员，至1934年初，在完成《广东十三行考》书稿的同时，撰写《〈明史·佛郎机传〉考证》一书，同年刊于中山大学《文史学研究所月刊》第二卷第三、四期合刊。

戴裔煊先生1956年开始研究澳门史，1957年撰写《关于澳门历史上所谓赶走海盗问题》的专题论文，刊于《中山大学学报》1957年第3期。1958年撰写另一篇专题论文《关于葡人入据澳门的年代问题》。[1] 1970年，在极其艰难的条件下撰写《〈明史·佛郎机传〉笺正》一书，至1984年由中国社会科学出版社出版。戴先生积三十余年之力潜心研究澳门史，直到1988年病逝，是我国澳门史研究的奠基人。

张燮《东西洋考》为张维华、梁嘉彬、戴裔煊诸先生研究《明史·佛郎机传》的重要参考文献，屡见征引。

关于佛郎机，《东西洋考》卷四《西洋列国考》有麻六甲条，麻六甲又称满剌加，今称马六甲，所在的马六甲海峡是连接南海与印度洋的一条重要航道。麻六甲条称：

> 后佛郎机破满剌加，入据其国，而故王之社遂墟。臣隶俛首，无复报仇，久乃渐奉为真主矣。古称旁海人畏龟龙，……身负鳞甲，露长牙，遇人则啮，无不立死。山有黑虎，……或变人形，白昼入市，觉者擒杀之。今合佛郎机，足称三害云。

佛郎机占据满剌加在明正德六年（1511年）。而以龟龙（鳄鱼）、黑虎与佛郎机合称三害，正是当年葡萄牙殖民者的海盗行径在西洋土著和中国海商中留下的丑恶形象。[1]

至于佛郎机初来中国之事，《东西洋考》卷十二《逸事考》据《月山丛谈》

---

[1] 见蔡鸿生主编《澳门史与中西交通研究：戴裔煊教授九十诞辰纪念文集》，广州：广东高等教育出版社，1998年，第1-23页。

谓：

> 嘉靖初，佛郎机遣使来贡，其使皆金钱。其人好食小儿，每一儿市金钱百文，广之恶少掠小儿竞趋之。……居二三年，儿被掠益众。海道汪鋐以兵逐之，不肯去，又用铳击败我兵。乃使善水者入水，凿沉其舟，尽擒之。

佛郎机入贡之年，黄佐《广东通志》作正德十一年（1516年），郭棐《广东通志》卷六九《外志》四番夷与《明史·佛郎机传》作正德十三年（1518年），戴裔煊先生证以西方文献，第一个葡萄牙使团来华在1517年，正与戴璟、张岳《广东通志初稿》所载正德十二年（1517年）相合。至于佛郎机掠食小儿之说，明代有多种文献提及，但戴先生认为，这是佛郎机掠买中国人口，贩卖为奴隶："他们是奴隶贩子，在遣使之前，已经开始勾引两广的坏人，干掠买人口的罪恶勾当，以后不断有这方面的史料记载。"[2]

关于濠镜澳。《东西洋考》卷六《外纪考》红毛番条称：

> 红毛番自称和兰国，与佛郎机邻壤，自古不通中华。……佛郎机据吕宋而市香山，和兰心慕之，因驾巨舰横行爪哇、大泥之间，筑土库，为屯聚处所。竟以中国险远，垂诞近地。尝抵吕宋，吕宋拒不纳。又之香山，为澳夷所阻，归而狼卜累年矣。

> 原注引《广东通志》谓：红毛鬼不知何国，万历二十九年（1601年）冬，（二三）大舶顿至濠镜（之口）。其人衣红，眉发连须皆赤，足踵及趾长尺二寸，（形）壮大倍常（似悍）。澳夷数诘问，辄译言不敢为寇，欲通贡而已。当道（两台司道皆讶其无表）谓不宜开端。

> （时）李榷使召其酋入见，游处会城，（将）一月始（遣）还。诸夷在澳者寻，共守之，不许登陆，始去。

---

[1] 龟龙之名，始见于《礼·礼器》："升中于天，而凤凰降，龟龙假。"盖古人以龟龙为异物，与凤凰并列为吉祥的象征。而唐代权德舆所撰杜如晦墓志铭谓："冠功臣之表，近天子之光，为时龟龙"则以龟龙喻人杰。韩愈为潮州刺史，撰《鳄鱼文》，并无龟龙之名。至张燮《东西洋考》所载，龟龙谓鳄鱼，为害人之恶物。潮汕有"龟龙圣母"之俗语，盖谓以圣母之善名，行龟龙之恶业，当为受海洋文化的影响而产生的变异。

[2] 戴裔煊《〈明史·佛郎机传〉笺正》，第7—8页。

所引即郭棐万历《广东通志》卷六九《外志》四番夷记载，引文中加括号者为原文所有而被张燮删去或改动字句。李權使谓李凤。

濠镜澳又称蠔镜澳。戴裔煊先生解释蠔镜一名曰：

> 镜是蠔的外壳的一部分，平滑如镜，故名。广东沿海一带地方，往日妇女裁衣服时，常用蠔镜画白色粉线在布上为尺寸长短记号。显然，蠔镜澳得名是因其形似蠔镜之故。[1]

关于香山澳。《东西洋考》卷十二《逸事考》有言：

> 嘉靖三十四年（1555年）三月，司礼监传谕户部取龙涎香百斤。檄下诸藩，悬价每斤偿一千二百两。往香山澳访买，仅得十一两以归。内验不同，姑存之，亟取真者。广州狱夷囚马那别的贮有一两三钱，上之，黑褐色。密地都密地山夷人继上六两，褐白色。……自嘉靖至今，夷舶闻上供，稍稍以龙涎来市，始定买解事例，每两价百金。

查郭棐万历《广东通志》卷六九《外志》四番夷之苏门答剌条，末载贡献方物，有龙涎香，下有夹注，张燮所记即采自其中而较为简略，如"嘉靖三十四年"至"亟取真者"一段，夹注作：

> 传苏门答剌西一昼夜程有龙涎屿，独峙南巫里洋之中，群龙交戏其上遗涎。国人驾独木舟向采之。每一斤值其国金钱一百九十二枚，准中国铜钱九千文。嘉靖三十四年三月，司礼监传谕户部，取龙涎香一百斤，遍市京师不得，下诸藩采买。八月部文驰至，台司集议，悬价每斤银一千二百两。浮梁县商汪弘，请同纲纪何处德往澳访买，仅得十一两以归。十月，遣千户朱世威驰进，内验不同，姑存之，亟取真者。

全条篇幅颇长，张燮所录，仅及三分之一。然夹注"往澳访买"之文，张燮径书为"往香山澳访买"，可见香山澳之名，当年已颇著于东南沿海。

此外，张燮在同书卷五《东洋列国考》记吕宋之佛郎机，其末谓：

> 其在中国香山，盘据为日已久，今则马非马，驴非驴，俨然金城，雄其澳中矣。

---

[1] 戴裔煊《〈明史·佛郎机结〉笺正》，第53页。

虽然对盘踞吕宋与澳门的佛郎机未能分清，而以文中之"澳"为香山澳则可以无疑。

香山澳又称香澳。万历十九年（1591年）汤显祖在南京礼部祠祭司主事任上，因上疏言事，触怒万历帝，贬广东徐闻县典史，赴任途中，游历澳门，有《香澳逢贾胡》诗云："不种田园不树桑，珴珂衣锦下云樯。明珠海上传星气，白玉河边看月光。"咏其在香澳遇到贩运珍异珠宝的贾胡，即葡萄牙商人的情形。复有《听香山译者》二首，则咏其从香山译者听到的东西二洋风土人情。[1]

关于澳门。《东西洋考》书中未见直书其名，只是在前引卷五《东洋列国考》记吕宋之佛郎机，谓其在中国香山盘踞日久，"今则……雄其澳中矣"。又卷六《外纪考》红毛番条，记万历二十九年红毛大舶至濠镜，"澳夷数诘问，辄言不敢为寇"。文中之"澳"字，皆指澳门，则可以无疑。

六、结 语

在多元一体的中华文化中，山海相连的闽粤两地皆属于滨海地域文化，在这种文化背景之下，明末闽籍士人张燮撰写的《东西洋考》记述十六、十七世纪之交中国海洋文化，尤其对岭南海洋文化论述翔实，足与中外文献相印证。

自十五、十六世纪之交葡萄牙人东来，直到近代，"中国便面临西方列强的挑战，以艰难的步伐，实现从朝贡体制向条约体制的转变，由浅入深地卷入世界体系"。[2]《东西洋考》正是记述了这段历史时期的转变。

中国海外交通史学者章巽先生回忆早年在美国约翰霍布金斯大学受业，听取教授讲述十六世纪英国对西班牙争夺海上控制权的历史及美国"海权论"时有言："我深深觉得，消除了其掠夺性和侵略性，航海事业对于一个国家保卫自己和开展对外多方面的和平交流，确是十分重要的。"[3]致力于海洋文化研究

---

[1]徐朔方笺校《汤显祖诗文集·玉茗堂诗集》上册卷六，上海：上海古籍出版社，1982年，第427-428页。
[2]蔡鸿生《中外交流史事考述》，郑州：大象出版社，2007年，第410页。
[3]章巽《我的生活经验和甘苦谈》《章巽全集》下卷，广州：广东人民出版社，2016年，第1308页。

的中华学人，只要以道德人格为安身立命之本，实事求是，发扬真理，坚守国家民族的立场，发扬前辈学者文化学术的爱国主义传统，就一定能够取得卓越的成就，为此必须寄希望于有志于学的青年学者，而笔者亦要为中华文化学术和中国海洋文化的研究尽绵薄之力。

（作者单位：中山大学中外关系史）

海关接管前后的粤海常关

吴张迪

内容提要：

1902年，根据《辛丑条约》，为保证清政府赔款，各地常关距通商口岸海关50里内的大小关口交由海关管辖，其税收用于赔款。由此，粤海常关交由粤海关管理，并分为五内常关和五外常关。本文利用档案材料，考察海关接管前后的交涉过程，粤海常关的行政制度，机构变化。粤海常关的变迁体现了中国海关制度以及区域经济的较大转型，以粤海常关为个案的考察有利于推进常关研究以及深入近代广东区域经济的讨论。

一、引言及学术史回顾

清朝的常关制度，建于顺康年间，是封建国家对商品贸易进行管理和征税的制度，征税对象主要是国内贸易。1902年，根据《辛丑条约》，为保证清政府赔款，各地常关距通商口岸海关50里内的大小关口交由海关管辖，其税收用于赔款。由此，粤海常关分为五内常关和五外常关，五内常关改归关税务司管辖。

早在清朝及民国时期，就有学者对海关的情况予以关注，梁廷枏《粤海关志》[1]黄序鹓《海关通志》[2]作为史料性质的著作，使我们对粤海关以及常关的沿革、关口、税则、贸易情况等都有基础性了解。近年来在海关史研究越来

---

[1] [清]梁廷枏著，袁忠仁校注《粤海关志：校注本》，广州：广东人民出版社，2002年。
[2] [民国]黄序鹓《海关通志》，定庐发行所，1917年。

越深入的同时，关于常关的研究也越来越多，[1]戴一峰《近代中国海关与中国财政》广泛论述了九龙、拱北海关的建立对粤海常关权益的侵夺，[2]1902年海关接管常关、改造常关的政策和五内常关的税收统计等内容，以及海关与常关在晚清财政中的博弈关系，为研究条约体系时期的粤海常关打下了坚实的基础。日本学者滨下武志在回顾常关历史，剖析海关与常关的关系的基础上，对厦门常关的规则、征税种类和税则进行了缜密的研究。[3]由于，各地常关行政不统一，需单独考察，学界近年来开始以个案为例展开研究，[4]李爱丽针对晚清粤海常关的税收种类和税则税率进行考察，[5]而她指导的论文则以粤海常关下陈村分关为例，考察其海关接管前后的变化情况，[6]本文研究从中受益匪浅。

本文利用已出版海关档案，粤海关英文档案史料加之与地方志材料，考察海关接管粤海常关前后交涉过程，粤海常关的行政制度，机构变化情况。以粤海常关为个案的考察有利于推进常关研究以及深入近代广东区域经济的讨论。

二、粤海关接管粤海常关交涉及过程

1902年，根据《辛丑条约》，海关开始接管五内常关，但清政府一开始并不

---

[1] 如祁美琴《清代榷关制度研究》，呼和浩特：内蒙古大学出版社，2004年；邓亦兵《清代前期关税制度研究》，北京：北京燕山出版社，2008年；廖声丰《清代常关与区域经济》，北京：人民出版社，2010年；祁美琴《晚清常关考述》，《清史研究》2001年第4期。

[2] 戴一峰《近代中国海关与中国财政》，厦门：厦门大学出版社，1993年。

[3] [日]滨下武志著，高淑娟、孙彬译《中国近代经济史研究——清末海关财政与通商口岸市场圈》，南京：江苏人民出版社，2006年。

[4] 水海刚《试论近代海关与地方社团的关系——以近代厦门海关监督常关为例》，《史林》2005年第3期；何小敏《非条约口岸常关个案研究——以扬州关的变迁为例》，厦门大学2009年硕士论文。

[5] 李爱丽《海关接管前后粤海常关税收问题初探》，桑兵、赵立彬主编《转型中的现代中国：近代中国的知识与制度转型学术研讨会论文选（下）》，北京：社会科学文献出版社，第604-620页。

[6] 潘浣钧《陈村常关和区域经济》，中山大学2011年本科论文。

想放弃粤海常关，谈判中他们的理由是："粤海一关系内府差使，其监督递年更换，与各关监督均不相同，且香澳六厂税务已归税务司经征，税收颇巨，其粤海关监督现时征税各处应仍由监督自行管理。"[1]此时总税务司赫德虽然对粤海常关觊觎已久，但面对如此要求，他并没有明确答复：倘全权大臣与各国大臣议约时业经议明，常税中无粤海在内，自应照行。惟粤海一关，扣出不归，新关一节，如此定办，非（总税务司）所能主。[2]此间，他两次致函外务部，以"各该国非无耳目……倘有税务司应兼办而不办者，深恐有不便之事出"，及各国公使参赞追询此事为辞，给清政府施压。无奈之下，清政府不得不把粤海常关交出。[3]

光绪二十八年（1902年）正月及四月，粤海关监督先后移交粤海常关总部及广州附近的总巡口、总查口、东炮台口、西炮台口及花地口等。[4]粤海关代理总税务司司湛参（J.C.Johnston)在总结当年贸易情况时谈到：本年本关最为紧要者，即粤海常关并省城分口五处改归本关兼办之事。常税大关于正月初十日接办，分口五处是四月十九日接办。至接办常关之事，幸以安谧，盖省城一埠，民情浮动，此番竟能一路顺适，直前无阻，此则可为欣慰者也。[5]但他"欣慰"得过早了，接下来，粤海关与粤海关监督就陈村和佛山分关的归属问题进行了冗长的谈判，谈判的焦点在于粤海关监督认为这两个分关距粤海关的水路距离大于50里，[6]而总税务司赫德则坚持按照接收九江关的惯例，以海关到两地的直线距离计算，

---

[1]《全权大臣（庆亲王李忠堂）札行总税务司》（光绪二十七年七月十六日），《旧中国海关总税务司署通令选编第一卷1861-1910》，北京：中国海关出版社，2003年，第462-463页。

[2]同上，第464-467页。

[3]《1901年11月18日（光绪二十八年十月八日）赫德致外务部函》，中国近代经济史资料丛刊编辑委员会编《中国海关与义和团运动》，北京：中华书局，1983年，第60-61页。

[4]广东省地方史志编纂委员会编《广东省志海关志》，广州：广东人民出版社，2002年，第4页。

[5]《光绪二十八年广州口华洋贸易情形论略》，广州市地方志编纂委员会办公室、广州海关志编纂委员会编译《近代广州口岸经济社会概况——粤海关报告汇集》，广州：暨南大学出版社，1991年，第416页。

[6]《粤海关十年报告(1902—1911)》，广州市地方志编纂委员会办公室、广州海关志编纂委员会编译《近代广州口岸经济社会概况——粤海关报告汇集》，第958-960页。

[1] 最终，陈村和佛山分卡在1904年9月10日才接受海关的控制，是日，负责常关事务的一名助理受遣率工作人员赴该两地负责接收工作。[2]

其中值得关注的是市桥关，市桥常关始建于乾隆年间，距粤海关50里以内，根据条约应被海关接管，为何被忽视，也许是收到了不可靠的信息。[3]但对照诸多材料显示，市桥被忽视的原因应不是收到不可靠信息而未被接管，这里结合《粤海关接管后粤海常关历年税收统计表》加以说明（只节录5年）：

单位：两（省去个位以后数字）

年份	常关（大关）	总查	总巡	东炮台	西炮台
1902	235228	889	375	817	9167
1903	297969	2736	893	1540	22030
1904	251751	3077	855	1414	22309
1905	244051	2951	810	2119	34964
1906	255561	3294	699	2380	37798

年份	陈村	紫坭	佛山	总计
1902				246477
1903				325169
1904	10340		3648	293397
1905	51495		23222	359344
1906	61771	6859	21388	389755

资料来源：中国第二历史档案馆，中国海关总署编《旧中国海关史料》（相关年份），北京：京华出版社，2001年。

---

[1]《总税务司申呈外务部》（光绪二十七年九月二十七日），出自 Documents Illustrative of the Origin, Development, and Activities of the Chinese Customs Service,《中国近代海关历史文件汇编》第2册，第298页。

[2]《粤海关十年报告（1902-1911）》，广州市地方志编纂委员会办公室、广州海关志编纂委员会编译《近代广州口岸经济社会概况——粤海关报告汇集》，第958-960页。

[3] Report on Canton Native Customs. August, 1911(1911年8月广东省常关报告)，缩微胶卷，粤海关档案，94全宗(1)，案卷号2234，广东省档案馆藏。（以下略）

从材料中我们可以看到，粤海各常关归入粤海关后，每年收入根据关口大小及来往货物多少不等，但最少的都有千余两。而市桥关地处庙口，庙口这个湾小而且荒僻，一个月收入大概40两关平银。[1] 1907年，粤海常关的税收统计，市桥年收税只有490两，是广州府子口里收入最少的分卡。[2] 综上所述，粤海关忽略这样一个收入短缺的小关也就不值得奇怪了。

环顾接管粤海常关过程，从一开始的清政府不愿意放弃粤海常关，到后来粤海关监督围绕陈村与佛山分关与粤海关产生的谈判，以及粤海关忽略五内常关中的市桥关，背后都是财政收入问题，但《辛丑条约》签订后，谈判中处于被动地位的清政府只得一步步退让，最终使五十里内的粤海常关终归海关管辖。

三、海关接管后的粤海常关

1.粤海常关行政体系的变化

总税务司赫德深知接管常关的阻力，他在制定常关管理通则时，告诉各关税务司：

> 此改变并非意在立即紧缩旧机构，设立新机构，而仅在迄今彼等独立存在之机构与海关相联系。此外，常关今后由海关管理亦非谓由原主管及其员工担任之工作改由税务司及其官员承担，而仅为将旧机构置于税务司监督之下，俟有必要再按当地情况及其特殊环境逐渐予以重组，使之与海关工作方法趋同。[3]

粤海关的接管人员在工作中陈述："根据总税务司的指令，工作保持不变，只有轻微的变化引入办公程序，现存规则得到更加规范的遵守。"[4]

但是在随后的管理下，粤海关逐渐发现了原行政体系的缺漏与常关有许多冗杂官员，如：

---

[1] *Report on Canton Native Customs. August,* 1911(1911年8月广东省常关报告)，广东省档案馆藏。
[2] 同上注。
[3]《旧中国海关总税务司署通令选编第一卷 1861—1910》，北京：中国海关出版社，2003年，第473页。
[4] *Report on Canton Native Customs. August,* 1911(1911年8月广东省常关报告)，广东省档案馆藏。

子口每年都会承包给一个委员，对于他们买下这个职位来说已经是一个公开的秘密了，承包费是根据关口的重要性来收取，每年交给粤海关监督不少于1万两。因此平常的小佣金无法收回他们的日常开销。他们收取佣金以补回他们的日常花销，职员允许每担货物通入关口时多收0.015关平银，一个月将收到大约3000关平银附加费。长此以往，这将给收税带来极大的破坏，而这些费用对于贸易来说也是破坏性的。

委员基本上是外省人，所以他们对自己工作地忽视是已成定律的，但是子口有一个能干的司事也是规律的，他们管理整个关口，使得委员一个月可以离开25天。除了司事，还有2到3个官员办公，他们不时充当巡役，但是巡查或者检查货物等外班工作他们是从来不会履行的。在海关接收的时候，觉得有着不同寻常的庞大员工群，而接管后，这些员工只剩一半了。[1]

粤海关开始精简行政体系，减少办事人员，提高高效的行政制度，以陈村关的一份工资单为例，当时陈村关的内班组成人员有：1个从海关调来的关务主任（Clerk-in-charge），3个书办（Shupan），和2个巡役（Tidewaiter），而他们的工资分别是（1人）70两关平银，（3人合算）85两和（2人合算）41两，也就是说一个关口的职员，6人，共领196两关平银。而在接管之前，一共有12个工作人员，共领433两。[2] 而此时的常关总关也只有18名内班雇员（包括1名外国帮办）和30名外班雇员（包括3名洋员）；[3] 1911年的广东省常关报告为我们描述了粤海关接管后常关具体的工作架构：

内班工作主要分5个办事机构，助理部门，总务部门，秘书部门,税收部门，检查部门。助理部门（Asstiant'office）不仅需要处理粤海常关而且还有陈村分关的事务，每个月需要支出职员薪金，检查税收簿、征用报告、小额现金收入与支出与征用账目。每年还需要准备一份粤海常关与陈村分关货物的贸易统计表。

秘书部门（Secretary's office）由一名关务人员(Clerk)与一名文书(Waiter)组成，关务人员需要完成月与季度的税收簿，以及月利润统计并保存小额现金账目。

总务部门（General office），该部门全部由中国人组成，经理管理该部门，该部

---

[1] *Report on Canton Native Customs. August,* 1911(1911年8月广东省常关报告)，广东省档案馆馆藏。

[2] 同上注。

[3] 《粤海关十年报告(1902-1911)》，广州市地方志编纂委员会办公室、广州海关志编纂委员会编译《近代广州口岸经济社会概况——粤海关报告汇集》，第958-960页。

门由1名关务人员与12名书办（Shupan）组成，经理当船通过时需要检查所有载货单的凭证与准照单与放行单。

税收部门（Returns office）该部门全部由3名中国书办组成，需要核实税收，统计税收等工作。

外班工作主要由一名中国巡役负责，外班工作主要是登船和验货，检查分在船上检查（Examination afloat）和在岸上检查（Examination ashore）。

尽管如此，海关发现，裁员和减薪没有带来关员的反抗，他们反而高效地处理着工作。比起接管前，关员工作更加明确，关员也能发挥最大作用，但是关员的待遇就变差了，不说工资降低，工作更多，连"额外收入"也没有了。[1]虽然常关的工作没有变化，但是粤海关主动精简行政体系，减少办事人员，建立了一套较接管前更为高效的行政制度。

图一 清末民初的粤海关

2.粤海常关税收体系的变化

但是高效的行政制度并不意味着粤海关裁撤了原来的税种，有学者根据粤海常关月税收报表研究指出，粤海常关海关接管常关后，除了清政府统一取消的挂销号费，原来的税种都继续保留，也没有增加新税种。其中，解往汇丰银行用于支付赔款的税款由进出口正税和船头金构成，火耗和担头银只统计，但不解款。

---

[1] *Report on Canton Native Customs. August,* 1911（1911年8月广东省常关报告），广东省档案馆馆藏。

陈村分口没有船头金和担头银的收入。分析税种没有减少的原因，一方面是害怕遇到来自常关既得利益者的阻力，例如担头银，主要用于海关监督衙门和常关各口的办公经费和员工的退休金，由来已久，断难取缔。另一方面可能是海关出于支付赔款的目的，希望常关能提供更多的税款。海关方面曾设想将担头银纳入税款总数，然后返还给海关监督1／10用作经费，但未能实现。[1]

而粤海关接收粤海常关后，曾对粤海常关的分口主动改造，有如下几件：

1）1907年3月29日东西炮台分口和佛山分口取消，这一年，光绪皇帝下令废除常关一直征收的挂销号费，原来征收此费的三个分口由此撤销。

2）1907年10月17日后，总巡、总查分口的工作并入大关。

3）1908年7月28日紫坭分口取消，原因是盗贼横行，抢劫肆虐，分口取消后，人员并入陈村分口。[2]

1902年海关接管常关后，出于保证常关税收用于支付赔款的目的及平稳扩张权力、避免引起既得利益者对抗的考虑，沿用原有的商品税则和税收种类，只有挂销号费由清朝中央政府统一取消，并随之撤销了相关关口。这一时期五内常关的变化，比较明显的是裁撤了一些不合理的分口，减少了分关数量。

图二 清末西堤粤海关码头附近情景

---

[1] 李爱丽《海关接管前后粤海常关税收问题初探》，桑兵、赵立彬主编《转型中的现代中国：近代中国的知识与制度转型学术研讨会论文选（下）》，第604-620页。

[2] *Report on Canton Native Customs. August*, 1911(1911年8月广东省常关报告)，广东省档案馆馆藏。

3.粤海常关税收的变化与通商情况

在粤海关接管粤海常关后,通过对行政体系与税收体系的调整,其税收状况也发生了较大变化,比较1902-1911年十年来粤海常关历年税收统计表,[1] 只有1903年较之上一年常关税收有显著提高,而其他年份均保持较为平稳状态,甚至有些年份有下降。其中原因有两个:行政体系的精简有利于提升常关工作效率与减少"灰色收入",使税收提升,如海关接管陈村常关后,由于严格按照税则执行,过往民船转而经由附近的石岐分口纳税,致使该口税收大大提高。[2] 但是更为重要的是,从前使用帆船运输的货物大多数趋向于使用轮船运输。轮船的安全性和交货准时开始被高度赞赏,光绪二十八年(1902年)的广州口华洋贸易情形论略中就提到:"因从前有许多货物,向由渡船装载者,自本年常关归本关兼办之后,即多改由轮船载运矣。"[3] 而且轮船运费一般都比民船运费便宜,而且珠江三角洲经常受海盗骚扰,对民船运输也造成威胁,[4] 常关的税收由此有所下降。

但是常关的税收收入并未大规模下降,这是由于大量的货物仍然通过民船来往于汕头、香港、澳门、安南、阳江、潮州、琼州和新宁。进口商品主要有人参(美国花旗参、日本参及高丽参)、咸鱼(来自马六甲海峡)、苏木、酒精、墨鱼、大米、槟榔、糖浆、纸、木材、烟叶、皮革、煤油、未鞣的皮革、小山羊皮、外国棉汗衫、外国手帕及药品。主要出口商品为药材、草席、丝织品、罐头水果和肉类、咸肉、腌制水果、煤油、鸦片、软木、竹、木柴、水泥、砖瓦、醋、腌制大蒜头、黑石及陶器。现行的常关税率是很久以前(即1856年)制定的,而根据常关税则,许多商品的税率仍然比新关的税率低。假使不是如此,毫无疑问,来往于广州香港间的民船贸易就会衰落。[5]

---

[1] 中国第二历史档案馆,中国海关总署编《旧中国海关史料》(相关年份),北京:京华出版社,2001年。
[2] *Report on Canton Native Customs. August,* 1911(1911年8月广东省常关报告),广东省档案馆馆藏。
[3]《光绪二十八年广州口华洋贸易情形论略》,广州市地方志编纂委员会办公室、广州海关志编纂委员会编译《近代广州口岸经济社会概况——粤海关报告汇集》,第416页。
[4]《粤海关十年报告(1902—1911)》,广州市地方志编纂委员会办公室、广州海关志编纂委员会编译《近代广州口岸经济社会概况——粤海关报告汇集》,第958-960页。
[5]《粤海关十年报告(1902—1911)》,广州市地方志编纂委员会办公室、广州海关志编纂委员会编译《近代广州口岸经济社会概况——粤海关报告汇集》,第958-960页。

随着轮船贸易的推广，粤海常关的税收在民船贸易有所衰落的情况下，并未下降，其原因一是粤海常关的行政效率逐渐提高，更重要的是因为常关税则税率较低，吸引贸易者通过民船运载大量货物驶入常关。

四、结 语

近代海关管理常关，既是《辛丑条约》的产物，也是总税务司赫德为建立一个统一的海关来管理和控制中国的关税的重要一步。粤海关接管粤海常关后，按照总税务司赫德的要求，并未马上采取大规模措施改动原有税则及工作，而是采取缓慢渐进的兼管策略。在其后的时间里，粤海关逐步改进行政体系，精简办事机构，裁撤不合理分口，这对提升粤海常关的行政效率与增加税收起到了促进作用，也使得粤海关的行政管理更为统一，这种局面也在民国建立后得以持续。

本文完成特别鸣谢中山大学历史系李爱丽老师提供相关论文资料。

（作者单位：孙中山大元帅府纪念馆）

十三行总商潘有度父子的文化成就*

潘剑芬

内容提要：

潘有度是一位贾而好儒的十三行总商。他十分重视家庭教育，在其家园南墅"双桐圃"设立私塾，聘请名师教学，使潘家由行商世家转化为书香之家。其子潘正亨、潘正炜等，均取得了一定的文化成就。

潘有度（1755-1820年）出身于著名的广州十三行行商世家。其父亲潘振承（1714-1788年）由闽入粤，白手起家，通过艰苦奋斗创立同文行，成为乾隆年间十三行行商首领及首富。潘振承在七个儿子中，唯独相中了潘有度继承其商行生意，而鼓励其他几个儿子往仕途发展。其中，有度二哥有为（1744-1821年）于乾隆三十七年（1772年）考中进士，官至内阁中书；五弟有原（1760-1797年）诗才过人，官候选布政司理问，敕授儒林郎，于嘉庆间曾组建"常荫轩诗社"。[1] 潘有度跟兄弟一起接受了良好的教育，接管父亲的生意之后，曾担任十三行总商（1796-1807年，1815-1820年），成为潘氏大家族中的顶梁柱。他牵头在潘园南墅专门设私塾，聘请张炳文、金菁莪(1802年进士，师从纪晓岚)、谢兰生(1802年进士)等名师教育族人，潘家自此人才辈出。本文主要梳理潘有度及其长子潘正亨、三子潘正常、四子潘正炜的文化成就。

一、十三行总商潘有度与《西洋杂咏》

---

* 本文为2014年度国家社科基金重大项目"清代广州口岸历史文献整理与研究"（14ZDB043）阶段性成果。

[1] [清]梁鼎芬修，[清]丁仁长、吴道镕等纂《宣统番禺县续志》卷四十，《中国地方志集成·广东府县志辑》第7册，上海：上海书店出版社，2003年影印民国二十年重印本，第559页。

潘有度，字宪臣，号容谷，商名致祥。初为即用郎中，后钦加盐运使司衔加三级，晋授资政大夫，敕封文林郎、翰林院庶吉士加一级。[1]潘有度在其父1788年辞世后接管其父创办的同文行（1815年更名为同孚行），1796年成为广州十三行商总，共担任商总十余年。他自小受到良好的教育，是一位名符其实的儒商。作为行商首领，他跟外商来往密切，除了把西方的地球仪、时钟等外国商品引进国内，还私藏有当时最为先进的地图及观星镜、温度计、钟表等新奇之物。他常在家园"南墅"宴请外商，与他们品茶赏园，纵谈欧洲时事。例如，俄国"涅瓦号"船长李香斯基、[2]美国波士顿商人提登等均曾到访"南墅"。他们在会晤中讨论的话题非常丰富，包括地理、历史、宗教、民风民俗，甚至还"讨论拿破仑战争"。[3]与外商的交往中，潘有度对西方文化有了较为深入的了解，因而比常人具有了更宽阔的眼界。退商隐居南墅期间，他撰有《西洋杂咏》二十首，反映了他对西方文化的理解。该诗收录于潘仪增编、潘飞声校的《番禺潘氏诗略》（光绪二十年(1894年)十一月刊刻），因潘有度居所曰"义松堂"，编者将其诗稿命名为《义松堂遗稿》。

蔡鸿生教授撰有《清代广州行商的西洋观——潘有度〈西洋杂咏〉评说》一文，把《西洋杂咏》的内容分为商业习惯、宗教信仰、生活风尚、婚丧礼俗、科学技术、外洋争战六大类，[4]并作了精辟的评说，本文不作赘述。笔者查阅时人著作，竟有收录潘有度诗句者。例如，与有度相交甚密的张维屏在《国朝诗人征略》一书录入如下诗句：

> 镜中照见炊烟起，可是人家住广寒（用大千里镜照见月中有烟起如炊烟云）。

---

[1] 潘祖尧主编《河阳世系潘氏族谱》，1994年，第67页。此族谱由潘氏入粤第七世潘祖尧于1994年重修，其以第六世潘福桑纂修的《河阳世系潘氏族谱》(1920年广州市同安街大同印本）为基础，加上了第六世至第十世的家族成员资料。

[2] [俄]李香斯基《涅瓦号环球游历记1803-1806年》，莫斯科，1947年俄文版，第255页，引自蔡鸿生撰《清代广州行商的西洋观——潘有度〈西洋杂咏〉评说》，《广东社会科学》2003年第1期。

[3] 参见潘刚儿、黄启臣、陈国陈著《广州十三行之一：潘同文（孚）行》，华南理工大学出版社，2006年，第96页。

[4] 蔡鸿生《清代广州行商的西洋观——潘有度〈西洋杂咏〉评说》，《广东社会科学》2003年第1期。

忽吐光芒生两孔，圭形三尺此星奇（用观星镜照见一星圭，长三尺，头尾各穿一孔）。

　　婚姻自择无媒妁，缱绻闺闱只一妻（夷人男女自择配，既娶妻不得纳妾，违者以犯法论）。

　　素衣减食悲三月（夷人丧服父母妻皆期年朋友三月），易箦遗囊友亦分（夷人重友谊，临终分财友亦与焉）。[1]

前两句诗是有度描述其使用观星镜观星象的感受，[2]后两句诗记西人婚丧礼俗。[3]当时富裕人家娶妻纳妾是很正常的，有度也拥有众多妻妾，洋人一夫一妻制的婚姻规定必然给时人带来较大的震撼与冲击。可见，潘有度关于西人婚丧礼俗、科学技术方面的诗句最让时人感到新奇。

潘有度诗中还记载了西方人喝酒的习惯："客来亲手酌葡萄（客到饮酒不饮茶，酒皆葡萄酿成），响彻琉璃兴倍豪（每饮以碰杯为敬）。寒夜偎炉倾冷酒（夷人皆饮酒，冬夏皆然），知门外雪花高。"[4]当时中西方宴饮最大的区别之一是：华人喜欢以茶招呼客人，而外国人则喜欢喝葡萄酒，且洋人喝酒时喜欢把玻璃杯碰响助兴。洋人喝酒碰杯、干杯的习俗传到中国后一直延续至今。

纵观潘有度所撰的《西洋杂咏》，其历史价值远胜其文学价值，是我们研究早期中西文化交流史的宝贵素材。

二、"三绝清才"潘正亨

---

[1] [清]张维屏《国朝诗人征略》卷五十六，清道光十年（1830年）。
[2] 《番禺潘氏诗略》中，两诗完整收录如下："术传星学管中窥，风定银河月满池。忽吐光芒生两孔，圭形三尺最称奇（夜用外洋观星镜照见一星圭形，长三尺，头尾各穿一孔）。""万顷琉璃玉宇宽，镜澄千里幻中看（千里镜最大者阔一尺、长一丈。又傍有小镜看月照，见月光约大数寸，形如围球，周身明彻，有鱼鳞光，内有黑影，似山河倒照，不能一日尽览，惟向月中东南西北分看，久视则热气射目）。朦胧夜半坎烟起，可是人家住广寒（夜静有人用千里镜照见月中烟起如炊烟）"。详见[清]潘有度《义松堂遗稿》，潘仪增编，潘飞声校《番禺潘氏诗略》第二册。
[3] 《番禺潘氏诗略》中，两诗完整收录如下："缱绻闺闱只一妻（夷人娶妻不立妾，违者以犯法论），犹知举案与眉齐（夷人夫妇之情甚笃，老少皆然）。婚姻自择无媒妁（男女自主择配，父母皆不与闻），同忏天堂佛国西（合卺之日同携手登天主堂立誓）。""生死全交事罕闻，堪夸诚悫质于文。素衣减食悲三月（夷人丧服周身上下元色，父母妻俱服期年，朋友服三月），易箦遗囊赠一分（夷人重友谊，临终分财友亦与焉）。"
[4] [清]潘有度《义松堂遗稿》，潘仪增编，潘飞声校《番禺潘氏诗略》第二册，清光绪二十年（1894年）刻本。

潘正亨（1779-1837年）为有度长子（入嗣长房的潘有能），字伯临，号荷衢，县副榜贡生，官至刑部湖广清吏司员外郎加三级，钦加知府衔。[1]正亨博学多才，但在科举道路上却屡遭挫折，仕途不顺，仅得贡生之功名，官至刑部湖广清吏司员外郎加三级，钦加知府衔。其文化成就集中在诗词、书画及鉴藏三个方面，主要著作有《万松山房诗钞》《丽泽轩同怀稿》《澳门妈祖庙题诗》等。

（一）书画

潘正亨书法造诣颇高，"宗法欧阳率更，尤善楷行，笔力雄健"。[2]清代文人张维屏称其"善书，求者甚众"，[3]陈昙也有诗赞正亨"才名交口传，翰墨存手迹"。[4]正因其书法深受大众喜欢，流传颇广，现今仍有不少存世之作，香港中银通国际拍卖有限公司、北京海王村拍卖公司、广东崇正拍卖有限公司、广州华艺国际拍卖有限公司、广州市艺术品拍卖有限公司、佳士得纽约有限公司等多家公司曾拍卖其书法作品。现香港艺术馆、澳门博物馆、佛山博物馆、广州仪清室等均藏有其行书作品。[5]下图为佛山市博物馆所藏正亨书法作品，内容出自《怀仁集王圣教序》："松风水月，未足比其清华；仙露明珠，讵能方其朗润；智通无累，神测未形。"其笔画似方似圆，笔力刚中带柔，气韵温雅，有耐人寻味之处。

时人周小彭茂才评价正亨为"能诗能画能文"的"三绝清才"，[6]意思是正亨的画作也是相当有水平的。奇怪的是，后人编著的书画著作中，往往收入正亨的书法作品，并未收录其画作。汪兆镛（1861-1939年）编纂的《岭南画征略》一书收录了潘正亨家族十余位擅长丹青的文人，并没收录这位"三绝清才"。此书收录的广东画家包括正亨的伯父潘有为（1744-1821年），堂弟潘正笏[7]，后辈潘

---

[1] 潘祖尧主编《河阳世系潘氏族谱》，1994年，第69页。

[2] 林亚杰主编《广东历代书法图录》，广州：广东人民出版社，2004年，第255页。

[3] 黄任恒编纂、罗国雄点注《番禺河南小志》卷九，广州：广东人民出版社，2012年，第399页。

[4] [清]陈昙《海骚》卷十，邝斋藏版，嘉庆十六年(1811年)刻。

[5] 林亚杰主编《广东历代书法图录》，第255页。朱万章编著《广东传世书迹知见录》，天津：天津人民美术出版社，2003年，第85页。

[6] [清]潘正亨《万松山房诗钞·序》，松荫堂刊本，道光十二年（1832）。

[7] 汪兆镛编纂的《岭南画征略》载"潘正笏，字四峰，有为从子"，有误，应为"潘正玙，字仲宣，号四峰，有科次子"。

图一　潘正亨书法(佛山市博物馆藏)

师徵（1831-1894年）、潘宝鐄（1853-1892年）、潘恕（1810-1865）、潘飞声（1858-1934年），潘家的女才人潘丽娴、潘慧娴、潘瑶卿（1810-1836年），甚至其四子潘师稷（1823-1852年）在此书中亦有简介："字宝田，伯临比部（正亨)子。山水仿萧尺木，设景奇古。"[1]现代谢文勇《广东画人录》一书，收录正亨家族的画家基本与上书同，[2]包括正亨的儿子师稷，然亦未录正亨之名。正亨的画作水平究竟如何？笔者根据各拍卖行过往所拍的潘正亨画作，及潘家后人提供的一幅"秋菊寿石图"（见图二），跟邝以明博士[3]略作探讨，认为他的画多是表达自己心情的文人挥毫之作，造诣不高，因而未入广东画家之列。

---

[1] 汪兆镛编纂《岭南画征略》，广州：广东人民出版社，2011年，第64、65、156、202页。
[2] 谢文勇《广东画人录》，广州：岭南美术出版社，1985年，第239页。
[3] 西泠印社社员、中国美术家协会会员、文艺学博士生。

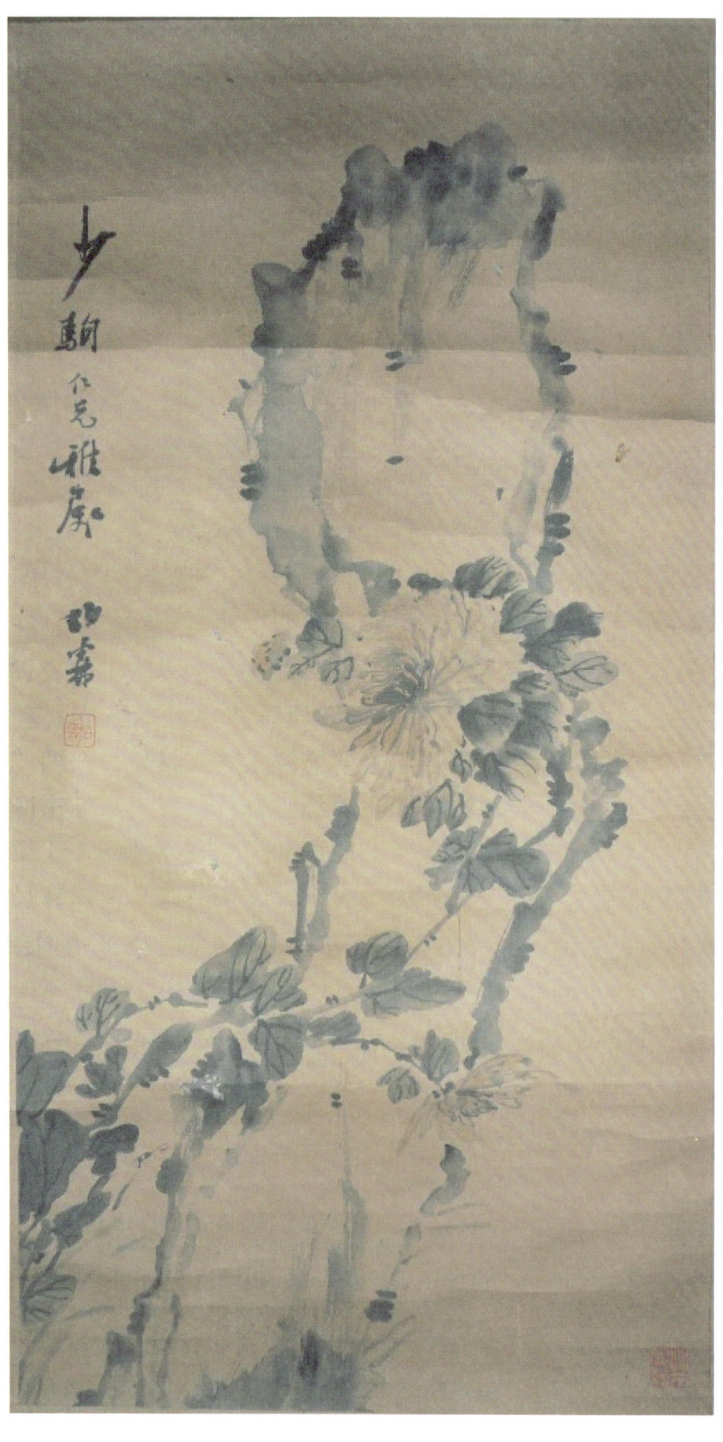

图二　潘正亨"秋菊寿石图"（盖有朱文印章"伯霖"）

（二）鉴藏

潘正亨能书擅画，亦爱好鉴赏书画及古物，专门在家园置"风月琴尊艇"存放藏品。时人陈昙为其作有《风月琴尊艇记》以记其事。[1]正亨继承了伯父潘有为（广东著名鉴藏家）看篆楼的部分藏品。例如，《国朝诗人征略》记载，潘有为原收藏的张樗寮书《古柏行》一卷，后归正亨所得。[2]此外，他还收藏有清代著名书画家、扬州八怪之首金寿门[3]的大幅画作《墨梅》等。[4]其藏品除书画外，以"周鬲叔兴父簋"最为有名，[5]其次还有唐代宰相诗人张曲江碑的拓本以及宋双砚。他把这三件宝贝传给了儿子潘仕扬，仕扬把收藏家传宝物的书斋命名为"三长物斋"，并作诗记之曰："周簋叔兴父，唐碑张曲江。吾家三长物，又割紫云双。"[6]宋双砚为端州石砚，潘仕扬后来将其传给了侄子潘光瀛。为纪念宋双砚之珍贵，光瀛遂将其书斋名曰"宋双砚堂"。目前所知，三件宝物能流传至今的唯有"鬲叔兴父簋"，现藏于佛山市博物馆（李广海先生捐赠）。这件铸于西周中期的青铜器，器形椭圆，双耳、有盖、高圈足，盖顶及边沿、器腹、圈足等部位均有花纹，造型古朴大方。器盖有3行铭文，释文如下："鬲吊（叔）兴父乍旅须（盨），其子子孙孙永宝用。"[7]西周的青铜器能完好地流传至今，因其珍贵的文物价值不言而喻。潘正亨在200多年前收藏到这三件宝贝，反映出其独到的鉴藏水平及殷实的家境。[8]

---

[1] [清]陈昙《感遇堂文集》卷一，邝斋藏版，咸丰二年（1852年）刻。
[2] [清]张维屏著《国朝诗人征略》卷四十，清道光十年（1830年）。
[3] 金寿门，即金农（1687-1763年），为清代著名画家，扬州八怪之首。
[4] 黄任恒编纂、罗国雄点注《番禺河南小志》卷九，第399页。
[5] [清]梁鼎芬修，[清]丁仁长、吴道□等纂《宣统番禺县续志》卷三十三，《中国地方志集成·广东府县志辑》第7册，第419页。
[6] [清]潘仕扬《三长物室诗钞》，潘仪增编，潘飞声校《番禺潘氏诗略》第十六册，第1页。
[7] 佛山市地方志编纂委员会编《佛山市志》（下册），广州：广东人民出版社，1994年，第1761页。
[8] 潘剑芬《广州十三行行商潘振承家族研究（1714-1911年）》，北京：社会科学文献出版社，2017年，第128页。

图三　西周鬲叔兴父簋(佛山市博物馆藏)

（三）诗词

相对于书画、鉴藏成就而言，潘正亨的诗才更负盛名。其诗词主要收录于《万松山房诗钞》。清代著名学者陈昙评价正亨的诗风"远宗《骚》《选》，下逮苏黄"。苏东坡的诗气象阔大、黄庭坚之诗气象森严，潘正亨集众家之长，自成一家之言。嘉庆进士刘彬华对其评价亦颇高：伯临吐词隽朗，中含健气，不专以琢句擅长。而如："小草沿幽涧，长松落古云。池光虚受月，云迹淡如烟。日脚光如水，云头势作山"，"独披泥雪寻鸿爪，闲看松风洗鹤翎，仄径泥封挨石笋，湿檐风驻过墙花"，体物俱工。[1]

嘉庆十六年（1811年）冬，清代著名诗人曾燠（1759-1831年）新建虞祠落成，集诗人于光孝寺。陈昙最先赋诗，有"谁知地老天荒后，始识鸾飘凤泊人"之句，众人皆叹赏不已。然潘正亨稍后的赋诗"句奇语重，大笔淋漓"，水平远在众人之上，足见其诗"体大而思精，虚怀而集益矣"。关于正亨的诗才，陈昙称"尚书元和、韩公桂舲[2]、侍郎无锡秦公小岘[3]，皆异君才，叹为伟器。"[4] 其诗才可谓是"鹤立

---

[1] [清]刘彬华《岭南群雅》，玉壶山房刻本，清嘉庆十八年（1813年）。
[2] 韩公桂舲即韩崶，生于1758年，卒于1834年，时任两广总督。
[3] 即秦瀛，生于1743年，卒于1821年。
[4] 参考《潘伯临比部万松山房诗钞序》，收于陈昙《感遇堂文集》卷一，邝斋藏版，咸丰二年（1852年）刻。

鸡群人尽晓。"[1]陈昙另有诗赠正亨："神官夜梦例模糊，想像真灵位业图。月圃记邀长吉去，仙宫书待少霞无。泰山录事差为乐，司命文昌定不诬。以诞释哀还自哂，生天成佛未应殊。"该诗之缘起为"李水部秉绶，梦见潘比部正亨，自言在文昌神案前受职。"[2]李秉绶（1748-1823年）是清代著名画家兼诗人，因曾做过工部都水司的官，人亦称其"李水部"。他与正亨在诗画方面时有切磋。俗话说："日有所思，夜有所梦"，梦到正亨说自己在文昌神案前受职，证明了李秉绶非常认可正亨的文才。也说明了正亨的诗才得到了李秉绶、陈昙等文坛名人的高度认可。同样出身于著名十三行行商之家的伍崇曜与潘正亨有姻亲关系，又同住在万松山麓，他编辑的《茶村诗话》中也对正亨的诗给了很高的赞誉，称其"久擅诗名，笔极矜炼"：

> 五言如：'露沼莲房重，风棚豆叶斜。万绿酣春雨，孤红破暝烟。孤怀三尺剑，旧梦十年镫。黄柳摇春绿，孤花堕晚红。寒烟欺柳色，急雨乱滩声。事业驱黄犊，功名换白鹭。闲邀棋作伴，病敌酒如警。'七言如：'两地嬉春情共遣，昨宵寻梦夜何其。关心哀乐中年近，唾手功名薄宦非。地分荆楚南来险，天入岷嶓尽处低。烂漫生涯呼卵酒，斩新花事祝辛夷。尚有名心余寸热，不辞衰鬓入秋斑。幽兴偶然亲研席，新凉何意入池台。一溪新水碧如染，几树野花红欲然（燃）。玉麈开尊花侍醮，石枰敲局鹤听棋。'均非靡靡之音……[3]

我们从《舟中望滕云阁》一诗可欣赏到正亨不刻意雕琢却又吐词隽朗健气、清新淡雅的诗风。诗曰：

> 高阁郁崔巍，临风亦壮哉。客孤愁对酒，家近畏登台。
>
> 独忆当时体，惭无作赋才。匡庐天尺五，容我摘星来。[4]

潘正亨的《晓过汇津桥泊松树下》诗曰："短棹沿溪得暂停，松风吹梦鹤初醒，荒天老地无人会，独揖苍茫太古青。"[5]诗中记下了他清晨泛舟路过汇津桥的心

---

[1] [清]陈昙《海骚》卷十一，邝斋藏版，嘉庆十六年(1811年)刻。
[2] [清]陈昙《感遇堂文集》卷一。
[3] [清]潘正亨《万松山房诗钞》，潘仪增编，潘飞声校《番禺潘氏诗略》第五册，清光绪二十年（1894年）刻本。
[4] [清]潘正亨《万松山房诗钞》卷三，松荫堂刊本，道光十二年（1832年），第10页。
[5] [清]潘正亨《万松山房诗钞》卷五，第9页。

情。汇津桥[1]位于瑶溪之尾段，该桥始建于明代，所在处的"合流津"为当时著名的景点。过去珠江潮涨时，潮水分别东由鸭墩关、西由凤凰岗口同时入马涌，到此石桥处两潮汇合，故名汇津桥。正亨泛舟路过此处，因景致吸引而停棹赋诗，表达了他对当时黑暗的政治环境感到失望，辞官归隐，只能将心绪寄情于自然，"独挥苍茫太古青"一句的"独"字道出了他失意、孤独的情怀。另一首《夜集感赠》其中一句"自古才人同落拓，半生尘梦忽怂惺"，[2]也同样表达其郁郁不得志的失落情怀。

清代著名鉴藏家吴荣光对其怀才不遇深感遗憾："伯临三应京兆试不售。戊辰九月报罢，余取伯临落卷，长揖，祝之曰：此物光焰足慑千人，而不能邀主文者一睐，岂真所谓'过眼终迷日五色'耶……伯临官比部，有声都下，不数载告归，颐志园林，放情山水，而抑塞磊落，每以未遇为耿耿。"[3]博学多才的正亨，连举人都没考上，当官又得不到重用，只有寄情于山水及诗书声乐。

著名行商伍崇曜称正亨"久困场屋，遂恣情声伎"。黄玉衡、张维屏均有诗记正亨"久困场屋"，[4]与正亨亦亲亦友的陈昙也谓其"中年以往，纵情风月，盖有托而逃也。"正亨中年后在其"风月琴尊艇"，"时或命俦啸侣，选舞徵歌，姜白石吹笛之声听从舵尾"。[5]因才能无法施展，面对现实中欲为而不能的环境感到失望，正亨试图借声色之乐逃避现实、自我解脱。他作有《栏杆》一诗："十二琼楼十二屏，雕栏面面映珑玲。绿杨影里人双倚，红药花时酒乍惺。梦雨情怀增缱绻，望云愁绪忆伶俜。窗前鹦鹉刚调舌，延得新娥上曲棂。"[6]"伶俜"指旧时演戏为职业的人，这首诗似为他"偎红倚翠"生活之写照吧。

道光十七年丁酉九月二十六日晚上（1837年10月25日），正亨与朋辈在其居所"海天闲话阁"饮酒聊天，酒喝得很畅快，酒足之后稍作休息，没想到这一

---

[1] 汇津桥现仍保存完好，位于广州市海珠区龙凤街道马涌社区，为市登记保护文物单位。
[2] [清]潘正亨《万松山房诗钞》卷四，第20页。
[3] [清]吴荣光《石云山人文集》卷三，清道光二十一年（1841年）吴氏筠清馆刻本。
[4] [清]黄任恒编纂、罗国雄点注《番禺河南小志》卷八，第341、342页。
[5] [清]陈昙《感遇堂文集》卷一，邝斋藏版，咸丰二年（1852年）刻。
[6] [清]潘正亨《万松山房诗钞》卷四，第18页。

"少憩"就永远地睡着了。时人周小彭茂才为其作挽联曰："三绝擅清才，能诗能画能文。一第难登成永憾；半生多乐事，爱酒爱花爱客，考终无疾证前修。"[1] 正亨无疾而终，年仅58岁，[2] 留下了"三绝清才"的美誉。

三、鉴藏界之翘楚潘正炜

潘正炜（1791-1850年），字榆庭，号季彤，亦号听帆居士，商名绍光，副贡生。[3] 正炜受家族浓厚文化氛围的影响，自幼勤学善书，尤精小楷，亦工诗、能画。伯父潘有为是广东鉴藏之先行者，正炜受其影响，亦对鉴藏产生了兴趣。他在父亲去世后被迫接管家中商行，但他本来就爱书画鉴藏而不爱经商，因而在经商的同时从未放弃自己的爱好，最终成为一名著名的鉴藏家。其用以珍放藏品的书斋听帆楼成为汇聚岭南文人雅士研习、鉴赏书画的幽雅处所，对岭南书画鉴藏文化的发展产生了重要的影响。正炜的主要著作有《听帆楼书画记》《听帆楼古铜印谱》《听帆楼集帖》《听帆楼诗钞》等。

（一）书画鉴藏的良师益友

著名书画家谢兰生（1760-1831年）曾在南墅双桐圃私塾任教三年，是正炜青少年时期的启蒙老师，也是正炜走上书画鉴赏之路的首位引路人。谢兰生与潘家有姻亲关系，与正炜的父亲潘有度、伯父潘有为等相交甚好。他对正炜书画的指导从未间断。譬如他在嘉庆二十四年（1819年）八月十九日"为季彤画册着色"，此时正炜已近而立之年矣。他们还经常一起鉴赏书画，道光九年（1829年）八月十五日，谢兰生去潘宅"看季彤所藏新得扇面"，半个月后又"题跋季彤所藏字画长册"。[4] 正炜所藏的《集明人行草扇册》等多幅藏品均请谢兰生题跋，[5] 可见

---

[1] [清]潘正亨《万松山房诗钞·序》。
[2] 潘祖尧主编《河阳世系潘氏族谱》，第69页。族谱记载正亨生于乾隆四十四年（1779年），终于道光十七年（1837年），享年五十岁。应更正为"享年五十八岁"。
[3] 潘祖尧主编《河阳世系潘氏族谱》，1994年，第71页。
[4] [清]谢兰生著，李若晴等整理《常惺惺斋日记：外四种》，广州：广东人民出版社，2014年，第14、293、294页。
[5] 潘正炜《听帆楼书画记》，黄宾虹、邓实主编《美术丛书》(下)，四集第七辑，第2580-2583页。

他对正炜的书画鉴藏高度关注。我们从正炜存世的书法（见图三）与画作（见图四）可了解到，他本身在书画方面是下过苦功的，这些基本功对他从事书画鉴赏有莫大的帮助。

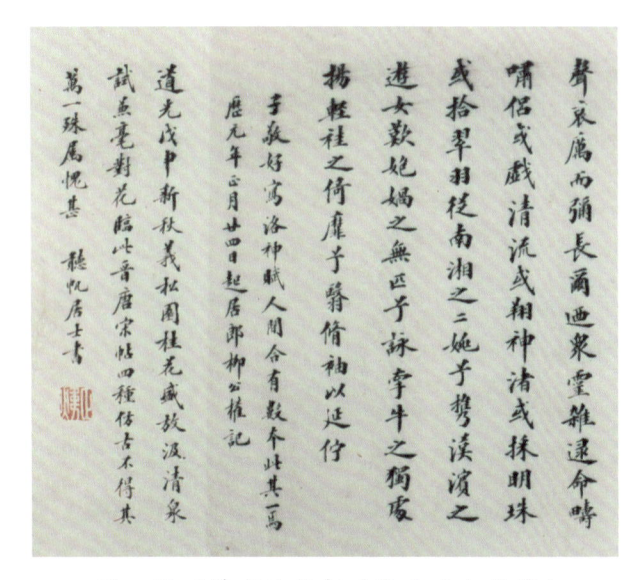

图四 潘正炜书法局部（潘氏后人收藏）

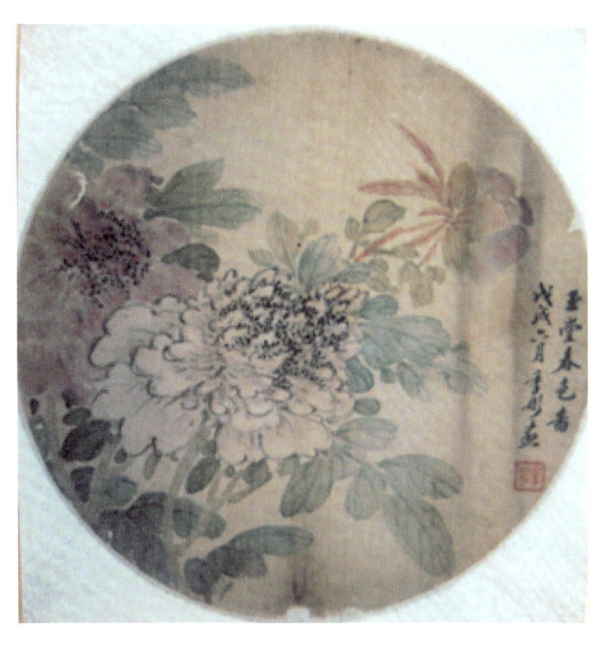

图五 潘正炜画作（潘氏后人收藏）

正炜曾延请吴荣光（1773-1843年）、罗天池（1805-1866年）等成就拔尖的著名学者帮助鉴定他所收藏的书画。吴荣光师从阮元，擅书画，康有为评价他的书法为清代广东第一人。他毕生好收藏、鉴赏文物字画，是一个在全国颇有影响的大鉴藏家。荣光是正炜的姻亲，其妹嫁给正炜的三兄正常，从官退居家乡佛山后与正炜交往频繁，并帮助正炜提高对金石、书画的鉴赏力。罗天池（1805-1866年）是一位优秀的书画家，在古书画鉴藏和文学修养等方面具有较深造诣，不少流传至今的重要古书画都附有他的题记或藏印，他的收藏印记甚至成了今人辨认鉴藏古书画时的参考依据。罗天池曾自述："潘季彤观察延余评画，自辰至午，已阅千余种矣。季彤取一轴展数寸，仅露竹叶数片，请余审定。余曰：'此黄华老人笔。'季彤怗服，叩其故……"[1] 从这一记述可知，罗天池不愧是书画鉴识考证之名家。此外，正炜与张岳崧（1773-1842年）、叶梦龙（1775-1832年）、熊景星（1791-1856年）、孔继勋（1792-1842年）、韩荣光（1793-1860年）、鲍俊（1797-1851年）、伍元蕙（1824-1866年）等同时代广东藏家交游甚密，并屡有藏品交流。这样的交往圈，使正炜的"鉴藏"生涯足臻嘉道年间美术界的最高层次。通过与这些学者交流、砌磋，潘正炜不断增添他鉴藏的知识底蕴和艺术素养。

（二）书画鉴藏的不朽巨著

1843年，潘正炜将其书画收藏与创作有机结合起来，编撰出版了《听帆楼书画记》，其体例仿高士其《江村销夏录》、吴荣光《辛丑销夏录》。他收藏的古书画数量众多，然只有真正的精品才能入选《听帆楼书画记》。他在该书自序曰："余凤有书画癖。三十年来，每遇名人墨迹，必购而藏之，精心审择，去赝留真。又于真本中汰其剥蚀漫漶，可供鉴赏者约二百余种，复拔其尤只得百六十余种……"[2] 他从藏品中悉心整理，分类爬梳，最终只选择了160多种纳入其著作《听帆楼书画记》（共五卷）。1849年，潘正炜再次对其书画藏品进行了遴选，编撰出版了《听帆楼续刻书画记》，分上、下两卷，"所续刻书画共百种"。[3]

---

[1] [清]罗天池《景白薇红仙馆笔存》，广州艺术博物院藏。
[2] [清]潘正炜《听帆楼书画记》序文，清道光癸卯年（1843年）刻本。
[3] [清]潘正炜《听帆楼续刻书画记》序文，清道光二十九年（1849年）刻本。

上述两书体例相同，对所录书画逐一释说，先注明画纸材质、尺寸、形制、款识、印章、书体等，次列书画作者自撰的文字，继载题跋，部分录有潘正炜自题或按语。书前有总目录，记录了每卷书画绘制的年代。这两部著作所录书画不乏唐宋元名迹，亦有颇多明清的精品之作。这些名作大多经名人收藏，藏印累累，为世所珍，被誉为渊源有绪的大家手笔。[1]

经潘正炜收藏过的书画不胜枚举，如唐拓《定武兰亭序》、唐代李昭道《山水卷》，赵伯驹的《仙山楼阁图》、王诜《万壑秋云图》、夏圭的《观潮图》、元代王蒙的《万松仙馆图》、钱选的《梨花图》《海棠》、方从义《云林钟秀图》、明董其昌的《仿王蒙云山图》《山水册页》《秋兴八景图》、文伯仁的《具区林屋图》，清华嵒《花鸟》、石溪的《山水扇面》等，均被鉴定为真迹。正炜收藏书画所盖印章主要有"正炜""季彤""季彤心赏""季彤曾观""季彤审定""潘氏季彤珍藏""河阳潘氏书画""听帆楼藏"等，《中国书画家印鉴款识》收录其藏印22款。[2]

潘正炜去世后，听帆楼的藏品多归清末大收藏家孔继勋[3]之子孔广镛、孔广陶所有。孔广陶仿照《听帆楼书画记》的体例，亦将其珍藏的书画编撰成书：《岳雪楼书画录》。此书中收录了听帆楼旧藏书画数十幅，包括有《五代宋元名绘萃珍册》（含王斋翰衔杯乐圣图、荷叶海鲜、马远王宏送酒图、马麟松庐危坐图、黄公望山水图、水榭论道图等共12幅）《北宋李公麟松竹梨梅合卷》《南宋陈居中百马图卷》《宋画典型册》（含马远画五柳先生像、青山红树、文姬归汉图、马远观瀑图等共19幅）《李晞古扁舟石壁》《元王叔明松山书屋图轴》《元赵仲穆八骏图册》《明唐解元桃花庵图卷》《文端容湖石射干图》等。[4]

道光进士方浚颐（1815-1888年，号梦园）亦收藏了正炜部分书画，如《宋封灵泽侯墨勅卷》《宋李嵩萧照合作思陵瑞应图卷》《元王叔明长林话古图立幅》

---
[1] 潘剑芬《广州十三行行商潘振承家族研究（1714-1911年）》，第131页。
[2] 上海博物馆编《中国书画家印鉴款识》，北京：文物出版社，1982年，第1079页。
[3] 孔继勋是孔子的后裔，当过曾国藩的老师。在鸦片战争中曾力助林则徐抗英。1842年，孔继勋因冒雨守御广州猎德炮台，受风寒病故，道光帝以其死于战事予以褒奖。
[4] [清]孔广陶《岳雪楼书画录》卷一至卷五，清咸丰十一年（1861年）刻本。

《元王元章梅花真迹立幅》《元倪云林书画卷》《明文衡山诗画卷》《明黄石斋法书册》《国朝名人山水册》等十余幅书画均录于其著作《梦园书画录》。[1]

著名鉴藏家庞元济（1864-1949）也藏有听帆楼旧作《宋赵大年水邨图卷》《元倪云林书画合壁卷》等。[2] 另清金石学家端方藏有《石溪溪山无尽图卷》等[3] 在此不一一罗列。

颇为难得的是，不少听帆楼旧藏一直辗转流传至今，各大博物馆也争相收藏。广东省博物馆藏有《清黎简山水图轴》，（有"听帆楼书画印""季彤秘玩""季彤赏玩"等印，见图六）。此画曾收录于《听帆楼续刻书画记》。更为让人赞叹的是，听帆楼曾收藏南宋著名宫廷画家马远的《王宏送酒图》，流传至今已成为国宝级传世巨作。潘正炜《听帆楼续刻书画记》著录于《唐宋元人画册》第四幅，大概因画作左上面方有宋宁宗皇后、杰出女书法家杨妹子的题诗"人世难逢开口笑，黄花满目助清欢"，此画作著录的名称为《杨妹子图》而非《王宏送酒图》。绢本斗方，高七寸，阔七寸五分，下方右角有"覃溪审定"朱文印，"人世难逢开口笑，黄花满目助清欢"款字行书题于上方左角。著录文字如下：

> 一缕黄金是一年，何人菊径泛觥船。斜枝淡倚屏山影，湖角秋空岂易传（起七字用杨题画菊句）。画橐园前旧典型，思陵笔法到光宁。等闲截断樊川句，可抵宫闱补石经（水屋先生所藏马远画，杨妹子题赋二诗。奉鉴。方纲）。

该画作800多年流传有序，先是宋朝皇家所藏，后由明代收藏家安国、清乾隆大学士翁方纲分别收藏，正炜得之藏于听帆楼，后又分别流转至清末收藏家孔广陶（收录于其著作《岳雪楼书画录》卷一）、现代画家黄君璧手中。该画作现为美籍华人邓仕勋所收藏。[4]

---

[1] [清]方浚颐《梦园书画录》卷四、卷六、卷七、卷十一、卷十二、卷十五、卷十六，清光绪刻本。

[2] [清]庞元济《虚斋名画录》卷三，清宣统乌程庞氏上海刻本。

[3] [清]端方《壬寅销夏录》，稿本。

[1] 参见[清]潘正炜《听帆楼续刻书画记》卷上，清道光二十九年（1849年）刻本；[清]孔广陶《岳雪楼书画录》卷一；西泠印社艺术品鉴定评估中心编《中国古代书画艺术典藏大展作品集》，杭州：西泠印社出版社，2010年，第2-4页。

图六 潘正炜曾收藏的《清黎简山水图轴》(广东省博物馆藏)

一代宗师、已故鉴藏学界泰斗杨仁恺先生对《听帆楼书画记》《听帆楼续刻书画记》二书给予高度评价："考录俱详，所录书画大多传世，是一部难得的收藏书录。"[1]二书为古书画寻迹、考究工作提供了宝贵的线索，是反映中国美术历史的重要美术工具书之一，具有重要的学术价值，因此中国两岸、美国加州均有再版，是鉴藏界主要参考书籍之一。

潘正炜编撰的另一部影响较大的书籍是出版于1848年的《听帆楼集帖》（书影、拓石等见图四、图五），全书包含"听帆楼法帖第一"至"听帆楼法帖第六"共六册，第一册为魏、晋、唐人法帖，第二、三册为宋人法帖，第四册为元人法帖，第五、六册所录均为明人法帖，共收集了自唐代至明代80多位名家的书法。吴荣光为该书所撰跋尾予以高度评价："此册自枝指生以至傅青主，有明一代书法，备于是矣。唐子畏谓'书扇如美人舞红氍毹上，终未能尽致'，观此何如？非季彤观察书家决择精审，安得如此？"[1]由此可知该集帖收录明人法帖精品最多。

图七 《听帆楼集帖》书影（广东省立中山图书馆藏书）

---

[1] 杨仁恺《中国书画鉴定学稿》，沈阳：辽海出版社，2000年，第348页。
[2] [清]潘正炜《听帆楼集帖·跋尾》，道光戊申年(1848年)刻本。

图八 《听帆楼集帖》拓石（潘氏后人收藏）

中国古书画赝品众多，尤其是元代之前的作品，有时连老一辈著名鉴赏家也不易辨别，因而在上述著作中，亦有不足之处，或有伪作录入其中。但潘正炜在著作中所收录的书画大都得到了世人的肯定，它们饱含中华艺术文明的历史信息，不仅是书画艺术研究的重要素材，同时也为史学研究提供了重要的史料，具有重要的艺术和历史价值。

（三）其他著作

潘正炜继承了其伯父潘有为看篆楼旧藏古铜印，共包罗了汉魏六朝官私印共1300余方。[1] 鉴于这些古印章非常珍稀，其伯父当年刻印《看篆楼古铜印谱》曾

---

[1] 冼玉清著、程焕文主编《广东印谱考》（校订本），北京：文物出版社，2010年，第16、128页。

引起轰动，然时日已久，该印谱所存甚少。正炜以伯父旧藏印章为基础，加上自己搜罗的印章，拓印成谱，名曰《古铜印汇》（见图七），以供爱好者研究借鉴。据清代著名学者吴兰修记载，"潘季彤年丈以所藏古铜印千方，用红泥佳楮拓之，古人刀法、章法、字法，粲然具在，足以一洗杨宗道、王延年木刻之陋，而与汉魏碑碣并传。惜不令丁、黄诸公摩挲而辨释之也。"[1]可见其拓印极精致，完美地保存了印章的风貌和神韵。

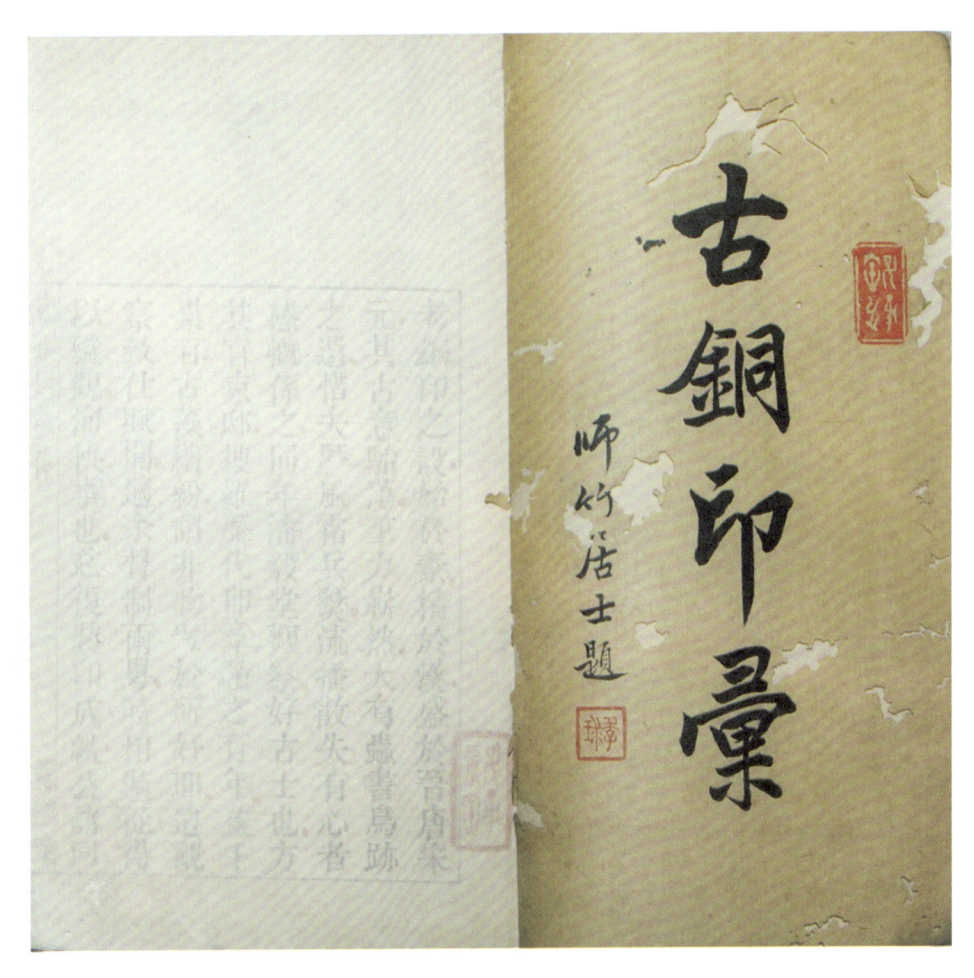

图九 《古铜印汇》书影（广东省立中山图书馆藏书）

---

[1] 冼玉清著，程焕文主编《广东印谱考》（校订本），第128页。

此外，正炜还著有《听帆楼诗钞》，在此列举一首《春游次张南山太守韵》，以观其诗风：

　　苍松夹水隐楼台，淡荡香风入座来。春漏远随花信报，行云低压月华开。（座有歌者）

　　思鲈早澹簪缨味，倚马群推屈宋才。回首双桐如在眼，依稀疏雨酒边催。（四十年前与南山读书于余家双桐书屋）

　　小筑清华傍茂林(余新筑清华池馆遂同宴集)，笙簧隔水奏佳音。敢夸墨妙供幽赏（南山索观宋元诗画），赖有松涛惬素心。

　　文字留题钗股折，水天同话酒杯深。古风今雨情无限，不尽高谈意可寻（原唱有"忧乐满怀谈不尽句"）。[1]

正炜作为一名行商，能有如此诗才实在让人赞叹。透过此诗，我们可想像他年少时与张维屏（1780-1859年，字南山，1822年进士）在"双桐圃"读书之乐，而四十年后，他们再度聚于潘氏家园，庆贺正炜新筑"清华池馆"，欣赏其珍藏的"宋元诗画"，诗情画意，尽在其中。鉴藏书画对于商务繁忙的正炜而言，仍是其生活的最重要组成部分，终其一生，从未间断。

除上文介绍的正亨、正炜，有度第三子潘正常（1787-1812年）亦非常有才华。他21岁（1808年）即中举人，22岁（1809年）中进士，钦点翰林院庶吉士，官至吏部考工司主事，著有《丽泽轩诗钞》。可惜天妒英才，正常中进士三年后便撒手人寰，未能留下更多的文学成就。

通过上述梳理，我们可看到十三行总商潘有度是一位贾而好儒的"儒商"，在他的言传身教之下，其子接受了儒学的熏陶。长子潘正亨能诗、能画、能文，以诗、书、画传家。其四子潘正炜继承经营家中商行，擅书画及鉴藏，是一位名符其实的"儒商"。潘有度父子是引领潘家由商业世家向书香世家转化的核心成员，亦是清代十三行行商儒化的典型代表。

（作者单位：邓世昌纪念馆暨海珠博物馆）

---

[1]（清）潘正炜：《听帆楼诗钞》，潘仪增编，潘飞声校：《番禺潘氏诗略》第十一册，清光绪二十年（1894）刻本，第1页。

陈启沅和继昌隆若干史实的辩证和陈启沅思想研究*

吴建新

内容提要：

本文对以往陈启沅和继昌隆研究中涉及的史实提出了新的见解，对以往的研究所忽视的陈启沅思想遗产做了分析。主要内容分为：第一部分，认为机器缫丝业兴起与旧式丝织业的冲突，并不是必然发生的，而是由商业环境决定的。此外认为继昌隆被准许迁回简村之后，世昌纶并没有复建继昌隆的规模。此外对陈启沅在澳门建立的缫丝厂、陈启沅的生卒年提出了新见解。上述观点都利用了作者搜集到的新材料为主要论据。第二部分研究了陈启沅的著作，分析了陈启沅的实业、科技思想，其次对陈启沅的慈善思想做了分析，并叙述了陈启沅的主要善行和对儿孙慈善思想的影响。在此基础上总结了陈启沅的历史地位。

在陈启沅和继昌隆的研究方面，长期以来聚焦予继昌隆在晚清是晚清第一间资本主义性质的企业，陈启沅是一个工业先驱这些方面。在文献方面，局限于宣统《南海县志》、南海县令徐赓升的《不自慊斋漫存》卷六，以及陈启沅《蚕桑谱》中的缫丝机器部分等清代文献。

对于陈启沅和继昌隆的研究，需要有新的突破。一是要挖掘新史料，二是要开发新的研究方向。笔者在这两方面都做了尝试。试分析如下，请方家指正。

一、陈启沅若干史实和继昌隆若干史实的辩证

（一）机器缫丝业兴起是否必然和旧式丝织业发生冲突

学界讨论陈启沅和继昌隆时，反复论述了在南海的机器缫丝业和经纶堂的冲

---

* 国家社科基金重大项目"宋元以来珠江三角洲海岸带环境史料的搜集、整理与研究"（19ZDA201）

突，并且将这一事件定性为新兴机器工业和落后手工业的矛盾。[1]这一认识，深深影响了此后长达半个多世纪的中国资本主义和近代手工业之间关系的研究。

这一观点使人认为，这是晚清资本主义工业发展早期阶段的必然事件。这是将西方资本主义发展过程中的现象搬到晚清时代来论述而发生的错觉。同治年的中国并不等同于西方资本主义发展过程的早期阶段，将二者比对显然是机械式的解读。江南新式缫丝业和传统缫丝业、丝织业的矛盾是通过不那么激烈的途径解决。江南没有发生旧式产业工人捣毁机器厂的事件，只是清末民初发生过江浙绸缎联合会和丝商团体向政府请求取缔茧行的事件。[2]

同时期的顺德情况与南海相反。虽然顺德有数量庞大的蚕丝业和旧式丝织业，但没有与新式缫丝业发生冲突，因为顺德的农民多兼业有较多谋生渠道，他们往往认为有钱赚的正事都可以做，四农工商各专其业。[3]这种情况使顺德农民应对时机器缫丝业有很大的回旋余地，因为蚕农乐意卖茧给丝厂而腾出时间兼他业，进厂女工还可以带来不错收入。有钱人甚至迎头而上发展机器缫丝业和足踏缫丝业，宗族甚至建了机器缫丝厂房和机器让商人来租赁。因此，当继昌隆等南海丝厂被逼关闭的时候，顺德的丝厂一间也没有被下令迁移，后来顺德的机器丝厂独占鳌头。光绪十三年（1887年）两广总督张之洞给总理海军衙门的一个文件中提到，继昌隆迁到澳门以后"顺德各县陆续添设（丝偈），顺德一县共设四十二家，新会共设三家"。[4]并没有提到南海的机器丝厂。光绪十三年（1887年）以后顺德丝厂数和出产生丝约占当时全省机器缫丝厂的90%以上。因此，南海的机器缫丝业和经纶堂的冲突，在华南丝区，以至于江南丝区都不是普遍性事件。

（二）世昌纶是否建立以及继昌隆复原有的技术

陈启沅的工厂是晚清民初最早应用马达的蒸汽机场，并且在这一时期始终是技术最先进和效益最好的丝厂。

有的研究者根据相关资料认为，1891年，陈启沅回到简村重办丝偈，要用蒸汽机动力，遭到女工的反对，这是"因为在原有办机械化，采用脚力的情况下，

---

[1]汪敬虞《关于继昌隆缫丝厂的若干史料及值得研究的几个问题》，《学术研究》1962年第6期。
[2]陈慈玉《近代中国的机械缫丝工业（1860-1945）》，中国台北：台湾中央研究院近代史研究所专刊（58），1989年，第28-29页。
[3]吴建新《佛山桑基鱼塘史》，广州：广东人民出版社，2018年，第233-234页
[4][清]陈启沅《蚕桑谱》，奇和堂药局，光绪三十四年刻本，扉页。

女工能获得相对高的工资；但如实现机器化、蒸汽化，女工的重要性便会下降，机器的重要性就会上升，那么女工的工资可能就会降下来。另外，与女工们原先已经熟悉的足踏缫丝车相比，蒸汽化的缫丝车无疑需要花费额外的时间和精力去熟悉操作，而且这个过程还可能导致心理上的焦虑以及经济收入的下降。"[1]这是由于在继昌隆未迁出简村到澳门之前，工厂缫丝机械是传动的，有多个缫丝位的，女工需要勤快。多个缫丝位的丝偈和单个缫丝位的足踏机相比，前者工资低而且非常辛苦。有了这样的对比，女工们才会群起反对陈启沅再用蒸汽动力，否则她们的体验从何而来？这样一来，陈启沅就不得不向女工让步了，虽然这是技术的倒退，但也是不得已的事情。又陈孺直晚年说，陈启沅过世之后，陈蒲轩要管理澳门和简村共三间丝厂。这些工厂的关闭都是在1928年[2]上文所引陈天资说陈氏的缫丝厂在1937年关闭，是弄错了。而且，光绪十三年张之洞派候补知县李长龄到蚕区调查逐一确查，报告称机汽丝偈顺德42家，新会3家，并没有提到南海和其他县份的，如果有，李长龄的报告一定不会忽略。李长龄报告还提到缫丝位的机器："每人各有座位，左右分别配上缫丝机器木轮，冷热水铁喉，煮茧铜盆，并扭丝各茧造一丝之铜造颠挐竹箩等项，每位计需银六两七八钱"[3]，"缫丝机器木轮"就是足踩多釜位的由灵巧的，由蒸汽机推动转轮的丝偈，排除了蒸汽单车偈。以上史料说明在光绪十三年，简村不存在机器缫丝厂，陈启沅和他儿子各开一间《蚕桑谱》提到的"蒸汽单车偈"。证明陈启沅从澳门回到简村时，一度办了蒸汽机为动力的丝厂，但很快就改为"蒸汽单车偈"。

（三）澳门工厂的情况

以往的研究没有研究清楚继昌隆迁移到澳门之后的工厂情况。澳门在明代正德年间（1506-1521年）以后，既是葡萄牙人进行商业活动的地方，也是珠江口势豪的势力范围。陈启沅迁厂之前，到澳门考察，并与澳门的势豪卢九商定合作事宜，决计将工厂迁来。

1882年，在广东内地无法立足的丝厂，就有三家迁到澳门。丝厂无法在内地开办而外迁，引起了外国殖民主义者的幸灾乐祸，有一家报纸为此事津津乐道：

---

[1] 张茂元《近代珠三角缫丝业的技术变革与社会变迁：互构视角》，《社会学研究》2007年第1期，第35-36页。
[2] "陈天杰致上海社会科学院1981年3月的信件"，转引自徐新吾《中国近代缫丝工业史》，上海：上海人民出版社，1990年，第116页。
[3] [清]陈孺直《家中先人事略》，手抄件复印件。

"满大人的愚蠢和偏见便宜了我们,我们希望中国资本家会看到这个殖民地(即澳门),对工业投资无可置疑地提供利益。"[1]陈启沅迁厂,也颇费了一番心思。陈启沅在澳门工厂的女工,一部分是中山招聘的,一部分是简村、勒流的。此外找了男管工十人。在澳门重开的工厂规模比继昌隆要小。在澳门重设的工厂,陈启沅改名为"和昌",取"以和为贵,五世其昌"的意思,后来又更名为"复和隆",大概陈启沅想在家乡有朝一日要恢复继昌隆。迁往澳门的工厂,大概用了六千两白银,估计陈启沅与澳门土著卢氏的合作只是给他干股,由他摆平地方上的交际事务,以利于发展而已。与陈启沅合作的除了卢九,还有澳门商人何连旺。根据澳门《澳门宪报》1882年7月8日第四号官方文件称:"照得现据华人何连旺前来禀称,恳准开设缫丝厂,内用水气机器,设在和隆园内东便附近二龙喉花园马路,该厂名粤和昌。该厂四至:北向茶仓,东南向马路,西向街上……兹按一千八百六十三年十月廿一日上谕第四款之例,准该何连旺在已上所言和隆园开设缫丝厂。"[2]根据陈天杰的回忆录和《澳门宪报》的记载,何连旺在隆园内东便附近开办的粤和昌缫丝厂,就是何与陈启沅、卢九合作开设的工厂。在澳门的缫丝厂,普遍经营很成功。[3]陈天杰说陈启沅时期的企业从来都是自己资金,没有招收外人的股份,[4]澳门工厂可以说是特例。陈启沅在澳门工厂还物色了一个女工罗氏为妾(她是陈启沅第九子陈孺直的生母),她帮助陈启沅管理工厂,督查女工的工作,是当时陈启沅的重要帮手。[5]陈启沅在澳门办丝厂,无暇顾及它事,集中精力钻研缫丝业,《顺德县志》载:"陈(启沅)遂设厂澳门试办,制出之丝别为两种,一曰四角丝,畅销美国;一曰六角丝,运销欧洲,成效

---

[1] 吴建新《陈启沅传》,广州:广东人民出版社,2008年,第47页。

[2] 转引自林广志《晚清澳门商人赌商的产业投资及其特征》,《华南师范大学(社会科学版)》2009年第6期。

[3] 以上澳门丝厂事引自林广志《晚清澳门商人赌商的产业投资及其特征》,《华南师范大学(社会科学版)》2009年第6期。林广志为澳门大学澳门研究中心人员,所述多采用当时文件。

[4] 陈天杰等《广州第一间蒸汽缫丝厂继昌隆机器创办人陈启沅》,《广州文史资料》第八辑,广州文史资料研究委员会出版,1963年,第58-71页。

[5] [民国]陈孺直《家中先人事略》,手抄件复印件,并附《家中先人事略》、《本身大事记》。此文献由陈孺直孙子陈树华先生提供。

渐著。"[1]四角丝是继昌隆时期就已经制造的，而六角丝采用复缫法制造，即将四角丝再缫一遍，需要开另一个有马达的缫丝工场。这种方法又叫"括丝"，1917年美国丝商来粤，与粤商商谈改进事宜，即要求粤商改四角丝为六角丝，粤商囿于投资过大（需再建一间缫丝厂）皆萎缩不前，直到1919年，才由顺德丝商岑国华改良，获得成功，1921年全省90%的丝厂都生产了六角丝。[2]从此粤丝产业才进入一个新的阶段，而陈启沅的澳门工厂在光绪年间（1875-1908年）就这样做了。陈启沅创办的缫丝机器厂是晚清最早采用马达动力的缫丝厂，也是珠三角缫丝厂中最早采用括丝法的工厂，且据陈孺直《先兄蒲轩事略》记载澳门的工厂并没有关闭，而是延续到1928年。说明陈启沅创办的工厂在晚清一直走在新兴缫丝厂的前列，并一直给陈氏家族带来巨额的财富。

（四）陈启沅的生卒年考证

陈启沅的生卒年，一般认为是1834年-1903年。[3]陈孺直则说："先父讳如瑯，号启沅，字芷馨，生于道光十六年（1836年）丙申，终于光绪三十年（1904年）甲辰，享寿六十有九。"[4]而据陈孺直子陈作海所见材料记载：

> 先父讳如琅字启沅号芷馨，先嫡母麦氏，在堂生母罗氏（此处为陈启沅子陈蒲轩手迹）……芷馨太老爷，生命丙申年三月初七日子时，终命甲辰年七月初三日子时（陈启沅孙媳妇手迹）。[5]

陈启沅曾为其子写的一幅画题字：

> 五男锦箟性爱山水，遂即笔砚以成图画。然非十余天之功，不能脱稿。呜呼，人生学艺，竟□不急之□□耶？□□□元有云：水上□□□都不要，谁来共我画中山，可知今日非其时矣。因伊乞题，聊书数字，

---

[1] 民国《顺德县志》卷1《物产》，中国地方志丛书本，中国台北：台湾成文出版公司，1974年，第20-21页。
[2] [美]考活著，黄泽普译《南中国蚕丝业调查报告书》，广州：岭南农科大学印行，1925年，第4-5页。
[3] 黄景坤《陈启沅传》，《南海文史资料·陈启沅与南海县纺织工业史专辑》第10辑，南海县政协文史研究委员会出版，1987年，第3-18页。
[4] [民国]陈孺直《家中先人事略》，手抄件复印件。
[5] 见陈作海《缫丝风云录：记中国近代民族工业先驱陈启沅》，广州：华南理工大学出版社，2017年，第133页。陈作海作品虽为演义性质，但夹杂了一些珍贵家族史料，末附《陈启沅生卒年考》，具有参考价值。

俾使知之可耳。

　　光绪庚子仲秋，岭南畸人陈启沅题于西樵惜阴草堂之九思一贯斋，时年六十有五。[1]

光绪庚子即光绪二十六年（1900年），陈启沅自称六十五岁，这是依照中国传统计龄习惯多算一岁。陈作海考证陈启沅在1886年已经虚岁51岁，可追溯陈启沅生年是1836年。[2]

　　陈启沅的卒年据陈孺直的《本身大事记》，[3]记载为光绪三十年（1904年）。陈孺直在陈启沅逝世六十周年时曾作诗："先考六十九，生母三十六，我十三。"[4]这里也是依照虚岁计算。故而可推算陈启沅生卒年应为1836-1904年，享年68岁。

二、陈启沅思想遗产研究

（一）陈启沅的实业–科技思想及其影响

陈启沅的实业思想是和他的科技思想结合在一起的。这是以往的研究所忽视的。他的科技思想，体现在他撰写的《蚕桑谱》和《陈启沅算学》中。

（1）《蚕桑谱》中的实业–科技思想

《蚕桑谱》又名《广东蚕桑谱》，最早的版本有光绪十二年（1886年）稿本，[5]是广东蚕业史上第一本蚕桑专书，也是广东第一本叙述本地蚕桑技术的蚕书，同时它也是中国第一本叙述新式缫丝技术的蚕书。所以它在近代中国蚕、桑、丝技术史上有重要的地位。

在《蚕桑谱》中深刻体现了陈启沅实业思想和科技思想的核心。主要体现在

---

[1]陈作海《缫丝风云录：记中国近代民族工业先驱陈启沅》，第132页。
[2]同上注，第134-135页。
[3][清]陈孺直《本身大事记》是《家中先人事略》的附件，记载陈孺直的生平大事。
[4][民国]陈孺直《惜阴堂诗集》，香港：香港文化印刷所，1966年。
[5]《蚕桑谱》有光绪十二年到二十二年的稿本、光绪二十三年刻本、光绪二十九年刻本、光绪三十四年刻本，见吴建新《陈启沅传》，第216页。

他对古代农学"天、地、人"三才论的运用。他在《蚕桑谱》中说：

> 是书内藏三要：先观天时，次择地利，然后参以人事，补天时地利之不足。故敢云一定不易之理也。[1]

三才论最早出现于《吕氏春秋》，被认为是中国古代传统农业奠基的基本思想，且为后代农书如《齐民要术》和之后的农书所不断发挥而演进，对中国精耕细作农业的形成与发展有深刻影响。[2]天、地、人的三才理论其实贯穿在陈启沅的实业和科技思想中。

《蚕桑谱》继承了前人的三才论而用于蚕桑业生产中，有很高的蚕业科学成就。首先，《蚕桑谱》提出了循环经济的思想，认为蚕丝可以出口：

> 蚕食余剩之桑，可以养鱼；蚕疴之屎，可以作粪土，固可以培桑，并可以培禾，蔬菜杂粮无不适用，更可以作风药。蚕蛹可以吃，变坏的蚕和缫丝的水，可以为粪。[3]

劣的天气和怕湿气。[4]所以蚕房要通风，遇到恶劣天气，一定要改善蚕房的环境。桑树要施肥，否则桑叶营养低。这些都是根据"桑性"和"蚕性"而采取的技术措施。陈启沅还将"蚕性"用于蚕的繁殖过程、蚕病的研究。

以上仅是叙述陈启沅蚕学思想的一部分。这些成就都是在传统农业思想三才论的指导下提出的。《蚕桑谱》被翻刻多次，并传到北方，对晚清的蚕业和新兴缫丝业的推广起过一定作用。

（2）《陈启沅算学》中的实业-科技思想

陈启沅的实业-科技思想还表现在他重视所办工业涉及的基础研究。对缫丝机器的研制，《蚕桑谱》有专章和图纸。而在《陈启沅算学》中更能证明陈启沅在研制缫丝机器之前，已经做了大量基础研究和描绘过图纸。《陈启沅算学》（以

---

[1] [清]陈启沅《蚕桑谱·凡例》，光绪二十九年刻本。
[2] 梁家勉主编《中国农业科技史稿》，北京：中国农业出版社，1989年，第102-103页；中国农业百科全书总编辑委员会农业历史卷编辑委员会，中国农业百科全书编辑部编《中国农业百科全书·农业历史卷》，北京：农业出版社，1998年，第316页。
[3] [清]陈启沅《蚕桑谱》卷一，惜阴草堂，光绪十二年刻本。
[4] [清]陈启沅《蚕桑谱》卷一，惜阴草堂，光绪十二年刻本。

下简称《算学》）显示了陈启沅能突破传统士子只有儒家经学的知识结构，而具算学和机械动力学、平面几何和立体几何的知识，能进行机械设计。

首先，《算学》表明陈启沅精通古算学，并且具备基础的西方算学和机械学。他熟读的古算书有明代的《算法统宗》，其余为清代著名算书，已经接受了自明末以来传入的西方数学。

其次，《算学》叙述了西人的丈量土地的仪器，如"望筒式"和"铁链尺"，认为这些器械更准确。他在这基础上"仿西法比例，制一测仪器"，更加简便，并用图绘便于读者应用。镜测比例谱谈到了运用显微镜的方法。[1]

陈启沅还懂得机械制造学、制图学。《算学》的"器测比例谱"，提出了自鸣钟的大、小齿轮数以及，包括外周轮数和内周轮数、齿心，并且能够计算出来，并依照数据制图。而制图是机械制造的第一步。制作机械缫丝厂的图纸都是他绘制的。陈氏后人说："陈启沅曾遗下有许多自绘形图样本等，不下一柜子。"[2]只是在抗日战争中珠江三角洲沦陷时失去。

陈启沅还掌握了与机械制造学相联系的气流动力学。他认为要制造蒸汽机，要有"制机汽（蒸汽机）以表、以称，而先知其气之力，而后以气测其大炉之气"，提出了蒸汽机炉直径、活塞速率、指力器（压力）、动力之间的关系和计算方法。[3]继昌隆的机器是陈启沅自行设计的这个说法，在这里可以找到根据了。

《算学》虽然只是一本普及性的算学著作，题目对一般人来说是大难题，涉及物价货易、建筑、堤防、仓廪、手工业、制造、测量、几何计等方方面面，是清代不少算学家都不屑解答的问题。

在技术的传播方面，陈启沅显示出非凡的见识。陈启沅不仅设计了一个缫丝厂，还实行了最先进的生产管理制度，得到了十分可观的利润，还撰写蚕书和算书，陈启沅在《蚕桑谱》附列新式缫丝法，将书借给人传抄，后来还出了刻本，向投资者无偿提供技术资助，指导投资新式缫丝业者、从事生产的蚕农、桑农

---

[1] [清]陈启沅《陈启沅算学》卷十三，《广州大典·子部天文术数类》总45辑第2册，广州：广州出版社，2015年，第385页。
[2] 陈天杰等《广州第一间蒸汽缫丝厂继昌隆机器创办人陈启沅》，第58–71页。
[3] [清]陈启沅《陈启沅算学》卷十三，第595–597页。

（机器缫丝业出现之后，蚕和桑的生产开始专业化）生产出合格的产品。他还为了收购合适的茧而在简村、官山等地建立华南丝区最早的茧市；为了减少生丝销售终端的流通费用，建立了自己的丝庄。这是全产业链的实业思想，同时在实现上述行为时，以熟悉生产科技来设计生产线和产品（如率先实行括丝生产）。陈启沅实业–科技思想是一般从事新式缫丝业的人所缺少的。

（二）陈启沅的慈善思想及其对其后代的影响

陈启沅是大慈善家。宣统《南海县志》将陈启沅列入《艺术传》，但不吝笔墨赞扬陈启沅的善行。《南海县志》赞扬陈启沅"尤喜施予，办善举，解囊资助无吝色"。[1]

在创办继昌隆时，他斥资数千元设立慈善设施和茧市，以及卖低价的商店，降低了简村人的生活成本。此外还有赈济老人、施米济贫、施棺、赠医送药等善行。

陈启沅在建了百豫坊之后，丝厂和丝栈的业务大都归陈蒲轩管理，晚年主要从事慈善事业。他担任晚清广东预丰仓、惠济仓的职务。陈孺直的《家中先人事略》提到了这件事。惠济仓大致是光绪初南海人王鉴心发动富裕人家捐谷捐资建立，陈澧任经理。但很少用于赈济。张之洞督粤是在光绪十年（1884年）至光绪十四年（1888年），南海县士绅上述要求动用惠济仓的贮银赈灾，陈启沅是在这一时期任惠济仓职务。《算学》卷三下、卷十、卷五下都有仓储的算法和仓房堆法和灾害赈济法的计算，陈启沅比一般人更能熟悉仓库的管理和灾害赈济。预丰义仓在光绪二十五年（1899年）以大有仓改建，凡十九厫。两广总督谭钟麟倡捐银二万两，盐商、米商等也有捐款，其中丝行商捐了一万两，[2]陈启沅位列丝行商，应该也有捐款，并担任管理仓库的职责。

陈启沅排难解纷和义务为官府开办矿业。韶州有人为锑矿发生纠纷，粤督陶模聘启沅查勘，"启沅为陈曲直两造，俯首，案遂结。陶奇其才，委办锑矿，得大利"。[3]两广总督陶模，是一个有作为的官员，清史稿有传，他在广州铸钱币是继续张之洞在广州开创的事业。此时陈启沅已经64岁。当纠纷解决之后，陶模又

---

[1] 宣统《南海县志》卷二十一《艺术传》，中国地方志丛书，中国台北：成文出版有限公司，1974年，第1728–1732页。
[2] 民国《番禺县续志》卷四《建置》，中国地方志丛书，中国台北：成文出版有限公司，1974年，第91页。
[3] 宣统《南海县志》卷二十一《艺术传》，中国地方志丛书，中国台北：成文出版有限公司，1974年，第1728–1732页。

指令陈启沅去"广西贺县锡矿,并任官锑局总办",[1] 从事矿山的开采。《算学》中有铸银的应用题,开采矿山的应用题,故开矿山亦是陈启沅的本事,官府认为他能不辱使命。但2008年笔者访问简村时,当地人说陈启沅一生做生意,也有亏本的时候。一是开矿山,二是开书店。前一事估计是给官府开银矿亏本了,陈启沅倒贴钱给官府,估计是一大笔数。他开的书店就在简村,当地人还指出所在地。陈启沅的出版的《蚕桑谱》《陈启沅算学》《理学溯源》等书,都是用"惜阴堂"的名,他的书半卖半送,或者只是赠书,那就肯定亏本的。如果要赚钱,书店应该开到贸易繁盛的官山墟。今百豫坊遗址还有屋子名"银仓",占地约一百多平方,两层,从墙基到屋顶约十七八米,全部是花岗岩石,已经没有屋顶和二层,原是严密的铁门,今残存铁锁。当地人说这是陈启沅放金银钱和珍贵书画的地方,陈启沅做善事需要钱就从银仓拿,或者将书画拿去变卖换取钱,以备所需。[2]

陈启沅最重要的善事是创办了崇正善堂。先是,南海人陈次壬、钟觐平发动南海、顺德商人建立了爱育善堂。陈启沅则创办崇正善堂、官山普济善堂,"均捐金甚巨"。[3] 史载崇正善堂成立于光绪二十二年(1896年),主办者陈启沅、陈惠甫等。[4] 崇正善堂在九善堂中的地位和在晚清民国初所起的作用,已有不少研究者探讨过,在此不赘述。

陈启沅还将他的慈善思想和慈善事业传给后代。他让儿子陈蒲轩一起同他制作足踏缫丝机。[5] 他将写作《蚕桑谱》《算学》都当作善事来做,而且命陈蒲轩参与。陈蒲轩掌握缫丝机器和管理,陈启沅逝世之后,在简村的两间使用蒸汽机的足踏缫丝机器厂和在澳门的附带括丝场的蒸汽机缫丝厂都是他管理的。[6] 陈启沅不仅出资桑园围的全岁修,还出资并主持修建了桑园围内重要的水利工程吉水

---

[1] 宣统《南海县志》卷二十一《艺术传》,第1728-1732页。
[2] 笔者于2008年和2018年到简村考察,熟悉陈启沅和简村掌故的林润明老人告诉笔者。
[3] 宣统《南海县志》卷二十一《艺术传》,第1728-1732页。
[4]《广州私立慈善团体一览表》,1937年5月,广州档案馆10-4-1013。
[5] [清]陈启沅《蚕桑谱·自序》,光绪二十九年刻本。
[6] [民国]陈孺直《先兄陈蒲轩事略》,影印件。

窦以及河神庙等，这些工作陈蒲轩大都协助了。还在陈启沅晚年任善后局一职时，陈蒲轩还协助父亲代行两广总督陶模任命的事务，并且在陈启沅逝世之后，继续管理惠济义仓和预丰义仓。[1]陈蒲轩继承了父亲的事业，可以说是晚清一个工业家和大慈善家。

陈启沅另一个儿子陈竹君懂得医学，陈启沅给他选了十八甫路102号为广州奇和堂药局的地址，此地旧楼仍在，原为潘氏花园，是广州市历史文化建筑。陈安薇说奇和堂二楼有黎元洪亲笔书写的"奇和堂药局"牌匾，以及孙中山书写的"乐善好施"的赠字，四字下有"奇和堂药局主人雅鉴"，落款为"中华民国总统孙文题"。在"文革"中这些字用水泥涂抹了才得以幸存。[2]而门口左边门柱今还有"即已"二字的石刻，"即已"意思即药到病除。奇和堂药局产生的部分利润投入崇正善堂。陈竹君在清末还成为有立宪倾向的粤商自治会的骨干，积极参与该组织发起的爱国运动。[3]陈竹君可以说是清末民初一个成功的商人，与陈蒲轩一样都是一个大慈善家。

陈启沅的孙辈陈廉伯、陈廉仲，也都是大商人、银行家，同时从事慈善事业。陈廉伯是头脑精明的商人，清末民初炒丝积累了巨额财富，他主办商团，参与入民国之后的灾荒期内的调剂粮食、平粜和赈济活动，他还是广州近代消防事业的开创者，他任商团团长时，首倡建立救火队，消防事业遍于"省河南北，棋布星罗"。[4]陈廉仲曾经担任广东铸币厂厂长，在丝业、银行、矿业、保险等方面均有丰富的管理经验，曾历任广东粮食救济会财政主任，广东慈善救济会财政主任及粤省商团理财长等职，每遇地方公益，家乡困难，市政金融问题等，他都鼎力相助，并捐出巨额资金。曾经得过民国政府的嘉奖。[5]

---

[1] [民国]陈孺直《先兄陈蒲轩事略》，影印件。
[2] 陈启沅后人陈安薇2018年5月提供资料，其保留有祖父陈廉仲（陈启沅之孙）口述史实的录音带，并正据此撰述家族史著作，所述可靠。
[3] 邱捷《辛亥革命时期的粤商自治会》《粤商自治会再研究》，载氏著《晚清民国初年广东的士绅与商人》，桂林：广西师范大学出版社，2012年，第113-114，197-216，217-259页。
[4] 参见敖光旭《商人政府之梦——广东商团及"大商团主义"的历史考查》，《近代史研究》2003年第4期。
[5] 陈安薇提供。

三、结语：陈启沅的历史地位

将陈启沅和继昌隆放在近代中国经济工业化过程之中，陈启沅开创的不仅是一个很大的行业，从而造就了一批从事新兴实业的工业家群体。陈启沅创办的继昌隆的过程还是广东民营机器制造业发展的一个契机。陈启沅请广州从事机械制造的陈联泰号的老板和工人帮助制造继昌隆的缫丝机器。陈联泰老板和这个机器小厂的后来者，学习和接触了轮船动力机械的原理，创办了在广州和顺德乐从的机器缫丝厂。陈联泰号和从陈联泰号的师徒分出来的均和安机器厂被称为广东民营机器制造业的始祖，除了能制造缫丝机器，还从陈启沅从安南带回的轮船蒸汽机中得到技术，可以制造多种动力机器，省内外轮船公司和轮商多来订货，是广东民营轮船业的创始者。[1]

陈启沅在广东科技史上他也有重要的地位，如他撰写的《蚕桑谱》，是广东历史上第一本蚕桑专书，开创了晚清广东蚕书的书写阶段，而且是中国第一本有新式缫丝技术记载的蚕书。他撰写的《陈启沅算学》，证明他有算学和机械知识结构并加以推广，说明他是一个既有实践知识，也有书本知识、管理知识的企业家，这是其他一般士大夫和当时跻身缫丝企业的人所难以企及的。

陈启沅创办的崇正善堂与其他人创办的善堂，一起在清末民初的政治、经济、文化等方面都起着重要的作用，给当时的商人阶层提供了一个参与社会事务的平台和实现商人政治理想的舞台，特别是在清朝灭亡，民国诞生这一时段，包括崇正善堂在内的九善堂所起的作用是不容忽略的。从这个意义上说，陈启沅是晚清中国近代化的推手之一并不为过。

陈启沅的伟大精神和崇高理想，其嘉言懿行足为后人所法式。将他定位为近代岭南精神文化的一个标杆，具有非常重要的现实价值。

（作者单位：华南农业大学历史系）

---

[1] 陈允耀《我忆均和安机器厂》，《广州文史资料存稿选编（八）》，北京：中国文史出版社，2008年，第14-15页；宣统《南海县志》卷四《物产》，第621-622页。

中国近代思想发展影响下的广州学术中心递嬗

吴志鹏

内容提要：

从19世纪20年代到20世纪20、30年代，广州学术界共经历了三次学术中心的递嬗，从学海堂、万木草堂再到国立中山大学，这代表着汉学思想、变法思想与革命思想先后在广州形成思想主流并引领社会发展。总体而言，三次学术中心在制度、学风等方面受其各自创始人阮元、康有为与孙中山的学术教育思想影响至深，并为广州的学术文化和社会进步做出了卓越贡献。核心学府的递嬗是广州文化大爆发的结果，也是广州学术从"滞后于中原"向"引领全国"转变的体现。该递嬗过程反映出近代广州学术教育形式呈现多元化与政治化的特征。

绪 论

19世纪20年代到20世纪20、30年代是广州学术教育复兴上升的历史阶段。嘉庆年间，总督阮元的就任提升了乾嘉汉学在广州学术界中的地位，也让广州学术发展进入了具有近代意义的新时期。此后，广州士人利用地理之便，不断吸收国内外先进思想文化，形成了数次具有地方特色的思想浪潮。

思想需要学术教育来弘扬，而学术教育也会随着思想的发展而自我革新。每个时代，都有相应的学术机构来引领时代、辐射地区的学术发展。这种具有核心意义的文教机构即学术中心。学术中心不仅领导了地区学术教育的主流，更为现实社会培养了可堪大用的人才、为社会进步创造了可供参考的理论。随着中国社会发展的不断推进，地区内的学术中心会向下一个学术中心递嬗。近代以来，具有思想革新性质的广州学术中心有三个：学海堂、万木草堂和中山大学。这三个学术中心分属不同的历史时期，也有不同的办学理念。但它们都先后成为广州范围内当仁不让的时代学术中心。

学海堂从鸦片战争前就肩负着改革广州学风的重任。乾嘉汉学标志着经学时代的落幕，也预示着现代学术的开启。[1]阮元的汉学思想为日后学海堂培养出兼学中西、包容文理的杰出学生奠定了制度与学风的基础。后学海堂时代的广州学术教育经历了洋务学堂时期与书院改革时期。广州学术的迸发期集中在后者：康有为根据维新变法思想建立的万木草堂成为了这个时代的广州学术中心。《壬寅学制》颁布后，广州学术朝着专科学堂的方向发展。[2]由于分科，此时的广州学术并无具有代表性的核心文教机构。大革命前夕，三民主义亟需在学术界中掌握更强大的政治渲染力。于是中山大学以党化学校的身份被建立起来。这就是近代广州学术中心在经历了社会思想变迁后的递嬗过程。

一、汉学思想与学海堂

（一）前阮元时代

宋明以降，广东完成了"岭外入中国"的文化转变。[3]这意味着具有"广东特色"的学术思想终于有机会走入主流的视野，成为具有全国影响力的思想流派，如南宋"菊坡学派"、明代"白沙心学"等。

明清的广东，对外贸易频繁，社会资金宽裕。于是重视礼教的广东人大兴教育：大量书院、社学、门塾涌现，有一改数百年岭南教育事业颓况之决心。明朝广东的书院数量为207所，仅次于江西，占全国总量的10.55%。[4]清朝，这个数字进一步上升，为659所，占全国总量的11.29%，位列第一。[5]由此可见，广东在明

---

[1] 卿磊《从"实事求是"的理念看乾嘉汉学的时代特征》，《北京理工大学学报（社会科学版）》，2010年第12卷第6期，第135页。
[2] 张耀荣《广东高等教育史》，广州：广东高等教育出版社，2002年，第20-22页。
[3] 程美宝《地域文化与国家认同：晚清以来"广东文化观"的形成》，香港：三联书店（香港）有限公司，2018年，第49页。
[4] 邓洪波《中国书院史》，武汉：武汉大学出版社，2013年，第278页。
[5] 邓洪波《中国书院史》，第451页。

清两朝一跃成为中国传统书院教育的佼佼者。清前期，清廷积极支持各省在省会兴办省级书院。广州在此时建立了一批在全国范围内极具竞争力的书院。故在全省范围内，广州在书院数量与质量上均要高于省内其他地区。

但是，书院数量的飙升只能反映出广州在逐渐重视科举与礼教，并不代表广州的学术水平已经到达能够引领社会学术发展的程度。事实上，书院教育的兴盛掩盖的是广州学术在清中前期滞后于江南主流的现象。嘉道年间，因距离中原甚远，广州学术氛围依旧沉浸在空谈心性的陈、湛心学中，鲜见乾嘉汉学之影响。当总督阮元来到广州时曾感叹："粤东自前明以来，多传白沙、甘泉之学，固甚高妙，但有束书不睹，不立文字之流弊。"[1]阮元于1817年督粤，此时距湛若水逝世已有250多年，距乾隆重视考据学也过去了近80年。可以说，广州学术在清中前期仍落后于国家主流，且是未能跟上时代潮流的落后。直到19世纪20年代初，阮元在广东大力推崇乾嘉汉学，广州的学术氛围才逐渐改善。因此，前阮元时代即阮元督粤前广州学术沉迷心学的历史时期。

（二）阮氏汉学思想

阮元既是乾嘉汉学的代表学者，又是两广总督，兼官僚、学者于一身。在治学精神和方法上，阮元既继承了汉学皖派学风，确守以训诂发明义理的主张，[2]又在日常研究中产生了自己的见解。

阮元重视经史小学。实事求是，是乾嘉汉学的精神内核。它要求学者们奉行"究事实、求真是"的治学理念。"实事"是治学的对象与方法，即从事考据学；"求是"是以儒道为学术标准，判断正误。阮元深究之"实事"，是文字训诂一类的经史小学。他认为："经学、史才、词科，三者得一足以传。"[3]经学是士人修齐治平的道德、法理来源；史才是反映历朝施政得失的镜子，是政治经验来源；词科则是表达自己政治理念的途径。

学术的批判态度一直是阮元所坚守的。在汉学兴盛时，很多学者沉溺于古籍研究，追求古书的正确，忽略了批判思维。阮元认为："考古必宗诸是，持论务

---

[1] [清]张鉴等录《雷塘庵主弟子记》卷六，《阮元年谱》，北京：中华书局，1995年，第147页。
[2] 钟玉发《阮元调和汉宋学思想析论》，《清史研究》2004年第4期，第20页。
[3] [清]阮元《全谢山先生经史问答序》，《揅经室集》，北京：中华书局，1993年，第544页。

得其平。"[1]他保持着学者最基本的怀疑精神：要尽可能地恢复孔孟经义的本貌，拒绝不假思索地接受前人已有的研究成果。阮元之实事求是，一是专注于经史词科之小学，二是坚持学术的批判态度。

阮元宣扬"以考据通义理"的经世思想。他曾说："圣贤之道，无非实践。"[2]两广总督的职务让他形成了崇尚实践、学以致用的"知行观"。心学之空谈心性、朴学之孤立考证都无法帮助他治理一方。阮元重视经世致用，希望将学术成果应用在政治治理中，用毕生所学来解决现实问题。阮元复原清初经世致用的传统，为的是扭转乾嘉学者纯学术研究的僵局。由此可见，阮氏经世致用的主张是其"实事求是"追求的派生。正是这种实用的学术态度，令阮元能够正视并接纳西来科技文化。

阮元既渴望打破汉、宋学之间的门户界限，又重视西方文化与自然科学，他的学术胸怀是极其包容的。阮元拒绝固守派别之争。他曾说："我朝列圣，道德纯备，包涵前古，崇宋学之性道，而以汉儒经义实之，圣学所指，海内向风。"[3]治学要平衡各家所长，经史小学最终要体现出圣人之道。治学不可像宋学般有终无始，又不可像汉学般有始无终。阮元在学术活动中尽力避免门户之争，所以后学评价阮元："惟焦、阮二公，力持学术之平，不主门户之见。"[4]

阮元还支持天文、历法、数学等学科，为海内外科学家著书《畴人传》。他极具前瞻性地倡导自然科学，为日后学海堂兼顾中西、包容文理做出了示范。阮元实事求是、学以致用、包容调和的学术思想为日后学海堂成为广州学术中心提供了强有力的指导。

（三）学海堂

"广州有大书院五，最高之学府也，曰学海堂……"[5]根据坊间的排名，学

---

[1] [清]阮元《纪文达公集序》，《揅经室集》，第678页。
[2] [清]阮元《大学格物说》，《揅经室集》，第55页。
[3] 阮元《拟国史儒林传序》，《揅经室集（一）》卷二，上海：商务印书馆，1937年，第32页。
[4] 刘师培《扬州前哲画像记》，《左庵外集》，南京：江苏古籍出版社，1997年，第1896页。
[5] 梁启勋《曼殊室戊辰笔记》，转引自宋巧燕《诂经精舍与学海堂的文学教学研究》，济南：齐鲁书社，2012年，第39页。

海堂是广州最高学府的头名。其中原因为何？学海堂是两广总督阮元手创的书院。学海堂前后得到了多位广东高官的关照。在行政力量支持下，学海堂获得了充足的资源。又因阮元之乾嘉学风，学海堂能自如地摆脱清朝"书院为科举服务"的桎梏。

阮元创设学海堂，目的是改革广州空谈心性的学术氛围。扭转广州学风，消除汉宋之争，是这位学者型官员的夙愿。然而，传统的山长制度会让书院拘于流派而固步自封。为杜绝一家之言占据学海堂，阮元在学海堂建立了学长制：八位学者同任学长，共同管理学海堂。阮元在《章程》中落实："永不设立山长，亦不允荐山长。"[1]学长制度在学海堂发展的过程中极大程度地保持了包容调和的初衷，并让各学长互为补充，各展所长。学长制一直在深化。阮元的继任者卢坤落实："现议课业诸生，本部堂责成学长尽心教导，应令该生等于学长八人中择师而从，谒见请业，庶获先路之导。"[2]学海堂学长是管理者，是研究员，更是授业讲师。学长制要求肄业生追随一位导师深入治学，并跟从其他老师纵览全科，拓展学术视野。

膏火制是学海堂建立在考试等级上的奖学金制度。学海堂有充足的资金来源。创堂之初，总督府资助4000两银给学海堂生息使用，并将番禺县2577亩土地划拨给学海堂出租以充经费。[3]资金保障了书院的正常运行，为学长提供每年36两银的工资。此外，学海堂每季度考核优秀者还能分享近200两银的膏火。学海堂每年四考，规模宏大，竞争激烈。考课成绩位于前列的肄业生每月可领1两银。肄业生名次越前，领取膏火的月数越多。其中，获得经史、诗赋考试第一名的学生每季度可领4两银。学海堂丰厚的资助保障了学者、学生没有后顾之忧，安心于学术。

学海堂的课程设置受阮元的影响较深：阮元强调经学、史学与词章，并重视天文、历法、算学等；学海堂要求肄业生进修经学、史学、小学、理学、文学以

---

[1] [清]阮元《学海堂章程》，《学海堂志》，附录于麦哲维《学海堂与晚清岭南学术文化》，广州：广东人民出版社，2018年，第455-456页。

[2] [清]卢坤《学海堂专课章程》，《学海堂志》，附录于麦哲维《学海堂与晚清岭南学术文化》，广东人民出版社，2018年版，第456页。

[3] [清]阮元《学海堂章程》，《学海堂志》，附录于麦哲维《学海堂与晚清岭南学术文化》，第455-456页。

及数学。[1]能够同时容纳考据学与理学于一堂，并正视数学等自然科学的书院，学海堂可谓是独树一帜。

学海堂培养的学生无数，大部分都成为了各个领域的明星：入仕为官、留任学长、任职他校的人才比比皆是。陈澧先是学海堂学生，后为学长。他精通音韵、诗学、舆地、算学等学科，[2]继承了阮元"汉宋兼采"的学术传统，文理并重，不仅著有经学著作《东塾读书记》，还有众多自然科学成就，如《弧三角平视法》《汉书·地理志·水道图说》等。邹伯奇是文理并重的典型。他精通经学与小学，还在学海堂教授数学，并涉猎天文学与光学。邹伯奇是中国近代科学先驱，[3]著有《学计一得》《对数尺计》《摄影之器记》等。梁廷枏专注史学与金石学，著有《粤海关志》《南汉书》《金石称例》等。[4]梁氏是第一批"开眼看世界"的士人，他的《海国四说》与《瀛寰志略》《海国图志》一道为近代中国打开了全球化视野。学海堂一度有垄断岭南学术的势头。

学海堂编刻的图书高达36种，共三千余卷。在数量众多的学海堂图书中，有重刊前人的学术成果，有编辑师生作品的课艺文集，还有关于自然科学的书目。传统学术方面，学海堂出产了集清儒解经之大成的《清经解》；课艺文集方面，学海堂将师生文章编辑整理，刻有《揅经室集》《学海堂集（共四集）》《学海堂丛刻》等；科学方面，还有《九数通考》等书目。学海堂校刻的书目涉猎经史子集等各个方面，也为后学留下了众多关于广东和省城的文学作品及研究材料。

学海堂打破了传统儒学与近代科学的壁垒，极具近代意义。其学生在中国的近代化进程中起到了巨大作用，以至于从1825年到洋务运动以前，学海堂都当仁不让地占据着广州学术的中心地位。

二、变法思想与万木草堂

---

[1] 宋巧燕《诂经精舍与学海堂的文学教学研究》，济南：齐鲁书社，2012年，第72-73页。
[2] 钟旭元、魏达纯《陈澧评传》，《华南师范大学学报（社会科学版）》1985年第2期，第47-48页。
[3] 吴建新《陈澧、邹伯奇的自然科学观》，《广东教育学院学报》2000年第4期，第90页。
[4] 容肇祖《学海堂考》，附录于麦哲维《学海堂与晚清岭南学术文化》，第524-526页。

（一）洋务学堂时期广州学术中心的缺失

洋务运动时，全国流行建设新式洋务学堂。它们大多是传授西方科技的专科学堂，也有少量传统书院。此时，新建的学堂专业性强，广州缺少一个具有代表性的综合学府。故该时期广州学术缺失中心。

该时期，有三种学校先后出现。第一种是由洋务派建立的新式洋务学堂，如李鸿章倡设的广州同文馆。[1]洋务派官僚筹划学习西方先进科技，此类学堂应运而生。同文馆之外，还有实学馆、水师陆师学堂等。第二种是由洋务派主建的传统书院，如张之洞主建的广雅书院。此类书院固守"中体西用""西学中源"的观念。广雅直到变法后才增设西学课程，可谓是滞后于时代。第三种是由基督教会建立的大学，以岭南大学、博济医学堂等为代表。岭大是难得的综合性博雅学院，为民主革命事业培养了众多人才，如史坚如等。但岭大曾辗转于港澳办学，超出本文的研究范畴。

洋务学堂时期，广州学术呈现去中心化：新式学堂学科方向分散，相互之间无可比性；旧式书院如学海堂、广雅书院已不符时代潮流。

（二）康氏维新教育思想

洋务运动后期，康有为创设的万木草堂崭露头角。因顺应潮流，万木草堂在19世纪末的广州学术中占据重要地位。要了解万木草堂，必先研究康氏教育思想。总体而言，康氏的教育思想非常务实，急切于为变法而服务。因此，有人称康氏教育思想为"教育维新论"。[2]

康有为的教育思想具有反传统性。"学与时异……三代既远，学术日异。若复古制，则朝廷令甲不能遽言"。[3]学术发展日新月异，康氏倡导与时俱进的教育内容：中国不能再固守科举，传统之学是造成中国落后的根源之一。康氏反对经史诗文在传统教育中独尊的地位："无如大地忽通，强敌环逼，士知诗文而不通中外，官求安谨而畏言兴作，故苟且粉饰而事不能兴。"[4]传统科举制禁锢了

---

[1] 张耀荣《广东高等教育史》，广州：广东高等教育出版社，2002年，第16页。
[2] 杨旭《教育家康有为新论》，《河北师范大学学报（教育科学版）》2016年第5期，第16-23页。
[3] 康有为《长兴学记》，广州：广东高等教育出版社，1991年，第35页。
[4] 康有为《上清帝第四书》，《康有为全集（二）》，上海：上海古籍出版社，1990年，第168-185页。

士人的创新思维，将人才变成"求富贵而废学业"的利己主义者。[1]因此，康氏要颠覆的是寄生于科举制下的经史教育。但康有为的反叛不是全盘否定。在他的教育设想中，"仁义"之学依旧是德育的重要讲义。他认为，传统道德可以"主静出倪、养心不动、变化气质、检摄威仪"，[2]是学者的必修课。

相较于学海堂之包容中西，康有为倡导更加深入地接纳西方文化与科技。西方能够短时间超越中国，凭借的是科技的快速发展，更是意识形态里的文化思维。"欧洲大国……新艺新器岁出数千，新法新书岁出数万，农、工、商、兵、士皆专学，妇女童孺，人尽知书"，[3]"尝考泰西之所以富强，不在炮械军兵，而在穷理劝学"。[4]所以，康氏大力支持建设专科学堂，从小培养儿童对科技的积累。如果国家没有足够的专科学校，即便引入先进的科技也是"根柢不立"的。

康氏提倡以广大胸怀接纳西方文化，不能只接受科技而排斥文化。"变科举，广学校，译西书以成人材，悬清秩功牌，以奖新艺新器之能，创农政商学，以为阜财富民之本"。[5]只有虚心学习并掌握先进的文化与科技，中国才能把教育转化成现实的进步。康氏还支持留学事业。他认为，在学堂里学习新学不如到西方实地求学。"游历三年，讲求诸学，归能著书，始授政事。其余分遣品官，激励士庶，出洋学习，或资游历，并给凭照，能著新书，皆为优奖，归授教习，庶开新学"。[6]在康氏的设想里，留学生能更好地推动新学在中国的传播，促进变法的实施。

康有为教育维新的目的是引领清廷进行变法。他视教育为一种政治手段，一种开启民智、富国强兵的办法。"富而不教，非为善经；愚而不学，无以广才，是在教民"。[7]在康氏的理念中，教育能够为中国变法事业培养大量人才。唯有

---

[1] 康有为《上清帝第二书》，《康有为全集（二）》，第74-103页。
[2] 康有为《长兴学记》，广州：广东高等教育出版社，1991年，第21-25页。
[3] 康有为《上清帝第五书》，《康有为全集（第四集）》，北京：中国人民大学出版社，2007年，第3页。
[4] 康有为《上清帝第二书》，《康有为全集（二）》，第74-103页。
[5] 康有为《上清帝第五书》，《康有为全集（第四集）》，第5页。
[6] 康有为《上清帝第二书》，《康有为全集（二）》，第74-103页。
[7] 同上注。

人才充足，中国才会从根源上进步。为此，康氏还设定了变法的教育目标："立道学，开艺科，创译书，遣游学，教亦具举。"[1]

同时，康有为还主张政治化的教育：西方政治学、儒学、佛学都是康氏重视的教学内容。他大力宣扬西来政治学说的同时还关注着传统道德修养的传承。因为政治变革的需要，康氏的教育观不得不务实地接纳各色政论于一体，故其思想是"政学为主，艺学为辅"。[2]

（三）万木草堂

万木草堂是康氏教育思想的前期实践，它的制度、学风无不在书院改革时期创全城之新。作为戊戌变法前最引人瞩目的学堂，万木草堂顺应潮流培育人才的举措令其当仁不让地成为书院改革时期广州的学术中心。

万木草堂的课程设置极具政治性。草堂有近四分之一的科目是围绕政治学开展的，有：政治学原理、中国政治沿革得失、万国政治沿革得失、政治实应用学、群学。[3]它们同属"经世"之学门下，是康有为专为维新变法培养政治人才所开设的科目。政治学之外，草堂学子还需要兼习孔学、佛学与泰西哲学这三门中外古典政治哲学。孔学是为托古改制设置的掩饰；佛学主要是为培养学生们的奉献精神；西方政治哲学是变政思想的来源与参考。草堂超越同时期其他学府的卓越之处在于：在众人纠结中西体用关系时，万木草堂早已接纳了西来政治理论与人文成果，培育了具有超前视野的变法人才。

草堂还要求学生要德、智、体、美全面发展。康氏教育思想容纳了传统士人对儒家道德的追求。康氏为草堂教学设置了四学纲："志于道，据于德，依于仁，游于艺。"[4]其中，前三项都是道德要求。草堂之德育，以传统儒家道德为本，要求学生谨记"四耻"：以无志、循俗、鄙吝及懦弱为耻，将所学之"义理"内化为个人道德修养。万木草堂是近代广州极少数关注德育的学府，为变法

---

[1] 康有为《上清帝第二书》，《康有为全集（二）》，第74-103页。
[2] 赵泉民，井世洁《康有为万木草堂"变政"教育新议》，《河南师范大学学报(哲学社会科学版)》2001年第3期，第93页。
[3] 康有为《长兴学记》，第2-3页。
[4] 同上注。

事业注入了君子精神。

草堂的教学内容兼采中西文理。所谓"游于艺",就是要学生掌握新"六艺"。康氏新"六艺"改良自传统儒家"六艺",即礼、乐、书、数、图、枪。[1]数学与绘图是学生学习西方先进技术的基础课。在实际课程中,草堂学子需要学习中外哲学、史学、地理学、数学、格致学以及中外语言文字。草堂学子兼采中西文理,均养成了高深学识与超前视野。"六艺"中的枪、乐是康有为重视体育与美育的体现。在文字、考据、义理与经世课程之外,草堂还有演说、札记、体操、游历等课外科目。其中,体操这门课程的设置创全城之新。康有为极其重视体操这门被其他学堂所不齿的科目。除文化课外,学子还需学习操练与使用枪械。另外,康氏还编排了赞颂孔子的《文成舞辞》,[2]希望学生能够在音乐与舞蹈中得到美的熏陶。

草堂的教学方法亦先进于其他学堂。首先,草堂是一所教研结合的学堂,兼具学校与研究所两个身份。草堂学子不仅需要完成功课,还要协助康有为进行典籍研究。著名的《孔子改制考》就是康有为在草堂学子协助之下整理完成的。其次,草堂提倡自学与讨论相结合。学生需要每日读书,定期参加演说会分享读书心得。演说会是为了考察学生阶段性学习的成果,并锻炼学生的交流能力。再次,万木草堂也有学长制。不过,草堂之学长,是优秀学生协管学堂的职务,分为博文、约礼、干城、书器库四门,[3]分别主管作业、品德、体操与图书仪器,开创广州学生自治之先河。康有为治下的万木草堂结合了教学、自习、研究、讨论、自治等超前的教学方法,完成了广州学术教育的维新实践。

万木草堂兼顾全科,设立的新科目"皆为创举",[4]培育了全面性的变法人才。在短短的七年内,康有为及其弟子做出了惊人成就,为紧接着的维新变法建立了理论根据地。虽然规模较小,但草堂培养的变法人才却大有作为。在"戊戌

---

[1] 康有为《长兴学记》,第2-3页。

[2] 于智华《康有为教育思想略论》,《山西师大学报(社会科学版)》2005年第4期,第79页。

[3] 梁启超《梁启超记万木草堂的教学》,附录于康有为《长兴学记》,第83页。

[4] 同上,第81页。

六君子"中，就有草堂学子康广仁。此外，梁启超、曹泰、陈千秋、陈子褒、徐勤等人在近代的国学、政治学、哲学、法学及教育学领域中取得了卓越的成绩，草堂学子的足迹遍布了《时务报》《万国公报》《知新报》《强学报》等社会传媒。万木草堂是一所兼具教学与研究的政治学府，理论产出颇丰。《孔子改制考》《长兴学记》《新学伪经考》《大同书（初稿）》等"公羊三世说"政治理论均是在万木草堂时期由康有为及其弟子共同完成的。

教学制度上，万木草堂有着先进的教学理念和学术视野，注重学生德智体美全面发展；学术成就上，草堂为戊戌变法输出了理论与人才，是该时期广州范围内紧跟思想潮流、顺时而兴的第一。

三、革命思想与中山大学

（一）20世纪初广州学术中心的缺失

1902年，清廷颁布《壬寅学制》，企图效法西方教育制度，落实传统书院的改革。然而，由于晚清局势混乱，广州范围内的学府均因制度的朝令夕改而在"学堂"与"大学"之间摇摆。在这段时间里，虽有两广大学堂作为官方名义上的最高学府，但鲜见其大贡献。而后，广州作为革命源地，爆发民主革命。动荡的时局与专科学堂的扎根令广州学术继续去中心化。20世纪20年代以前，广州再次缺失了担当革新时代思想的学术中心。

民国成立后，广州的高等教育延续着清末体制，并做着不痛不痒的调整。前清遗留下来的专科学校也通过长时间的发展而逐步稳固。在最初的十年里，广州学术的质量停滞在清末水平。这段时间，孙中山的三民主义思想在广州广为传播。但不得不承认的是，在万木草堂以后、20世纪20年代以前，近代政治思想并没有再次介入广州学术的发展。而这一现象直到大革命前夕，孙中山通过模仿苏联教育体制建立起中山大学才有所改观。

（二）孙氏革命教育设想

---

[1] 孙中山《建国方略》，北京：中国长安出版社，2011年，第35页。

孙氏教育思想源于其"行之匪艰,知之惟艰"的知行观。[1]孙中山认为,让民众拥有革命思想(知)比武力推翻清政府(行)要难得多。这种知行认识是孙氏基于国民革命长期停滞,人民革命意识淡薄所总结出来的。民主革命要成功,必先让国民拥有革命思想。就革命事业而言,只有全体国民从根本上"知"三民主义,民主革命之"行"才能够真正实现。换言之,国民思想的革命应当先于国家体制的革命。孙中山格外重视教育的社会作用:教育能够从根本上改变国民的认知,为社会带来革命的、科学的意识作用。

孙中山认为教育能够提高国民的科学素养,为国家科技发展提供便利。教育可以有效化解"知难"的问题,直接将科学的经验传授给民众。孙氏急切地希望能够缩短中国的科技进程:"方今革命造端之始,开吾国数千年来未有之局,又适为科学昌明之时,知之则必能行之,知之则更易行之。"[1]因此,他选择通过教育,尤其是学术教育来普及科学。"大学之旨趣,以灌输及讨究世界日新之学理、技术为主,而因应国情,力图推广其应用,以促社会道义之长进,物力之发展副之"。[2]

政治化教育是孙氏教育设想的核心。孙中山曾说:"教育便是宣传。"[3]教育是政治宣传的手段,是革命者开启民智、提出主张的最佳途径。孙氏的教育主张,是革命主义的,是极具政治性的。

在接受苏维埃体制前,国家教育是孙氏政治教育设想的核心。"教育为立国之本,振兴之道,不可稍缓"。[4]早在1894年,孙氏就知晓人才培养在振兴国家中的作用:"人能尽其才,地能尽其利,物能尽其用,货能畅其流,此四事者,富强之大经,治国之大本也……所谓人能尽其才者,在教养有道,鼓励有方,任使得法也。"[5]孙氏羡慕于欧美举国教育体制,悲哀于晚清固守的科举制度,希

---

[1] 孙中山《建国方略》,第42页。

[2] 孙中山《大学条例》,《孙中山与中山大学》,广州:中山大学出版社,1999年,第33页。

[3] 转引自栾锦红《孙中山晚年教育改革思想与"党化教育"》,民革中央宣传部编《"孙中山与近代中国的开放"学术研讨会论文集》,《团结》增刊,2008年,第240页。

[4] 转引自乔凌霄《孙中山的教育思想与中国大学的创办》,《北京党史研究》1998年第6期,第47页。

[5] 孙中山《上李鸿章书》,《孙中山全集(第一卷)》,北京:中华书局,2006年,第8页。

望普及具有革命意识的国民教育，以此来鼓吹救国思想、发展国家科技。"我中国人民受专制者已数千年……又受异族专制，丧失人格久矣。今日欲回复其人格，第一件须从教育始"。[1]他坚信，唯有教育能把"主人意识""国家意识"灌输到民众的思维之中。

在接受苏维埃体制后，党化教育是孙氏政治教育设想的核心。孙氏"教育即政治宣传"的初心未改。这种想法体现在《国民党之政纲》中："励行教育普及……整理学制系统，增高教育经费，并保障其独立。"[2]国民革命一再失利，为确立国民党在革命中的领导地位，孙中山选择了"教育专政"，谋求"使全国学生皆集于革命旗帜之下"。[3]面对广州教育长期以来的惨淡局面，孙氏认为必须有一所党的大学来进行党的教育。"现在广东的教育不但濒于破产，而且未能接受本党主义"。[4]因此，孙氏在该时期希望能够往学校教育中加入更深刻的政党教育，巩固三民主义在国民思想上的统治地位，保障"军政"与"训政"的实施。

孙中山清醒地认识到，国民教育的根本在具有革命意识的教师。"欲四万万人皆得受教育，必倚重师范，此师范教育所宜急办者也"。[5]重视师范教育的目的是普及全民教育，只有教师的数量与质量上升了，全民教育才能够得到落实。民国初立，教师们仍浸淫在传统思维中，耻言革命政治，极不利于培养革命的国民。社会教育的滞后导致了革命思想无法得到普遍认同。因此，培育一批具有革命精神的教育者是当务之急："教育家当为政治的教育家……教育家应指导人民谈政治，若仍以不谈为高，为害匪浅。"[6]

教育能够帮助国民更快地"知"革命思想，并更好地去"行"革命活动。孙氏渴望通过学术教育来发展科研、鼓吹革命、改造思想。在其教育设想指导下，

---

[1] 孙中山《在广东女子师范第二校的演说》，《孙中山全集（第二卷）》，北京：中华书局，2006年，第358页。
[2]《国民党之政纲》，附录于孙中山《建国方略》，第319页。
[3] 孙中山《在广州全国学生评议会的演说》，《孙中山全集（第八卷）》，第116页。
[4] 转引自张太原《孙中山与党化教育》，《史学月刊》2007年第2期，第57页。
[5] 孙中山《在广东女子师范第二校的演说》，《孙中山全集（第二卷）》，第358页。
[6] 孙中山《在广东省第五次教育大会闭幕式的演说》，《孙中山全集（第五卷）》，第562–564页。

中山大学崇尚科学化、励行政治化，标志着广州学术进入新时代。

（三）中山大学

中山大学是由孙中山手创的国民党党立学校，接受党的拨款、宣扬党的主义。在国民党主政下，它很快成为广州的最高学府与学术中心。中山大学的发展得益于孙氏教育设想，也得益于国民大革命的成功。在此背景下，中山大学成为了20世纪20年代以后广州革命教育的中心，吸引了大批知名学者。

中山大学的组建方式不改孙氏教育初心。1924年，孙中山以大元帅的名义命广东高等师范学校、公立法科大学、公立农业专门学校合并为广东大学，一年后又兼并了公立医科大学。[1]相较于私立性质的岭南大学，广大资源更为广泛。利用高师与农校作为创校基础，体现了孙中山重视师范与科技教育的理念。一年后，为纪念孙中山，广大更名为中山大学。

作为由四所广东顶尖专科学校合并组成的学术中心，进行教育现代化是中大的设立目标。孙中山设计的是一所能够为国民党提供源源不断科技支持的高等学府。为了实现制度现代化，中大采用单位选习制，即学分选课制。学生根据兴趣选定课程，更有利于教学相长。此外，中大各科的学术发展取经于当时的先进国家：效仿美国兴办农林教育，通过大面积的农林实验场打造产学研结合的学术架构；效仿德国兴办医学教育，通过聘请大量德国医学家来完善医学本科与研究所之间的衔接。中大的学术活动是极具国际化与前瞻性的。

中大的教育是面向社会需要的。孙中山创设中大的初衷是希望学术能够为党与国家服务，为革命服务。故产学研结合的理念根植于中大体制设计中。中大学生有众多机会进行社会实践，他们可以进入各色社团去研究与宣传革命主义，也能参加由学校建设的乡村服务、乡村教育实验区。

中大的体制处处体现出党化教育色彩。中大的办学宗旨是："务以国民革命之精神振兴国民智力之开展，一方挥弘各种科学艺术……一方挥弘教育之党化，以坚革命之工作。"[2]为了落实孙中山的党化教育，中大设立了政治训育部、国

---

[1] 吴定宇《中山大学校史》，广州：中山大学出版社，2006年，第10页。
[2]《国立中山大学规程》，中山大学图书馆校史室，1929年版。

民党中山大学特别区党部等。学生除专业课程外，还要参加关于党义、党史等内容的训练课。训练课不计入学分内，但缺席者需要倒扣学分。此政策很好地为国民党宣传了主义，也为大革命事业巩固了思想基础。

中大在治理上行"教授治校"的方针，党化与民主化并行。在思想上，中大虽然倡行苏式的政治至上，要求学生"对党国有实际效用"。[1] 在管理上，中大采用的却是美式教授治校的管理办法：由教授组成的评议会是中大的立法机构，主持大学的一切事务，保障学者的民主自治。

作为执政党最重视的国立综合大学，中大享受的资源是其他院校无可比拟的。其学术成就产出在广州范围内无疑是最卓越、最核心的。硬件上，中大有文、理、法、农、工、医六学院23学系；同时还拥有自己的图书馆、天文台、研究院、通志馆、实验场（田）等设施。软件上，中大也通过其革命性质吸引了一批知名学者。以文科为例，周树人、赵元任、傅斯年、顾颉刚等人均曾在学校任教；医科也确认了德式发展方向，聘请了众多德籍教授建设研究所和医院；中大还接纳了一批前清举人、贡生作为教员，可谓是兼容古今中外。仅1932年，理学院师生的著作就高达百余种；文学院专刊也成为华南地区的权威学报。朱家骅曾评价中大"当于风气和成绩上比上当年之有学海堂"。[2] 中大培养出的年轻学者成为后来全国学术的中流砥柱，如饶宗颐等；中大培养出的学生还积极投身革命，是五卅运动、省港大罢工、北伐等革命运动的重要力量，如谢晋元等。此外，中大还组织义勇军、救护队等支援抗日前线。

中大是严格按照孙氏教育思想来设计的国民党党化学校。由于其革命属性与党的重视，它吸引了大量革命人士。中大既宣传了三民主义，也强化的党在学术思想上的控制。学术成就上，由于资源众多、成绩斐然，中大当仁不让地成为20世纪20、30年代广州学术教育的中心。可以说，中大加强了广州在大革命时期的政治化建设，也奠定了此后广州先进的科学化基础。

---

[1]《国立中山大学开学纪念册》，转引自吴定宇《中山大学校史》，第66页。
[2] 朱家骅《朱家骅启事》，转引自吴定宇《中山大学校史》，第84页。

结 论

19世纪20年代汉学学潮南下广州，20世纪20、30年代革命思想从广州北上。在百余年的时间里，广州学术风气完成了由后进向先进的转变。从包容兼采的学海堂，到变法维新的万木草堂，再到革命主义的中山大学，广州学术中心先后经历了汉学、新学以及三民主义的思想指导。这个时期是广州学术文化大爆发时期，是儒家内部理论革新与西来思想文化冲击共同作用下的学术启蒙时期。广州学术中心能够紧跟思想潮流，这归因于本土士人的学术自觉与近代思想的日渐发展。

广州学术中心递嬗体现出了近代广州教育是多元化形式并存的。在这个时期内，广州容纳了书院、学堂、大学等多种教育形式。但其中只有敢于创新与批判的学府才有机会占据学术核心地位。在百余年的历史中，广州学术中心均非安于选拔体制的附庸。晚清，学海堂不事科举，提倡学问与研究的独立；万木草堂着重致力于结合西方人文精神与中国传统德育。民国，中山大学主张"大学与社会相结合"、治学与革命相适应。[1]广州学术中心的递嬗，是多脉传承下相互竞争的结果，也是广州士人为救亡图存不断批判创新的成果。

阮元、康有为、孙中山三人均有相当的政治背景：封疆大吏，变法名臣和军政府大元帅。因此，广州学术中心的递嬗实际上也是政治潮流兴替的侧面反映。领导者对三大学府的主导作用尤为明显：阮元作为两广总督，亲自参与学海堂的创办事业，为学海堂提供了学风模范与经济支持；康有为自任万木草堂总教授，在戊戌变法以前建成了一个思想根据地，为改革奠定了思想与人才基础；孙中山作为大元帅，其党化与社会化的教育设想为中山大学的学术建设提供了设计模版。这一切都显示出近代广州的学术递嬗是在政治势力主导之下不断进步的过程。

（作者单位：香港中文大学历史系）

---

[1] 吴定宇《中山大学校史》，第65页。

道光帝皇长子奕纬死因辨析

帅 倩

内容提要：

关于道光皇帝长子隐志郡王爱新觉罗·奕纬死亡原因，因其早逝且在政事上并无突出作为，一直以来无人研究。然近观朝鲜王朝末期著名实学家李圭景文集发现，在其《五洲衍文长笺散稿》中披露了当是时关于奕纬死亡原因的重要讯息，奕纬的死与道光年间肆虐的鸦片烟似有着千丝万缕的联系，这或能为研究清代宫廷及鸦片史提供重要资料。

爱新觉罗·奕纬为道光帝皇长子，嘉庆十三年（1808年）出生，道光十一年（1831年）去世，年仅二十三岁。关于奕纬的研究一直不受学界重视，在《清实录》《清史稿》《清代起居注册》中对他生平及死因记录也非常简略。然近读朝鲜王朝时期著名实学家李圭景《五洲衍文长笺散稿》中"烟草辨证说"及"鸦片烟辨证说"两章时，竟发现两处前人尚未使用过的关于奕纬详细死因的史料，实令人万分欣喜。

作为道光十一年（1831年）六月初九日咸丰皇帝奕詝出生前，道光帝在世的唯一一个且成年的儿子，奕纬之死当为当时清廷一大事，但在清代官撰史料中却没有任何详细的记载，而今国内流传最广的是根据清末太监信修明《老太监的回忆》一书，奕纬因出言不逊后，被道光帝一怒之下踢死，很多人便将此当成学术界的研究成果。然而，李圭景《五洲衍文长笺散稿》显示，奕纬的死似乎与道光年间肆虐的鸦片烟有着千丝万缕的联系，中、韩文人所载相异，其中实当别有隐情。因我国学界尚未对奕纬的死因有过研究，因此，有必要对奕纬之死因，进行一些认真的梳理与必要的辨析。

一、清代官修史书中关于奕纬死因的记载

关于奕纬之死,《清史稿》《清实录》及《清代起居注册》中是这样记载的:

《清史稿》载:

> 道光十一年四月,薨,以皇子例治丧,进封隐志贝勒。[1]

《清实录》载:

> (道光十一年辛卯夏四月)辛卯,上临视皇长子奕纬疾。……癸巳,临视皇长子奕纬疾。……甲午,……皇长子奕纬薨,谕内阁:"大阿哥奕纬,自上年秋间遘疾,至今春甫经就痊。兹复患病旬余,竟尔不起,深为悼恻,着追封多罗贝勒,所应行典礼,着照皇子例办理。"[2]

《清代起居注册》载:

> (道光十一年岁次辛卯夏四月)初九日辛卯卯刻,上临大阿哥所视疾,未刻上临大阿哥所视疾。……十一日癸巳卯刻,上临大阿哥所视疾,……十二日甲午未刻,大阿哥薨逝……是日,内阁奉谕旨:"大阿哥奕纬,自上年秋间遘疾,至今春甫经就痊。兹复患病旬余,竟尔不起,深为悼恻,着追封多罗贝勒,所有应行典礼,着照皇子例办理。"[3]

无论是《清史稿》还是《清实录》《清代起居注册》对奕纬的死因或不提或语焉不详,笼统的以病逝一笔带过,未录具体病因。另据现所见《清宫医案研究》中关于奕纬的医案辑录也只记录到道光五年(1825年)十一月二十一日,[4] 因此,目前尚未有具体史料确定奕纬的真正死因。

---

[1] [清]赵尔巽等《清史稿》卷二百二十一《列传八·诸王七》,北京:中华书局,1986年,第9104页。

[2] 《清实录》第三五册《宣宗成皇帝实录》,北京:中华书局,1986年,第962-963页。

[3] 《清代起居注册》道光朝第二十册,台北:联经出版事业公司,1985年,第11945-11954页。

[4] 陈可冀《清宫医案研究》第二十二册《道光朝医案·大阿哥医案辑录》,北京:中医古籍出版社,1996年,第749-761页。

二、《老太监的回忆》及《五洲衍文长笺散稿》关于奕纬死因的记载

清末太监信修明《老太监的回忆》关于奕纬之死以"道光误伤皇子"一章记载：

> 据传道光初年，老师某太史教读过严，告诉大阿哥（长皇子）奕纬要好好读书，将来好当皇上。大阿哥说："我作了皇上，先杀了你。"老师便将这话转奏了道光皇帝。道光大怒，把大阿哥叫来，他刚跪下请安，道光帝就踢了他一脚，正好伤了下部，没过几天就死了。道光甚是后悔，追封他为隐郡王。[1]

而朝鲜王朝后期著名实学家李圭景在其《五洲衍文长笺散稿》"烟草辨证说"及"鸦片烟辨证说"两章中分别是这样记载的：

> 鸦片烟者，古所未闻，我纯庙三十一年，清道光十一年，皇长子殁后，我使入燕，而从行者来传鸦片烟，自远西入澳门，自澳门入燕都。其烟所入，即禁方，而如古慎恤胶，虽瘫老菱阳，一吸此烟，御色日过百度，气少不衰，皇子仗此荒淫而殁，皇帝因此痛禁，断以一律，然利重潜售云。予闻中土之有此烟者，已在纯庙二十一年辛巳，而中原则盛行，必在辛巳之前矣。详见《鸦片烟辨证说》。鸦片者，罂粟花苞津也，其性濇精，或入房术春方，而此烟名以鸦片者，入鸦片制造，又用西洋烟草者云。[2]

> 岁在我纯庙二十三载癸未【清道光三年】暮春，与数人往京城北村花开洞赏花。酒后有客密传燕都近时所尚之最异者，有鸦片烟……吸如烟草，药力充满百骸，采战千度，气力不竭，愈战愈壮……李兰垣【名宪荣，善写竹。】曾游北燕，亲见其吸，而语所听睹曰"鸦片"或呼"野萍"，出自西洋，来于广东香山县岙门。岁辛卯，清帝道光皇长子

---

[1] 信修明著，亚伦整理《老太监的回忆》，北京：燕山出版社，1987年，第2页。
[2] [朝]李圭景《五洲衍文长笺散稿》卷十六《人事篇·服食类·茶烟·烟草辨证说》上编，首尔：东国文化社，1959年，第493–495页。

吸此，御色无度，竟殂。始设厉禁，犯者抵死，然潜买密吃如故。其吸法，见两人如一，吸具即一银方盒，贮玉灯檠及鸦片壶。壶如鼻烟瓶，贮鸦片烟似膏药。其烟杯管，如小竹箫，制以银，吸管以玉，而亦巨而无烟杯，只穿小窍于烟管之中，将银细签纳壶口，搬之良久，抚出野萍烟膏，似黑膏药傅签头，垂于烟管小窍，点滴入窍中，点滴数次，仍点火玉檠，白日张灯，更以焠灯【即引光奴，俗呼硫黄。】燃火，接于烟管小窍注烟膏处，则烟火倏发，类铳耳【砲之火门】点火也。吸者隐几而侧身，半卧含吸管，其状似吸不吸，俄而烟出眼孔鼻窍，臭馨而姑，不甚清烈。少无烟草气，吸已，灭灯收藏，吸者忌人觇之。惟兰垣之见，以外国人故不祕，一吸此物，终身连吸，然后有奇效，精神百倍，骨髓填满，气血滋益，通灵达神，如或间断，则必死，故所以长吃。而日饮人参汤以助药力云。……清道光二十年庚子【我宪宗六年】英吉利国商舶，多载鸦片入中原，道光禁不得售。英夷作乱沿海郡，命覆船浸烟云矣，其后得见道光谕，则谕曰："我祖抚御外夷，全以恩义，各国恭顺，曲加优恤，共享升平，前以鸦片烟流毒日深，特班禁令，力挽浇风。"琦善，驰赴广东，据实查辨云云。【又有谕曰："近闻数月以来，奸淫妇女，掳掠资财，建筑砲台，开挖河道，且令伪官出示谕民纳粮，琦善抵岙后，明白开导，乃敢妄求无厌，既思索偿烟价，又复请给马头云云，特简调四川、贵州、湖南、江西各路精兵，前赴广东。又谕湖北、湖西各路精兵，前赴浙江，预备切勤云云。英夷直逼虎门洋面，开桅轰击，伤我官军云云"。此只录谕中要语，不尽记。】闻伊后清师败绩，仍与英夷讲和，偿给烟价，仅仅弥缝。鸦片之伤人害国，一至此哉，大抵此物之名以鸦片烟，必有其义，而或是番夷之语，有音无义，如蜜人呼为木乃伊之类也欤。……予尝以为，今人之吸鸦烟者，如揠苗助长，抽炷引明，而苗已揠而根枯，炷渐抽而火熄，此辈匪愚即痴，何不以清之胃子为鉴为据耶……[1]

---

[1] [朝]李圭景《五洲衍文长笺散稿》卷二十《人事篇·服食类·茶烟·烟草辨证说》上编，第590-592页。

由以上材料可知：第一，信修明对皇长子奕纬死亡原因的来源，来自宫内的传言"据传道光初年"；而李圭景对皇长子奕纬死亡原因的来源，则来自道光十一年（1831年）年四月后入华朝贡的朝鲜使臣。第二，信修明对皇长子奕纬死亡原因的描述为，因"老师某太史"教导过严，奕纬出言不逊因而被道光皇帝一怒之下踢死；而李圭景对皇长子奕纬死亡原因的描述则为"鸦片烟，自远西入澳门，自澳门入燕都。其烟所入，即禁方，而如古慎恤胶，虽癃老萎阳，一吸此烟，御色日过百度，气少不衰，皇子仗此荒淫而殒""岁辛卯，清帝道光皇长子吸此，御色无度，竟殒。"认为奕纬是因吸食鸦片烟而亡。

三、结合中韩史料对奕纬死因的辨析

那么，奕纬的死，究竟是如清末老太监传言被道光皇帝踢死，还是如朝鲜学者李圭景所记因吸食鸦片过度而亡呢？虽然信修明和李圭景均未注明他们消息的具体来源，在现所能查阅的中、韩史料及入华朝鲜使臣"使行日记"中也未见有相关记录，但我们或可从《清代起居注册》《清实录》《清史稿》及两书作者生平与成书时间中略窥一二。

首先，清政府虽很早便意识到了鸦片烟的危害，早在雍正年间便颁布了清代最早的禁烟令，道光皇帝即位后，也继续推行"禁烟政策"，但收效甚微，社会上吸食鸦片之人日渐增多，《清代起居注册》载：

> （道光十八年岁次戊戌九月初四日壬寅）宗人府会同军机大臣、刑部奏审明，灵官庙尼僧广真窝藏男女混杂一案，并将赴庙吸烟之王公各员分别定拟请旨招奉。谕旨："此案庄亲王奕人赍、辅国公溥喜，各赴尼僧广真庙内吸食鸦片烟。镇国公绵顺，带同妓女赴庙唱曲，均属不知自爱，卑鄙无耻，着交宗人府分别严加议处。"[1]

此外，《清实录》及《清史稿》中也有相关记载，庄亲王奕赍与辅国公溥喜及镇国

---

[1]《清代起居注册》道光朝第二十册，第31274–31275页。

公绵顺、内务府郎中文亮、笔帖式通桂等相约赴尼僧广真庙中吸食鸦片烟,被宗人府与刑部检具揭发,[1]道光皇帝大为震惊,不仅严惩了一干涉世王公大臣,更革去庄亲王奕賷、辅国公溥喜及镇国公绵顺等人爵位,而后更将奕賷流放至吉林、黑龙江戍边。[2]虽然此时距奕纬死亡已过去七年,但从奕賷等皇室成员聚众吸食鸦片烟可以看出,烟毒早已侵染到清朝皇室,奕纬染上鸦片烟毒瘾也不无可能。

其次,奕纬自道光十年(1830年)秋天患病以来至道光十一年(1831年)四月病逝,一直留于圆明园内阿哥所养病。而这种养病的状态,据《清代起居注册》《清实录》及《清史稿》记载,实际在一定程度上可谓是一种被"软禁"的状态。

《清代起居注册》载:

>(道光十年岁次庚寅冬十月)二十一日乙巳。上御懋勤殿,……谕旨"本月十三日,朕进宫时,大阿哥因病未痊,存住圆明园,皇后亦未进宫。昨据该总管太监奏,仪亲王于十八日前往看视,径入福园门至阿哥所内,当时值班官兵及太监等拦阻不听等语。国家体制,门禁森严,不准擅行阑入。即如惇亲王、惠郡王,系大阿哥之叔,及内廷行走之庆郡王绵憨、定亲王奕绍自必俱为系念,殊属不合,想系年老神瞀,故习未悛。伊子绵志,不能从旁劝阻,甚属非是。其宗人府右宗正及正白旗汉军都统,俱着开缺。所有圆明园驻班之阿尔邦阿等,并该门值班官兵及太监等,不能力阻,俱有应得之咎,此次姑免惩办,嗣后务当遵照门禁章程,慎重恪守。如再有似此擅入禁门之事,定当分别严惩不贷。"[3]

《清实录》载:

>道光十年庚寅,十月乙巳。上御懋勤殿,……谕内阁:"本月十三日,朕进宫时,大阿哥因病未痊,住圆明园,皇后亦未进宫。昨据该总管太监奏,仪亲王于十八日前往看视,径入福园门至阿哥所内,当时值班官兵及太监等拦阻不听等语。国家体制,门禁森严,不准擅行阑入。

---

[1]《清实录》第三七册《宣宗成皇帝实录》,第889页。
[2] [清]赵尔巽等《清史稿》卷二百十九《列传六·诸王五》,第9050页。
[3]《清代起居注册》道光朝第二十册,第10700-10702页。

即如惇亲王、惠郡王，系大阿哥之叔，及内廷行走之庆郡王绵慜、定亲王奕绍自必俱为系念，然亦祗能差人探问，不敢自行擅入。乃仪亲王率行进门，不听阻止，殊属不合，想系年老神瞀，故习未悛。伊子绵志，不能从旁劝阻，甚属非是。其宗人府右宗正及正白旗汉军都统，俱着开缺。所有圆明园驻班之阿尔邦阿等，并该门值班官兵及太监等，不能力阻，俱有应得之咎，此次姑免惩办，嗣后务当遵照门禁章程，慎重恪守。如再有似此擅入禁门之事，定当分别严惩不贷。[1]

《清史稿》载：

（道光）十年十月，永璇诣圆明园视大阿哥，径入福园门，谕罢绵志官。[2]

道光十年（1830年）十月十八日，道光帝伯父仪亲王爱新觉罗·永璇及其子绵志入圆明园内阿哥所探望奕纬，道光帝得知后勃然大怒，虽不能处罚已近九十岁高龄的仪亲王，但特谕内阁以"擅入禁门"之罪罢其子绵志官，革去绵志宗人府右宗政及正白旗汉军都统等职，更严令其余之人若再有此种情况定严惩不贷。

以上资料显示，皇长子奕纬生病后，道光帝隔绝了他一切与外界接触的可能性，不许任何人探望，皇室长辈若要探其病情只能"差人探问"，不能亲临探视。而道光帝自己在道光十一年（1831年）四月以前，虽常去圆明园给皇太后请安，但却从未探望过奕纬一次，仅在奕纬去世前三天四月初九日、十一日去探望过两次。可见，道光皇帝不仅不想外界知道奕纬的病情，自己也不愿去见这个当时唯一的儿子。

道光十一年（1831年）四月十二日甲午未刻，年仅二十三岁的奕纬薨逝，道光皇帝赐其谥号"隐志"。《吕氏春秋·季秋纪第九·精通》载："父母之于子也，子之于父母也，一体而两分，同气而异息……虽异处而相通，隐志相及，痛疾相救，忧思相感，生则相欢，死则相哀，此之谓骨肉之亲。"[3] 作为道光十一年六月初九日咸丰皇帝奕詝出生前，道光帝在世的唯一一个且成年的儿子，"隐

---

[1]《清实录》第三五册《宣宗成皇帝实录》，北京：中华书局，1986年，第781-782页。
[2][清]赵尔巽等《清史稿》卷二百二十一《列传八·诸王七》，第9094页。
[3]张双棣等译注《吕氏春秋译注》，吉林：吉林文史出版社，1987年，第255页。

志"一词似乎包含了道光皇帝对皇长子在寄予厚望与莫大失望间备受挣扎的复杂而矛盾的感情。且奕纬死后没有子嗣，道光皇帝并没有为其过继宗室子弟立嗣，而是直到咸丰皇帝奕詝即位后，才为这位素未谋面的长兄进郡王衔，并为其立嗣。[1]

最后，关于《老太监的回忆》与官撰史书的冲突及与《五洲衍文长笺散稿》成书时间、作者生平比较。《老太监的回忆》中载，皇长子奕纬是因为得罪了任太史一职的某位老师，因而被道光皇帝一脚踢中下身，没几天就死了。然而，据《清实录》等记载，奕纬的老师有陈官俊、戚人镜、龚守正、朱士彦、汤金钊、翁心存等，并无人任所谓太史一职；而奕纬从患病到死亡据《清实录》等记载也长达近一年，并非几天；奕纬去世后道光帝追封其为"隐志贝勒"而非"隐郡王"，直到咸丰皇帝即位后才追封其为"隐志郡王"，因此《老太监的回忆》一书与《清实录》等官撰史书记载出入甚大。

此外，关于《老太监的回忆》作者生平及成书时间，信修明于光绪二十八年（1902年）入宫，即使入宫初期便已将此条信息记录，但那时距道光十一年（1831年）已过去七十余年，信修明的消息来源只能是宫内宫人口口相传，可信度并不高；而从李圭景的生平及《五洲衍文长笺散稿》成书时间看，李圭景（1788-1856年），出生于朝鲜王朝两班贵族全州李氏家族，为朝鲜著名学者曾于乾隆四十三年（1778年）以书状官身份入华朝贡使臣李德懋之孙，朝鲜王朝后期实学派代表人物。《五洲衍文长笺散稿》一文成书时间至晚在李圭景1856年去世以前，道光十一年（1831年）奕纬去世时，李圭景已四十三岁。李圭景在其《五洲衍文长笺散稿》记载到"清道光十一年，皇长子殁后，我使入燕，而从行者来传鸦片烟。"据现可见的《朝鲜王朝实录》及《燕行录》记载，道光十一年四月至十二月入华的朝鲜使臣共两批，一批为七月入华的以正使判中枢洪奭周、副使礼曹判书俞应焕、书状官司仆寺正李远翊为代表的谢恩使行，一批为十月入华的以正使判中枢郑容元、副使礼曹判书金宏根、书状官兼掌令李鼎在为代表的

---

[1][清]赵尔巽等《清史稿》卷二百二十一《列传八·诸王七》，第9104页。

冬至兼谢恩使行。虽然，在可查阅的洪奭周（1774-1842年）《渊泉集》、郑元容（1783-1873年）《经山集》《燕行日录》等个人文集及使行日记中尚未发现有关皇长子吸食鸦片烟的记录，但李圭景与洪奭周同为朝鲜王朝末期著名的实学家，且洪奭周之妻出自李圭景所属的全州李氏家族，因此，李圭景关于皇长子奕纬去世消息的来源有一定可能来自道光十一年（1831年）七月入华的谢恩正使洪奭周，其在《五洲衍文长笺散稿》中对皇长子奕纬死因的记录可信度较高。

四、小结

综上所述，虽然奕纬的真正死因就目前所掌握中、韩史料尚不能明确，但其死于吸食鸦片烟之说，似比被道光帝踢死之说更为可信。且不可否认的是，诚如李圭景在《五洲衍文长笺散稿》"烟草辨证说"及"鸦片烟辨证说"中所记"皇子仗此荒淫而殁，皇帝因此痛禁，断以一律""岁辛卯，清帝道光皇长子吸此，御色无度，竟殁。始设厉禁，犯者抵死。"皇长子奕纬死后，道光帝的确对鸦片烟的严禁态度更加坚定，"务期净尽根株"，[1]惩处手段也更加严厉。在朝中出现"驰禁"与"严禁"两派时，道光帝毫不犹豫的支持并启用"严禁派"的林则徐全面主持禁烟事务。道光十九年（1839年）更颁布了《钦定严禁鸦片烟条例》，这是清政府百余年间颁布的最为彻底的禁烟法令，拉开了近代中国鸦片禁毒运动的序幕。

（作者单位：广州博物馆）

---

[1][清]文庆、贾桢等《筹办夷务始末》道光卷五，载《续修四库全书》四一四《史部·纪事本末类》，上海：上海古籍出版社，1964年，第81页。

黄花岗起义张朝烈士史事考

李克义

内容提要：

本文通过梳理有关黄花岗起义烈士张朝的报刊文献史料和碑刻实物资料，考察张朝家庭情况、个人学业、经历及其身后。增进对张朝烈士的了解，可丰富对黄花岗起义烈士群体的历史认知，也有助于理解黄花岗七十二烈士墓丰富的历史文化内涵。

在广州黄花岗七十二烈士墓旁的数通碑记中，我们可看到一通立于1932年10月，由胡汉民书、梁俊生刻石的《补书辛亥三月廿九广州革命烈士碑》(图一)，其中有载"张朝广东顺德"。而在另一通立于1934年3月29日，由邹鲁撰书、张金刻石的《广州辛亥三月二十九日革命记》(图二)，其中有记："在乐从发难，进至佛山战死者有张潮。"好似前后相异的两人，实指一人。一般所记，多为张朝。

图一 位于黄花岗公园内的《补书辛亥三月廿九广州革命烈士碑》

图二　位于黄花岗公园内的《广州辛亥三月二十九日革命记》碑

迄今为止，无论是辛亥革命史研究，抑或地方史研究，对于张朝的个案研究不多，稍稍提及，也多以20世纪30年代的碑记为据。

笔者通过梳理相关黄花岗起义烈士张朝的报刊文献史料，结合1918年所立的张朝墓碑实物资料，分析认为前述20世纪30年代碑记中的张朝和墓碑上所刻的张朝，信息虽有出入，但所及张朝，同为广东顺德龙江人，皆因反清、牺牲于黄花岗起义时，可以确定这前后所指为同一人。对张朝及其身后加以考察，增进认知，有助于理解黄花岗七十二烈士墓丰富的历史文化内涵。

一、"黄花岗七十二烈士"碑记

宣统三年（1911年）农历三月二十九日，同盟会在全国各地及华侨中挑选

---

[1] 如黄汉纲《奔袭广州城——黄花岗起义的一次血战》，《广州日报》1981年3月24日，第3版。黄汉纲提及"乐从革命军与清军前锋三百余人在佛山蜘蛛山遭遇，时正下大雨，乐从革命军冒雨进攻，毙清军管带马惠忠以下二十余人，乐从革命军张朝及战士二名亦壮烈战死"。

160多名骨干，在广州组成选锋队，在黄兴率领下举行起义。后因寡不敌众，起义失败，不少革命党人惨遭敌人杀害。史称"三二九起义"或称"三二九广州起义"。因烈士营葬于广州东郊的黄花岗，此次起义后来又称"黄花岗起义"。

黄花岗起义诸烈士忠骸被广仁、爱育、方便、广济各善堂收殓，移置广东咨议局今广州中山三路、广州起义烈士陵园内门前空地。入殓事由广州方便医院经管，从事地下革命活动的同盟会会员潘达微以《平民报》记者身份参与其事，并为营葬地积极奔走。72具烈士遗骸分两长列葬于红花岗（后改名黄花岗）。[1]

图三 位于黄花岗公园内的《黄花岗七十二烈士碑记》

1912年，即民国元年，胡汉民、陈炯明相继任广东都督，"议就当日合葬处修葺而整饰之，省议会通过经费十万元，二年乱作（指1913年反袁世凯，引者注），遂不果。七年秋，滇军师长方君声涛始募修故墓"。[2]墓中央树立方声涛所书的"七十二烈士之墓"碑（图三）。当时并未深究黄花岗起义烈士姓名、籍贯等。

---

[1] 周兴樑《黄花岗起义烈士的哀荣及其纪念日的确定》，广州市文史研究馆编《羊石春秋》（《文史纵横》精选），广州：花城出版社，2008年，第140页。

[2] 邹鲁《黄花岗七十二烈士纪念碑记》（1919年12月18日），《广东文征续编》第2册，总编纂许衍董，香港：广东文征编印委员会编印，1987年，第585页。

图四　黄花岗墓亭、纪功坊（辑自《进步的广州市》，1921年版，广州市文物考古研究院藏。）

次年，即1919年，参议院议长林森复募华侨资本，建墓亭、纪功坊（图四）。"然欲举当日死事者姓名、籍贯，一一泐之于碑，事乃至难。盖举事之际务慎密，凡姓名、籍贯，同事者非素识不能知，且亦不愿知之，故今日同事之未死者，其所能举，亦惟素识者而已。夫死事者既不止七十二人，即此七十二人亦不能尽举其姓名、籍贯，可不痛欤"。其后，国民党委托邹鲁与朱执信发起征集殉难烈士事实，审求先烈姓名、籍贯。林森又约在粤的胡毅、何克夫、吴永珊（即吴玉章）、徐维扬等确证，计得56人。[1] 1922年春，又审求得烈士姓名、籍贯16人。这两批姓名共立一碑，合为72烈士。

黄花岗七十二烈士墓前右侧碑亭内，立一碑石《黄花岗七十二烈士之碑》，镌刻72位烈士姓名。前述胡汉民《补书辛亥三月廿九广州革命烈士碑》镌刻1932年审查所得"吾党同志求得死于是役而为前碑所未载者"13位烈士姓名。张朝是13位烈士之一。最后，又审得1人（李祖恩）。前后各批合计86名烈士。黄花岗七十二烈士墓纪功坊后面所立前述邹鲁撰文的《广州辛亥三月二十九日革命记》碑载有

---

[1] 邹鲁《黄花岗七十二烈士纪念碑记》，第585页。

86位烈士就义情形。

其实在邹鲁、朱执信征集殉难烈士史实之前，民国元年，即1912年5月同盟会粤支部曾向南京提出了一份67名先烈名单。其中有17名在后来确认的86名烈士中并不存在。[1]

而黄花岗起义，是役死难烈士100多人，仅86人姓名可考。因此"黄花岗七十二烈士"之数，后来所指显然并非实指。另外，黄花岗起义时间，并非仅仅指农历三月二十九日这一天。因而参加起义的革命党人，牺牲时间也并非仅指这一天。

在黄花岗起义86名烈士可考者中，广东占59%，有51名，遍及广东19个县份，花县最多（有18人），其次南海（有13人），其他县份大多1名。[2] 顺德1名，即张朝（1894-1911年）。关于张朝，《广东民国史》《辛亥革命史》及有关人物辞典所记简略，且大多不出今黄花岗七十二烈士墓旁碑刻所记范围。[3]

二、《补书辛亥三月二十九日广州革命烈士碑》中的张朝

1932年10月《补书辛亥三月二十九日广州革命烈士碑》中，载有"张朝广东顺德"。

而1932年确认张朝为辛亥烈士，是经黄花岗起义同志、广东光复（1911年10月）前在顺德曾领导民军起义的陆领、张炳二人证明：

> 张朝，广东顺德龙江乡人，在乐从墟米机厂学习机械，暇则练射击，闻人鼓吹革命，遂慨然加入中国同盟会。庚戌广州新军之役，朱执信等约陆领等在南顺邻近起兵响应，朝踊跃加入，是役以新军未及期而

---

[1] 对此，有学者提出疑问："按理，广州是三二九起义之地，且时隔仅一年，这份由同盟会粤支部审查、确认、上报的烈士名单，应具有一定的权威性，况且，当时关于是役的报道中都提到，政府对'党人尸首一律影相存案'，因此应有据可查。"黄大德《黄花岗起义烈士知多少？》，载2012年5月1日《南方都市报》（广州）B8版。

[2] 丁身尊《辛亥三月二十九日起义烈士姓名、籍贯、年龄、成分资料》，中国人民政治协商会议广东省委员会文史资料研究委员会编《广州辛亥革命史料》，1981年，第64页。

[3] 刘国铭主编《中国国民党百年人物全书》（上），北京：团结出版社，2005年，第1149页。

起致散，故不果动。辛亥三月二十九之役，朱执信、胡毅生再约陆领、张炳、陆兰清、邓江、陈林、黎义、刘世杰、何江、谭义、何梦等，于上淇乐从间，组织一军，直趋广州，朝任队长，先将附近防营数百缴械，师抵澜石，清军已派江清江固二舰堵截，使不得渡，朝奋勇向前，将二舰击退，遂渡河驰赴佛山，至通济桥，有清兵数百驻守万善堂抵抗，朝大怒，奋不顾身，率队猛攻，忽被敌弹中伤要害，竟与广州举义诸同志以成仁。年仅十八，未娶。有母薛氏，六十余岁，尚存。[1]

吊诡的是，张朝遗骸早在1914年"由辛亥革命北伐军第五标第三营奉命迎骸，葬于黄花岗。"之所以有此机遇，应源于民国成立后，胡汉民、陈炯明相继任广东都督，曾"议就当日合葬处修葺而整饬之"背景。虽中间因故暂停。

1914年移葬黄花岗的张朝墓，当时有无专门立碑，亦未可知。1918年秋，滇军师长方声涛始修黄花岗七十二烈士墓，是否顾及张朝墓，同样不得而知。不过，可以确知的是，当时尚未确认七十二烈士姓名、籍贯等。

1919年，邹鲁与朱执信征集殉难烈士事实，计得56人。张朝烈士不在其中。黄花岗的张朝墓并没有进入征集者的视野。黄花岗当时的状况，并非今日我们所见的"整齐"模样，而是一片荒芜。这似乎可以解释当时"疏忽"缘由。生还健在的昔日同志尚无人确证，实是最大原因。

1922年春，又审求得烈士姓名、籍贯16人。张朝烈士仍没有被提起。

时隔十年，即1932年，张朝被确认为辛亥烈士，已如前述："辛亥广州之役，张朝率队进攻佛山殉难"。

自张朝牺牲后，时隔二十年，其身世及家庭，才为人所知晓：

张朝，广东顺德县第七区龙江乡人，家贫，少丧父，就学数年，别业赴顺属乐从墟顺成隆机器厂作工，惟性活泼，富于革命思想，颇饶胆略，在机器厂时，愤慨满清之暴虐，恒思有以改革，及闻总理及朱执信先生言论，即暗入党籍，家人未知之也。迨辛亥三月廿九之役，南顺革命同志奉朱先烈士执信密令，举义乐从，进攻佛山。是时各同志以张朝

---

[1] 陆领、张炳《张朝》，黄季录主编《革命人物志》第6集，台北：中央文物供应社，1971年，第45页。

> 熟悉该处地势，举伊为领导，担任前锋，进至通济桥附近，与清兵遇，接战阵亡。斯时各同志以事既失败，遂草草埋葬。民国三年始由辛亥革命北伐军第五标第三营奉命迎骸，葬于黄花岗。[1]

于是"在黄花岗补建烈士名碑，张烈士之名，亦经补入刊石。革命纪念会借此查明办理。从中可知七十二烈士渐增之经过。"[2] 张朝的籍贯、身份、参与起义及牺牲情况，一目了然，这无疑丰富了我们对于黄花岗起义及其"黄花岗七十二烈士墓"的历史认知。

1911年潘达微所收72具烈士遗骸，肯定没有花县的徐容九、梅县的饶辅廷等。[3] 可以肯定没有的，还有张朝。张朝遗骸1914年迁葬黄花岗。至于其具体位置，现已无从查考。可以肯定，与72具烈士遗骸并未同葬一处，应是葬于黄花岗他处。正因为如此，1919年邹鲁与朱执信征集黄花岗起义殉难烈士事实时，张朝墓未能彰显。

三、张朝之死

黄花岗起义烈士牺牲方式，主要以下两种，一是战场阵亡，二是被执后英勇就义。还有受伤转移他地而不治。当时有报道：参与黄花岗起义被"统计正法四十八名，伤毙四十八名，共九十六名。"[4] 关于张朝牺牲的几种说法，前述有：20世纪30年代，即张朝牺牲二十余年后，陆领、张炳两人证明，"辛亥广州之役，张朝率队进攻佛山殉难"。较为详细的说法："是时各同志以张朝熟悉该处地势，举伊为领导，担任前锋，进至通济桥附近，与清兵遇，接战阵亡。"张朝牺牲时间为辛亥农历三月二十九日黄花岗起义发生后的农历四月三日。

---

[1]《呈中央执行委员会请抚恤辛亥三月廿九为国殉难之张朝烈士》，《中国国民党中央执行委员会西南执行部党务月刊》（广州）第19期，1933年。

[2] 同上注。

[3] 参见徐续《黄花岗》，广州：广东人民出版社，1985年，第31、32页。

[4]《番禺县禀报乱事正法及伤毙清单》，载1911年5月24日《华字日报》（香港），转引自黄大德《黄花岗起义烈士知多少？》，载2012年5月1日《南方都市报》（广州）B8版。

关于此次乐从起义，我们从当时的一些报道可知另外一些细节。乐从革命党准备在通济桥攻入佛山，管带马惠中"力拒阵亡，该党（指革命党——引者注）亦伤九人，雇该处轿抬回，轿夫不敢，该党自行抬去，轿租仍给与。执旗人为官兵枪毙，该党出多金，购一棉被，盖之而去。时大雨淋漓，在近处雨帽店购帽，每件给银一毫。"[1]

对照陆领、张炳所述起义情形，从时间、地点、天气（大雨淋漓）、人员组成等相一致推知，上述即时报道所提到的"执旗人"，虽未言明其人，当指"前锋"，即乐从起义时被各同志推举的领导张朝。对于其死后情形，描述也基本相一致。即时报道谓"盖之而去"；经陆领、张炳指证，国民党谓"草草埋葬"。

值得注意的是，对于张朝的死，即时报道指出"执旗人为官兵枪毙"；而陆领、张炳说："张朝率队进攻佛山殉难"或"进至通济桥附近，与清兵遇，接战阵亡。"这与上述言"管带阵亡、党人被枪毙"一样，因立场不同而言说各异。

图五 位于广州银河公墓的辛亥革命烈士墓园

---

[1]《佛山乱事余谈》，载1911年5月9日《民立报》（上海），转引自广东省立中山图书馆、广州市国家档案馆编《笔底风云——辛亥革命在广东报章实录》（下），广州：广东科技出版社出版社，2011年，第89页。

图六　辛亥革命烈士墓园中的张朝墓碑

有意思的是，重修于1918年的张朝墓碑的发现。1998年，广州银河公墓扩建银河园，从地下挖出计77通墓碑，皆为花岗岩质，且形制相同，为顶部呈正方形的长方体。77通墓碑顶部均统一刻"民国七年重修"字样。碑文内容大多简单，刻有人名、籍贯及立碑时间或下葬时间等【大部分死于黄花岗起义的次年，即民国元年（1912年）】。[1]（图五）其中有的碑文格式一致，显系同时所刻。在77通墓碑中，仅有少数为黄花岗起义（亦称"三二九起义"）时牺牲的烈士，而张朝是其中之一。其姓名、籍贯、牺牲状况俱在。张朝墓碑（图六）上阴刻：

---

[1] 李克义《广州银河公墓所见辛亥革命史料》，《广州文博》（伍），北京：文物出版社，2012年。

烈士顺德龙江人于辛亥三月二十九日为反清复汉

烈士张君讳朝之墓

偕同志者起义被满奴枪毙兹同人等立□□□□

显然，该碑所记张朝为顺德龙江人，即为陆领、张炳所说的张朝。不过碑刻所记张朝的牺牲方式，与上面所提到的即时报道皆提"枪毙"二字。不同的是，碑刻在"枪毙"前加有"被满奴"3字，显然是站在反清、革命的角度，无形是对烈士壮举的褒赞。其实所指皆为阵亡，并非被执就义。

陆领、张炳虽为"同志"，其事后回忆，与即时报道和碑刻相较，后者准确性显然胜过前者。

朱执信、胡毅生运动起义，上淇之陆领、两龙（顺德龙江、龙山）之张炳等"咸来联盟"。陆领"自投革命后，慨然以军事自任，故党中寄以专责。陆领由是结纳豪客，广购军械，众益归之，以乐从一带为根据地，待时而动"。"省垣二十九起义，乐从相隔遥远，消息未由传达，陆领遂于三十日竖旗举事。……四月一日占鳌溪公局，收缴枪械，声威大振"。[1]"粤吏接得警报，即派江巩、江固两兵舰驰赴石湾河面驻守，以防党军过河"。"党军进至通济桥时，已有由省赴援之湘军三百名驻于蜘蛛山。赞翼诚善堂正在食饭，忽被猛攻，拒战五小时，阵毙（前述"力拒阵亡"，此处"阵毙"，言说不同显系立场所致。引者注）管带马惠中及防勇二十七名，党军方面殉义者只有张朝及不知姓名者二人而已"。[2] 从而亦可确认，墓碑所指的三·二九起义牺牲者确系陆领、张炳所指的张朝。

张朝牺牲多年后，张朝的寡母张薛氏才知儿子参与革命党的事实。因无子，张薛氏1933年将其侄子君贤为嗣，但孩子幼小，"尚在抱也"。[3] 张薛氏因生活困难，向国民党政府提出抚恤申请。也正是借此，张朝身世及身后事大白。

---

[1] 邓慕韩《辛亥三月二十九之役南顺战纪》，《辛亥革命资料类编》（近代史资料专刊），中国社会科学院近代史研究所《近代史资料》编译室主编，北京：知识产权出版社，2013年，第30页。邓慕韩自言《辛亥三月二十九之役南顺战纪》一文当时经胡毅生、张炳核正。

[2] 同上注，第31页。

[3]《呈中央执行委员会请抚恤辛亥三月廿九为国殉难之张朝烈士》，《中国国民党中央执行委员会西南执行部党务月刊》（广州）第19期，1933年。

四、余言

有关张朝的报刊文献史料和碑刻实物资料，虽有出入，但所及张朝，皆为同一人。对张朝其人及其身后加以考察，可见其家庭情况、个人学业、经历等，可丰富对黄花岗七十二烈士群体的认知，也有助于理解黄花岗七十二烈士墓丰富的历史文化内涵。同时，对于辛亥革命史、地方史的研究也有一定参考价值。

广州三二九起义，即黄花岗起义，珠三角民众贡献卓著。朱执信发动番禺、南海、三水、顺德等地民军响应三二九起义。起义后一日，顺德民军一千多人，在乐从墟起事，一度攻入佛山镇，被清舰炮轰而退出。民军成分复杂，绝大部分是农民，被地主压迫和被剥夺了土地的贫雇农占多数。一些华侨因生活困苦也参加了民军。还有像张朝这些革命思想意识高涨的工人。

张朝等革命党人在顺德起义时，注重纪律，为革命党树立了形象："此次该党起事后，除与当事者为敌外，其余对于商旅民人，未尝稍加骚扰。""各报记载吾党在乐从起事时，秋毫无犯。对于巡警，亦无嫉视。所有酒米店皆派人看守，不准居奇而已。迨初三日午在佛山败后，复回乐从墟，将前日午晚膳二百七十余席酒菜银一概向原店清结。又将起事时所取该墟巡警枪支一一点还清楚，乃各散去"。[1] 相较当时舆论观感广东当局的兵士却有借机扰民的恶行，"清军的所作所为甚至引起那些死心塌地支持政府的人们的不满和愤慨"。[2] 由此正反两面可证实朱执信等革命党人在革命宣传、动员方面的功绩。而"诸烈士为三民主义而牺牲，即由诸烈士牺牲之精神，传播三民主义于民众，不数月而武汉一呼，全国响应，未及百日，而民国告成。其成功顾不伟哉"！（《广州辛亥三月二十九日革命记》）因而，黄花冈起义烈士永为历史所铭记。

今存于广州银河公墓内的77通烈士墓碑，是否经过迁移至现在位置？若迁移，

---

[1] 梦寄生《论三月廿九日广州革命军之价值》，转引自[美]方李邦琴主编《孙中山与〈少年中国〉——从美国当年的报纸看辛亥革命》，北京：北京大学出版社，2012年，第106、107页。

[2] 转引自安东强《辛亥广州起义与清末政情》，《广东社会科学》2019年第3期，第98页。

原先存于何处？另外，这77通墓碑重建于1918年冬。该年秋，滇军师长方声涛整饬、重修黄花岗七十二烈士墓。这77通墓碑的重建，与此是否相关？也是在这一年，粤赣湘边防军务督办驻粤滇军总司令李根源在紧邻广州七十二烈士墓东侧的二望岗建滇军公墓（后来二望岗滇军公墓移至白云太和岗），于8月21日追悼滇军南雄讨伐龙济光两役阵亡将士。77通墓碑中，也有滇军官兵。这两者是否有联系？

以上诸多疑问，仍有待进一步考察。抗战前，有人参观黄花岗七十二烈士墓，还看到七十二烈士墓左方（即东侧）："馒头式的小坟骈列着，就是七十二烈士分坟，附近还有邓仲元（铿）喻云配（培伦）和辛亥年民军起义与北伐护国护法几次阵亡将士的墓。"[1] 这些墓除邓仲元墓外，今大多已不复存在，77通墓碑是否与此有关，仍是疑问。从大部分碑文内容来看，两者基本吻合，因此笔者疑极可能1918年冬重修的77通墓碑原位于黄花岗七十二烈士墓"左方"，新中国成立后移至今广州银河公墓范围内，一度湮没无闻。

（作者单位：广州市文物考古研究院）

---

[1] 陆丹林《黄花岗凭吊记》，总编纂许衍董《广东文征续编》第2册，香港：广东文征编印委员会编印，1987年，第523页。

由物及人：学校机体中的博物馆形态与社会识别*

刘焱鸿　陈玫珑　沈骞

内容提要：

回顾博物馆的前世今生，以物和公共性为线索，勾勒文艺复兴和法国大革命时期形成的传统博物馆理念。这种传统的博物馆理念一直延续至今。具体而言，即是专注于学术知识的精英群体所特有的膜拜"理性"和"知识"的观念深深影响着我们对于近现代"物"的阐述和表达方式。博物馆从业人员都尝试突破传统的"物"的叙述框架，使博物馆更多地关注于人本身。而中国大学博物馆作为世界博物馆发展当中的特殊的实验个案，在对传统的展陈观念突破的同时，积极寻求连接科学和社会的方法，创建未来博物馆的共同愿景，这些也不失为有效的创新性探索。

2019年国际博物馆协会（ICOM）第二十五届大会的主题是"作为文化中枢的博物馆：传统的未来"。在这个多元对话的论坛上，来自世界五大洲近130个国家的4000余名博物馆相关人士围绕一个核心话题进行热烈讨论——博物馆作为文化中心，如何在尊重传统的同时创造更丰富的未来。尽管世界各地博物馆的生存环境各不相同，但所有的博物馆专业人员都在努力创建一个共同的愿景——博物馆发挥更大的社会效益，促进未来的可持续发展。

要讨论"传统的未来"，只有先回顾过往，才能放眼未来。每一个历史阶段，博物馆的角色和民众对博物馆的认识都体现不一样的时代特点。自1946年迄今，根据不同阶段博物馆的角色、功能和特性的变化，国际博物馆协会前后对博物馆作出8次定义。20世纪70年代以前主要侧重于对博物馆功能的界定，之后则着重强调了博物馆与社会的关系。[1] 虽然定义的侧重点不同，但都围绕着四个基本

---

*该文为2019年度广东省级大学生创新创业训练计划《新师范视域下广东省师范院校校史馆建设及运营研究》（项目编号：S201914278015）的阶段性成果。

[1] 杜水生《从博物馆的定义看博物馆的发展》，《河北大学学报（哲学社会科学版）》2006年第6期，第119页。

的要素展开：储存和展示的空间、物品、有逻辑的知识体系、公共性。纵观历史，同时具备上述四个要素的空间可追溯到16世纪佛罗伦萨设计学院的"初学者沙龙展"（Salone degli innocenti），其虽无博物馆之名，却涵盖了近现代意义上博物馆的全部功能。它既是一个服务于教学的藏品空间，又是一个可以观赏、研学和交流的论坛。[1]而普遍认可的"第一个具有近代博物馆特征的博物馆"是17世纪80年代向公众开放的英国阿什莫林艺术和考古博物馆，[2]即一个拥有收藏品并向公众开放的空间，这源于16、17世纪欧洲的奇珍室（Cabinet of curiosities）。但严格意义上来说，以往的物和公共性不具现代的"普世性"价值观。其概念的演变更接近于一个动态发展的过程。

一、"物"史传统的形成

在文艺复兴时期，"物"是博物馆（奇珍室）存在的核心。古物在以希腊罗马文化为代表的复兴活动中扮演着早已消逝的古代之实物见证乃至标准的作用。[3]收藏的内容蕴含着这个时代特有的世界观，即追忆过往的辉煌，实现文化的复兴。奇珍室内包罗万象的"物"的类别和"物"背后的知识体系无不表达着私人收藏家对政治和世俗权利的诉求，即"寻求以知识的形式对自然和人类社会加以征服和控制"。[4]同一时期，除了君主贵族这类私人收藏家之外，也有很多以人文主义学者为主体的收藏家。这个群体的收藏多数服务于教学和研究，总体上呈现藏品专业化的趋势。到17、18世纪，专业化收藏已取代包罗万象的收藏成为主流，[5]而前者的传统一直延续至今，深深影响着近现代"物"的阐述和表达方式。而这种膜拜"理性"和"知识"的观念在近现代博物馆知识体系当中依然明显。[6]

---

[1] 李军《可视的艺术史：从教堂到博物馆》，北京：北京大学出版社，2016年，第105页。
[2] 王宏钧《中国博物馆学基础》，上海：上海古籍出版社，2001年，第63页。
[3] 李军《可视的艺术史：从教堂到博物馆》，第63页。
[4] 同上，第65页。
[5] 同上注。
[6] 宋向光《从大学文化视角解读高校博物馆的特点和发展》，《文化学刊》2007年第3期，第11页。

走进当下传统的博物馆，"物"往往脱离其原本生存的环境成为系列藏品当中的一个片段。此时，它成为了历史链条当中的一环或者科学探讨的对象，更像是一件学者欣赏的作品，从属于科学知识领域的"物"的状态。在20世纪70年代以后，随着新博物馆学运动的兴起，研究者更为关注社区需求和社会关怀，把"人"作为工作的核心和关怀的重点。[1]这也是2019年ICOM会议上积极探讨的领域，即如何转变"物"的阐述和表达方式，使其价值回归人本身。

二、物的表达和阐述方式的改变

就历史发展而言，因为大学博物馆位于教育传播的核心区域，所以它和17、18世纪藏品专业化的博物馆的概念（即专注于学术知识的精英群体专用的馆藏）会有更紧密的联系。[2]因此，在努力转变"物"的阐述和表达方式，以实现对"人"的关怀这方面，大学博物馆的挑战在所有博物馆当中最大。

在大学博物馆这个领域，阐述和表达的方式的改变集中体现在教育模式的转变。朗达·戴维斯（Rhonda Davis）就大学博物馆案例提出将大学博物馆的数字化物品和大学课程相结合的教学方法；[3]2018年，简·萨格森（Jane Thogersen）等人实行并有成果展示的大学博物馆教学项目也是强调空间视觉对教和学的重要性和必要性。[4]有学者认为，设置与博物馆藏品相关的课程，让学生为艺术作品搭配音频讲解，让学生参与藏品的学术研究，有利于强化博物馆专业行为的向下表达。但这些措施都难以突破传统的"物"的叙述框架；更深层的思考是，藏品和受教育者的联系是什么？

一样被置于常规展的物品，往往已经完全脱离其原始的空间和相关物。这

---

[1] 许浩生《新博物馆学视角下中小型博物馆公共服务空间的设计策略研究》，华南理工大学硕士论文，2017年，第4页。
[2] Andrew Simpson, "Four Frameworks for University Museums," *University Museums and Collections Journal 2019 (11)*, p.40.
[3] Rhonda Davis, "Case Studies for the Visual Integration of Research Exhibitions and Collections into the University Curriculum," *University Museums and Collections Journal*, 2019 (11), p.59.
[4] Jane Thogersen, "Creating Curriculum Connections: A University Museum Object-based Learning Project," *Education for Information*, 2018(34), pp.113–120.

时，物的文化已经被压缩、叠加或剥离，展馆陈列的只是物品本身的价值。基于这种传统文物展理念下的教育模式也只是学生参与的博物馆单向度的信息传输的活动。[1]毋庸置疑，藏品在其中发挥着作为学科本身的教育作用。但是，藏品和学生并没有真正意义上的联系。有学者尝试对这一问题进行了创新性的探索。[2]在探险家松浦武四郎展馆中摆放着一个总面积不超过一张榻榻米大小的木屋，构成这个木屋的每一个部分都有其重要的文化和宗教意义。[3]原本这只是一个简单的文物展示。不一样的是，在他们的教育模式当中，学生被允许以他们的方式在展览空间内展示单垫房（THE ONE MAT ROOM）的基本信息和背景。在这种教育模式下，学生可以根据自己对文物的文化内涵的理解来重新构思文化景象，并赋予文物新的象征和隐喻。这种情境下，学生展示的不是文物价值本身，而是阐述其文化概念，是一种主动的反观及反思。此时，博物馆不再只是关于物品，而是关于人与人之间的关系。

三、大学博物馆角色的转变

18世纪法国大革命爆发，当路易十六被押上断头台，统治法国达十五世纪之久的旧制度结束。行政当局在下令摧毁圣德尼修道院中法国历代国王陵墓的同一天，宣布开放卢浮宫博物馆。在这一天，自然世界和神圣世界分割，民众渐渐脱离对宗教的依赖，重新寻找新的崇拜物和共同的身份象征。[4]于是，博物馆担任起神庙一般的角色。被纳入博物馆的古物成为艺术品，接受广大民众的供奉。今天，博物馆在新博物馆学的语境下，从神庙走向论坛。博物馆的公共性不只表现

---

[1] 安来顺、潘守永、吕军、史吉祥、蔡琴、严建强、曹兵武、王奇志、陈同乐、田名利、王芳、茅艳《"博物馆藏品架起沟通的桥梁"专家笔谈》，《东南文化》2014年第3期，第20页。

[2] Megumi Gushima, Tomoko Kobayashi, Maho Takase, Naoko Fukue, "Bridging Past and Future: The Life-size Model of the One-Mat Room, International Christian University Hachiro Yuasa Memorial Museum, Tokyo," *University Museums and Collections Journal*, 2019(11), pp.102–103.

[3] Smith II, Henry D, "Lessons from the One-Mat Room: Piety and Playfulness Among Nineteenth-Century Japanese Antiquarians," *Impressions*, 2012(33), p.55.

[4] 李军《可视的艺术史：从教堂到博物馆》，第2、3页。

为对外开放的运行机制，而更多的带有一种"普世性"的价值观。如同 ICOM 会议上所呼吁的，当下博物馆不是被动的知识保管者，而是积极主动地寻求人与人之间的关系和面向社区的论坛。[1] 简而言之，公众走进博物馆变成博物馆走进公众。

这样的转变会不可避免地面临自我定位模糊的问题。大学博物馆的角色定位是一个高频的热点话题。就组织架构而言，大学博物馆具有作为内部组织的额外复杂性，[2] 与非大学博物馆相比，大学博物馆的运营环境会有更多挑战和机遇。佩德罗·卡萨莱罗（Pedro Casaleiro）所在的大学历史校区被联合国教科文组织列为世界文化遗产以后，游客数量激增。对非大学博物馆来说，作为开放的旅游景点，游客的数量是评估优质展览的重要标准。但不可忽视的是，大学博物馆是大学主要机构之一，它面临着双重压力。[3] 对内，大学博物馆要集中精力管理藏品和运营教育事业；对外，大学博物馆要管理外部公众和经营附属文创产业。在这个过程当中，大学博物馆如何平衡对内和对外的角色和责任的问题？基于历史，它发挥的是学术科研价值；基于新博物馆学的潮流，它发挥的是社会价值。大学博物馆应该专注于藏品本身的价值还是藏品作为大学文化遗产的价值，始终是一个亘久的命题。

由此，博物馆群落成为了一个新研究领域。该类群落与其被视作新典型的大学博物馆，还不如说是管理能力重新变革的博物馆社会。这种模式的博物馆对大学外部公众的管理能力薄弱，与公共博物馆形成了显著不同的传统，并且迅速发展，通过合作展览解决了自己的问题。[4] 可见，"博物馆群"的合作模式可以被世界各地区的大学博物馆借鉴。这些模式体现的也是未来大学博物馆的发展趋势，即大学博物馆从象牙塔走向公众，不断形成集聚效应，向行业化、专业化发

---

[1] Andrew Simpson, Akiko Fukuno, Hiroshi Minami, "University Museums and Collections as Cultural Hubs: The Future of Tradition," *University Museums and Collections Journal,* 2019(11), pp.9–12.

[2] Andrew Simpson, "Four Frameworks for University Museums," p.40.

[3] Pedro Casaleiro, "University Museums and Mass Tourism: Challenge or Resignation?" *University Museums and Collections Journal,* 2019(11), p.32.

[4] Kunihiko. Wakabayashi, "The Value of Collaboration Between University Museums," *University Museums and Collections Journal,* 2019(11), p.104.

展的同时，建设更大范围的"博物馆群"。[1]

四、中国大学博物馆的特殊形态

从宏观的角度看，世界各地的博物馆的形态和发展趋势都具有普遍性。但不可忽略的是，每个区域的博物馆所在的社区环境都各有其特殊性。以大学博物馆为例，在世界历史洪流中，亚洲的大学博物馆普遍是在去殖民化后建立的，是主权国家的产物，不同于欧美国家私人收藏的博物馆。欧美地区的大学博物馆不会关心政府是否应该支持大学博物馆项目，因为欧美博物馆自身的管理和发展多与私人收藏有关，具有很强的独立性。而亚洲的大学博物馆，尤其是成立于20世纪的大学博物馆，都是在没有教学收藏品的情况下建立的。[2]

中国最早的大学博物馆是在近代教育事业发展的背景下出现的，多数隶属于高等教育机构，或者与图书馆合建，且其陈列主题和收藏内容大多与学科专业的知识密切相关。[3]中国博物馆很多的建设和运营理念都是遵循欧美公共博物馆的通用指南。在这种通用理念下，博物馆的空间结构性质决定其藏品的价值在于其位于历史链条中的地位或者作为教学道具的作用，跟公众的反响没有太多的关联。这种以"物"为基础的藏品系统影响着总体的展览方式。校史馆是处理学校历史和记忆的大学博物馆，其当下的收藏体系是传统的博物馆理念的直接表达。走进传统意义上的校史馆，可以观察到这里展示的是教育发展史、学科建设史和知名校友功绩史等。我们看到的是静态的物质存在或者物质证据。

随着大学博物馆建设的日益成熟，博物馆的相关人士越来越关心如何突破传统的展陈观念，使中国大学博物馆与国际发展趋势接轨。华东师范大学博物馆通过实践呼吁大学博物馆不应该满足于作为反映或呈现已有事物的镜子，还应该成

---

[1] 邱文佳《以案例的视角：浅谈境外大学博物馆的特点与功能》，《中国博物馆通讯（中国博物馆协会专题资料汇编）》，2017年，第26页。

[2] Chang Yueh Siang《大学博物馆：教学之外的意义》，《大学博物馆与藏品学刊（中文版）》2016年第8卷，第17-22页。

[3] 郭骥、曹永珩、冯志浩《高校博物馆发展研究——以上海地区为中心》，北京：中国文联出版社，2016年，第13页。

为大学中"创造"景观的场所。[1]当下,以物为基础的展陈方式已改变。人们的生活空间、活动和记忆都应该成为博物馆记录的对象。[2]如此,大学博物馆才能连接科学和社会,推动区域发展的可持续性。

五、余 论

2020年国际博物馆日的主题——"致力于平等的博物馆:多样性与包容性"是对博物馆概念的再诠释。历史洪流中,服务于人文主义学者的专业化收藏所特有的膜拜"理性"和"知识"的观念深深影响着近现代"物"的阐述和表达方式。法国大革命之后,博物馆公共性才得以明确,但仍不具现代的"普世性"价值观。在多元价值挑战权威和偏见的当下,传统的"物"的叙述框架无法适应博物馆的公众化转向趋势。致力于社会参与平等的博物馆要求博物馆更多地以建构者的姿态去寻求更多的可能,即解构固有的诠释架构,呈现被边缘化的文化,激发社群民众的对话。对此,大学博物馆作为特殊的实验个案,积极寻求新的合作模式来平衡专业化和公众化的关系。在这个过程当中,此类博物馆逐渐聚集形成博物馆群落,构成了一个新典型的博物馆社会。中国的大学博物馆在突破传统的展陈观念的同时,积极寻求连接科学和社会的方法。此时,以物为基础的展陈方式已改变,人们的生活空间、活动和记忆都逐渐成为博物馆记录的对象。

(作者单位:广东第二师范学院政法系、南京博物院)

---

[2] 胡盈《大学博物馆反映的大图景:华东师范大学博物馆案例分析》,《大学博物馆与藏品学刊(中文版)》2017年第9卷,第31–38页。

[3] Nurten Ozdemir, Hikmet Sivri Gokmen《大学博物馆在新文化景观形成中的角色:伊斯坦布尔金角湾案例》,《大学博物馆与藏品学刊(中文版)》2017年第9卷,第40–50页。

在跨界融合中提升综合艺术类博物馆的美育功能

——以广州艺术博物院为例

曾智峰

内容提要：

博物馆与跨界融合是当下一个热点话题，国内不少博物馆通过跨界融合，不但将博物馆成功打造成为"网红打卡地"，而且也吸引了更多的观众（特别是青少年）走进博物馆。博物馆的跨界融合更多的强调利用好博物馆的平台，提供更多的服务。随着全国的博物馆的数量不断增加，我国的博物馆事业已经进入黄金时期，博物馆的社会作用日趋重要，博物馆教育作为博物馆的核心功能，其中它所承担的教化社会的作用也日愈凸显，美术教育是艺术类博物馆的主要功能之一。本文以广州艺术博物院通过跨界融合开展各类美术教育活动为例，对新形势下的艺术类博物馆的发展提出几点思考。

2007年，国际博物馆协会更新了博物馆的概念："博物馆是一个为社会及其发展服务的、向公众开放的非营利性常设机构，为教育、研究、欣赏的目的，征集、保护、研究、传播并展出人类及人类环境的物质及物质遗产。"这一概念不但强调了博物馆的公益性，也把博物馆的教育功能提高到新的高度，"教育"被置于博物馆各项功能之首。2015年，由国务院颁布实施的《博物馆条例》第二条指出："本条例所称博物馆，是指以教育、研究和欣赏为目的，收藏、保护并向公众展示人类活动和自然环境的见证物，经登记管理机关依法登记的非营利组织。"这是我国第一次以法律的形式明确了博物馆教育为博物馆的最高职能。艺术类博物馆承担着美术教育功能，美术教育有广义和狭义之分，狭义的美术教育指"以培养美术专门人才为目的的美术教育。广义的美术教育是指"以培养人的素质和修养为目的的美术教育"。而艺术类的博物馆的美术教育功能，主要是指博物馆通过开展美术教育活动，使人们受到真善美的熏陶和感染，在思想上受到启迪，认识上得到提高，在潜移默化的作用下，引起人们在感情、思想、理想和追求上发生深刻的变化，引导人们正确地理解和认识生活，树立正确的世界观和人生观。艺术类博物馆的是实现终身教育的第二课堂，提供着突破传统教育的教育内容和方式。由此可见，艺术类博物馆是通过美术作品和开展美术教育活动，从而达到"寓教于乐""潜移默化"和"以情感人"的目的。通过整合博物馆教育资源，拓展博物馆的教育内涵。艺术类博物馆实现跨界融合，可以充分与新媒体、新技术合作，让新兴的技术力量和创新理念进入到艺术类博物馆的美育工作中，最大限度地发挥博物馆的教化功能，从而真正实现博物馆的知识窗口作用。艺术类博物馆可以在以下几方面更好地发挥美育功能。

一、以藏品资源为依托，拓宽博物馆美术教育的思路

藏品是博物馆的立馆，没有藏品，博物馆的一切文化活动等于无源之水，无本之木，而具有丰富馆藏的的博物馆更应该使其价值不断得到提高。艺术博物馆内众多经典的艺术作品是美术馆公共教育的资源优势。博物馆公共教育通过运用艺术实物与受众互动，以生动的形象和直观的感受使受众获得直接的审美体验，这种基于实物的现场教育所带来的各方感官调动和体验，是其他类型的教育难以实现的。近些年，博物馆馆际间的交流展览增多，藏品资源的互借和共享增多，实现了更大范围的藏品活化和文化惠民。另外，博物馆公共教育将自身专业资源和各方社会资源联动融合、开发利用，不但能作为学校和家庭教育的有效补充，还可实现同学校和家庭教育的良性互动与合作交融。艺术类博物馆公共教育的优势不仅限于上文所述，只有深入挖掘并充分彰显各馆自身特色，才能形成合力，更好地发挥新时代的美术馆作为"社会审美教育大课堂"的功能，打造有别于学校美育、家庭美育的美术馆公共教育理念和方法。

美术教育的审美作用是多方面的，首先它带给人们的首先是美的享受，使人

图一 清音妙墨场景

身心愉悦，从而得到心灵的升华，灵魂得到净化。那么艺术类博物馆如何利用藏品开展美术教育活动呢？以广州艺术博物院（以下简称艺博院）为例，艺博院是一个集高剑父、陈树人、关山月、赵少昂、黎雄才、杨善深、赖少其、廖冰兄、杨之光、欧初、赵泰来、马思聪等十二位名人命名的艺术馆，除此之外，还有设有中国历代绘画馆、国际交流展厅、岭南馆等展馆，拥有这么多的名人艺术馆，这在广东乃至全国都是屈指可数，而在藏品数量上居南粤之冠，藏品以中国历代书画作品为基础，特别是以岭南地区的书画作品为重点，兼顾其他门类的历代艺术品，藏品类别包括中国画、书法、油画、版画、水彩画、水粉画、粉彩画、漫画、唐卡等。自2000年建院以来，艺博院利用丰富馆藏资源的开展了各类形式多样，内容丰富的美术教育活动。通过藏品的展陈、教育、传播等方式，利用艺博院得天独厚的环境，营造有利于观众观展、参与和体验的学习情境。加强了各类活动的互动性与体验感，比如在展厅现场举办艺术沙龙，艺术创作演示和体验工

图二 艺博院利用公共空间开展美术教育活动

作坊以及针对青少年的专题教育展等，受到观众的广泛好评。艺博院结合藏品的种类和特点通过跨界融合举办了各种主题展览，突出展览的"重点、特点和亮点"，更加强调观众在观展时体验式和沉浸式的感受。

由于艺博院的藏品以书画类为主，展陈大多也是以书画类藏品为主，为了更好地让观众了解中国书画的审美意境和感受中国的传统美学理念，艺博院在展览陈列手段和宣传方式上更贴近观众的审美趣味。在如何在视觉上和听觉上对书画藏品的美学价值进行诠释，给与人们难忘的审美体验，艺博院利用藏品的跨界融合上做了大胆的尝试，其中"音画互赏品鉴会"就是广州艺术博物院公共教育品牌活动中的重头戏之一，自举办活动以来一直深受观众欢迎的公教活动，它利用馆藏资源，将静态的绘画艺术与动态的音乐艺术、多媒体三者的完美结合。用声音表达画面，用画面解释声音，并借助表演者的现场演奏，为大家带来极富艺术感的视听感受，让大家体会"乐中有画、画中有乐"的唯美意境。比如说借院藏精品展览"古韵留馨——广州艺术博物院藏历代名家梅花展"面向公众开放参观期间，利用该展览的展示空间资源，创新院藏美术作品展示与解读的新方式，将音乐与美术等文化元素结合起来，在该展览的展厅内举行别开生面的"音画时尚"专题赏析会。该活动意图通过表演者的现场演奏，用音乐解读展品画面，借助展品画面诠释音乐，把本次活动做成一次关于音乐与绘画的融合，在博物馆内创造更为唯美的艺术欣赏空间。在实现对本次展览所展示展品的全新解读的同时，破除艺术形式的界限藩篱，为观众创造出全新的艺术跨界体验。这种富有创意的美育活动，对观众来说，不但是一场艺术的盛宴，以有意味的空间和音乐形式处理书画藏品的审美信息，在视觉和听觉上对书画藏品的美学价值进行诠释，不但加强了观众对博物馆及其藏品的深刻印象，而且使观众在富有美感的艺术画面中得到感染和熏陶。

二、以现代科技为引擎，助推博物馆美育功能创新性发展

新时代的博物馆在跨界融合中从单一的历史状态转变成为综合性业态，这是基于对文化和生活的全新阐释，随着科技的进步与发展，传统的博物馆已从单向静态地展示逐渐向动态互动地展示转变，由单一展示模式向多元化的展示模式发展，虚拟现实技术、增强现实技术、虚拟触觉技术等一系列高科技智能技术的运用，给博物馆事业的发展拓展出新的发展路径，使实体展示与虚拟空间相结合，实现沉浸式互动体验。新媒体技术的迅猛发展，已经直接影响和改变人们获取资讯的习惯和方式。建立智慧博物馆已成为大势所趋，智慧博物馆淡化了实体博物馆相互之间以及数字博物馆之间的界限，形成了以博物馆业务需求为核心，以不断创新的技术手段为支撑，线上线下相结合的新型博物馆发展模式。随着"互联网＋"的飞速发展，出现了微博、微信、视频直播等新媒体形式，它们与VR、AR等新科技产品深入结合，通过丰富传播表现形式，十分有效地提升文化传播力和影响力。

图三 齐白石画展在艺博院展出受观众热捧

2020年，受新冠病毒疫情的影响，很多博物馆的正常开放和日常工作都受到了很大的影响，但是也给博物馆人带来新的思考，如何进一步开拓思路和创新发展，在展示和宣传上理念上寻求突破。多家博物馆采用了视频直播和"云游"博物馆的形式吸引观众，成为抗疫闭馆期间提供公共文化服务的一种新方式，"云游"博物馆可以不受地域时间限制，并可根据展览的特点，最大限度地满足个性化需求。以艺博物为例，在2020年春节之际，艺博院和北京画院联合主办了《美意延年——齐白石的艺术世界》，此次展览深受观众的欢迎，但是受疫情影响，博物馆暂停对外开放，为了满足广大观众的需求，艺博院和北京画院合作，通过线上直播的方式，实现北京VS广州两地连线，为观众在展厅作直播导赏，直播现场也解答观众的提问。这次线上直播深受观众欢迎，人们足不出户，就可以饱览齐白石大师的作品，详细听取专家的讲解。据统计，观看此次直播的人数有50多万人次。配合此次展览，艺博院又先后在微信公众号推出了11期的"走进齐白石的艺术世界——亲子观展专题系列活动"，让观众进一步加深了解齐白石的人生经历和艺术成就。疫情期间。艺博院还推出了"艺启学——广州艺术博物院网上公益启学课程"系列活动，通过网络直播的方式，邀请了多位专家、教授为观众介绍艺博院的藏品及鉴赏，通过讲解作品的技法构成，让观众理解其中蕴含的独特的审美意象，同时还进行示范和临摹，这次活动共推出了20期的线上教学，课程内容包括书法和国画。这种鉴赏与示范同步进行的美术公益课，一开课就深受观众的欢迎，这次举办的网上课程也得到观众的欢迎，每次观看直播的人数都有数十万人次。此外，艺博院还根据本院拥有诸多名人馆为主的特点，在疫情期间，还特别举办了"云游"名人馆的系列活动，邀请名人馆家属和有关专家对展厅的作品进行导赏，并且进行现场示范教学。值得一提的是，在今年"5•18"博物馆日期间，艺博院结合今年博物馆日"致力于平等的博物馆：多元和包容的"和5月19日是中国旅游日"新旅游、新常态"的双重主题，专门策划举办一场题为"音画心赏——广州艺术博物院2020国际博物馆日暨中国旅游日专题活动"，活动在艺博院的马思聪音乐艺术馆举行，以"观展+赏乐+访谈+绘画即时创作"的跨界形式举行，活动目的在于探索博物馆传播的多元路径，让观众在立体化、多介质的沉浸式体验中，亲近艺术，享受艺术的趣味，让博物馆和观众在互动中，激活彼此的创意和活力。活动受到观众的广泛好评，多家媒体对此活动进行了报道。

如今，网络直播已逐渐成为疫情期间人们打开博物馆的新的生活方式，为观众创新和搭建不同的观展平台，不但更包容和开放，也为观众带来不同的体验和感受。疫情期间，由艺博院举办的各类主题的网上直播节目受到观众的广泛欢迎，截止到今年的6月1日，仅在触电新闻观看直播的观众就超过500万人次。

三、以品牌活动为推手，增强博物馆美育工作发展动力

随着社会的发展进步，博物馆越来越多地强调"以人为本"，"以人为本"，是以观众作为博物馆工作的重心，出发点和归宿点。博物馆逐渐成为人们

的一种生活方式。博物馆与跨界融合，即强调当今的博物馆在新时代中，其发展过程不仅是以原先的收藏、研究、展示、保护、教育的各项职能为基础，同时也利用博物馆自身的平台，创新文化生态，建设更开放、更平等的空间，将文化创意等相关产业引入博物馆，促使其承担更多的社会责任，跨界融合的目的是为社会提供更好的服务。

图四 《樱枫幽玄——广州艺术博物院藏日本绘画展》深受观众欢迎

艺术类博物馆在开展的美术教育要注重观众的体验与感受，而非知识与技能。作为社会教育的组成部分，艺术类博物馆公共教育有别于学校美育，更加注重通过参与式、互动式、建构式等各种方式方法来丰富观众的学习体验，改变、提升其对美的认知和态度。系统化、课程化的知识和技能学习并不是美术馆公共教育的重点所在，观众对美的欣赏，对审美经验的体悟，对美好生活的向往，才是艺术类博物馆公共教育追求的基本目标。如何在跨界融合中促进博物馆的美育功能的最大化，以艺博院为例，近年来，艺博院在"博物馆+互联网""博物馆+媒体""博物馆+学校""博物馆+社区"等方面都有新的尝试，并且取得很好的效果。打造了具有影响力的品牌活动，比如"清音妙墨——音画互赏品鉴会音画时尚""我是小小讲解员""小题大做——青少年专题展览""博学——从殿堂到课堂""馆校合作之双师大课堂""旅行·观展——青少年手账艺术系列活动""国学·国乐·国画系列活动""艺海纵横——当代美术名家大讲坛""艺术夏令营"等等，还有在疫情期间推出的"游于艺——系列公益课程""艺启学——广州艺术博物院网上公益启学课程""云赏画——专题导赏"等活动，都深受广大市民、尤其是青少年的欢迎。由艺博院与广东广播电视台合作举办了多期的"我是小小讲解员"活动，就是深受大家欢迎的品牌活动，通过举办展览+讲解+教育+体验为主题的美术教育活动，活动从海选到决赛，电视台都进行全程录制，并且邀请了专业的嘉宾进行点评，比赛秉持"学习、参与为主，比赛为辅"的宗旨，通过活动让参赛选手在展示自己的才艺，给自己一个提升自我和展示才华的机会。"我是小小讲解员"这一活动的推出，不但进一步提升了艺博院的影响力，也吸引和培养了更多的潜在观众。

博物馆作为校园以外青少年开展的"第二课堂"活动的重要场所，怎样结合博物馆自身的特点，通过创新性发展，努力保持新鲜感，满足青少年的文化需求。开放互动的空间情境是博物馆公共教育的环境优势。艺术类博物馆是一个具有开放性、综合性的文化教育平台，通过研究、策展、设计、教育、传播等诸多途径手段，营造有利于观众观展、参与和体验的学习情境。艺博院作为结合自身的建筑特色和场地优势，在固定的地点和时间段举办了公益性的书画临摹、陶艺制作以及剪纸等方面的艺术赏析课程，观众只要提前预约就可以免费上课，而授课老师不但教学经验丰富，有些还是非遗传承人，这类公开的工艺课程已经成为艺博院开设美术教育的重要组成部分。由于这类课程打破传统授课的教育模式，跳出封闭单调的教学环境，因时因地制宜、创造性地开展多种多样的公共教育活动，使观众更加轻松自由地欣赏、学习，增进交流，丰富体验，激发创想。

博物馆的跨界融合，在本质上是通过博物馆的资源、活动、服务等要素，实现和社会及公众的有效对接和融合，不断提升博物馆的吸引力和服务力。新时代的博物馆（美术馆）应当进一步提升专业化、国际化、现代化水平，结合藏品、展览、学术、品牌等优势，有效开发、利用各方面公共教育资源，努力创新管理和服务方式，提升服务品质，扩大辐射影响，打造真正"为公众的美术馆"，让艺术之光点亮更多美好的心灵。

参考文献：

[1]博物馆发展论坛组委会编《博物馆发展论丛》，北京：北京联合出版公司，2017年。

[2][英]维克托·迈尔-舍恩伯格，肯尼思·库克耶著，盛杨燕、周涛译《大数据时代——生活、工作与思维的大变革》，杭州：浙江人民出版社，2017年。

[3]潘力、施光海主编《智慧文博——高校博物馆理论与实践》，北京：中国传媒大学出版社，2017年。

[4]吕明、李硕、南楠《现代美术理论研究及作品赏析》，北京：中国纺织出版社，2018年。

[5]陈明、付辛《让文物活起来，把博物馆带回家》，《新华日报》2015年11月第九版。

[6]上海博物馆、中国博协博物馆管理专业委员会编《博物馆管理论文集》，上海：上海书画出版社，2016年。

（作者单位：广州艺术博物院）

试论我国私人博物馆的发展现状及展望

熊 喜

内容提要：

自改革开放以来，随着经济文化如火如荼的发展，我国的私人博物馆如雨后春笋般纷纷涌现，在当代社会中发挥着举足轻重的作用，同时也是连接社会主流文化与多元民间文化的桥梁。纵观整个博物馆发展事业，我国博物馆事业起步较晚，发展势头较大，私人博物馆事业更是方兴未艾，但是在管理、经营等方面上，仍存在诸多问题。在此基础上，通过论述我国私人博物馆当前的发展现状及存在的问题，从各角度分析、总结我国私人博物馆的发展出路。

一、中国私人博物馆的特点

（一）发展概况

私人博物馆，顾名思义，是由公民个人自发修建的，对个人所有经合法渠道取得的藏品进行展示的博物馆。在中国，自改革开放以来，尤其是进入21世纪，伴随着文物收藏与流通市场的日趋繁荣，以及国务院鼓励民间收藏，支持非国有博物馆发展的政策出台，私人收藏事业进入一个高速发展的阶段，在20世纪末至21世纪初掀起了私人博物馆的建设高潮：上海四海壶具博物馆（1987年）、西安金泉钱币博物馆（1992年）、国华珠算博物馆（1993年）、观复古典艺术博物馆（1996年）、中国青瓷博物馆（1997年）、北京古陶文明博物馆（1997年）、中国紫檀博物馆（1999年）、成都乌木艺术博物馆（2000年）、天津宝成博物苑（2000年）、国友博物馆（2001年）、广东冠和博物馆（2001年）、金洲动物博物馆（2001年）、重庆火锅博物馆（2002年）、四川建川博物馆（2005年）、广东石龙博物馆（2007年）、包畹蓉京剧服饰艺术馆（2012年）等等。其中，马未都创建的观复古典艺术博物馆为我国真正意义上第一座私人博物馆。

整体上来看我国的私人博物馆，收藏主体均以各种遗存为主，都是以保护、展示本地方的物质文化遗存、民俗文化为目的。从私人博物馆的性质来看，私人博物馆是民族文化保存、传承和发扬的重要角色，担任着中国文化复兴与提升民族收藏意识的重大历史使命。但发展规模小，地区间发展不平衡，工作程序不规范，专业化程度不够等，都反映出当前我国私人博物馆的发展特点；而且在发展过程中，关于私人博物馆的定位，一直模糊不清，立足社会实情，找准私人博物馆的社会定位，是私人博物馆发展壮大的重要一步，也是私人博物馆事业发展的关键所在。

（二）展陈特点

随着三期说的传播，丹麦考古学家汤姆森（Christian Jrgensen Thomsen）的陈列方法逐渐为许多博物馆所接受并采用。[1]国内外许多博物馆都依照三期说调整了陈列方式，于博物馆而言，是一次陈列理论上的革新；受该理论的影响，当时的瑞典隆德、斯德哥尔摩以及德国的梅克伦堡-什未林大公博物馆都依照三期说理论调整了陈列。[2]

进入21世纪以来，我国私人博物馆发展态势虽较好，但发展水平仍然参差不齐，特别是在展陈方面，表现出明显的滞后性。博物馆无论大小、公私，陈列展览都是其核心价值所在，但在发展过程中，私人博物馆远不及公立博物馆在陈展方式上表现出强烈的专业性。针对当前我国私人博物馆在陈展方面所表现出的特点，举以下两点供参阅：

1. 陈列面积小，展品数量少

陈列是博物馆的名片，私人博物馆更应注重加强陈展方面的工作。受诸多因素的影响，除建川博物馆等几个大型私人博物馆外，我国私人博物馆大多面积狭小，特别是北京、上海等"寸土寸金"之地。如上海对公众开放的私人博物馆中，陈列面积最小的卫治安玛瑙奇室博物馆，陈列面积仅3平方米，[3]严重影响了

---

[1] 孔利宁《考古博物馆的缘起与演进》，《文博》2018年第2期，第100-105页。
[2] 同上注。
[3] 宋明明《上海的私人博物馆》，《中国博物馆》1989年第2期，第61-65页。

博物馆展陈工作的开展。

一个好的展览，需要一定的藏品数量，陈列内容不仅可以体现出博物馆自身的藏品实力，还可以体现出一个博物馆的风格和性质。陈列展览是一个博物馆最重要的展现形式，陈列工作需要馆藏品，但不是藏品的简单堆砌，科学系统的陈列展示是博物馆风格样貌的外在体现，可以提升博物馆的整体风貌。

2.陈展水平不高，配套设施不全

陈列展览作为博物馆的一个基础功能，其形式并非一成不变的，而是根据一定的主题、序列和现有的展品数量不断的变化。从我国私人博物馆发展的现状来看，在陈展水平上，除几个大型博物馆有足够的人力财力作为支撑保持较高水准外，其他的小型私人博物馆陈展水平均不高，形式单一，展品冗杂，究其原因，这与藏品资源匮乏和运营资金不足是息息相关的。

其次，私人博物馆与公立博物馆虽同属我国博物馆事业体系，但发展境况却截然不同；由于私人博物馆没有固定收入来源，仅仅依靠门票收入对馆内设施进行维护，无疑是杯水车薪，这是当前我国私人博物馆在发展过程中亟待解决的难题之一。

二、中国私人博物馆的发展现状及问题

（一）发展现状

私人博物馆作为我国博物馆事业体系中的一个组成部分，已在我国大地上开始兴起。[1] 近些年来，私人博物馆更是呈现出良性的发展趋势，在我国博物馆事业体系中起着很重要的作用，与整个宏观的博物馆事业更是紧密相连。从大范围来看，美英等欧美国家的私人博物馆事业相对比较发达，领先于其他国家，且定位清晰，社会功能明确。在我国，私人博物馆主要以综合类、历史纪念类、艺术类、自然科学类和专题类为主，尤以综合类居多。[2]

---

[1] 赵志刚《私人博物馆与民间收藏》，《中国博物馆》1995年第1期，第38–41页。
[2] 安乐《我国私人博物馆发展问题分析》，《佳木斯职业学院学报》2016年第12期，第447–448页。

在国家扶持文化产业和促进博物馆发展政策的良好推动下，中国私人博物馆迎来发展新局面。进入21世纪以来，私人博物馆的数量逐渐增多，从"中国私人博物馆联合平台"发布的《2016年中国私人博物馆行业发展白皮书》来看，我国私人博物馆的数量由2008年的315家增至2015年的1110家，7年增加2.52倍，占全国博物馆总数的23.7%（见图一）。2005年8月，由民营企业家樊建川创建的建川博物馆聚落，建筑面积近10万平方米，该馆有着1000多万件藏品，国家一级文物329件，是21世纪私人博物馆中的代表之一，也是目前国内私人博物馆中投资最多、建筑面积最大、收藏内容最丰富的博物馆。2014年1月，由企业家余德耀创建的余德耀美术馆在上海举行落成仪式，该馆由机场机库改建而成，总面积9000多平方米，设艺术中心、艺术基金会等艺术机构以及资助大型学术展览，也是我国私人博物馆中的典型代表。

图一 2008-2015年民办博物馆占全国博物馆比重图??

（二）存在的问题

博物馆是一座城市乃至一个国家历史发展及文明的象征，在整个国民教育体系中居于举足轻重的地位，私人博物馆更是充当着重要的角色。在我国私人博物馆事业如火如荼发展的同时，由于种种原因，我们也看到了私人博物馆在发展过

---

[1] 数据来源：国家文物局局长刘玉珠在2016年"5.18"国际博物馆日开幕式致辞。

程中所存在的问题和不足，对此，得出以下几点认识：

1.认识模糊，定位不准

清末时期，中国处于内忧外患的窘境，为开启民智，开阔民众的眼界，1905年，张謇创建的南通博物苑，是中国第一座现代博物馆，其建馆的初心就是要充分发挥博物馆的教育功能，开启民智、传播知识，这就明确界定了博物馆的社会职责。

随着社会的发展，博物馆在时代的浪潮中不断被赋予新的角色，逐渐超越其原有的基本功能，内涵不断丰富，功能不断拓展；博物馆无论公私，为社会大众服务是其应有之义，更是应有之责。在激烈的市场竞争中，私人博物馆应如何保持自身姿态立足当代，走向未来，就需要明确自身宗旨、定位是什么，清晰认识到"我是谁""从哪里来""到哪里去"等系列问题。面对社会的日新月异，私人博物馆应将自身转变为社会变革中的重要力量，进一步提升行业水平和拓宽视野，以"实现中华民族伟大复兴"的高视角为社会及其发展服务。

2.宣传不足，门可罗雀

近几年来，由于信息技术的快速发展，各大小公立博物馆借助各种媒体平台宣传自身馆藏、展览特色，对此，许多私人博物馆做的相对较差。相对公立博物馆而言，公众对私人博物馆却知之甚少，这就在一定程度上决定了私人博物馆的参观人数不多，受众少，导致门庭冷落的窘境。在一次公众对私人博物馆的认知情况调查问卷中，"20-30岁的年轻人，超过一半的人完全不了解私人博物馆，30-61岁年龄段的中年人，听说过私人博物馆的占49%，完全不了解者占三分之一，了解并去过的不到六分之一"。[1] 从该调查数据来看，私人博物馆在宣传方面较为缺乏，在今后的发展中，应加强宣传方面的工作，且宣传的重心应面向广大青少年。

3.资金短缺，展品混杂

博物馆无论公私，其性质无二，都是不以营利为目的公益文化事业。公益文化事业单位私人博物馆在发展过程中，很多私人博物馆完全是零收入，展品的展

---

[1] 韦雪霞《中国私人博物馆的发展现状与出路》，《图书档案》2016年第3期，第250页。

览场地，展品的维护、管理、增添，员工的工资等，都需要大量的资金成本，这就造成私人博物馆在运营时很难实现收支平衡，甚至将直接影响私人博物馆的发展规模和质量。

随着国家"文化自信"的提出，博物馆事业发展迅速，私人博物馆更如雨后春笋般，纷纷涌现。同时，在运营过程中，诸多私人博物馆工作散乱无序，设备简陋，且展品鱼龙混杂，展品质量粳莠不齐，难以达到博物馆展览的标准。

4.地区发展不平衡

随着经济的发展，私人收藏在全国掀起一阵热潮，从而带动私人博物馆的兴建。据2014年中国私人博物馆联合平台发布的数据来看，我国私人博物馆总体分布在经济发达的沿海城市等地方（图二）。从下表可知，我国私人博物馆大多分布于东部沿海城市，西南边陲和西北偏远地区则分布较少，这与地理位置、地方经济实力和历史文化底蕴是密不可分的，与我国对私人博物馆的政策扶持力度也密切相关。

2014中国私人博物馆分布					
省份（直辖市）	数量	省份（直辖市）	数量	省份（直辖市）	数量
浙江省	93	广西壮族自治区	18	内蒙古自治区	29
河南省	62	湖南省	15	北京市	22
四川省	57	甘肃省	14	辽宁省	19
山东省	54	山西省	13	天津市	18
广东省	54	上海市	13	江西省	18
江苏省	50	重庆市	13	云南省	6
安徽省	48	吉林省	11	青海省	6
陕西省	45	福建省	11	海南省	5
湖北省	36	河北省	8	宁夏回族自治区	5
黑龙江省	30	贵州省	7	新疆自治区	1

图二 2014年中国私人博物馆分布情况

---

[1] 数据来源：中国私人博物馆联合平台中国博学院，http://www.cpmup.cn/。

三、中国私人博物馆发展展望

结合当前私人博物馆尚存在的不足与问题，为进一步发展好私人博物馆事业，有以下几点建议与看法供参考：

1.统一管理，对症下药

我国博物馆事业是以马克思主义为指导，发展具有中国特色的博物馆，而规范化的工作程序是博物馆工作的基本要求。从我国私人博物馆的发展现状来看，私人博物馆还处于一个发展期和上升期，最大的问题在于管理。

私人博物馆在管理工作方面，应结合本馆实际情况，参考国内公立博物馆的工作模式和程序，具体情况具体分析，做到心中有数，有条不紊。同时，私人博物馆在发展过程中，应该抓住重点，减少不必要的繁缛工作，使工作正规化、合理化，也可借鉴国外私人博物馆的管理方法，使博物馆管理工作朝着更加规范的方向发展。

2.加大宣传，拓宽资金

在日新月异的网络时代，随着信息技术的发展，获取信息和发布信息的渠道逐渐多样化。在这样的时代背景下，私人博物馆可借助信息技术的优势，加大媒体宣传，扩大自身的社会影响力，如建立博物馆公众号，与各大小文化机构互动宣传，让博物馆走进社区，贴近学校。

资金短缺向来是博物馆一大难题之一，在资金方面，私人博物馆更显得捉襟见肘，难以应付；但博物馆可开展多样的商业活动，以保证其运营的顺畅性。私人博物馆与国有博物馆同属非营利性的教育机构，在运营过程中，除出售门票外，也可申请国家基金的资助，还可以出租场地，设立博物馆会员等。此外，我国私人博物馆应该学习欧美国家的先进理念及运营方式，建立企业基金会或成立专项的私人博物馆基金，保证私人博物馆在发展过程中，不因资金短缺而陷入窘境。

3.改变经营模式，提高创新能力

与其他行业一样，博物馆之间也存在着竞争关系，在竞争方面，私人博物馆与公立博物馆自然不能相提并论；私人博物馆要想长足稳定的发展，就必须改变自身的经营模式和策略。大众性，多样化是私人收藏的特点之一，"大众性、多样化的背后就是层次性、专业化"。[1]私人博物馆可根据自身馆藏特色，从专业角度入手，更新馆内陈列形式，加强专业化手段，增强吸引力，扩大影响力。

作为一个非营利性的机构，私人博物馆仅仅依靠政府资金来维持自身运转终究不是长久之计，想要在激烈的市场竞争中崭露头角，就不应墨守成规，应该在管理、运营方面有所创新。我国私人博物馆的创新，应该是建立在吸收优良传统基础上的创新，不是虚张声势，不假思索的创新。在这方面，可以借鉴北京故宫的成功案列，研发文化创意产品进行销售，既可获得一定资金收入，维持自身运转，又能发挥博物馆社会教育和文化传播的功能。

4. 加强扶持力度，提倡"馆际联姻"

在国家政策的扶持下，我国公立博物馆已经走过了漫长的发展历程，实践和理论方面都取得了丰硕的成果。于刚刚起步的私人博物馆而言，政策的扶持就显得尤为重要；由于各地经济发展水平不一致，大多与私人博物馆的发展水平呈正比例关系，这就要求政策扶持力度需要结合当地经济发展的实际情况，具体问题具体分析，不能因政策扶持方面的原因阻碍私人博物馆的发展，做到精准扶持。

此外，馆际之间的交流对促进私人博物馆的发展十分有利，在健全制度法规的前提下，构建健康的博物馆交流平台，走馆际"联姻"之路。[2]做到交流是手段，发展才是目的，方可促进私人博物馆蓬勃发展。馆际交流作为博物馆工作的一部分，是各博物馆间取长补短、互通有无的发展途径，私人博物馆在馆际交流过程中，亟需密切关注社会动向，群众需求，在此基础之上，全面构建博物馆服务体系。

四、小 结

综上，通过对我国私人博物馆当前发展现状及所存问题的叙述，对今后我国

---

[1] 史吉祥《试论私人收藏的特点及其公共博物馆的关系》，《中国博物馆》1993年第3期，第28-32页。
[2] 周男《办好"（博物馆）馆际交流"，走好"联姻之路"》，《大众文艺》2018年第9期，第47页。

私人博物馆的发展出路提出些许不成熟的建议和对策，以期起到抛砖引玉的作用。纵观我国私人博物馆的发展历程及现状，可谓是喜忧参半；面对社会发展的日新月异，如何将私人博物馆长期稳定的经营下去，既是机遇，也是挑战。面对种种境况，我国私人博物馆能否更好地、长远地发展，关键取决于博物馆自身和国家政策的完善及执行力度，只有让私人博物馆得到法律上的保护和制约，且自身积极展开馆际交流和合作，与他馆互通有无，互补并存，才是发展良策。

参考文献

[1] 王宏钧：《中国博物馆学基础》，上海：上海古籍出版社，2001年。

[2] 陈红京：《博物馆学概论》，北京：高等教育出版社，2019年。

[3] （英）Timothy Ambrose、Crispin Paine著、郭卉译：《博物馆基础》，江苏：译林出版社，2016年。

[4] 吉珍晶：《昆明私人博物馆与社区互动研究》，云南：云南大学，2016年。

[5] 李慧净：《中国私人博物馆发展问题浅析》，吉林：吉林大学，2007年。

[6] 罗星星：《私人博物馆现状与发展探析——以乐山战时故宫为例》，《文化创新比较研究》，2019年第32期。

[7] 史吉祥：《试论私人收藏的特点及其公共博物馆的关系》，《中国博物馆》1993年第3期。

[8] 周男：《办好"（博物馆）馆际交流"，走好"联姻之路"》，《大众文艺》2018年第9期。

[9] 韦雪霞：《中国私人博物馆的发展现状与出路》，《图书档案》2016第3期。

[10] 宋明明：《上海的私人博物馆》，《中国博物馆》1989第2期。

[11] 赵志刚：《私人博物馆与民间收藏》，《中国博物馆》1995年第1期。

[12] 安乐：《我国私人博物馆发展问题分析》，《佳木斯职业学院学报》2016年第12期。

[13] 孔利宁：《考古博物馆的缘起与演进》，《文博》2018年第2期。

（作者单位：云南大学历史与档案学院）

光源对模型贴图的影响

——3种人造光源在三维数字化采集中的应用

付常青 李东卉

内容提要：

都说"摄影是用光的艺术"，在数字化采集中，拍摄用于建立模型的照片时如何使用光线，同样是一项十分重要的课题，关乎到生成的模型的质量以及贴图的质感。本文将从自然光以及人造光源等基本内容出发，介绍人造光源中的闪光灯和持续光源，着重介绍环形闪光灯、闪光棒以及平行光束灯的特点。最后分别使用以上三种光源对一反光釉面笔筒进行拍摄实验，通过Agisoft Photoscan生成三个模型，从最直观的视觉感受上，分析并比较使用不同光源拍摄的优缺点以及生成模型的质量。

引言

在2000年前后，德国人工智能研究中心（DFKI）得到联邦政府支持，发明了用影像获取三维模型的技术。这一技术得到的三维模型自带RGB颜色信息，因此在2010年左右开始被大量应用，出现了Agisoft photoscan、3DF Zephyr Aerial等用于三维模型重建的软件。软件根据多视图三维重建技术，通过识别照片序列的特征点来创建点云、生成模型，但也因此产生一个问题：照片中如果存在高光过曝的情况，软件就无法在这一无信息的位置识别出特征点并匹配，导致生成的模型在视觉上、比如光影、质感等方面始终不如高清拍摄的图片。

2018年德国滴度光公司推出了Lightstream平行光束灯以及其他光源对应的平行光束转换装置，我们可以得到出射角近乎平行、与太阳光十分接近的光线。

被摄物体在这样的光源照射下质感强烈，受光部位也不会全无纹理。我们认为这可以成为通过影像获取模型的一种新尝试，因此通过实验来测试使用其采集得到的模型和皮肤与使用其他常规光源采集的区别。

一、自然光与人造光

（一）自然光

1.来源

提起自然光，我们最为熟悉的一种必然是每天沐浴在其中的太阳光。太阳光穿过大气层时发生折射、衍射、散射等变化，到达地面后的光又发生了漫反射，这些光混合之后就形成了自然光。

2.特点

自然光的光谱

用三棱镜将自然光分解后可以得到一条彩色的光带，此为自然光的光谱，证明了自然光是由一系列彩色的单色光组成的复色光。而自然光的光谱持续、平缓、宽阔，99.9%的能量集中在红外区、可见光区和紫外区。这样的光谱使得自然光在照射到物体表面时，物体能够呈现出更细腻丰富的原色。因此在灯光技术领域，人们规定自然光对物体的显色指数为100，并以此作为其他光源显色能力的参照。

均匀度

由于自然光的光源距离极远、发光面积极大，因此在空间中的均匀度很高，使得人眼所能看到的明暗反差的对比度适中。

自然光在显色指数和均匀度上具有天然优势，然而自然光随着时间变化，它在亮度和色温方面并不稳定，不能随时满足人们在生产生活中的需要，因此人类开始了对制造光源的探索。

（二）人造光

1. 实现方式

在石器时代人类就学会了生火照明，这种方式延续了上千万年的时间，用于燃烧的物质从木材到动物油脂，再到天然气和煤油。18世纪开始的电学实验的普及，让人们试着将电压加在各类导电的气体和固体上，由此出现了碳弧灯、白炽灯、荧光灯、节能灯等类型的人造光源。

到了20世纪60年代，人们发现电子与空穴复合可以释放出可见光，于是根据这一原理制成了发光二极管。早期的发光二极管只能发出暗淡的红光，随着几十年来电子技术的发展，发光二极管的光度得到了极大提高，能发出的光线也覆盖了可见光甚至是红外线和紫外线的范围，在照明领域受到广泛应用。

2. 应用场景

以上多种多样的光源实现方式所发出的光大多为不完全光谱，因此不同的人造光源在显色性方面存在一定差异。对于道路的照明来说，首先考虑的必然是发光效率，对显色性要求不高。因此效率高、穿透力强、显色指数仅在25左右的钠灯在道路照明灯上被广泛使用。在家具照明中，给儿童使用的学习灯具要求显色指数在80以上才能有助于保护视力、减轻视觉疲劳。而在博物馆、美术馆里，珍贵文物和艺术作品的细节与色彩需要尽可能纯正、饱满、透彻地呈现出来，那么选用光源的显色指数一般要达到90以上。不管对普通摄影来说，还是对文物数字化采集来说，同样追求的是还原出被摄物体纯正饱满的色彩。所以我们更倾向于使用人造光打光，并且人造光源越接近自然光，也就是显色度越高、均匀度越高越好。

二、人造光：闪光灯与持续光源

（一）闪光灯

人造光源里，闪光灯在摄影中占据着举足轻重的地位。它的种类丰富、使用灵活，能满足光源强度高、可人为控制亮度及可变角度方向的需求，配合各类辅助配件，还具有直射光、反射光与散射光等不同形式的应用。

1. 工作原理

人们对闪光灯的探索走过了和人造光源相似的历程。1887年，最早可以有效地用于摄影的人造光以闪光粉的形式出现，点燃镁粉与氧化物的混合物就能获得强烈的光照。1929年出现了世界上第一个真正意义上的闪光灯，实现的方式是将镁丝密封在灯管中，灯丝通电发热后镁丝被点燃，继而放出白光。由于依靠物质的燃烧，这个时候的闪光灯都属于一次性消耗品。

电子闪光灯在1931被发明出来，主要由充满氙气的灯管、大容量电容以及相应的控制电路组成。闪光灯触发时高压电荷从电容中释放，使得氙气原子中的电子在能级跃迁时向外辐射光子，产生极其强烈的亮光。氙气通电后放出的光，亮度高，光谱与太阳光十分接近。

2.灯光类型

闪光灯可以分为内置闪光灯、外置闪光灯等类型，外置闪光灯中还有手持闪光灯和影室闪光灯等细分，根据不同的环境条件和场景需求来使用。内置闪光灯指的是相机自带的闪光灯，从便携性来说最具优势。然而内置闪光灯照射范围小，在使用时会大大消耗相机的电量，最重要的是，几乎所有的内置闪光灯都无法调整角度和位置，既带来了多方面的限制，最终拍摄的效果也不尽如人意。手持闪光灯包括离机闪、环形闪光灯以及闪光棒等，通过无线引闪器与相机连接。它的优点在于相对轻巧便携的同时可以获得较大亮度的光，在使用中非常灵活。而影室闪光灯是影棚中最常用的闪光灯，体积更大，需要用专门的支架固定。它依靠高压大电流通过氙气灯管瞬间放电发出强闪光，耗电低而光强度非常高。影室闪光灯一般由造型灯和闪光灯组成，造型灯既可以墨迹布光效果，也便于在暗光条件下的相机取景对焦。

在采集可移动文物以及部分不可移动文物的照片序列时，我们希望闪光灯能尽量满足携带方便、性能稳定、功率足够的条件，因此环形闪光灯和闪光棒就成为了我们的优先选择。

3.环形闪光灯

环形闪光灯简称环闪，由一组呈环形分布的专业闪光灯组成。它可以安装在相机镜头前端，与相机同轴使用，也可以离机使用。引闪的一瞬间，环绕着镜头的灯会同时闪光，因此环闪不同于普通闪光灯仅由单点发光，它的光线是呈环状包围的，具有均匀的光照效果。这样的特性让环闪成为拍摄微距题材时常用的光源，此时环闪就类似于一个无影灯，能够在一定范围内为被摄物体提供全方位、无阴影的照明条件。在人像摄影中，使用环闪作为主光源或用于补光，同样有它的特色。包围状的光可以淡化并柔和人面部的阴影，让面部细节分毫毕现，还可以产生契合瞳孔形状的眼神光。如果仅仅使用环闪一个光源，照片会出现中心最亮、向外的亮度逐渐减弱的特殊效果。

4.闪光棒

专业闪光灯的设计可以有很多种，除了环形闪光灯这样呈圆环形的，还有一种形如圆柱形荧光灯的闪光棒。闪光棒又叫笔灯，顾名思义它可以手持使用。它的设计非常紧凑，上半部分为全透明的灯管，电路位于下半段的手持部分。闪光棒在狭小的空间内也可以派上用场，搭配可以遮挡部分发光面的闪光罩，足以适应更多的场地需求。

（二）持续光源

能够持续发光的人造光源都可以叫做持续光源，持续光源具有很高的稳定性，拍摄效果显而易见，微调时也更方便掌控，让摄影实现"所见即所得"。在闪光灯出现之前，摄影中就一直使用持续光源。然而在摄影摄像时依然会遇到环境光过低的状况，因此出现了专为摄影摄像打造的影视灯。影视灯也叫摄像灯、视频灯，由于不像闪光灯一样用于产生瞬间超高强度的光源，如今影视灯最常用于摄像的场合。

1.灯光类型

在早期，影视灯使用白炽灯中的一种——卤素灯作为光源。白炽灯也叫钨丝灯，是通过加热钨丝产生热辐射而发出可见光的电光源。白炽灯工作时的温度极高，能够达到上千度，但它最大的优点是光谱连续而均匀，因此十分接近太阳光，显色指数可以达到99。而卤素灯又称为钨卤灯泡，它在白炽灯的基础之上，往灯泡内部充入了碘或溴等卤族元素的气体，能够让钨升华后与卤素原子结合形成卤化钨，再次附着在灯丝上，遇热后重新分解为钨和卤素气体，这样的循环大大延长了灯泡的使用寿命。然而卤素灯在持续工作时温度非常高，这对于器材的散热有专门的要求，这也导致卤素灯有耗电大、寿命短等缺点。

相比使用卤素灯更进一步的影视灯使用的是氙气灯，它没有了卤素灯中的钨丝，只在灯泡内部充满氙气等惰性气体混合物，通过高压气体放电来产生亮光。它的光电转换效率是传统卤素灯的6倍，光强度更高，并且因为没有了灯丝的消耗所以使用寿命更长。

随着电子技术的发展，发光二极管也被应用在影视灯中。它拥有很多优点，比如体积小、强度高、低能耗、成本低等等，加上故障率低、具有上万小时的寿命，因此使用发光二极管作为影视灯逐渐成为了一种主流。

2.平行光束灯

将单个持续光源理想化地视为一个点光源，它的光是向任意方向散射的。然而在某些时候我们为了压暗背景、突出拍摄主体，或是为了模拟太阳光的效果，就需要将光束聚拢起来，形成发散角度尽可能平行的光。

平行光束灯的原理

想要获得平行光束可以利用凸透镜的原理，将持续光源置于凸透镜一侧的焦点之上，凸透镜另一侧的光线就会变为平行。凸透镜较为厚重，并且由于光在透镜中传播时会产生衰减，因此使用普通的凸透镜获得平行光时会出现边缘变暗、模糊的情况。如果移除透镜中厚重的、不发生折射的部分，我们就可以更加轻松高效地获得平行光束。能够实现这一需求的透镜最先由法国物理学家菲涅尔在1820年研制成功，菲涅尔透镜一面为平直面，另一面上刻有由小到大的多圈同心圆纹理。它相当于在一个平面上放置了多个具有不同偏向角的棱镜，由点光源发射出的角度不同的光线分别在相应的棱镜上发生折射，形成相对平行的光束，并且很好地保持了光源的亮度和均匀性。目前大多数的菲涅尔透镜是由聚烯烃材料注压而成的薄片，受制于材料特性和模具精度等原因，菲涅尔透镜在改变点光源发射角度上发挥的作用并没有达到极致。

除了菲涅尔镜片之外，经过精密计算的非球面镜同样可以用于平行光的形成。德国滴度光公司就拥有获得了专利的非球面光学系统，可以让持续光源以更小的角度出射，聚光模式下光的能效也优于其他同级别的影视灯，具有小体积、高能效的优势。

三、不同人造光源的拍摄实验

为了研究不同光源对于数字化采集的影响,我们进行了三个实验,分别重建了同一个具有光滑釉面的笔筒的三维模型。第一个实验用的是我们在采集工作中常见的环形闪光灯与相机同轴的拍摄方式;第二个实验选择了两支笔灯和反光板来拍摄;第三个实验中我们选择了滴度光的DLED系列持续光源搭配平行光束转换器,辅以不同型号的反光板进行拍摄。

(一)实验器材

 1. 佳能5DIII Mark全画幅单反相机 采用CMOS传感器,具有2230万有效像素,感光度100~25600	 2. 佳能50mm f/2.5定焦微距镜头 全画幅镜头,光圈范围f2.5~f32,最近对焦距离23厘米
 3. 神牛AR400环形闪光灯 最大功率400瓦秒,带LED造型灯,具有3级亮度调节	 4. 康素U1500型迷你闪光棒 最大功率1500瓦秒,搭配同型号闪灯反光罩

光源对模型贴图的影响

5.康素 NovaD1200 高速电箱

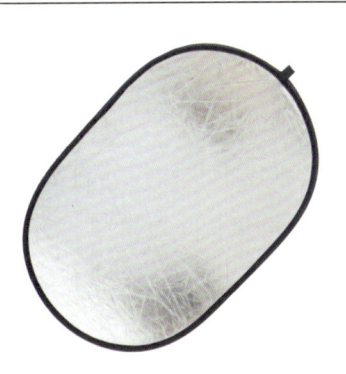

6.银色反光板

7-1.滴度光 DLED9-BI 双色温 LED 持续光源输出功率90瓦，内置滴度光专利注册的双非球面光学镜片光学系统，泛光-聚光角度为50°~4°。搭配滴度光 DPBA-14 平行光束配件，光输出强度达到聚光模式下单纯灯头的输出量的180%

7-2.滴度光 DLED7-BI 双色温 LED 持续光源输出功率90瓦，色温可以实现2700K-6500K 无段微调，泛光-聚光角度为60°~8°。搭配滴度光 DPBA-7 平行光束配件，光输出强度达到聚光模式下单纯灯头的输出量的180%以上

8.EFLECT 特效反光板套装
规格为50厘米×50厘米，有1至4号板可供选择依照不同反光板的反光光折射角度，选择不同型号的反光板

9.台式计算机
处理器：Intel 酷睿 i7 5820K
显卡：NVIDIA GeForce GTX 980 Ti
内存：32.0GB
系统：Windows 10（64位）操作系统

（二）实验步骤

1.摆放被摄物——釉面笔筒于拍摄平台上，布置好灯光。

2.手持相机拍摄，手动调整对焦点在被摄物底部，环绕被摄物拍摄照片一圈，每圈拍摄10张以上的照片，确保拍摄重叠率达到50%以上。之后将对焦点调整至被摄物中部，进行下一圈拍摄。重复此步骤直到以被摄物的上中下部为对焦点的照片组拍摄完成，由于此次被摄物是一个笔筒，因此需要增拍笔筒内部和底部的照片。

3.照片导入电脑，选取.cr2格式的照片用Photoshop批量进行调整亮度等处理，处理完成后输出为.tiff格式的图片。

4.将图片导入Photoscan中，依次进行"对齐照片""建立密集点云""生成网格""生成纹理"的操作，得到最终的三维模型。

（三）分组实验

1.环形闪光灯实验

（1）布光及拍摄

本次实验使用了环形闪光灯与相机同轴拍摄的方式，布光图如下图所示。实验中相机使用手动档，参数设置为：光圈f11、快门1/100s，iso800。

布光图

拍摄现场

（2）照片组

本次实验的拍摄时长为15分钟，每一圈的照片大致如下图所示。随后在Photoshop中进行了调整亮度和剪裁照片的处理，以便下一步的模型生成可以更高效。

环绕一圈拍摄的部分照片（经过Photoshop调整）

（3）生成模型

经过Photoscan共6个小时的运算，最终得到了釉面笔筒的模型如下图所示。

生成的网格

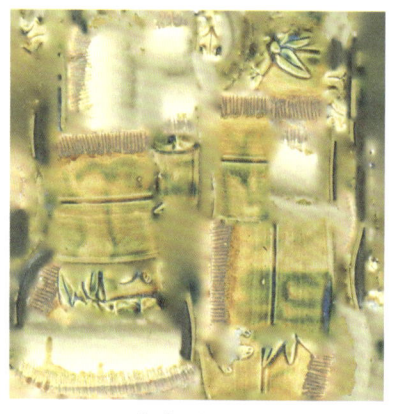

生成的贴图 　　　　　　　　生成的模型

（4）实验小结

由于环形闪光灯安装在相机上、与相机同轴，因此在布光时十分轻松，拍摄途中也不用考虑因为位置的变化需要调整光源位置。从这点来说，使用环形闪光灯是便捷而高效的拍摄方式。然而在生成模型时，由于使用环闪在每个角度都会给釉面笔筒带上高光，因此需要在软件中手动框选并屏蔽掉这些高光点，否则生成的模型上会出现多个甚至成片的环形高光的叠加。

从生成的结果来看，模型贴图清晰度高、亮度均匀，很好地还原了釉面笔筒的原本图案。但正是因为环形闪光灯均匀的光效特性，模型的光影效果与人们在自然环境中肉眼所见的光影感受相去甚远，因此我们可以看到模型整体缺乏质感，无法体现出笔筒下部光泽釉面与上部陶土边缘在材质上的区别。

2. 闪光棒实验

（1）布光及拍摄

本次实验使用了两支闪光棒分别布置在物体的两侧，右下方为主光源，左上方为辅光源，并在笔筒背面的阴影区域用一块银色反光板进行补光。布光图如下图所示。实验中相机使用手动档，参数设置为：光圈f11、快门1/125s，iso400。

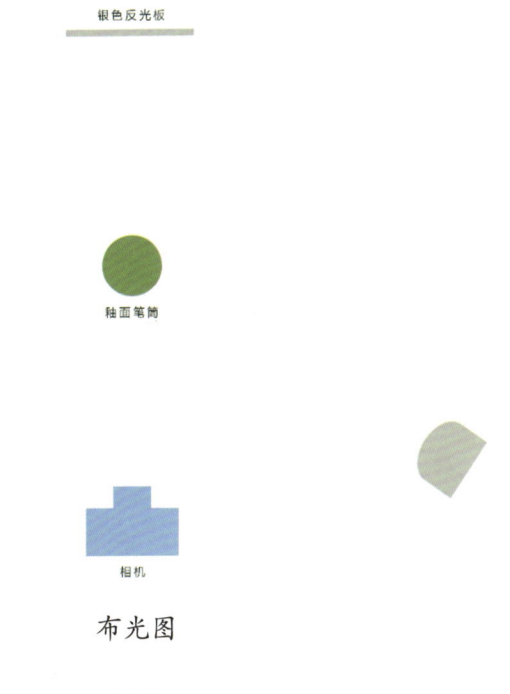

布光图

（2）照片组

本次实验的拍摄时长为10分钟，每一圈的照片大致如下图所示。随后在photoshop中进行了调整亮度和剪裁照片的处理，以便下一步的模型生成可以更高效。

环绕一圈拍摄的部分照片（经过Photoshop调整）

（3）生成模型

经过Photoscan共6个小时的运算，最终得到了釉面笔筒的模型如下图所示。

（4）实验小结

使用闪光棒作为拍摄光源，首先在重量和效率上就已经优于一般的影室闪光灯。固定闪光棒的位置并用反光板补光，在拍摄过程中可以全程不移动光源。因此总体来看，闪光棒对文物采集来说是一种非常便捷的拍摄选择。

生成的网格

生成的贴图 　　　　　　　　生成的模型

此次用两支闪光棒呈对角线式布置，主光与辅光的输出比并不一致，因此随着机位的移动，我们能在照片序列上看出笔筒在明暗对比上的变化。这样的布光方式反映在模型和贴图上，使模型具有了明显的层次变化，在视觉上呈现出了类似于人眼看到的光影效果。然而由于闪光棒发出的灯光仍属于漫射光，从整体上看模型的给人的视觉效果依然比较平淡，笔筒的材质没有很好的体现。

3.平行光束灯实验

（1）布光及拍摄

本次实验采用了滴度光的平行光束灯进行拍摄，以滴度光 DLED9-BI 为主灯、滴度光 DLED7-BI 为辅灯，1号和3号反光板置于被摄物背后以反射两盏灯光，尽可能照亮整个笔筒。布光图如下图所示。实验中相机使用手动档，为了控制变量，参数与环形闪光灯实验的一样，设置为：光圈f11、快门1/100s，iso800。

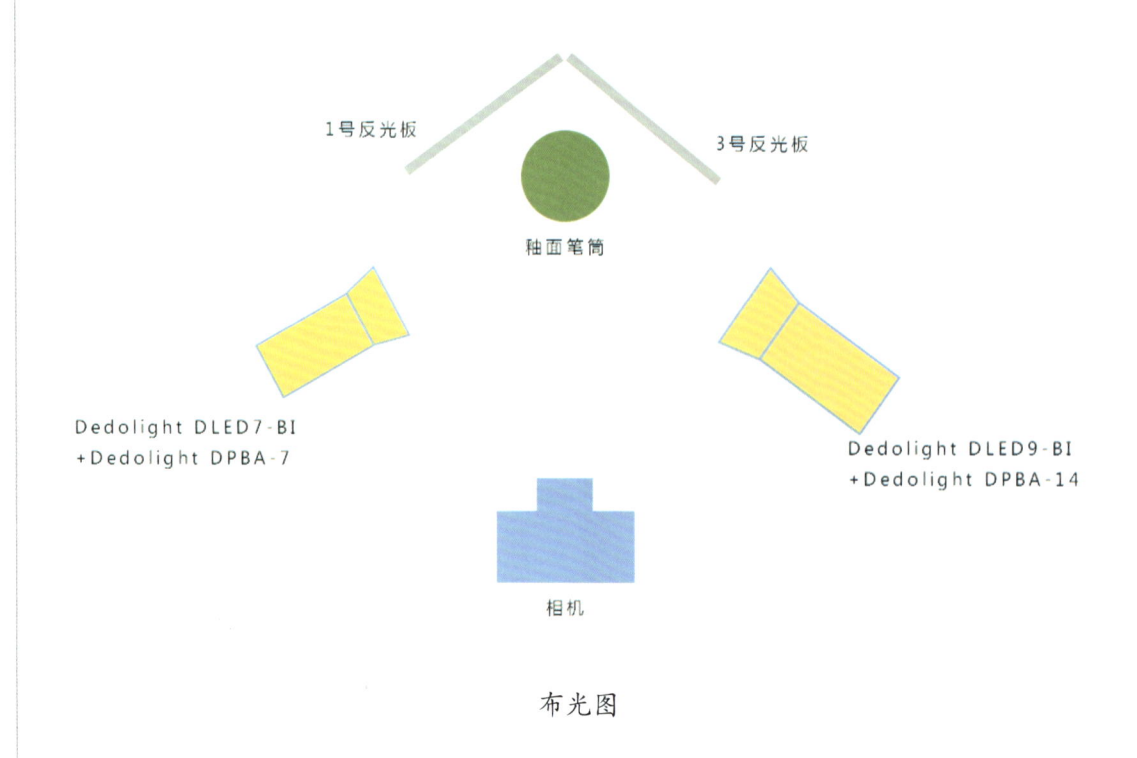

布光图

拍摄现场

（2）照片组

本次实验的拍摄时长为25分钟，每一圈的照片大致如下图所示。随后在photoshop中进行了调整亮度的处理，以便下一步的模型生成可以更高效。

环绕一圈拍摄的部分照片（经过Photoshop调整）

（3）生成的模型

经过Photoscan共6个小时的运算，最终得到了釉面笔筒的模型如下图所示。

生成的网格

生成的贴图　　　　　　　　　　　　生成的模型

（4）实验小结

此次实验的平行光束灯与反光板的使用是以平行光束灯为主光、辅光，用反光板反射的光源打亮被摄物未被照亮的部位，在布光时需要一定时间进行布置和调整，对于拍摄效率来说有所减慢。持续光源在加装了平行光束配件后发光强度有所提高，但对于拍摄来说依然不够。因此实验中相机的参数经过多次测试才达到较好的拍摄效果，但照片仍然存在较暗和抖动的现象。但从照片序列中我们可以看出，笔筒上的明暗过渡柔和自然，并且没有出现大面积的高光，这在模型生成的过程中起到了缩短操作时间的作用，也为软件提供了更多可辨别的特征点信息。

本次使用的平行光束配件在聚光模式下所形成的光的照射角度为4°，在质感和出射角上接近太阳光。从生成的模型来看，贴图的对比度强，但有着明暗不均的情况。正是因为这一情况的存在，模型整体更为立体、质感更强，很好地再现了人眼直观感受到的笔筒处在自然光线下的样貌，能明显辨认出笔筒釉面的光泽与纹理及笔筒口部陶土表面粗糙的材质。

（四）对比与总结

照片局部对比（上：环闪拍摄，中：闪光棒拍摄，下图：平行光拍摄）

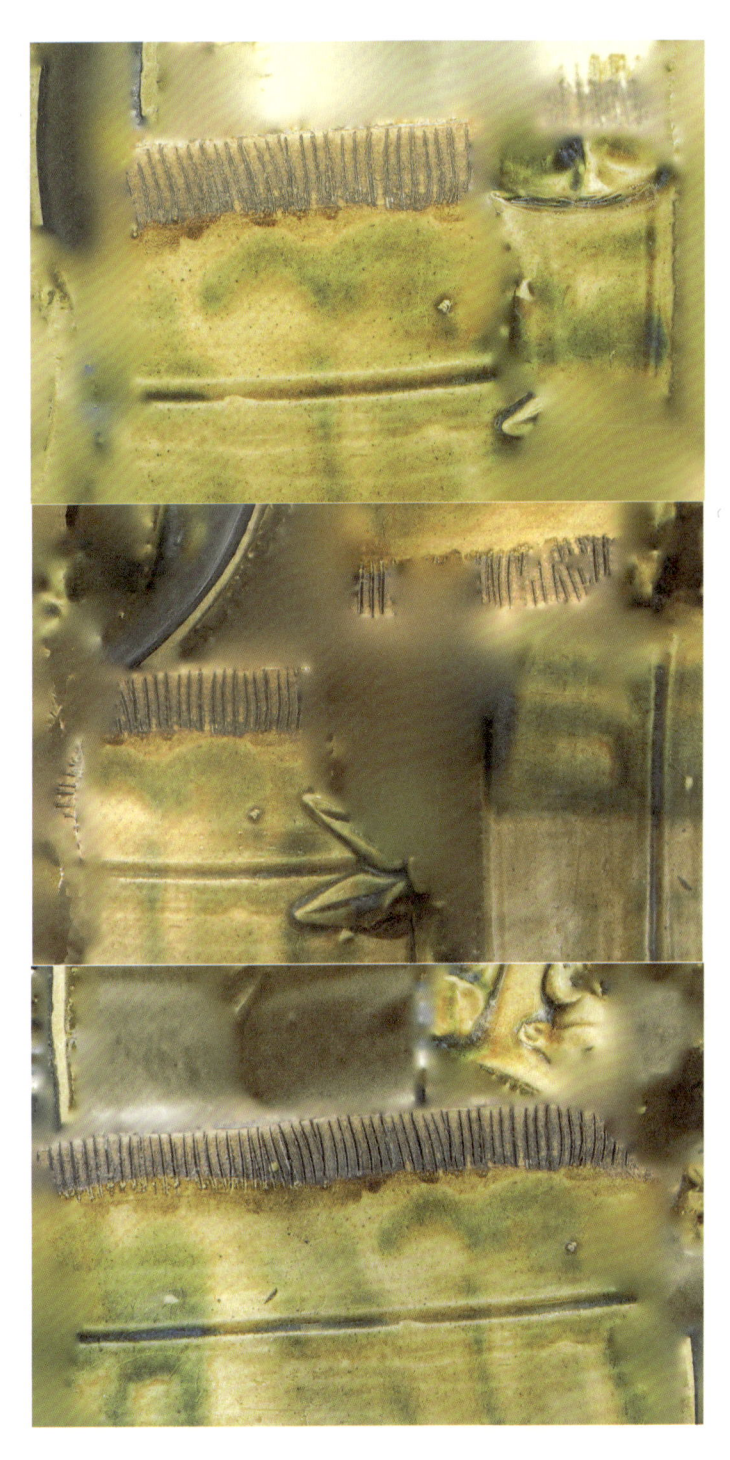

模型贴图局部对比（上：环闪拍摄，中：闪光棒拍摄，下图：平行光拍摄）

模型对比

（左上：环闪拍摄，

右上：闪光棒拍摄，

下图：平行光拍摄）

通过对三种光源的拍摄实验，我们可以看到不同光源在数字化采集的实际操作中需要根据不同情况进行布光。从布光过程、拍摄过程、模型质量、贴图质感这几个方面来说，环形闪光灯、闪光棒和平行光束灯都各有其优缺点，我们可以根据实际条件、采集需求来选择相应的光源进行拍摄。

特别鸣谢：感谢广州耐索数码摄影科技有限公司对实验中滴度光平行光束灯的支持！

（作者单位：广州美术学院视觉文化研究中心、广州汉阈数据处理技术有限公司）

《广州文博》征稿启事

《广州文博》作为广州市文物博物研究者一个公开的学术园地，致力于探讨不同历史时空下的各种历史文化现象，收集和整理馆藏历史文献、文物及田野考察资料、考古发掘资料，并积极探索反映文博行业发展特点的陈列展览、宣传教育、文物保护等专题研究，在"红色文化、岭南文化、海丝文化、创新文化"品牌下，以红色文化塑造时代之魂，以岭南文化汇聚湾区同心，以海丝文化增强开放优势，以创新文化激发城市活力。

本刊论文和书评以中文为主，兼及英文及主要外国语种。来稿请用规范的学术论文书写格式。一律使用新式标点符号，除破折号、省略号各占两格外，其他标点均占一格。书刊及论文均用《 》。

第一次提及帝王年号，须加公元纪年，如上元二年（675年）；第一次提及外国人名，须附原名。中国年号、古籍卷、页数用中文数字，如贞观四年，《旧唐书》卷三八，《西域水道记》第二二页。其他公历、杂志卷、期、号、页等均用阿拉伯数字。注释号码用阿拉伯数字表示，作[1]、[2]……，其位置放在标点符号后的右上角。再次征引，用"同上，第××页。"或"同注[×]，第××页。"或"同注[×]××文，第××页。"形式，不用合并注号方式。注释采用脚注形式，每页重新编号。

除常见的先秦诸子、二十四史、《资治通鉴》、三通、《太平御览》、《艺文类聚》等可不标出作者时代和姓名外，引用古籍，应标明著者、版本、卷数、页码；引用专书及新印古籍，应标明著者、章卷数、出版者及出版年代、页码；

引用期刊论文，应标明期刊名、年代卷次、页码；引用西文论著，依西文惯例，书刊名用斜体；论文加引号。

来稿请写明作者姓名、工作单位和职称、通讯地址、电话或电子邮件等联络资料，将作者姓名、工作单位置于文章最后；并附内容提要100—300字。

本刊尊重作者确定的署名方式并有权对稿件做出技术性修改，在征得作者同意后可以进行实质内容修改。如作者不允许，请在投稿时说明。欢迎使用电子邮件提供文本格式之电脑文件。来稿文责自负。

来稿一经刊登，酌付稿酬，并获赠该期刊三本。

通讯地址：广州市越秀区中山四路316号南越王宫博物馆《广州文博》编辑部 收
邮政编码：510030
电子邮件：770635534@qq.com
电话：020-83896553
联系人：章昀